O FIM DA CIÊNCIA

JOHN HORGAN

O FIM DA CIÊNCIA

Uma discussão sobre os limites do conhecimento científico

Tradução:
ROSAURA EICHEMBERG

1ª reimpressão

COMPANHIA DAS LETRAS

Título original:
The end of science:
facing the limits of knowledge
in the twilight of the
scientific age

Capa:
Hélio de Almeida

Índice remissivo:
Suzana Sturlini Couto

Preparação:
Célia Regina Rodrigues de Lima
Cristina Guimarães

Revisão:
Cecília Ramos
Ana Maria Barbosa

Dados Internacionais de Catalogação na Publicação (CIP)
(Câmara Brasileira do Livro, SP, Brasil)

Horgan, John, 1955
O fim da ciência: uma discussão sobre os limites do conhecimento científico / John Horgan ; tradução Rosaura Eichemberg. — São Paulo : Companhia das Letras, 1998.

Título original: The end of science.
Bibliografia.
ISBN 85-7164-775-5

1. Ciência — Filosofia 2. Ciência — História I. Título.

98-1735 CDD-501

Índice para catálogo sistemático:
1. Ciência : Filosofia 501

1998

EDITORA SCHWARCZ LTDA.
Rua Bandeira Paulista, 702, cj. 72
04532-002 — São Paulo — SP
Telefone: (011) 866-0801
Fax: (011) 866-0814
e-mail: coletras@mtecnetsp.com.br

Para Suzie

SUMÁRIO

Introdução

EM BUSCA DA "RESPOSTA"

Foi no verão de 1989, durante uma viagem ao norte do estado de Nova York, que comecei a pensar seriamente sobre a possibilidade de que a ciência, a ciência pura, tivesse acabado. Eu viera de avião até a Universidade de Syracuse para entrevistar Roger Penrose, físico britânico que ali se encontrava como pesquisador visitante. Antes de me encontrar com Penrose, lutara para ler a primeira prova de seu livro denso e difícil, *The emperor's new mind* [A mente nova do imperador], que para minha grande surpresa se tornou best-seller vários meses mais tarde, depois de ser elogiado pela *New York Times Book Review.*[1] No livro, Penrose lançava um olhar pelo vasto panorama da ciência moderna e achava-o insuficiente. Apesar de todo o seu poder e riqueza, afirmava Penrose, esse conhecimento possivelmente não tinha meios de explicar o mistério supremo da existência: a consciência humana.

A chave para a consciência, especulava Penrose, poderia estar escondida na fissura entre as duas principais teorias da física moderna: a mecânica quântica, que descreve o eletromagnetismo e as forças nucleares, e a relatividade geral, a teoria da gravidade de Einstein. Muitos físicos, a começar por Einstein, haviam tentado, sem êxito, fundir a mecânica quântica e a relatividade geral numa teoria "unificada", única e inconsútil. Em seu livro, Penrose esboçava qual seria o possível traçado de uma teoria unificada e como ela poderia dar origem ao pensamento. O seu projeto, que envolvia efeitos quânticos e gravitacionais exóticos que atravessam o cérebro, era vago, complicado, sem nenhum fundamento em evidências da física e da neurociência. Mas se viesse a se revelar correto em algum sentido, representaria uma realização monumental, a teoria que com uma penada unificaria a física e resolveria um dos problemas mais perturbadores da filosofia: a ligação entre a matéria e o pensamento. Só a ambição de Penrose, pensei, já o tornaria um excelente candidato a um perfil na *Scientific American*, onde eu trabalhava como editor.[2]

Quando cheguei ao aeroporto de Syracuse, Penrose estava me esperando. Era um homem pequeno, com a cabeça coberta por cabelos negros desgrenhados, e parecia ao mesmo tempo distraído e agudamente alerta. Enquanto dirigia o carro de volta ao campus de Syracuse, não parava de perguntar em voz alta se estava indo na direção certa. Parecia imerso em mistérios. Eu me vi na posição desconcertante de recomendar que ele tomasse tal saída ou fizesse aquela curva, embora nunca tivesse estado em Syracuse antes. Apesar de nossa ignorância conjunta, conseguimos chegar sem incidentes ao prédio onde Penrose trabalhava. Ao entrar em seu escritório, descobrimos que um colega lhe deixara sobre a escrivaninha uma lata de aerossol com o rótulo de Supercorda. Quando Penrose apertou o botão no topo da lata, um fio verde-amarelo semelhante a um espaguete saltou dali.

Penrose sorriu dessa pequena brincadeira para iniciados. Supercorda não é apenas o nome de um brinquedo infantil, mas também o de uma partícula em forma de corda, extremamente pequena e extremamente hipotética, postulada por uma popular teoria da física. Segundo a teoria, o colear dessas cordas num hiperespaço de dez dimensões gera toda a matéria e energia no universo e, ainda, o espaço e o tempo. Muitos dos principais físicos do mundo imaginavam que a teoria das supercordas poderia se revelar a teoria unificada que tinham procurado por tanto tempo; alguns até lhe davam o nome de Teoria do Tudo. Penrose não era adepto dessa explicação. "Essa teoria não deve estar certa", disse-me ele. "A resposta que eu esperava não era essa." Enquanto Penrose falava, comecei a compreender que, para ele, "a resposta" era mais do que uma simples teoria de física, um modo de organizar dados e prever acontecimentos. Ele estava falando sobre *A Resposta*: o segredo da vida, a solução para o enigma do universo.

Penrose é um platônico confesso. Os cientistas não inventam a verdade, eles a descobrem. Das verdades genuínas emana uma beleza, uma correção, uma qualidade evidente por si mesma, que lhes dá o poder da revelação. Aos olhos de Penrose, a teoria das supercordas não possuía essas características. Ele admitia que a "sugestão" apresentada em *The emperor's new mind* — que ainda não merecia o nome de *teoria*, conforme reconhecia — era um tanto desajeitada. Poderia se revelar errônea, e certamente o seria em seus detalhes. Mas ele tinha certeza de estar mais perto da verdade do que a teoria das supercordas. Ao fazer essa afirmação, perguntei, estaria Penrose sugerindo que algum dia os cientistas encontrariam a Resposta e assim terminariam sua busca?

Ao contrário de alguns cientistas proeminentes, que parecem confundir hesitação com fraqueza, Penrose realmente pensa antes de responder e, até, enquanto responde. "Não acho que estejamos perto", disse lentamente, olhando pela janela do escritório, "mas isso não significa que as coisas não possam se acelerar em algum estágio." Ele pensou um pouco mais. "Acho que, de certa forma, estou sugerindo que *há* uma resposta", continuou, "embora isso talvez seja pessimista demais." Esse comentário final me deteve abruptamente. O que há de tão pessimista, perguntei, no fato de alguém que busca a verdade achar que a verdade é atingível? "Resolver mistérios é uma coisa maravilhosa", respondeu Penrose. "E se fossem todos resolvidos, de alguma maneira, isso seria um tanto aborrecido." Deu uma risadinha, como se estivesse impressionado com a estranheza de suas próprias palavras.[3]

Muito tempo depois de sair de Syracuse, fiquei matutando sobre os comentários de Penrose. Seria possível que a ciência chegasse ao fim? Os cientistas poderiam realmente aprender tudo o que há para conhecer? Conseguiriam desvendar todo o mistério do universo? Para mim, era difícil imaginar um mundo sem ciência, e a razão não era apenas que meu emprego dependia dela. Eu me tornara redator científico em grande parte porque considerava a ciência — a ciência pura, a busca do conhecimento pelo conhecimento — o mais nobre e significativo dos empreendimentos humanos. Estamos no mundo para descobrir por que estamos no mundo. Que outra finalidade é digna de nós?

Nem sempre fui apaixonado pela ciência. Na faculdade, passei por uma fase em que a crítica literária me pareceu o mais emocionante dos esforços humanos. Mas certa noite, já tarde, depois de muitas xícaras de café e muitas horas gastas em dura labuta sobre mais uma interpretação do *Ulisses* de James Joyce, tive uma crise de fé. Pessoas muito inteligentes discutiam há décadas o significado de *Ulisses*. Mas uma das mensagens da crítica moderna, bem como da literatura moderna, era que todos os textos são "irônicos": eles têm múltiplos significados, nenhum definitivo.[4] *Édipo rei*, *O inferno*, até a Bíblia são, em certo sentido, "apenas uma brincadeira", e não devem ser considerados demasiado literalmente. As discussões sobre o significado jamais podem ser resolvidas, pois o único significado verdadeiro de um texto é o próprio texto. É claro, essa mensagem também se aplicava aos críticos. Ficava-se num infinito circular de interpretações, e nenhuma delas representava a palavra final. Porém, todos ainda continuavam a discutir! Com que fim? Para que cada crítico parecesse mais inteligente, mais *interessante* do que o outro? De repente, tudo começou a me soar sem sentido.

Embora a minha especialização fosse inglês, todos os semestres eu freqüentava um curso de ciência ou matemática. Trabalhar num problema de cálculo ou de física representava uma agradável mudança de ritmo em relação às confusas tarefas das humanidades; sentia uma grande satisfação ao encontrar a resposta correta para um problema. Quanto mais frustrado ficava com a perspectiva irônica da literatura e da crítica literária, mais começava a apreciar a abordagem clara, sem absurdos, da ciência. Os cientistas têm a capacidade de propor questões e resolvê-las de um modo que não está ao alcance dos críticos, filósofos e historiadores. As teorias são testadas experimentalmente, e aquelas que se revelam inconsistentes são descartadas. O poder da ciência não pode ser negado: ela nos deu computadores e jatos, vacinas e bombas termonucleares, tecnologias que, para o bem ou para o mal, alteraram o curso da história. Mais do que qualquer outro modo de conhecimento — crítica literária, filosofia, arte, religião —, a ciência propicia compreensões duradouras da natureza das coisas. Ela nos leva a algum lugar. Por fim, minha mini-epifania me levou a me tornar redator científico. Também me deixou com o seguinte critério para a ciência: ela trata de questões que podem ser resolvidas, pelo menos em princípio, dada uma quantidade razoável de tempo e recursos.

Antes de meu encontro com Penrose, eu supunha que a ciência fosse aberta, até infinita. A possibilidade de que os cientistas encontrariam um dia uma verdade tão potente que impediria todas as demais investigações me parecia, na melhor das hipóteses, *wishful thinking*, ou o tipo de hipérbole exigido para vender ciência (e os livros de ciência) às massas. A seriedade e a ambivalência com que Penrose considerava a perspectiva de uma teoria final me forçaram a reavaliar as minhas próprias opiniões sobre o futuro da ciência. Com o tempo, fiquei obcecado pelo tema. Quais são os limites da ciência, se é que existem? Será ela infinita ou tão mortal quanto nós? Nesse último caso, seu fim está à vista? Está perto de nós?

Depois de minha primeira conversa com Penrose, procurei outros cientistas que estavam às voltas com os limites do conhecimento: físicos de partículas que sonhavam com uma teoria final da matéria e da energia; cosmólogos tentando compreender precisamente como e até por que o nosso universo foi criado; biólogos evolucionistas procurando determinar como a vida começou e que leis regeram os seus subseqüentes desdobramentos; neurocientistas investigando os processos no cérebro que dão origem à consciência; exploradores do caos e da complexidade que esperavam poder revitalizar a ciência com os computadores e as novas técnicas matemáticas. Conversei também com filósofos, inclusive com alguns que supostamente duvidavam que a ciência pudesse um dia alcançar verdades objetivas e absolutas. Escrevi artigos sobre vários desses cientistas e filósofos para a *Scientific American*.

Quando pensei pela primeira vez em escrever um livro, imaginei-o como uma série de retratos, com verrugas e tudo, de todos esses seres fascinantes que buscam e receiam a verdade, a quem tive a felicidade de poder entrevistar. Pretendia deixar que os leitores decidissem quanto às melhores e às piores previsões sobre o futuro da ciência. Afinal, quem realmente sabia quais seriam os limites extremos do conhecimento? Mas, aos poucos, comecei a imaginar que *eu* sabia; convenci-me de que um determinado roteiro era mais plausível do que todos os outros. Decidi abandonar toda e qualquer pretensão de objetividade jornalística e escrever um livro que fosse opinativo, argumentativo e pessoal. Embora ainda focalizasse cientistas e filósofos individualmente, o livro apresentaria igualmente minhas opiniões. Essa abordagem, era o que eu sentia, estaria mais de acordo com a minha convicção de que a maioria das afirmações sobre os limites do conhecimento é, afinal, profundamente idiossincrática.

Hoje em dia, já se tornou um truísmo dizer que os cientistas não são meras máquinas de aquisição de conhecimento; a emoção e a intuição os guiam, tanto quanto a razão fria e o cálculo. Descobri que os cientistas raramente são tão humanos, tão à mercê de seus medos e desejos como quando se confrontam com os limites do conhecimento. Os maiores cientistas desejam, acima de tudo, descobrir verdades sobre a natureza (além de conseguir glória, subvenções, estabilidade no cargo e melhorar a sorte da humanidade); eles querem *conhecer*. Esperam e confiam em que a verdade seja alcançável, e não apenas um ideal ou uma assíntota de que eles eternamente se aproximam. Também acreditam, como eu, que a busca do conhecimento é, sem dúvida, a mais nobre e significativa de todas as atividades humanas.

Os cientistas que nutrem essa crença são freqüentemente acusados de arrogância. Alguns *são* arrogantes, em alto grau. Mas descobri que muitos outros são menos arrogantes que ansiosos. Os dias atuais são tempos difíceis para os que buscam a verdade. O empreendimento científico está ameaçado pelos tecnófobos, pelos ativistas dos direitos dos animais, pelos fundamentalistas religiosos e, principalmente, pelos políticos sovinas. As restrições sociais, políticas e econômicas tornarão cada vez mais difícil a prática da ciência e, em particular, da ciência pura.

Além disso, à medida que avança, a própria ciência não pára de impor limites ao seu próprio poder. A teoria da relatividade especial de Einstein proíbe a transmissão de matéria ou até de informações a velocidades mais rápidas do que a da luz; a mecânica quântica determina que o nosso conhecimento da microrrealidade será sempre incerto; a teoria do caos confirma que até sem a indeterminação quântica seria impossível prever muitos fenômenos; o teorema da incompletude de Kurt Gödel nos nega a possibilidade de construir uma descrição matemática completa e consistente da realidade. E a biologia da evolução continua a nos lembrar de que somos animais, destinados pela seleção natural a nos reproduzir, e não a descobrir verdades profundas da natureza.

Os otimistas que pensam poder superar todos esses limites devem enfrentar ainda outro dilema, talvez o mais perturbador de todos. O que os cientistas farão, se conseguirem conhecer o que pode ser conhecido? Qual seria então o objetivo da vida? Qual seria o objetivo da humanidade? Roger Penrose revelou sua ansiedade diante desse dilema quando qualificou como pessimista o seu sonho de uma teoria final.

Dadas essas questões perturbadoras, não é de admirar que muitos cientistas que entrevistei para este livro parecessem acometidos de certa inquietude. Mas o seu mal-estar tem outra causa, muito mais imediata, como mostrarei. *Se alguém acredita na ciência*, deve aceitar a possibilidade — até a probabilidade — de que a grande era das descobertas científicas tenha chegado ao fim. Quando falo em *ciência*, não me refiro à ciência aplicada, mas à ciência na sua forma mais pura e grandiosa, a busca humana primordial de compreender o universo e o nosso lugar dentro dele. As pesquisas futuras talvez já não tragam grandes revelações ou revoluções, mas apenas resultados menores, acréscimos.

A ANGÚSTIA DA INFLUÊNCIA CIENTÍFICA

Ao tentar compreender o ânimo dos cientistas modernos, descobri que as idéias da crítica literária tinham, afinal, alguma serventia. Em seu importante ensaio de 1973, *A angústia da influência*, Harold Bloom equiparou o poeta moderno a Satã no *Paraíso perdido* de Milton.[5] Assim como Satã lutava para afirmar sua individualidade desafiando a perfeição de Deus, da mesma forma o poeta moderno deve travar uma luta edípica para se definir em relação a Shakespeare, Dante e outros mestres. Em última análise, a tentativa é vã, segundo Bloom, porque nenhum poeta pode ter a esperança de se aproximar da perfeição de tais antepassados, quanto mais de superá-los. Os poetas modernos são figuras essencialmente trágicas, retardatárias.

Os cientistas modernos também são retardatários, e sua carga é muito mais pesada do que a dos poetas. Os cientistas não têm que aturar apenas o *Rei Lear* de Shakespeare, mas também as leis do movimento de Newton, a teoria da seleção natural de Darwin e a teoria da relatividade geral de Einstein. Essas teorias não são apenas belas; são também verdadeiras, empiricamente verdadeiras, como nenhuma obra de arte consegue ser. A maioria dos pesquisadores simplesmente admite a sua incapacidade de superar o que Bloom chamava "os embaraços de uma tradição que se tornou demasiado rica para precisar de algo mais".[6] Eles tentam resolver o que o filósofo da ciência Thomas Kuhn condescendentemente chamou de "charadas" [*puzzles*], problemas cuja solução fortalece o paradigma predominante. Dedicam-se a refinar e aplicar as descobertas pioneiras e brilhantes de seus predecessores. Tentam medir a massa dos quarks de forma mais precisa ou determinar como um certo trecho de DNA orienta o crescimento do cérebro embrionário. Outros se tornam o que Bloom, zombando, classificou de "simples rebelde, iconoclasta infantil das categorias morais convencionais".[7] Os rebeldes denigrem as teorias dominantes da ciência, considerando-as fabricações sociais inconsistentes, e não descrições rigorosamente testadas da natureza.

Os "poetas fortes" de Bloom aceitam a perfeição de seus predecessores e, ainda assim, lutam para transcendê-la por meio de vários subterfúgios, inclusive uma sutil interpretação errônea da obra deles; só desse modo os poetas modernos se libertam da influência estultificante do passado. Da mesma forma, há cientistas fortes, que buscam interpretar erroneamente e, portanto, transcender a mecânica quântica, a teoria do *big bang* ou a evolução de Darwin. Roger Penrose é um cientista forte. Em geral, ele e os outros da sua espécie só têm uma opção: explorar a ciência de modo especulativo e pós-empírico, que eu chamo de ciência irônica. Essa ciência irônica se assemelha à crítica literária por oferecer pontos de vista, opiniões, que são, na melhor das hipóteses, interessantes, provocando outros comentários. Mas ela não converge para a verdade. Não pode realizar surpresas empiricamente verificáveis que forcem os cientistas a fazer revisões substanciais na sua descrição básica da realidade.

A estratégia mais comum do cientista forte é indicar todas as deficiências do conhecimento científico atual, todas as perguntas que não foram respondidas. Mas essas perguntas talvez *jamais* sejam definitivamente respondidas, devido aos limites da ciência humana. Como, exatamente, o universo foi criado? O nosso universo seria apenas um dentre um número infinito deles? Os quarks e os elétrons seriam compostos de partículas ainda menores, *ad infinitum*? Qual é, na verdade, o significado da mecânica quântica? (A maioria das perguntas só pode ser respondida ironicamente, como bem sabem os críticos literários.) A biologia tem seus diversos enigmas insolúveis. Como, exatamente, começou a vida sobre a Terra? Até que ponto era inevitável a origem da vida e sua subseqüente história?

O profissional da ciência irônica tem uma vantagem óbvia sobre o poeta forte: o apetite do público leitor pelas "revoluções" científicas. À medida que a ciência empírica se petrifica, jornalistas como eu, que satisfazem a fome da sociedade, são mais pressionados a procurar teorias que supostamente transcendam a mecânica quântica, a teoria do *big bang* ou a seleção natural. Afinal, os jornalistas são em grande parte responsáveis pela impressão popular de que ramos de estudo como o caos e a complexidade representam ciências genuinamente novas, superiores aos velhos e insípidos métodos reducionistas de Newton, Einstein e Darwin. Os jornalistas também têm contribuído — eu inclusive — para que as idéias de Roger Penrose sobre a consciência ganhem um público muito maior do que elas merecem, dado o seu pouco prestígio entre os neurocientistas profissionais.

Não quero sugerir que a ciência irônica não tenha valor. Longe disso. Na sua melhor forma, ela, assim como a grande arte, a filosofia ou a crítica literária, desperta em nós a admiração, infundindo-nos um grande respeito pelo mistério do universo. Mas não pode alcançar o seu objetivo de transcender a verdade que já temos. E certamente não pode nos dar — na realidade, ela nos protege disso — a Resposta, uma verdade tão potente que saciaria a nossa curiosidade de uma vez por todas. Afinal, a própria ciência afirma que nós, seres humanos, devemos sempre nos contentar com verdades parciais.

Na maior parte deste livro, examinarei a ciência da maneira como a praticamos hoje em dia. (O capítulo 2 trata de filosofia.) Nos dois capítulos finais, considero a possibilidade — proposta por um surpreendente número de cientistas e filósofos — de que um dia criaremos máquinas inteligentes capazes de transcender nosso conhecimento insignificante. Na minha versão favorita desse roteiro, as máquinas transformam todo o universo numa rede vasta e unificada de processamento de informações. Toda a matéria se torna pensamento. Essa proposição não é certamente ciência, mas *wishful thinking*. Ainda assim, propõe algumas questões interessantes, que em geral são deixadas para os teólogos. O que faria um computador cósmico todo-poderoso? Quais seriam os seus pensamentos? Só consigo imaginar uma única possibilidade. Ele tentaria responder à Pergunta, aquela que está por trás de todas as outras perguntas, como um ator que desempenha todos os papéis de uma peça: por que existe alguma coisa em vez de não existir nada? Em sua tentativa de encontrar a Resposta para a Pergunta, a mente universal pode vir a descobrir os limites máximos do conhecimento.

1

O FIM DO PROGRESSO

Em 1989, apenas um mês depois do meu encontro com Roger Penrose em Syracuse, o Gustavus Adolphus College de Minnesota organizou um simpósio com um título provocador, mas também enganoso: "O fim da ciência?". A premissa do encontro era que a *crença* na ciência — e não a própria ciência — estava chegando ao fim. Nas palavras de um dos organizadores: "Há um sentimento crescente de que a ciência como empreendimento unificado, universal e objetivo terminou".[1] A maioria dos palestrantes eram filósofos que tinham desafiado de algum modo a autoridade da ciência. A grande ironia do encontro era que um dos cientistas conferencistas, Gunther Stent, biólogo da Universidade da Califórnia em Berkeley, tinha propalado durante vários anos um roteiro muito mais dramático do que o postulado pelo simpósio. Stent afirmara que a própria ciência poderia estar no fim, e não por causa do ceticismo de alguns sofistas acadêmicos. Muito pelo contrário. A ciência poderia estar no fim porque funcionava muito bem.

Stent não é uma figura marginal. Foi pioneiro da biologia molecular; fundou o primeiro departamento dedicado a esse ramo de estudos em Berkeley, na década de 1950, e realizou experimentos que contribuíram para o esclarecimento do mecanismo da transmissão genética. Mais tarde, depois de passar da genética para o estudo do cérebro, foi nomeado presidente do Departamento de Neurobiologia da National Academy of Sciences dos EUA [Academia Nacional de Ciências].Stent é também o analista mais sagaz dos limites da ciência que já encontrei (e por sagaz quero dizer, é claro, que ele articula as minhas próprias premonições incipientes). No final da década de 1960, enquanto Berkeley era abalada pelos protestos estudantis, ele escreveu um livro espantosamente visionário, há muito esgotado, chamado *The coming of the golden age: a view of the end of progress*. Publicado em 1969, afirmava que a ciência — bem como a tecnologia, as artes e todos os empreendimentos progressivos e cumulativos — estava chegando ao fim.[2]

Segundo Stent, a maioria das pessoas considera absurda a noção de que a ciência possa acabar. Como a ciência poderia estar se aproximando do fim, já que fez progressos tão rápidos durante todo o século? Stent virou esse argumento indutivo de cabeça para baixo. A princípio, concedia, a ciência progride exponencialmente por meio de um efeito de *feedback* positivo; o conhecimento gera mais conhecimento, e o poder gera mais poder. Stent atribuía ao historiador norte-americano Henry Adams o crédito de ter previsto esse aspecto da ciência na virada do século.[3]

A lei da aceleração de Adams, apontava Stent, tem um corolário interessante. Se há limites para a ciência, se há barreiras para o progresso futuro, então a ciência pode estar se movendo a uma velocidade sem precedentes pouco antes de se bater com esses obstáculos. Quando a ciência parece muito vigorosa, triunfante, potente, é bem possível que esteja perto de sua morte. "Na verdade, o ritmo vertiginoso do avanço do progresso", escreveu Stent em *Golden age*, "torna muito provável que o progresso venha a se deter em breve, talvez em nosso período de vida ou dentro de uma ou duas gerações."[4]

De acordo com Stent, certos campos da ciência são limitados simplesmente pelo caráter restrito de seu objeto de estudo. Ninguém consideraria a anatomia humana ou a geografia, por exemplo, como empreendimentos infinitos. A química também é limitada. "Embora o número total das reações químicas possíveis seja muito grande — e é vasta a variedade das reações pelas quais elas podem passar —, o objetivo de compreender os princípios que governam o comportamento dessas moléculas é, assim como o objetivo da geografia, claramente limitado."[5] Esse objetivo, sem dúvida, foi atingido na década de 1930, quando o químico Linus Pauling mostrou como todas as interações químicas podem ser compreendidas em termos da mecânica quântica.[6]

No seu próprio ramo da biologia, afirmava Stent, a descoberta da estrutura em saca-rolha de hélice dupla do DNA em 1953 e a subseqüente decifração do código genético resolveram o profundo problema de como as informações genéticas são passadas de uma geração para outra. Restavam aos biólogos apenas três questões importantes para explorar: como a vida começou, como uma única célula fertilizada se desenvolve para formar um organismo multicelular e como o sistema nervoso central processa as informações. Quando esses objetivos forem atingidos, dizia Stent, a tarefa básica da biologia, a biologia pura, estará completada.

Stent reconhecia que os biólogos podiam, em princípio, continuar explorando fenômenos específicos e aplicando o seu conhecimento para sempre. Porém, segundo a teoria darwiniana, a ciência não se origina de nosso desejo da verdade *per se*, mas de nossa compulsão para controlar o meio ambiente a fim de aumentar a probabilidade de que nossos genes se propaguem. Quando uma área da ciência começa a revelar uma diminuição de resultados práticos, os cientistas podem passar a ter menos incentivos para levar adiante a sua pesquisa e a sociedade pode se mostrar menos inclinada a pagar os custos dessa investigação.

Além disso, continuava Stent, o fato de os biólogos completarem as suas investigações empíricas não quer dizer que tenham respondido a todas as perguntas relevantes. Por exemplo, uma teoria puramente fisiológica jamais poderá de fato *explicar* a consciência, pois se verá que os "processos responsáveis por essa experiência inteiramente particular acabam se degenerando em reações aparentemente bem ordinárias, do dia-a-dia, nem mais nem menos fascinantes do que aquelas que ocorrem, digamos, no fígado...".[7]

Ao contrário da biologia, escreveu Stent, as ciências físicas parecem ser abertas. Os físicos sempre podem tentar ir ainda mais fundo na investigação da matéria, fazendo trombar partículas umas contra as outras com força cada vez maior, e os astrônomos sempre podem lutar para enxergar ainda mais longe no universo. Mas em suas tentativas de colher dados de sistemas cada vez mais remotos, os físicos se verão inevitavelmente confrontados com vários limites físicos, econômicos e até cognitivos.

Durante o desenrolar deste século, a física se tornou cada vez mais difícil de compreender; ultrapassou a nossa epistemologia darwiniana, os conceitos inatos que empregamos para enfrentar o mundo. Stent rejeitava o antigo argumento de que "o absurdo de ontem é o senso comum de hoje".[8] A sociedade talvez esteja disposta a apoiar a pesquisa permanente em física, enquanto esta tiver o potencial de gerar novas e poderosas tecnologias, como as armas nucleares e a energia nuclear. Mas quando a física se tornar, além de incompreensível, pouco prática, a sociedade certamente retirará o seu apoio.

O prognóstico de Stent para o futuro era uma estranha mistura de otimismo e pessimismo. Ele previa que, antes de seu fim, a ciência poderia contribuir para resolver muitos dos problemas mais prementes da civilização, eliminando as doenças e a pobreza, além de abastecer a sociedade de energia barata e não poluidora, talvez com a utilização das reações de fusão. Entretanto, ao adquirirmos maior domínio sobre a natureza, arriscamo-nos a perder o que Nietzsche chamava de nossa "vontade de poder"; talvez fiquemos menos motivados a levar adiante outras pesquisas — especialmente se elas tiverem poucas chances de produzir benefícios tangíveis.

À medida que a sociedade se torna mais rica e satisfeita, menos jovens vão escolher o caminho cada vez mais difícil da ciência ou até das artes. Muitos talvez se dediquem a empreendimentos mais hedonistas, até mesmo substituindo o mundo real por fantasias induzidas pelas drogas ou dispositivos eletrônicos que nutrem o cérebro diretamente. Stent concluía que, mais cedo ou mais tarde, o progresso "morreria", deixando o mundo numa condição muito estática que ele chamava de "a nova Polinésia". O advento dos beatniks e dos hippies, conjecturava, assinalava o começo do fim do progresso e o nascimento da nova Polinésia. Ele terminava o livro com o comentário sardônico de que "milênios dedicados às artes e à ciência finalmente transformarão a tragicomédia da vida num *happening*".[9]

UMA VIAGEM A BERKELEY

Na primavera de 1992, viajei a Berkeley para perguntar a Stent se ele achava que as suas previsões tinham resistido à passagem dos anos.[10] Caminhando do meu hotel em direção à universidade, passei pelo que pareciam ser detritos dos anos 60: homens e mulheres com longos cabelos grisalhos e roupas rasgadas pedindo algum trocado. Uma vez no campus, dirigi-me ao prédio de biologia da universidade, um enorme complexo de concreto sombreado por eucaliptos secos. Tomei o elevador e subi ao primeiro andar, onde ficava o laboratório de Stent, mas estava fechado. Alguns minutos depois, a porta do elevador se abriu e surgiu Stent, suado e com o rosto vermelho, usando um capacete amarelo e empurrando uma *mountain bike* cheia de lama.

Stent viera da Alemanha para os Estados Unidos ainda jovem, e sua voz e suas roupas grosseiras ainda guardavam vestígios de suas origens. Usava óculos de aro de metal, uma camisa azul de manga curta com dragonas, calças pretas e sapatos pretos brilhantes. Ele me conduziu pelo laboratório, abarrotado de microscópios, centrífugas e vidraria científica, até um pequeno escritório nos fundos. O saguão na frente do escritório era adornado com fotografias e quadros de Buda. Quando Stent fechou a porta do escritório depois que entramos, vi que ele pregara no lado interno da porta um cartaz do encontro de 1989 no Gustavus Adolphus College. A metade superior do cartaz estava coberta pela palavra CIÊNCIA, escrita com letras imensas, de um colorido já pálido. As letras estavam se derretendo, escorrendo até um lago de protoplasma feito com material fluorescente. Abaixo dessa poça psicodélica, grandes letras pretas perguntavam: "O fim da ciência?".

No início de nossa entrevista, Stent parecia um tanto desconfiado. Perguntou-me intencionalmente se eu estava acompanhando as dificuldades legais da jornalista Janet Malcolm, que acabara de perder mais um embate na interminável batalha legal com um de seus ex-entrevistados para a seção de perfis, o psicanalista Jeffrey Masson. Resmunguei alguma coisa no sentido de que as transgressões de Malcolm eram muito pequenas para merecerem castigo, mas que seus métodos pareciam bastante descuidados. Se eu escrevesse alguma crítica sobre uma pessoa tão evidentemente volúvel como Masson, disse a Stent, teria o cuidado de gravar todas as minhas citações. (Enquanto eu falava, meu gravador girava silenciosamente entre nós.)

Aos poucos, Stent relaxou e começou a me contar sobre a sua vida. Nascido em Berlim de pais judeus em 1924, ele fugiu da Alemanha em 1938 e foi viver com uma irmã que morava em Chicago. Fez doutorado em química na Universidade de Illinois; mas, ao ler o livro de Erwin Schrödinger, *What is life?*, ficou fascinado pelo mistério da transmissão genética. Depois de trabalhar no Instituto de Tecnologia da Califórnia com o eminente biofísico Max Delbrück, conseguiu uma cadeira de professor em Berkeley em 1952. Naqueles primeiros anos da biologia molecular, disse Stent, "nenhum de nós sabia o que estávamos fazendo. Então Watson e Crick descobriram a hélice dupla, e em algumas semanas compreendemos que estávamos fazendo biologia molecular".

Stent começou a refletir sobre os limites da ciência na década de 1960, em parte como resposta ao movimento da liberdade de expressão de Berkeley, que desafiava o valor do racionalismo e do progresso tecnológico ocidentais e outros aspectos da civilização que eram caros para ele. A universidade o nomeou para um comitê que tinha o objetivo de "lidar com tudo isso, acalmar os ânimos", por meio de conversas com os estudantes. Stent procurou cumprir esse mandato — e resolver seus próprios conflitos interiores a respeito de seu papel como cientista — dando uma série de conferências. Essas palestras se transformaram em *The coming of the golden age*.

Eu disse a Stent que, ao terminar a leitura de *The coming of the golden age*, não consegui determinar se ele acreditava que a nova Polinésia, a era do estase social e intelectual e do lazer universal, representaria uma melhora em relação à nossa presente situação. "Nunca consegui decidir essa questão!", exclamou ele, parecendo de fato angustiado. "As pessoas me chamavam de pessimista, mas eu me considerava otimista." Com certeza, Stent não achava que uma sociedade dessas seria utópica, em qualquer sentido. Depois dos horrores desencadeados pelos Estados totalitários, explicou ele, já não era possível levar a sério a idéia da utopia.

Stent sentia que suas previsões tinham resistido razoavelmente bem. Embora os hippies tivessem desaparecido (à exceção das relíquias deploráveis nas ruas de Berkeley), a cultura norte-americana se tornara cada vez mais materialista e antiintelectual; os hippies haviam evoluído, dando lugar aos yuppies. A Guerra Fria terminara, embora isso não tivesse acontecido pela mistura gradual dos Estados comunista e capitalista que Stent havia prefigurado. Ele admitia que não previra o ressurgimento, na esteira da Guerra Fria, dos conflitos étnicos há tanto tempo reprimidos. "Estou muito deprimido com o que está acontecendo nos Bálcãs", disse. "Não pensei que isso fosse ocorrer." Stent também foi surpreendido pela persistência da pobreza e do conflito racial nos Estados Unidos, mas ele acreditava que esses problemas acabariam por perder importância. (Aha, pensei. Afinal, ele era otimista.)

Stent estava convencido de que a ciência apresentava os sinais de término que ele tinha previsto em *Golden age*. Os físicos de partículas estavam tendo dificuldade em persuadir a sociedade a financiar experiências cada vez mais dispendiosas, como o superacelerador baseado na supercondução. Quanto aos biólogos, eles ainda tinham muito a aprender, por exemplo, sobre como uma célula fertilizada se transforma num organismo complexo e multicelular como um elefante, e sobre o funcionamento do cérebro. "Mas acho que o grande quadro está basicamente terminado", disse ele. "A biologia da evolução, em particular, terminou quando Darwin publicou *A origem das espécies.*" Ele zombou da esperança de alguns biólogos da evolução — especialmente Edward Wilson, de Harvard — de poderem se manter ocupados indefinidamente com o levantamento completo de toda a vida sobre a Terra, espécie por espécie. Tal empreendimento seria um "jogo de bolas de gude" sem sentido, reclamou Stent.

Ele então mergulhou numa diatribe contra o ambientalismo. No fundo, era uma filosofia anti-humana, que contribuía para a baixa auto-estima da juventude norte-americana e, em particular, das crianças negras pobres. Alarmado com o fato de que minha Cassandra favorita estava se revelando um doido, mudei de assunto, passando a focalizar a consciência. Perguntei a Stent se ele ainda considerava a consciência um problema científico insolúvel, como sugerira em *Golden age*. Ele respondeu que tinha grande respeito por Francis Crick, que recentemente dera uma guinada na sua carreira, voltando a atenção para a consciência. Se Crick sentia que era possível examinar cientificamente a consciência, disse Stent, essa possibilidade devia ser levada a sério.

Mas Stent ainda estava convencido de que uma explicação puramente fisiológica da consciência não seria tão compreensível ou tão significativa quanto a maioria das pessoas desejaria, nem nos ajudaria a resolver questões morais e éticas. Ele achava que o progresso da ciência poderia dar à religião um papel mais claro no futuro, em vez de eliminá-la inteiramente, como muitos cientistas outrora esperavam. Embora não pudesse competir com as histórias muito mais convincentes da ciência sobre o reino físico, a religião conservava algum valor ao oferecer orientação moral. "Os seres humanos são animais, mas são também indivíduos morais", afirmou ele. "A tarefa da religião está cada vez mais na esfera moral."

Quando perguntei sobre a possibilidade de os computadores se tornarem inteligentes e criarem a sua própria ciência, Stent riu com escárnio. Ele não fazia fé na inteligência artificial, muito menos nos seus entusiastas mais visionários. Os computadores podem ter sucesso em tarefas precisamente definidas como a matemática e o xadrez, indicava, mas o seu desempenho ainda é insondável quando se deparam com certas situações — como reconhecer um rosto, uma voz, caminhar numa calçada cheia de gente —, que nós resolvemos sem esforço. "Eles estão empolgados", disse Stent referindo-se a Marvin Minsky e outros que previam que os seres humanos um dia seriam capazes de fazer *download* de nossas personalidades em computadores. "Eu não eliminaria a possibilidade de que no século XXIII exista um cérebro artificial", acrescentou, "mas ele precisaria de experiência." Pode-se projetar um computador para que ele se torne especialista em restaurantes, "mas a máquina nunca saberá qual é o sabor de um bife".

Stent era igualmente cético em relação às afirmações dos investigadores do caos e da complexidade de que, com computadores e matemática sofisticada, seriam capazes de superar a ciência do passado. Em *The coming of the golden age*, Stent discute o trabalho de um dos pioneiros da teoria do caos, Benoit Mandelbrot. A partir do início dos anos 60, Mandelbrot mostrou que muitos fenômenos são intrinsecamente indetermináveis: eles exibem um comportamento imprevisível e aparentemente aleatório. Os cientistas só podem conjecturar sobre as causas de acontecimentos individuais, não podem prevê-los com nenhum grau de precisão.

Stent disse que os investigadores do caos e da complexidade estavam tentando criar teorias eficazes e compreensíveis sobre os mesmos fenômenos estudados por Mandelbrot. Em *Golden age*, ele concluiu que esses fenômenos indetermináveis resistiriam à análise científica, e não via razão para mudar de opinião. Muito pelo contrário. O trabalho elaborado nessas áreas corroborava a sua idéia de que a ciência, quando forçada a ir longe demais, sempre culmina em incoerência. Então Stent não achava que o caos e a complexidade provocariam o renascimento da ciência? "Não", replicou ele, com um sorriso brincalhão. "É o fim da ciência."

O QUE A CIÊNCIA REALIZOU

Evidentemente, não estamos nem um pouco perto da nova Polinésia imaginada por Stent, em parte porque a ciência aplicada ainda está muito aquém do que Stent esperava (receava?) ao escrever *The coming of the golden age*. Mas cheguei à conclusão de que, sob um aspecto muito importante, a profecia de Stent já se cumpriu. A ciência pura, a busca do conhecimento sobre o que somos e de onde viemos, já entrou numa era de resultados decrescentes. A maior barreira para o progresso futuro é, sem dúvida, o seu sucesso passado. Os pesquisadores já mapearam a realidade física, do microcosmo dos quarks e elétrons ao macrocosmo dos planetas, estrelas e galáxias. Os físicos demonstraram que toda matéria é regida por algumas forças básicas: a gravidade, o eletromagnetismo e as forças nucleares fortes e fracas.

Os cientistas também já teceram o seu conhecimento numa narrativa admirável, ainda que não grandemente detalhada, de como viemos a existir. O universo passou a existir por meio de uma explosão há 15 bilhões de anos, com talvez 5 bilhões de anos para lá ou para cá (é possível que os astrônomos nunca cheguem a um número exato), e ainda está se expandindo. Uns 4,5 bilhões de anos atrás, os detritos de uma estrela em explosão, uma supernova, se condensaram formando o nosso sistema solar. Em algum momento ao longo das centenas de milhões de anos que se seguiram, e por razões que talvez nunca conheçamos, organismos unicelulares contendo uma molécula engenhosa chamada DNA apareceram na Terra ainda infernal. Esses micróbios adâmicos deram origem, por meio da seleção natural, a uma extraordinária série de criaturas mais complexas, incluindo o *Homo sapiens*.

A minha conjectura é que essa narrativa tecida pelos cientistas com base no seu conhecimento, esse moderno mito da criação, será tão viável daqui a cem ou até mil anos quanto o é hoje em dia. Por quê? Simplesmente porque é verdade. Além do mais, devido ao progresso que a ciência já alcançou e tendo em vista os limites físicos, sociais e cognitivos que restringem a pesquisa futura, é improvável que a ciência faça acréscimos significativos ao conhecimento que já gerou. Não haverá grandes revelações no futuro, comparáveis às que Darwin, Einstein, Watson e Crick nos concederam.

O ANTICLÍMAX DA IMORTALIDADE

A ciência aplicada continuará a existir por muito tempo. Os cientistas continuarão a desenvolver novos materiais versáteis; computadores mais rápidos e mais sofisticados; técnicas de engenharia genética que nos tornam mais saudáveis, mais fortes e mais longevos; talvez até reatores de fusão que forneçam energia barata com poucos efeitos colaterais para o meio ambiente (embora, tendo em vista os cortes drásticos de financiamento, as perspectivas da fusão agora pareçam mais vagas do que nunca). A questão é a seguinte: esses progressos da ciência aplicada provocarão surpresas, alguma mudança revolucionária em nosso conhecimento básico? Forçarão os cientistas a rever o mapa que traçaram da estrutura do universo ou a narrativa que construíram da nossa criação e história cósmica? Provavelmente não. Neste século, a ciência aplicada tende antes a reforçar do que a desafiar os paradigmas teóricos predominantes. Os lasers e os transistores confirmam o poder da mecânica quântica, assim como a engenharia genética fundamenta a crença no modelo de evolução baseado no DNA.

O que constitui uma surpresa? A descoberta de Einstein de que o tempo e o espaço, as vigas-mestras da realidade, são feitos de borracha foi uma surpresa. E foi igualmente surpresa a observação dos astrônomos de que o universo está se expandindo, evoluindo. A mecânica quântica, que revelou um elemento probabilístico, um desvio de Lucrécio, no âmago das coisas, foi uma enorme surpresa; Deus *realmente* joga dados (apesar da desaprovação de Einstein). A descoberta recente de que os prótons e os nêutrons são feitos de partículas menores chamadas quarks foi uma surpresa de menos impacto, porque simplesmente estendeu a teoria quântica a uma esfera mais profunda; os fundamentos da física continuaram intactos.

Aprender que os seres humanos não foram criados por Deus do nada, mas gradativamente, pelo processo da seleção natural, foi uma grande surpresa. A maioria dos outros aspectos da evolução humana — aqueles que dizem respeito a onde, quando e como, precisamente, o *Homo sapiens* se desenvolveu — são detalhes. É possível que esses detalhes sejam interessantes, mas não é provável que sejam surpreendentes, a menos que mostrem que os pressupostos básicos dos cientistas sobre a evolução estão errados. Podemos aprender, por exemplo, que nosso repentino surto de inteligência foi catalisado pela intervenção de seres alienígenas, como no filme *2001*. Isso seria uma surpresa muito grande. Na realidade, qualquer prova de que existe vida — ou de que já existiu outrora — em outro lugar além de nosso pequeno planeta constituiria uma imensa surpresa. A ciência e todo o pensamento humano renasceriam. A especulação sobre a origem da vida e sua inevitabilidade seria feita numa base muito mais empírica.

Porém, qual é a probabilidade de que venhamos a descobrir vida em outros lugares? Se fizermos uma retrospectiva, veremos que os programas espaciais, tanto dos Estados Unidos como da União Soviética, não representaram a abertura de uma nova fronteira para o conhecimento humano, mas demonstrações elaboradas do entrechoque dos sabres. As perspectivas para a exploração espacial num nível que vá um pouco além do trivial parecem cada vez mais improváveis. Já não temos nem vontade, nem dinheiro para cultivar o desenvolvimento tecnológico por si mesmo. Os seres humanos, feitos de carne e osso, podem um dia viajar para outros planetas aqui em nosso sistema solar. Mas se não descobrirmos alguma maneira de superar a proibição de Einstein contra viagens mais velozes do que a luz, é provável que nunca sequer tentemos visitar outra estrela, quanto mais outra galáxia. Uma nave espacial que possa percorrer 1 milhão de milhas por hora, velocidade que está pelo menos uma ordem de magnitude acima da capacidade de qualquer tecnologia atual, ainda levaria quase 3 mil anos para chegar à nossa estrela vizinha mais próxima, Alfa de Centauro.[11]

O progresso mais dramático na ciência aplicada que posso imaginar é a imortalidade. Atualmente, muitos cientistas tentam identificar as causas precisas do envelhecimento. É concebível que, se tiverem êxito, venham a projetar versões do *Homo sapiens* capazes de viver por um período indefinido. Mas, embora viesse a representar um triunfo da ciência aplicada, a imortalidade não mudaria necessariamente o nosso conhecimento fundamental do universo. Não compreenderíamos melhor do que agora a razão da existência de nosso universo e o que existe além de suas fronteiras. Além disso, os biólogos da evolução sugerem que talvez seja impossível atingir a imortalidade. A seleção natural nos projetou com um período de vida suficiente para gerar e criar nossos filhos. Em conseqüência, o envelhecimento não se origina de nenhuma causa isolada nem de uma série de causas; está entrelaçado inextricavelmente no tecido de nosso ser.[12]

É O QUE ELES PENSAVAM HÁ CEM ANOS

É fácil compreender por que tantas pessoas não conseguem acreditar que a ciência, pura ou impura, possa estar terminando. Há apenas um século, ninguém podia imaginar o que o futuro nos reservava. Televisão? Jatos? Estações espaciais? Armas nucleares? Computadores? Engenharia genética? Deve ser tão impossível para nós prever o futuro da ciência — pura ou aplicada — quanto teria sido para santo Tomás de Aquino prever Madonna e os fornos de microondas. Assim como para os nossos antepassados, há maravilhas, completamemte imprevisíveis, à nossa espera. Só deixaremos de conhecer esses tesouros se decidirmos que eles não existem e pararmos de procurá-los. A profecia só pode ser auto-realizável.

Essa posição freqüentemente se manifesta no argumento de que "é isso o que se pensava no fim do século passado". Segundo esse argumento, no final do século XIX, os físicos achavam que já conheciam tudo. Porém, mal começara o século XX, Einstein e outros físicos já descobriam — inventavam? — a teoria da relatividade e a mecânica quântica. Essas teorias eclipsaram a física newtoniana e abriram novos e vastos panoramas para a física moderna e outros ramos da ciência. Moral da história: quem prevê que a ciência está chegando ao fim certamente se revelará tão míope quanto aqueles físicos do século XIX.

Aqueles que acreditam na finitude da ciência têm uma réplica padrão para esse tipo de argumento: como não conseguiam encontrar a beira da Terra, os primeiros exploradores poderiam perfeitamente ter concluído que ela era infinita, mas teriam se equivocado. Além disso, não há, absolutamente, registro histórico de que os físicos do final do século XIX julgassem ter dado conta de tudo. A melhor evidência desse senso de domínio completo é um discurso proferido em 1894 por Albert Michelson, cujas experiências sobre a velocidade da luz ajudaram a inspirar a teoria da relatividade especial de Einstein.

> Embora nunca seja seguro afirmar que o futuro da ciência física não contém maravilhas ainda mais espantosas do que as do passado, parece provável que a maioria dos grandes princípios subjacentes foi solidamente estabelecida e que os progressos futuros devem ser procurados principalmente na aplicação rigorosa desses princípios a todos os fenômenos que entrarem em nosso campo de observação. É nesse ponto que a ciência da mensuração revela a sua importância — quando os resultados quantitativos são mais desejáveis do que o trabalho qualitativo. Um eminente físico observou que as verdades futuras da ciência física devem ser procuradas na sexta casa decimal.[13]

A observação de Michelson sobre a sexta casa decimal tem sido tão amplamente atribuída a lorde Kelvin (aquele que deu o nome ao Kelvin, unidade de temperatura) que alguns autores lhe dão o crédito dessa citação.[14] Mas os historiadores não têm encontrado nenhuma prova de que Kelvin tenha feito tal afirmação. Além disso, segundo o historiador da ciência Stephen Brush, da Universidade de Maryland, na época dos comentários de Michelson os físicos debatiam vigorosamente questões fundamentais, como a viabilidade da teoria atômica da matéria. Michelson estava tão absorto nas suas experiências ópticas, sugeriu Brush, que "ignorava as violentas controvérsias que grassavam entre os teóricos da época". A alegada "calma vitoriana da física", concluiu Brush, é um "mito".[15]

O CASO APÓCRIFO DO FUNCIONÁRIO DE PATENTES

Como era previsível, outros historiadores não concordam com a avaliação de Brush.[16] As questões relativas ao estado de ânimo de uma determinada era jamais podem ser inteiramente resolvidas, mas o ponto de vista de que os cientistas do século passado eram complacentes com o estado de sua área tem sido claramente exagerado. Os historiadores forneceram uma sentença definitiva sobre outro episódio do agrado daqueles que relutam em aceitar que a ciência possa ser mortal. Dizem que, na metade do século XIX, o chefe do Registro de Patentes dos Estados Unidos abandonou o cargo e recomendou que a repartição fosse fechada, pois em breve não haveria mais nada para inventar.

Em 1995, Daniel Koshland, editor da prestigiada revista *Science*, repetiu essa história no texto em que apresentava uma nova seção especial sobre o futuro da ciência. Na seção, cientistas renomados faziam previsões sobre o que suas áreas poderiam realizar nos próximos vinte anos. Koshland, que como Gunther Stent é biólogo na Universidade da Califórnia, em Berkeley, exultava com o fato de que seus vaticinadores "claramente não concordavam com aquele funcionário do Registro de Patentes do passado. Grandes descobertas muito importantes para o futuro da ciência estão prestes a acontecer. O fato de termos ido tão longe e tão rápido não indica que tenhamos saturado o mercado das descobertas, mas que elas vão ocorrer com velocidade cada vez maior".[17]

O ensaio de Koshland contém dois problemas. Primeiro, os colaboradores de sua seção especial não prefiguravam "grandes descobertas", e sim, em sua maior parte, aplicações um tanto mundanas do conhecimento atual, como métodos melhores para projetar remédios, testes aperfeiçoados para detectar desordens genéticas, exames mais discriminadores do cérebro e coisas desse tipo. Algumas previsões eram de natureza negativa. "Quem esperar algum tipo de inteligência humana do computador nos próximos cinqüenta anos está fadado a se desapontar", proclamava o físico Philip Anderson, laureado com o prêmio Nobel.

Segundo, a história de Koshland sobre o funcionário do Registro de Patentes era apócrifa. Em 1940, um estudioso chamado Elber Jeffery examinou esse caso num artigo intitulado "Nothing left to invent" [Nada mais para inventar], publicado no *Journal of the Patent Office Society*.[18] Jeffery encontrou as origens da história no testemunho que Henry Ellsworth, então funcionário do Registro de Patentes, prestou no Congresso em 1843. Ellsworth observou em certo momento: "O progresso das artes, de ano para ano, põe à prova a nossa credulidade e parece pressagiar a chegada daquele período em que o desenvolvimento humano deve findar".

Mas, longe de recomendar que sua repartição fosse fechada, Ellsworth solicitava financiamento extra para enfrentar a enchente de invenções que esperava na agricultura, nos transportes e nas comunicações. Ellsworth renunciou realmente ao cargo dois anos mais tarde, em 1845, porém, na sua carta de demissão ele não falava em fechar o Registro de Patentes; ao contrário, confessava-se orgulhoso de tê-lo expandido. Jeffery concluía que a afirmação de Ellsworth sobre "aquele período em que o desenvolvimento humano deve findar" representava "um mero floreio retórico destinado a enfatizar os avanços extraordinários nas invenções que estavam ocorrendo e naquelas para o futuro". Mas talvez Jeffery não estivesse dando a Ellsworth bastante crédito. Afinal, Ellsworth estava antecipando a afirmação que Gunther Stent faria, depois de mais de um século: quanto mais veloz for o progresso da ciência, mais rapidamente ela atingirá seus limites máximos, inevitáveis.

Considerem-se as implicações da posição alternativa, aquela implicitamente apresentada por Daniel Koshland. Ele insistia em que, por ter feito avanços tão rápidos ao longo do último século, a ciência pode progredir, e vai continuar fazendo-o, talvez para sempre. Mas esse argumento indutivo é bastante equivocado. A ciência só existe há algumas centenas de anos, e suas realizações mais espetaculares ocorreram no último século. Vista de uma perspectiva histórica, a era moderna do rápido progresso científico e tecnológico não parece ser uma característica permanente da realidade, e sim uma aberração, um acaso feliz, produto de uma singular convergência de fatores sociais, intelectuais e políticos.

A ASCENSÃO E A QUEDA DO PROGRESSO

Em seu livro de 1932, *The idea of progress*, o historiador J. B. Bury afirmava: "A ciência tem progredido ininterruptamente durante os últimos trezentos ou quatrocentos anos; cada nova descoberta deu origem a novos problemas e a novos métodos de solução, abrindo novos campos a serem explorados. Até agora os cientistas não foram obrigados a se deter, tendo sempre encontrado meios de seguir adiante. Mas *que garantia temos de que eles não vão deparar com barreiras intransponíveis?*" [em itálico no original].[19]

Bury havia demonstrado, com suas próprias investigações, que o conceito de progresso tinha, quando muito, algumas centenas de anos. Da época do Império Romano até a Idade Média, inclusive, a maioria dos que buscavam a verdade nutria uma visão degenerativa da história; os antigos gregos atingiram o apogeu do conhecimento matemático e científico, e desde então a civilização rolava ladeira abaixo. Os que vieram depois só podiam tentar resgatar algum vestígio da sabedoria sintetizada por Platão e Aristóteles. Foram os fundadores da ciência empírica e moderna, homens como Isaac Newton, Francis Bacon, René Descartes e Gottfried Leibniz, que, pela primeira vez, apresentaram a idéia de que o ser humano pode sistematicamente adquirir e acumular conhecimento por meio de investigações da natureza. Esses protocientistas acreditavam que o processo seria finito, que poderíamos alcançar o conhecimento completo do mundo e então construir uma sociedade perfeita, uma utopia, baseada nesse conhecimento e nos preceitos cristãos. (A nova Polinésia!)

Foi só com o advento de Darwin que certos intelectuais ficaram tão enamorados com o progresso que passaram a insistir em que ele poderia ser, ou deveria ser, *eterno*. "Na esteira da publicação de *A origem das espécies*, de Darwin", escreveu Gunther Stent em seu livro de 1978, *The paradoxes of progress*, "a idéia do progresso foi elevada ao nível de uma religião científica. [...] Essa visão otimista passou a ser tão amplamente adotada nos países industrializados [...] que a afirmação de que o progresso possa estar chegando ao fim é agora considerada uma noção tão bizarra quanto o era, em tempos mais remotos, a afirmação de que a Terra se move ao redor do Sol."[20]

Não é de surpreender que os modernos Estados nacionais tenham se tornado adeptos fervorosos do credo "a ciência é infinita". A ciência produziu maravilhas como a bomba, a energia nuclear, os jatos, o radar, os computadores e os mísseis. Em 1945, o físico Vannevar Bush (um parente distante do ex-presidente George Bush) proclamou em *Science: the endless frontier* que a ciência é "uma terra em grande parte inexplorada" e uma "chave essencial" para a segurança militar e econômica dos Estados Unidos.[21] O ensaio de Bush serviu de base para a construção da National Science Foundation [Fundação Nacional da Ciência] e de outras organizações federais norte-americanas que, desde então, passaram a apoiar a pesquisa básica numa escala sem paralelo.

A União Soviética foi talvez mais devotada que o seu rival capitalista ao conceito de progresso científico e tecnológico. Os soviéticos pareciam ter seguido a orientação de Friedrich Engels, que em *A dialética da natureza* procurou exibir o seu conhecimento a respeito da dependência da lei da gravitação de Newton ao inverso do quadrado na seguinte passagem:

> O ato de Lutero ao queimar a bula papal significou, na esfera religiosa, o que a grande obra de Copérnico significou na esfera da ciência natural. [...] Mas, a partir de então, o desenvolvimento da ciência progrediu a passos largos, aumentando, por assim dizer, proporcionalmente ao quadrado da distância temporal de seu ponto de partida, como se quisesse mostrar ao mundo que, para o movimento do produto mais elevado da matéria orgânica, a mente humana, a lei do inverso do quadrado funciona tão bem quanto para o movimento da matéria inorgânica.[22]

Na visão de Engels, a ciência podia e ia continuar a progredir, em ritmo acelerado, para sempre.

Sem dúvida, poderosas forças sociais, políticas e econômicas agora se opõem a essa perspectiva sobre um progresso científico e tecnológico ilimitado. A Guerra Fria, que representou um impulso importante para a pesquisa básica nos Estados Unidos e na União

Soviética, terminou; os Estados Unidos e as antigas repúblicas soviéticas têm muito menos incentivos para construir estações espaciais e gigantescos aceleradores com o único intuito de demonstrar o seu poder. Além disso, a sociedade está cada vez mais sensível às conseqüências adversas da ciência e da tecnologia, como a poluição, a contaminação nuclear e as armas de destruição em massa.

Até os líderes políticos, que foram tradicionalmente os defensores mais fiéis do valor do progresso científico, começaram a expressar sentimentos contra a ciência. O poeta e presidente tcheco Václav Havel declarou em 1992 que a União Soviética encarnou e, com isso, desacreditou para sempre o "culto da objetividade" criado pela ciência. Havel manifestou a esperança de que a dissolução do Estado comunista provocaria "o fim da era moderna", que fora "dominada pela crença culminante, expressa em diferentes formas, de que o mundo — e o Ser como tal — é um sistema inteiramente passível de conhecimento, governado por um número finito de leis universais que o homem pode compreender e controlar racionalmente em seu próprio benefício".[23]

Essa desilusão com a ciência foi prevista no início deste século por Oswald Spengler, um mestre-escola alemão que se tornou o primeiro grande profeta do fim da ciência. Em sua volumosa obra, *O declínio do Ocidente*, publicada em 1918, Spengler afirma que a ciência avança de forma cíclica, os períodos românticos de investigação da natureza e invenção de novas teorias dando lugar aos períodos de consolidação nos quais o conhecimento científico se fossiliza. Segundo Spengler, quando os cientistas se tornarem mais arrogantes e menos tolerantes em relação a outros sistemas de crenças, especialmente religiosos, a sociedade se rebelará contra a ciência e adotará o fundamentalismo religioso e outros sistemas irracionais de crença. Spengler previa que o declínio da ciência e o ressurgimento da irracionalidade começariam no final do milênio.[24]

Apesar de significativa, a análise de Spengler era demasiado otimista. A sua visão cíclica da ciência sugeria que ela um dia poderia ressuscitar e passar por um novo período de descobertas. No entanto, a ciência não é cíclica, mas linear; só podemos descobrir a tabela periódica, a expansão do universo e a estrutura do DNA uma única vez. O maior obstáculo para a ressurreição da ciência — e especialmente da ciência pura, a busca do conhecimento sobre quem somos e de onde viemos — é o sucesso passado dela mesma.

O FIM DOS HORIZONTES ILIMITADOS

Compreensivelmente, os cientistas não gostam de afirmar em público que entraram numa era de resultados decrescentes. Ninguém quer ser lembrado como o equivalente daqueles físicos supostamente míopes de um século atrás. Além do mais, há sempre o perigo de que as previsões da morte da ciência venham a se cumprir. Mas Gunther Stent não é o único cientista famoso a violar o tabu contra essas profecias. Em 1971, a revista *Science* publicou um ensaio intitulado "Science: endless horizons or golden age?" [Ciência: horizontes ilimitados ou era dourada?], de Bentley Glass, eminente biólogo e presidente da American Association for the Advancement of Science [Associação Americana para o Progresso da Ciência], que publica a *Science*. Glass comparava os dois roteiros para o futuro da ciência propostos por Vannevar Bush e Gunther Stent, e relutantemente tomava o partido de Stent. A ciência não só é finita, afirmava Glass, como seu fim está à vista. "Somos como os exploradores de um grande continente", proclamava ele, "que penetraram até o limite na maioria dos pontos da bússola e mapearam os principais rios e cadeias de montanhas. Ainda falta completar inúmeros detalhes, mas os horizontes ilimitados já não existem."[25]

Segundo Glass, uma leitura cuidadosa do ensaio *Endless frontier* de Bush sugere que ele também via a ciência como um empreendimento finito. Em nenhum momento Bush afirma especificamente que algum dos campos da ciência pode continuar a gerar novas descobertas para sempre. Na verdade, Bush descreve o conhecimento científico como um "edifício" cuja forma "é predeterminada pela leis da lógica e pela natureza do raciocínio humano. É quase como se ele já existisse". A metáfora escolhida por Bush, comentou Glass, revela que para ele o conhecimento científico tinha uma extensão finita. Glass propunha que o "título ousado" do ensaio de Bush não era para "ser tomado ao pé da letra, mas apenas como uma sugestão de que, de nosso ponto de vista atual, ainda resta tanto a ser descoberto à nossa frente que os horizontes parecem virtualmente ilimitados".

Em 1979, na *Quarterly Review of Biology*, Glass apresentou evidências para sustentar sua opinião de que a ciência estava se aproximando de um apogeu.[26] A sua análise do ritmo das descobertas na biologia mostrava que elas não tinham acompanhado o aumento exponencial do número de pesquisadores e do financiamento. "Ficamos tão impressionados com a inegável aceleração no ritmo de realizações magníficas que mal notamos que já estamos bem dentro de uma era de resultados decrescentes", afirmou Glass. "Isto é, uma quantidade cada vez maior de trabalho científico e gastos financeiros deve ser alocada para sustentar o nosso progresso. Mais cedo ou mais tarde, teremos de parar, por causa dos limites insuperáveis da mão-de-obra e do financiamento. Tão rápido tem sido o crescimento da ciência em nosso século que criamos a ilusão de pensar que podemos manter esse ritmo de progresso indefinidamente."

Quando conversei com Glass em 1994, ele confessou que muitos dos seus colegas tinham ficado assustados por ele ter aflorado o tema dos limites da ciência e, ainda mais, por ter profetizado sua morte.[27] Mas Glass julgara então, e ainda julgava, que o tópico era importante demais para ser ignorado. Para ele, não havia dúvida de que a ciência enquanto empreendimento social tinha *alguns* limites. Se a ciência tivesse continuado a crescer no mesmo ritmo do início do século, salientou, logo teria consumido todo o orçamento do mundo industrializado. "Acho que é bastante evidente para todos que devemos colocar freios na quantidade de financiamento para a ciência, a ciência pura." Essa redução no ritmo, observou ele, era evidente na decisão do Congresso dos Estados Unidos em 1993, que pôs fim ao superacelerador por supercondução, o gigantesco acelerador de partículas com o qual os físicos esperavam ser impelidos, além dos quarks e elétrons, até um campo mais profundo do microespaço, tudo por uns meros 8 bilhões de dólares.

De acordo com Glass, mesmo que a sociedade se dispusesse a dedicar todos os seus recursos à pesquisa, algum dia a ciência atingiria o ponto em que os resultados se tornariam decrescentes. Por quê? Porque a ciência *funciona*; ela resolve os seus problemas.

Afinal, os astrônomos já sondaram as regiões mais remotas do universo; na verdade, eles não conseguem ver o que existe além de suas fronteiras. Além disso, a maioria dos físicos acha que a redução da matéria a partículas cada vez menores vai acabar um dia, ou até já pode ter acabado, na prática. Mesmo que os físicos descobrissem partículas enterradas embaixo dos quarks e dos elétrons, esse conhecimento faria pouca ou nenhuma diferença para os biólogos, pois eles já aprenderam que os processos biológicos mais significativos ocorrem no plano molecular ou acima dele. "Há um limite para a biologia nesse ponto", explicou Glass, "que ninguém espera poder romper algum dia, por causa da natureza da constituição da matéria e da energia."

Segundo Glass, as grandes revoluções da biologia podem estar no passado. "Para mim, pelo menos, é difícil acreditar que será fácil encontrar mais uma vez algo tão compreensível e revolucionário quanto a perspectiva de Darwin sobre a evolução da vida ou a compreensão de Mendel sobre a natureza da hereditariedade. Afinal, essas já foram descobertas!" Os biólogos têm, certamente, muito a aprender sobre doenças como o câncer e a AIDS, enfatizou Glass; sobre o processo pelo qual uma única célula fertilizada se transforma num organismo multicelular e complexo; sobre a relação entre o cérebro e a mente. "Haverá novos acréscimos à estrutura do conhecimento. Mas já fizemos alguns dos maiores progressos possíveis. Resta apenas saber se em nosso universo conceitual ainda existem mudanças realmente grandes a serem feitas."

TEMPOS DIFÍCEIS PARA A FÍSICA

Em 1992, a revista mensal *Physics Today* publicou um ensaio intitulado "Hard times" [Tempos difíceis], em que Leo Kadanoff, um famoso físico da Universidade de Chicago, pintava um quadro sombrio para o futuro da física. "É provável que nada do que fizermos conseguirá deter o nosso declínio em números, apoio ou valor social", declarou Kadanoff. "A maior parte da nossa base dependia de eventos que estão se tornando história antiga: as armas nucleares e o radar durante a Segunda Guerra Mundial, a tecnologia do silício e do laser, mais tarde, o otimismo e a hegemonia industrial norte-americanos, a crença socialista na racionalidade como meio de melhorar o mundo." Segundo Kadanoff, essas condições em grande parte desapareceram; tanto a física quanto a ciência em geral são agora atacadas por ambientalistas, ativistas dos direitos dos animais e outros grupos com pontos de vista anticientíficos. "Em décadas recentes, a ciência teve altas recompensas e esteve no centro do interesse e da preocupação sociais. Não devemos nos surpreender se essa anomalia desaparecer."[28]

Quando falei com Kadanoff por telefone, dois anos mais tarde, ele parecia ainda mais sombrio do que seu ensaio.[29] Apresentou-me a sua visão de mundo com uma melancolia abafada, como se estivesse com um resfriado existencial na cabeça. Em vez de discutir os problemas sociais e políticos da ciência, como fizera em seu artigo na *Physics Today*, ele focalizou outro obstáculo ao progresso científico: as realizações passadas da ciência. A grande tarefa da ciência moderna, explicou Kadanoff, tem sido mostrar que o mundo se ajusta a certas leis físicas básicas. "É uma questão que tem sido explorada pelo menos desde a Renascença, e talvez por um período ainda maior. Para mim, é um problema resolvido. Isto é, parece-me que o mundo *é* explicável pelas leis." As leis mais fundamentais da natureza são incorporadas na teoria da relatividade geral e no chamado modelo padrão da física de partículas, que descreve o comportamento da realidade quântica com enorme precisão.

Há apenas meio século, lembrou Kadanoff, muitos cientistas de renome ainda se mantinham fiéis à doutrina romântica do vitalismo, segundo a qual a vida nasce de um misterioso *élan* vital que não pode ser explicado em termos de leis físicas. Em conseqüência das descobertas da biologia molecular — a começar pela descoberta da estrutura do DNA em 1953 —, "são relativamente poucas as pessoas cultas" que admitem acreditar no vitalismo, disse Kadanoff.

Sem dúvida, os cientistas ainda têm muito a aprender sobre o modo como as leis fundamentais geram "a riqueza do mundo que vemos". O próprio Kadanoff é um líder no campo da física da matéria condensada, que não estuda o comportamento de partículas subatômicas individuais, mas de sólidos ou líquidos. Kadanoff também tem sido associado ao campo do caos, que examina fenômenos que se revelam de formas previsivelmente imprevisíveis. Alguns adeptos do caos — e de um campo bastante relacionado a ele, chamado complexidade — têm sugerido que, com a ajuda de computadores potentes e de novos métodos matemáticos, serão capazes de descobrir verdades que superam aquelas reveladas pela ciência "reducionista" do passado. Kadanoff tem as suas dúvidas. Estudar as conseqüências das leis fundamentais é "de certa forma menos interessante" e "menos profundo", disse ele, do que mostrar que o mundo tem leis. "Mas agora que sabemos que o mundo tem leis", acrescentou, "precisamos continuar a explorar outras coisas. E é verdade que essa perspectiva provavelmente excita bem menos a imaginação do ser humano comum. Talvez por boas razões."

Kadanoff salientou que tampouco a física de partículas tem sido grandemente emocionante nos últimos anos. Os experimentos nas últimas décadas têm apenas confirmado as teorias existentes, em vez de revelar novos fenômenos que requeiram novas leis; o objetivo de encontrar uma teoria unificada de todas as forças da natureza parece distante a ponto de inviabilizar sua concretização. Kadanoff acha que, na realidade, há muito tempo nenhum campo da ciência produz descobertas verdadeiramente profundas. "A verdade é que não há nada — *nada* — que possua a mesma ordem de grandeza das realizações da invenção da mecânica quântica, da hélice dupla ou da relatividade. Nada parecido tem acontecido nas últimas décadas." Perguntei a Kadanoff se essa situação seria permanente. Ele ficou em silêncio por um momento. Depois suspirou, como se tentasse extravasar todo o seu cansaço do mundo. "Depois que se provou que o mundo tem leis", respondeu, "de forma convincente para muitas pessoas, não se pode fazer a mesma Coisa de novo."

ASSOBIANDO PARA MANTER O ÂNIMO ELEVADO

Um dos poucos filósofos modernos a pensar seriamente sobre os limites da ciência é Nicholas Rescher, da Universidade de Pittsburgh. Em seu livro de 1978, *Scientific progress*, Rescher deplorava o fato de Stent, Glass e outros cientistas de renome acharem que a ciência podia estar chegando a um beco sem saída. Ele pretendia providenciar "um antídoto para essa tendência de pensamento difundida hoje em dia", demonstrando que a ciência é pelo menos potencialmente infinita.[30] Mas o roteiro que ele esboçava ao longo do livro não era otimista. Ele afirmava que a ciência, como disciplina fundamentalmente experimental e empírica, enfrenta restrições econômicas. Quando os cientistas tentam estender as suas teorias a domínios mais remotos — levando ainda mais longe a investigação sobre o universo e aprofundando ainda mais o exame da matéria —, seus custos acabam aumentando e seus resultados diminuem.

"A inovação científica vai se tornar dia a dia mais difícil, à medida que nos afastamos cada vez mais de nossa base doméstica rumo a fronteiras mais remotas. Se a perspectiva presente é até parcialmente correta, o meio milênio que começa ao redor de 1650 acabará por ser considerado, entre as grandes transformações evolutivas características da história humana, como a era da Explosão da Ciência, tão singular na sua estrutura histórica quanto a Era do Bronze, a Revolução Industrial ou a Explosão Populacional."[31]

Rescher acrescenta o que, ao que parece, julga ser um final feliz para o seu roteiro deprimente: a ciência jamais terminará; vai se tornar mais lenta, mais lenta, mais lenta, como a tartaruga de Zenão. Os cientistas tampouco deviam concluir que a sua pesquisa esteja fadada a degenerar, tornando-se um simples preenchimento de detalhes; é sempre *possível* que uma de suas experiências cada vez mais dispendiosas tenha importância revolucionária, comparável à da mecânica quântica ou da teoria de Darwin.

Numa resenha do livro de Rescher, Bentley Glass qualificou todas essas prescrições como o ato de "assobiar para manter o ânimo elevado diante do que, para a maioria dos profissionais da ciência, é uma perspectiva sombria e iminente".[32] Quando falei por telefone com Rescher em agosto de 1992, ele reconheceu que sua análise fora sombria, sob muitos aspectos. "Só podemos investigar a natureza interagindo com ela", disse. "Para isso, temos de procurar chegar a regiões jamais investigadas antes, de densidade mais alta, temperatura mais baixa ou de energia mais elevada. Em todos esses casos, estamos procurando romper limites fundamentais, e isso requer aparelhos cada vez mais elaborados e caros. Assim, os limites dos recursos humanos impõem um limite à ciência."

Mas Rescher insistia em que "grandes maravilhas, descobertas de primeira classe" podiam — deviam! — estar à nossa espera no futuro. Ele não sabia dizer de onde essas descobertas surgiriam. "É como o músico de jazz que, ao ser interrogado sobre que caminho tomaria o jazz, respondeu: 'Se soubesse, a essa altura já estaríamos lá'." Por fim, Rescher apelou para o argumento de que "isso é o que se pensava no final do século passado". Segundo ele, o fato de cientistas como Stent, Glass e Kadanoff parecerem temer o fim próximo da ciência dava-lhe confiança de que alguma descoberta maravilhosa era iminente. Como muitos pretensos videntes, Rescher sucumbira ao *wishful thinking*. Ele admitia o seu sentimento de que o fim da ciência seria uma tragédia para a humanidade. Se a busca do conhecimento terminasse, o que seria de nós? O que daria significado à nossa existência?

O SIGNIFICADO DO "PLUS ULTRA" DE FRANCIS BACON

A segunda reação mais comum à sugestão de que a ciência está terminando — depois do argumento de que "isso é o que se pensava no final do século passado" — é a velha máxima: "As respostas provocam novas perguntas". Em *Prolegômenos a toda metafísica futura*, Kant escreveu que "toda resposta formulada com base em princípios da experiência gera uma nova pergunta, que da mesma forma exige a sua resposta; isso revela claramente a insuficiência de todos os modos físicos de explicação para satisfazer à razão".[33] Mas Kant também sugeriu (antecipando os argumentos de Gunther Stent) que a estrutura inata de nossa mente restringe tanto as perguntas que propomos à natureza como as respostas que dela colhemos.

Sem dúvida, a ciência continuará a propor novas questões. A maioria é trivial, na medida em que diz respeito a detalhes que não afetam nossa compreensão básica da natureza. Quem realmente se importa, a não ser os especialistas, com a massa precisa do top quark, cuja existência foi finalmente confirmada em 1994, depois de pesquisas que custaram bilhões de dólares? Outras perguntas são profundas, mas irrespondíveis. Na realidade, o contraste mais persistente para a *perfeição* da ciência — para a obtenção daquela teoria verdadeiramente satisfatória com que Roger Penrose e outros sonham — é a capacidade humana de inventar perguntas irrespondíveis. Diante de uma pretensa teoria de tudo, alguém sempre pode e vai perguntar: Mas como sabemos que os quarks ou até as supercordas (na eventualidade improvável de que sua existência venha a ser demonstrada um dia) não são compostos de entidades ainda menores — *ad infinitum*? Como sabemos que o universo visível não é apenas um dentre um número infinito de universos? O nosso universo era necessário ou foi apenas um acaso cósmico? E que dizer da vida? Os computadores são capazes de desenvolver um pensamento consciente? E as amebas?

Por mais longe que vá a ciência empírica, nossa imaginação sempre pode ultrapassá-la. Esse é o maior obstáculo às esperanças — e aos receios — dos cientistas de que venhamos a encontrar *A Resposta*, a teoria que vai saciar para sempre a nossa curiosidade. Francis Bacon, um dos fundadores da ciência moderna, exprimiu a sua crença no vasto potencial da ciência com o termo latino *plus ultra*, "mais além".[34] Mas *plus ultra* não se aplica à ciência *per se*, que é um método rigorosamente controlado para examinar a natureza. *Plus ultra* se aplica antes à nossa imaginação. Embora seja limitada pela história evolutiva da espécie humana, a nossa imaginação será sempre capaz de se arriscar além do que de fato conhecemos.

Mesmo na nova Polinésia, sugeria Gunther Stent, algumas almas persistentes continuarão a lutar para superar a sabedoria que lhes foi legada. Stent chamava esses investigadores da verdade de "faustianos" (um termo que tomou emprestado de Oswald Spengler). Eu os chamo de "cientistas fortes" (expressão de *A angústia da influência,* de Harold Bloom, de que me apropriei). Ao propor perguntas que a ciência não pode responder, os cientistas fortes podem continuar a busca do conhecimento no modo especulativo que chamo de ciência irônica, mesmo depois que a ciência empírica — o tipo de ciência que responde a perguntas — tiver terminado.

O poeta John Keats cunhou a expressão *capacidade negativa* para se referir à aptidão de certos grandes poetas para tolerar "incertezas, mistérios, dúvidas, sem nenhuma busca nervosa do fato e da razão". Como exemplo, Keats escolheu seu colega poeta Samuel Coleridge, que "deixaria passar uma bela verossimilhança isolada, colhida no mais profundo recesso do mistério, por ser incapaz de se contentar com meio conhecimento".[35] A função mais importante da ciência irônica é ser a capacidade negativa da humanidade. Ao propor perguntas irrespondíveis, a ciência irônica nos lembra de que todo o nosso conhecimento é meio conhecimento; lembra-nos do pouco que sabemos. Mas ela não faz nenhuma contribuição significativa para o próprio conhecimento. Por isso, tem menos afinidade com a ciência no sentido tradicional do que com a crítica literária — ou a filosofia.

2
O FIM DA FILOSOFIA

A ciência do século XX deu origem a um paradoxo maravilhoso. O mesmo progresso extraordinário que gerou as previsões de que em breve talvez conheçamos tudo o que pode ser conhecido também alimentou dúvidas quanto ao nosso verdadeiro poder de conhecer *alguma coisa*. Quando uma teoria sucede à outra tão rapidamente, como podemos estar seguros de que são válidas? Em 1987, dois físicos britânicos, T. Theocaris e M. Psimopoulos, derrubaram essa posição filosófica cética num ensaio intitulado "Where science has gone wrong" [Onde a ciência teria errado]. Publicado na revista britânica *Nature*, o ensaio atribuía a culpa do "profundo e difundido mal-estar" da ciência aos filósofos que haviam atacado a noção de que a ciência podia alcançar o conhecimento objetivo. O artigo reproduzia fotografias de quatro "traidores da verdade" especialmente notórios: Karl Popper, Imre Lakatos, Thomas Kuhn e Paul Feyerabend.[1]

As fotos eram instantâneos granulados em branco e preto, do tipo que aparece em matéria sensacionalista sobre venerável banqueiro pego em flagrante enganando aposentados. Os fotografados eram claramente transgressores intelectuais da pior espécie. Feyerabend, a quem os ensaístas chamavam de "o pior inimigo da ciência", era o que tinha o ar mais malévolo de todo o bando. Com um sorriso afetado e olhando para a câmara por cima dos óculos empoleirados na ponta do nariz, ele estava obviamente imaginando ou saboreando a realização de alguma brincadeira diabólica. Parecia uma versão intelectual de Loki, o deus escandinavo da maldade.

A principal queixa de Theocaris e Psimopoulos era tola. O ceticismo de alguns filósofos acadêmicos nunca representou uma séria ameaça à burocracia sólida e bem financiada da ciência. Muitos cientistas, particularmente os pretensos revolucionários, acham as idéias de Popper *et alii* consoladoras, se o nosso conhecimento atual é provisório, há sempre a possibilidade de que o futuro nos reserve grandes revelações. Entretanto, Theocaris e Psimopoulos faziam uma afirmativa intrigante, a de que as idéias dos céticos "se refutam flagrantemente a si mesmas — elas se negam e se destroem". Seria interessante, pensei, apresentar essa afirmação aos filósofos e observar a sua reação.

Enfim, foi exatamente o que tive a oportunidade de fazer com todos os "traidores da verdade", à exceção de Lakatos, que morreu em 1974. Durante as minhas entrevistas, também tentei descobrir se esses filósofos eram realmente tão céticos, tão reticentes com relação à capacidade da ciência de alcançar a verdade quanto algumas de suas declarações davam a entender. Acabei convencido de que Popper, Kuhn e Feyerabend tinham, todos, muita fé na ciência; na verdade, o ceticismo que proclamavam era motivado por sua crença. Talvez a maior falha desses filósofos fosse atribuir à ciência um poder maior do que ela realmente tem. Eles receavam que perdêssemos nosso senso de admiração pela ciência e, com isso, ela chegasse ao fim — bem como todas as formas de busca do conhecimento. Estavam tentando proteger a humanidade, inclusive os cientistas, da fé ingênua na ciência, exemplificada por cientistas como Theocaris e Psimopoulos.

Com o poder e o prestígio que a ciência adquiriu ao longo do século passado, muitos filósofos passaram a servir a ela como relações públicas. É possível rastrear essa tendência até pensadores como Charles Sanders Peirce, o norte-americano que fundou a filosofia do pragmatismo — mas não conseguia manter nem um emprego nem uma esposa — e morreu miserável, sem um tostão, em 1914. Peirce assim definiu a verdade absoluta: é tudo aquilo que os cientistas afirmarem ser verdade, quando chegarem ao fim de seu trabalho.[2]

Grande parte da filosofia desde Peirce tem simplesmente desenvolvido essa visão. A filosofia dominante na Europa no início deste século era o positivismo lógico, segundo o qual só podemos saber que algo é verdadeiro se for possível demonstrá-lo lógica ou empiricamente. Os positivistas tinham a matemática e a ciência como fontes supremas da verdade. Popper, Kuhn e Feyerabend — cada um à sua maneira e por suas próprias razões — procuravam contestar essa atitude bajuladora em relação à ciência. Esses filósofos compreendiam que, numa era de ascensão da ciência, o objetivo mais elevado da filosofia deve ser o de colocar em xeque a ciência, infundindo a dúvida nos cientistas. Só assim a busca humana do conhecimento pode continuar aberta, potencialmente infinita; só assim podemos continuar assombrados diante do mistério do universo.

Dos três grandes céticos que entrevistei, Popper foi o primeiro a marcar um tento.[3] Sua filosofia derivava dos esforços que ele fazia para distinguir a pseudociência — como o marxismo, a astrologia ou a psicologia freudiana — da ciência verdadeira, como a teoria da relatividade de Einstein. A última, decidiu Popper, era testável; fazia previsões sobre o mundo que podiam ser empiricamente checadas. Era o que os positivistas lógicos tinham afirmado. Mas Popper negava a afirmação positivista de que os cientistas podem *provar* uma teoria por indução ou por testes empíricos ou observações sucessivas. Nunca se sabe se as observações foram suficientes; a observação seguinte pode contradizer tudo o que a precedeu. As observações nunca são capazes de provar uma teoria; só podem provar a sua inverdade ou refutá-la. Popper costumava se vangloriar de ter "matado" o positivismo lógico com essa argumentação.[4]

Popper expandiu esse princípio da refutação, transformando-o numa filosofia que chamou de racionalismo crítico. Um cientista se arrisca a apresentar uma proposição, e outros tentam derrubá-la com argumentos contrários ou evidência experimental. Popper considerava a crítica, e até o conflito, essencial para todo tipo de progresso. Assim como os cientistas se aproximam da verdade pelo que ele chama de "conjectura e refutação", as espécies evoluem por meio da competição e as sociedades por meio do debate político. Uma "sociedade humana sem conflito", escreveu certa vez, "não seria uma sociedade de amigos, mas de formigas".[5] Em *The open society and its enemies* [A sociedade aberta e seus inimigos], publicado em 1945, Popper afirmava que a política, ainda mais do que a ciência, requeria a livre expressão de idéias e críticas. O dogmatismo inevitavelmente conduzia não à utopia, como afirmavam tanto os marxistas quanto os fascistas, mas à repressão totalitária.

Comecei a discernir o paradoxo que se ocultava no âmago da obra de Popper — e na sua personalidade — quando, antes de conhecê-lo, pedi a opinião de outros filósofos sobre ele. Perguntas desse tipo em geral trazem à tona elogios genéricos, um tanto tediosos, mas nesse caso meus interlocutores não tinham nada de bom para dizer. Segundo eles, esse homem que vociferava contra o dogmatismo era, ele próprio, quase patologicamente dogmático, exigindo fidelidade de seus discípulos. Havia uma velha piada sobre Popper: O título de seu livro deveria ser *The open society by one of its enemies* [A sociedade aberta por um de seus inimigos].

Para combinar minha entrevista com Popper, telefonei para a London School of Economics, onde ele lecionava desde o fim da década de 1940. Uma secretária me informou que Popper geralmente trabalhava na sua casa em Kensington, um distrito rico de Londres, e me deu o número de seu telefone. Quando liguei, atendeu uma mulher de voz autoritária e sotaque alemão. A sra. Mew, governanta e assistente de "sir Karl". Antes de sir Karl me receber, tive de mandar à sra. Mew uma amostra de meus textos. Ela me deu uma relação de obras que eu deveria ler antes do encontro: uma dúzia de livros de sir Karl. Finalmente, depois de inúmeros faxes e telefonemas, ela marcou uma data. Também me deu as informações de como chegar à estação de trem perto da casa de sir Karl. Perguntei como faria para ir da estação até a casa, e a sra. Mew me assegurou que todos os motoristas de táxi sabiam onde sir Karl morava. "Ele é muito famoso."

"Vou à casa de sir Karl Popper, por favor", disse eu, ao entrar num táxi na estação de Kensington. "Quem?", perguntou o motorista. "Sir Karl Popper? O famoso filósofo? Nunca ouvi falar", disse o motorista. Mas ele conhecia a rua em que Popper morava, e assim encontramos a casa sem dificuldade — um chalé de dois andares rodeado por gramados e arbustos cuidadosamente podados.[6]

Uma mulher alta e bonita, de calça e camisa pretas, com os cabelos curtos e escuros puxados para trás, abriu a porta: a sra. Mew. Ela era só um pouco menos amedrontadora pessoalmente do que ao telefone. Enquanto me conduzia ao interior da casa, disse que sir

Karl estava muito cansado. Tinha passado por inúmeras entrevistas e homenagens por causa do seu nonagésimo aniversário no mês anterior, e andava trabalhando muito para preparar o discurso que proferiria ao receber o prêmio Kyoto, conhecido como o Nobel do Japão. Eu devia esperar uma entrevista de uma hora, no máximo.

Eu estava tentando diminuir minhas expectativas, quando Popper apareceu. Era curvado, usava aparelho de surdez e parecia surpreendentemente baixo; eu imaginara que o autor de uma prosa tão autocrática seria alto. No entanto, ele era ágil como um boxeador peso-galo. Brandia um artigo que eu escrevera para a *Scientific American* sobre como a mecânica quântica estava compelindo alguns físicos a abandonar a opinião de que a física era um empreendimento totalmente objetivo.[7] "Não acredito em nenhuma palavra desse seu artigo", declarou ele, num resmungo com sotaque austríaco. O "subjetivismo" não tem lugar na física, quântica ou não. "A física", exclamou ele, agarrando um livro da mesa e batendo-o contra a madeira, "é *isso*!" (O homem que dizia essa frase havia escrito, junto com outros, um livro que abraçava o dualismo, a noção de que as idéias e outras construções da mente humana existem independentemente do mundo material.)[8]

Uma vez sentado, continuou febrilmente a procurar livros ou artigos que pudessem reforçar um ponto. Lutando para extrair da memória um nome ou uma data, ele massageava as têmporas e rangia os dentes como se estivesse em agonia. Em certo momento, quando a palavra *mutação* lhe escapou sem querer, deu várias palmadas na testa com força alarmante, gritando: "Palavras, palavras, palavras!".

Ele falava tão rapidamente e com tanto ímpeto que comecei a perder as esperanças de poder lhe fazer as perguntas que preparara. "Tenho mais de noventa anos e ainda posso pensar", declarou como se suspeitasse de que eu tivesse alguma dúvida a respeito. Louvou incansavelmente uma teoria da origem da vida proposta por um antigo aluno, Günther Wächterhäuser, um advogado de patentes alemão com Ph.D. em química.[9] Popper não parava de enfatizar que conhecera todos os titãs da ciência do século XX: Einstein, Schrödinger, Heisenberg. Ele responsabilizava Bohr, a quem conhecia "muito bem", por ter introduzido o subjetivismo na física. Bohr era "um físico maravilhoso, um dos maiores de todos os tempos, mas era um filósofo miserável. E não dava para conversar com ele, pois ele falava o tempo todo; permitia ao interlocutor apenas uma ou duas palavras e logo o interrompia".

Quando a sra. Mew se virou para sair, Popper abruptamente lhe pediu que procurasse um de seus livros. Ela desapareceu por alguns minutos e depois retornou de mãos vazias.

"Desculpe-me, Karl, não consegui achá-lo", informou. "Sem uma descrição do livro, não dá para procurar em todas as estantes."

"Estava à direita deste canto, acho, mas eu talvez o tenha tirado..." A sua voz se extinguiu aos poucos... De algum modo, a sra. Mew pareceu revirar os olhos e desapareceu.

Ele fez uma pausa, e eu desesperadamente aproveitei a oportunidade para formular uma pergunta.

"Gostaria de lhe perguntar sobre..."

"Sim! Você deve me fazer as suas perguntas! Eu errei ao tomar a iniciativa. Pode me fazer todas as suas perguntas primeiro."

Quando comecei a perguntar a Popper sobre as suas opiniões, tornou-se claro que a sua filosofia cética se originava de uma visão profundamente romântica e idealizada da ciência. Era com base nisso que ele negava a afirmação, apresentada com freqüência pelos positivistas lógicos, de que a ciência pode ser reduzida a um sistema lógico e formal, em que os dados brutos são convertidos de forma metódica em verdade. Uma teoria científica, insistia Popper, é uma invenção, um ato de criação tão profundamente misterioso quanto qualquer coisa nas artes. "A história da ciência é especulativa em toda parte", disse Popper. "É uma história maravilhosa. Devemos nos orgulhar de ser humanos." Emoldurando o rosto nas mãos abertas, Popper entoou: "Eu acredito na inteligência humana".

Por razões semelhantes, Popper lutara durante toda a sua carreira contra a doutrina do determinismo científico, que ele sentia ser antitética à criatividade e à liberdade humanas, e portanto à própria ciência. Ele afirmou ter compreendido muito antes dos teóricos do caos que não só os sistemas quânticos, mas até os newtonianos clássicos, são inerentemente imprevisíveis; ele realizara uma conferência sobre esse tema na década de 1950. Apontando para o gramado do lado de fora da janela, disse: "Há caos em qualquer grama".

Quando lhe perguntei se ele achava que a ciência era incapaz de atingir a verdade absoluta, ele exclamou: "Não, não!" e sacudiu a cabeça com veemência. Como os positivistas lógicos antes dele, Popper acreditava que uma teoria científica podia ser "absolutamente" verdadeira. De fato, ele não tinha "nenhuma dúvida" de que algumas teorias científicas atuais eram absolutamente verdadeiras (embora se recusasse a enumerá-las). Mas rejeitava a crença positivista de que podemos *saber* quando uma teoria é verdadeira. "Precisamos distinguir entre a verdade, que é objetiva e absoluta, e a certeza, que é subjetiva."

Se os cientistas acreditassem demais em suas próprias teorias, Popper se dava conta, poderiam parar de procurar a verdade. E isso seria uma tragédia, pois para Popper a busca da verdade era o que dava valor à vida. "Buscar a verdade é uma espécie de religião", disse ele, "e acho que é também uma crença ética." A convicção de Popper de que a busca do conhecimento jamais deve terminar está refletida no título de sua autobiografia, *Unended quest* [Busca não concluída].

Assim, ele zombava da esperança de alguns cientistas de atingirem uma teoria completa da natureza, uma teoria que respondesse a todas as perguntas. "Muitas pessoas acham que os problemas podem ser resolvidos; outras acham o contrário. Penso que avançamos muito, mas ainda estamos muito longe. Tenho de lhe mostrar uma passagem que trata disso." Ele se levantou de novo e retornou com seu livro *Conjectures and refutations* [Conjecturas e refutações]. Abrindo-o, leu suas próprias palavras com reverência: "Em nossa infinita ignorância, somos todos iguais".

Popper também acreditava que a ciência nunca poderia responder às perguntas sobre o significado e a finalidade do universo. Por essas razões, ele nunca repudiara completamente a religião, embora tivesse há bastante tempo abandonado o luteranismo de sua juventude. "Sabemos muito pouco, e devíamos ser modestos, deixando de fingir que sabemos alguma coisa sobre questões definitivas desse tipo."

No entanto, ele abominava aqueles filósofos e sociólogos modernos que alegam ser a ciência incapaz de alcançar *alguma* verdade e afirmam que os cientistas aderem a teorias mais por razões políticas e culturais do que por motivos racionais. Esses críticos, acusava Popper, se ressentem de ser vistos como inferiores aos cientistas genuínos e estão tentando "mudar o seu status na hierarquia". Sugeri que esses críticos procuravam explicar como a ciência *é* praticada, ao passo que ele, Popper, tentava mostrar como se *devia* praticá-la. Para minha surpresa, Popper acenou a cabeça concordando. "É uma afirmação muito boa", disse ele. "Ninguém consegue compreender o que é a ciência sem ter uma idéia do que a ciência deve ser." Popper tinha de concordar em que os cientistas freqüentemente ficavam aquém do ideal que estabelecera para eles. "Como os cientistas recebem financiamento para o seu trabalho, a ciência não é exata como devia ser. Isso é inevitável. Há uma certa corrupção, infelizmente. Mas não gosto de falar sobre isso."

Mas então Popper passou a falar sobre isso. "Os cientistas não são tão autocríticos como deveriam ser", afirmou. "Há um certo desejo de que você, pessoas como você" — ele me cutucou com o dedo —, "os apresentem ao público." Ele me fitou por um momento, depois me lembrou que ele não encomendara a entrevista. "Longe disso", disse. "Você bem sabe que não só não fiz nenhuma tentativa nesse sentido como também não o encorajei a realizar essa entrevista." Então ele mergulhou numa crítica torturantemente técnica — envolvendo triangulação e outras tecnicalidades — da teoria do *big bang*. "É sempre o mesmo", resumiu. "As dificuldades são subestimadas. A teoria é apresentada como se tudo isso se fundasse em certeza científica, mas a certeza científica não existe."

Perguntei-lhe se ele achava que os biólogos também estavam demasiado comprometidos com a teoria da seleção natural de Darwin; no passado, ele sugerira que a teoria era tautológica e, por isso, pseudocientífica.[10] "Isso talvez tenha sido exagerado", disse Popper com um gesto de repúdio. "Não sou dogmático a respeito de minhas próprias opiniões." De repente, bateu na mesa e exclamou: "É preciso procurar teorias alternativas! Esta aqui", disse ele, sacudindo o trabalho de Günther Wächterhäuser sobre a origem da vida, "é uma teoria alternativa. Parece ser uma teoria melhor". O que não significa que seja verdadeira, acrescentou Popper rapidamente. "É provável que a origem da vida continue não testável para sempre", disse Popper. Mesmo que os cientistas criem a vida num laboratório, explicou, nunca poderão ter certeza de que ela realmente começou dessa forma.

Era tempo de eu fazer a minha grande pergunta. O seu próprio conceito de refutação era refutável? Popper me olhou com ar feroz. Depois sua expressão se abrandou e ele colocou a mão sobre a minha. "Não quero magoá-lo", disse suavemente, "mas é uma pergunta tola." Perscrutando os meus olhos, quis saber se um dos seus críticos tinha me persuadido a fazer essa pergunta. "Sim", menti. "Exatamente", disse ele com ar satisfeito.

"Quando alguém propõe uma idéia num seminário de filosofia, a primeira coisa que se faz é dizer que ela não satisfaz aos seus próprios critérios. É uma das críticas mais idiotas que se pode imaginar! O meu conceito de refutabilidade", disse ele, "é um critério para distinguir entre os modos empíricos de conhecimento, isto é, a ciência, e os não empíricos, como a filosofia. A própria refutabilidade é 'determinavelmente não empírica'; não pertence à ciência, mas à filosofia, ou 'metaciência', e nem sequer se aplica a toda a ciência." Popper estava admitindo, essencialmente, que os seus críticos tinham razão: a refutabilidade é uma simples diretriz, uma norma prática, às vezes útil e às vezes não.

Ele disse que até então nunca tinha respondido à pergunta que eu acabara de fazer. "Achava-a estúpida demais para merecer uma resposta. Você compreende a diferença?", perguntou, com a voz suave, de novo. Acenei afirmativamente com a cabeça. A pergunta também me parecia um pouco tola, disse, mas achei que devia fazê-la. Ele sorriu e apertou a minha mão, murmurando: "Sim, muito bem".

Como Popper parecia tão amável, mencionei que um antigo aluno dele o acusara de não tolerar críticas às suas próprias idéias. Os olhos de Popper chamejaram. "É mentira! Eu ficava *feliz* quando recebia críticas! Mas, é claro, não quando eu respondia à crítica, como respondi à que você me fez, e a pessoa ainda continuava com a mesma idéia. Isso eu achava chato e não tolerava." Se tal coisa acontecesse, Popper expulsava o aluno da aula.

A luz na cozinha estava adquirindo um tom avermelhado quando a sra. Mew enfiou a cabeça no vão da porta e nos informou que estávamos conversando havia mais de três horas. Um pouco mal-humorada, perguntou quanto tempo ainda demoraríamos. Quem sabe não seria melhor ela chamar um táxi para mim? Olhei para Popper, que abrira um sorriso de garoto levado, mas parecia estar cansado.

Consegui fazer uma última pergunta: por que, em sua autobiografia, Popper dizia ser o filósofo mais feliz que conhecia? "Os filósofos, em sua maioria, são, na verdade, profundamente deprimidos", respondeu, "porque não conseguem produzir nada que valha a pena." Parecendo satisfeito consigo mesmo, Popper olhou de relance para a sra. Mew, que tinha no rosto uma expressão de horror. O sorriso de Popper morreu abruptamente. "Seria melhor não escrever isso", disse ele, virando-se para mim. "Já tenho muitos inimigos, e acho que é melhor não lhes dar esse tipo de resposta." Ele ponderou por um momento e acrescentou: "Mas é assim".

Perguntei à sra. Mew se ela podia me dar uma cópia do discurso que Popper iria proferir na cerimônia do prêmio Kyoto, no Japão.

"Não, agora não", disse ela secamente.

"Por que não?", perguntou Popper.

"Karl", respondeu ela, "estou datilografando a segunda palestra sem parar, e estou um pouco..." Ela suspirou. "Você me compreende, não?" De qualquer modo, acrescentou, ela não tinha uma versão final.

"E que tal uma versão não corrigida?", perguntou Popper.

A sra. Mew saiu altivamente e, ao retornar, quase me atirou uma cópia da conferência de Popper.

"Você tem um exemplar de *Propensities*?", perguntou Popper à sra. Mew.[11]

Ela apertou os lábios e entrou com passos pesados na sala ao lado, enquanto Popper me explicava o tema do livro. A lição da mecânica quântica e até da física clássica, disse ele, é que nada é determinado, nada é certo, nada é completamente previsível; há apenas propensões para que certas coisas ocorram. "Por exemplo", acrescentou Popper, "neste momento há uma certa propensão de que a sra. Mew talvez encontre um exemplar do meu livro."

"Oh, por favor!", exclamou a sra. Mew da sala ao lado. Ela voltou, já não fazendo nenhum esforço para esconder sua irritação. "Sir Karl, Karl, você deu a alguém o último exemplar de *Propensities*. Por que faz isso?"

"O último exemplar foi dado na sua presença", declarou ele.

"Acho que não", retorquiu ela. "Para quem?"

"Não me lembro", resmungou ele, timidamente.

Lá fora, um táxi preto parou na frente da casa. Agradeci a Popper e à sra. Mew pela hospitalidade e me despedi. Enquanto o táxi partia, perguntei ao motorista se ele sabia de quem era aquela casa. Não, não sabia. Alguém famoso? Sim, na verdade: sir Karl Popper. Quem? Karl Popper, respondi, um dos maiores filósofos do século XX. "Verdade?", murmurou o motorista.

Popper sempre foi popular entre os cientistas — e por boas razões, pois descreveu a ciência como uma aventura romântica sem fim. Um editorial da revista *Nature* certa vez chamou Popper, com justiça, de "o filósofo *para* a ciência" [o itálico é meu].[12] Mas os colegas filósofos de Popper têm sido menos gentis. A sua obra, dizem, está cheia de contradições. Popper afirmava que a ciência não podia ser reduzida a um método, mas o seu programa de refutabilidade era exatamente um desses métodos. Além disso, os argumentos que ele usava para matar a possibilidade da verificação absoluta também podiam ser usados para matar a refutabilidade. Se é sempre possível que observações futuras venham a contradizer uma teoria, é também possível que observações futuras façam ressurgir uma teoria previamente refutada. É mais razoável admitir, como têm afirmado os críticos de Popper, que, assim como algumas teorias científicas podem ser refutadas, outras podem ser confirmadas; afinal, não tem sentido manter a incerteza quanto ao fato de a Terra ser redonda em vez de plana.

Quando Popper morreu, em 1994, dois anos depois de nosso encontro, o *Economist* o saudou como "o mais conhecido e mais lido de todos os filósofos vivos".[13] Elogiava, em particular, a sua insistência em promover o antidogmatismo na esfera política. Mas o obituário também observava que o tratamento dado por Popper à indução (a base de seu programa de refutabilidade) fora rejeitado pelos filósofos mais recentes. "Segundo suas próprias teorias, Popper deveria ter acolhido de bom grado esse fato", observava o *Economist* secamente, "mas ele não conseguiu agir assim. O irônico é que, nesse ponto, Popper não podia admitir que estava errado." Seu antidogmatismo, quando aplicado à ciência, se tornara uma espécie de dogmatismo.

Embora Popper abominasse a psicanálise, sua obra pode ser, afinal, mais bem compreendida em termos psicanalíticos. O seu relacionamento com figuras autoritárias — desde gigantes científicos, como Bohr, até sua assistente, a sra. Mew — era evidentemente complexo, alternando entre o desafio e a deferência. Numa passagem que talvez seja a mais reveladora em sua autobiografia, Popper menciona que seus pais eram ambos judeus austríacos convertidos ao luteranismo. Ele afirmava que o fato de outros judeus não terem conseguido se integrar à cultura germânica — bem como seu papel proeminente na política da esquerda — contribuiu para o surgimento do fascismo e do anti-semitismo patrocinado pelo Estado na década de 1930: "[...] o anti-semitismo era um mal, a ser temido tanto pelos judeus como pelos não-judeus, e [...] cabia a todas as pessoas de origem judaica fazer o possível para não provocá-lo".[14] Popper estava perto de culpar os judeus pelo Holocausto.

A ESTRUTURA DE THOMAS KUHN

"Olhe", disse Thomas Kuhn. A palavra vinha carregada de cansaço, como se ele estivesse resignado ao fato de que eu o interpretaria erroneamente, mas ele, ainda assim, iria tentar — sem dúvida, em vão — expor a sua idéia. Kuhn pronunciava essa palavra muitas vezes. "Olhe", repetiu. Inclinou o corpo esguio e o rosto comprido para a frente, e seu grande lábio inferior, que em geral se curvava amavelmente para cima nos cantos, descaiu. "Pelo amor de Deus, se eu tivesse a opção de ter escrito o livro ou não, decidiria tê-lo escrito. Mas com certeza havia aspectos que provocaram considerável transtorno nas reações à obra."

O "livro" era *A estrutura das revoluções científicas*, que talvez seja o tratado mais influente já escrito sobre como a ciência avança (ou não avança). É famoso por ter gerado o termo *paradigma*, muito em moda hoje em dia. Fomentou igualmente a idéia agora trivial de que as personalidades e a política desempenham um papel importante na ciência. O argumento mais profundo do livro era menos óbvio: os cientistas nunca conseguem compreender verdadeiramente o mundo real, nem sequer uns aos outros.[15]

Diante desse tema, poderíamos imaginar que Kuhn esperasse uma compreensão pelo menos parcialmente equivocada de sua mensagem. Porém, quando o entrevistei em seu escritório, no MIT [Instituto de Tecnologia de Massachusetts] (logo onde!), umas três décadas depois da publicação de *Estrutura*, ele parecia profundamente angustiado pela amplitude dos equívocos de interpretação de seu livro. Estava incomodado sobretudo com as afirmações de que tinha descrito a ciência como irracional. "Se eles tivessem dito '*a*-racional', eu não teria me importado nem um pouco", disse ele, sem o menor vestígio de sorriso.

O receio de Kuhn de aumentar a confusão sobre o seu trabalho o tornara um pouco esquivo à imprensa. Quando telefonei pela primeira vez para lhe solicitar uma entrevista, ele recusou. "Olhe. Acho que não", desculpou-se. Revelou que *Scientific American*, meu empregador, dera a *Estrutura* "a pior resenha de que me lembro". (A crítica foi, na verdade, destrutiva; dizia que o argumento de Kuhn era "muito barulho por nada". Mas o que Kuhn esperava de uma revista que celebra a ciência?)[16] Observando que eu não trabalhava na revista naquela época — a resenha saiu em 1964 —, pedi a ele para reconsiderar sua decisão. Por fim, Kuhn, relutantemente, concordou.

Quando finalmente nos sentamos em seu escritório para conversar, Kuhn expressou o desconforto que sentia com a idéia de revolver as raízes de seu pensamento. "Ninguém é historiador de si próprio, muito menos psicanalista de si próprio", ele me alertou. Ainda assim, remontou sua visão sobre a ciência a um *insight* experimentado em 1947, quando trabalhava para o doutorado em física, em Harvard. Enquanto lia a *Física* de Aristóteles, Kuhn ficara perplexo por constatar o quanto estava "errada". Como era possível alguém que escrevia tão brilhantemente sobre tantos assuntos estar equivocado assim no caso da física?

Kuhn estava meditando sobre esse mistério, enquanto olhava pela janela da sua residência ("ainda vejo as trepadeiras e as cortinas dois terços abaixadas"), quando, de repente, Aristóteles "fez sentido". Kuhn compreendeu que Aristóteles atribuía aos conceitos básicos significados diferentes dos empregados pelos físicos modernos. Por exemplo, ele usava o termo *movimento* para se referir não só à mudança de posição, mas à mudança em geral — tanto o avermelhamento do sol quanto a sua descida em direção ao horizonte. Compreendida em seus próprios termos, a física de Aristóteles não era inferior à física newtoniana, apenas diferente.

Kuhn abandonou a física pela filosofia e lutou durante quinze anos para transformar seu *insight* na teoria apresentada em *A estrutura das revoluções científicas*. A pedra angular de seu modelo era o conceito de paradigma. Antes de Kuhn, o *paradigma* se referia apenas a um exemplo útil para fins educacionais; *amo*, *amas*, *amat*, por exemplo, é um paradigma usado no ensino das conjugações latinas. Kuhn usava o termo para se referir a um conjunto de procedimentos ou idéias que instruem os cientistas, *implicitamente*, sobre aquilo em que devem acreditar e como trabalhar. A maioria dos cientistas nunca questiona o paradigma. Eles resolvem os enigmas, problemas que reforçam e estendem o alcance do paradigma em vez de questioná-lo. Kuhn dava a isso o nome de "limpeza do terreno" ou "ciência normal". Há sempre anomalias, fenômenos que o paradigma não consegue explicar ou até o contradizem. As anomalias são freqüentemente ignoradas, mas, se acumuladas, podem provocar uma revolução (também chamada de mudança de paradigma [*paradigm shift*], embora Kuhn não tenha sido o primeiro a usar essa expressão), quando os cientistas trocam o velho paradigma por um novo.

Negando a visão da ciência como um processo contínuo de construção, Kuhn sustentava que a revolução é um ato tanto destrutivo quanto criativo. A pessoa que propõe um novo paradigma se apóia nos ombros de gigantes (empregando a expressão de Newton) e então lhes golpeia a cabeça. Geralmente é jovem ou iniciante nos estudos, isto é, ainda não foi totalmente doutrinado. A maioria dos cientistas se rende relutantemente a um novo paradigma. Na maioria das vezes, eles não o compreendem e não possuem regras objetivas para julgá-lo. Os paradigmas diferentes não têm um padrão comum para comparação; são "incomensuráveis", parodiando Kuhn. Aqueles que propõem paradigmas diferentes podem discutir eternamente sem resolver suas diferenças, pois atribuem aos termos básicos movimento, partícula, espaço, tempo — significados diferentes. Assim, a conversão dos cientistas é um processo tanto subjetivo quanto político. Pode implicar uma compreensão intuitiva, repentina — como a que Kuhn finalmente atingiu, ao meditar sobre

Aristóteles. Mas, em geral, os cientistas só adotam um paradigma porque ele é defendido por outros de boa reputação, ou pela maioria da comunidade.

A perspectiva de Kuhn divergia da adotada por Popper em vários aspectos importantes. Kuhn (como outros críticos de Popper) afirmava que a refutação não é mais possível do que a verificação; cada processo implica a existência de padrões absolutos de evidência, que transcendem qualquer paradigma individual. O novo paradigma pode ser melhor do que o antigo para resolver os enigmas, e talvez produza mais aplicações práticas. "Mas não se pode simplesmente qualificar a outra ciência como falsa", disse Kuhn. O simples fato de a física moderna ter produzido os computadores, a energia nuclear e os toca-discos CD, não a torna mais verdadeira, num sentido absoluto, do que a física de Aristóteles. Da mesma forma, Kuhn negava que a ciência esteja constantemente se aproximando da verdade. No final de *Estrutura*, ele afirma que a ciência, como a vida na Terra, não evolui *em direção* a alguma coisa, mas apenas se *afasta* de alguma coisa.

Na entrevista, Kuhn se definiu como um "kantiano pós-darwiniano". Kant também acreditava que, sem alguma espécie de paradigma *a priori*, a mente não consegue impor ordem à experiência sensorial. Mas enquanto Kant e Darwin pensavam que nascemos todos com mais ou menos o mesmo paradigma inato, Kuhn afirmava que nossos paradigmas mudam conforme as inovações culturais. "Grupos diferentes, e o mesmo grupo em épocas diferentes", disse Kuhn, "podem ter experiências diferentes e assim, em certo sentido, podem viver em mundos diferentes." Evidentemente todos os humanos partilham algumas reações à experiência, por causa de sua herança biológica comum, acrescentou Kuhn. Mas tudo o que é universal na experiência humana, tudo o que transcende a cultura e a história, é igualmente "inefável", está fora do alcance da linguagem. Segundo Kuhn, a linguagem "não é uma ferramenta universal. É errôneo afirmar que é possível expressarmos a mesma coisa utilizando qualquer linguagem".

Mas a matemática não é uma espécie de linguagem universal?, perguntei. Na realidade não, respondeu Kuhn, pois ela não tem significado; consiste em regras sintáticas sem conteúdo semântico.

"Há razões muito boas para se considerar a matemática como uma linguagem, mas há outra boa razão para não considerá-la dessa forma." Objetei que, embora pudesse ser aplicado a certas áreas de inclinação metafísica, como a mecânica quântica, seu ponto de vista sobre os limites da linguagem não valia para todos os casos. Por exemplo, a afirmação de alguns biólogos de que a AIDS não é causada pelo chamado vírus da AIDS é ou certa ou errada; a linguagem não é a questão mais importante. Kuhn sacudiu a cabeça. "Sempre que duas pessoas interpretam os mesmos dados de formas diferentes", disse, "isso é metafísica."

Nesse caso, perguntei, será que as idéias dele eram verdadeiras ou não? "Olhe", respondeu Kuhn, revelando um cansaço ainda maior que o habitual; era evidente que já escutara muitas vezes essa pergunta. "Acho que minha maneira de pensar e de me expressar dá margem a uma série de possibilidades que podem ser investigadas. Mas, como acontece com qualquer método científico, ela tem de ser avaliada apenas pela sua utilidade — pelo que se possa fazer com ela."

Então, depois de ter apresentado a sua visão sombria dos limites da ciência e, na verdade, de todo o discurso humano, Kuhn passou a se queixar das muitas interpretações e empregos equivocados de seu livro, especialmente por parte de admiradores. "Já disse diversas vezes que gosto mais dos meus críticos do que dos meus fãs." Ele se lembrava de alguns alunos que vinham lhe dizer: "Oh, obrigado, sr. Kuhn, por nos informar sobre os paradigmas. Agora que os conhecemos, podemos nos livrar deles". Ele insistia em afirmar sua descrença de que a ciência fosse *inteiramente* política, um reflexo da estrutura de poder dominante. "Se fizer uma retrospectiva, entenderei por que meu livro alimentou essa idéia, mas, rapaz, ele não foi escrito com essa intenção, e, creia, não tem essa intenção."

Seus protestos foram em vão. Ele tinha uma lembrança angustiada de ter participado de um seminário em que tentou explicar que os conceitos de verdade e falsidade são perfeitamente válidos e até necessários — dentro de um paradigma. "O professor finalmente olhou para mim e disse: 'Olhe, você não sabe o quanto esse livro é radical'." Kuhn também se irritava ao descobrir que se tornara o santo padroeiro de todos os pretensos revolucionários científicos. "Recebo muitas cartas dizendo: 'Acabei de ler o seu livro, e ele transformou minha vida. Estou tentando dar início a uma revolução. Por favor, ajude-me'. Anexo, um manuscrito do tamanho de um livro."

Kuhn declarou que, embora o seu livro não tivesse a intenção de ser pró-ciência, ele *é* pró-ciência. São a rigidez e a disciplina da ciência, disse Kuhn, que a tornam tão eficaz na resolução dos problemas. Além disso, a ciência produz "as maiores e mais originais explosões de criatividade" em qualquer empreendimento humano. Kuhn admitia que ele era parcialmente responsável por algumas das interpretações anticiência de seu modelo. Afinal, em *Estrutura*, ele chamava de "dependentes" os cientistas comprometidos com um paradigma; também comparava-os aos personagens submetidos a lavagem cerebral em *1984*, de Orwell.[17] Kuhn insistia em que não quis ser condescendente ao usar termos como *limpar o terreno* ou *resolver charadas* para referir-se ao trabalho da maioria dos cientistas. "A minha intenção era descrever." Pensou um pouco. "Talvez eu devesse ter falado mais sobre as glórias resultantes da resolução das charadas, mas achei que já estava fazendo tal coisa."

Quanto à palavra *paradigma*, Kuhn reconhecia que se tornara "irremediavelmente usada demais" e estava "fora de controle". Como um vírus, a palavra se espalhara além dos limites da história e da filosofia da ciência e infectara a comunidade intelectual em geral, passando a significar virtualmente qualquer idéia dominante. Uma caricatura de 1974 no *New Yorker* captara o fenômeno. "Que maravilha, sr. Gerston!", dizia uma mulher, com entusiasmo, para um homem de boa aparência. "O senhor é a primeira pessoa que já ouvi usando 'paradigma' na vida real." O caso mais melancólico aconteceu durante o governo Bush, quando os funcionários da Casa Branca lançaram um plano econômico chamado "Novo Paradigma" (que na verdade não passava de reaganomia* requentada).[18]

Kuhn também admitia que a falha era em parte sua, pois em *Estrutura* não definira "paradigma" tão rigorosamente quanto deveria. Em certo ponto, o paradigma se referia a um experimento arquetípico, como a história lendária (e com certeza apócrifa) de Galileu

(*) *Reaganomics*, expressão depreciativa com que se designava a política econômica do ex-presidente norte-americano Ronald Reagan. (N. E.)

deixando cair os pesos da torre inclinada de Pisa. Em outros trechos, o termo se referia à "constelação total de crenças" que une a comunidade científica. (Kuhn negava, entretanto, que tivesse definido paradigma de 21 maneiras diferentes, como afirmava um dos críticos.)[19] Num pós-escrito a edições posteriores de *Estrutura*, Kuhn recomendava que *paradigma* fosse substituído pelo termo *exemplar*, mas essa expressão nunca pegou. No fim, ele perdeu a esperança de explicar o que realmente queria dizer. "Quando se pega um urso pelo rabo, chega o momento em que se tem de largá-lo e recuar", suspirou.

Uma das fontes do prestígio e da persistência de *Estrutura* é sua profunda ambigüidade; a obra agrada tanto aos relativistas quanto aos cultuadores da ciência. Kuhn reconhecia que "grande parte do sucesso do livro e algumas das críticas se devem ao seu caráter vago". (Fica-se imaginando se o estilo da escrita de Kuhn seria intencional ou inato; sua fala é tão profundamente enredada, tão matizada de subjuntivos e qualificativos, quanto sua prosa.) *Estrutura* é, sem dúvida, uma obra literária, e como tal sujeita a muitas interpretações. Segundo a teoria literária, não se pode esperar nem do próprio Kuhn uma explicação definitiva de sua obra. Eis uma interpretação possível do texto de Kuhn e do próprio Kuhn. Ele não focalizou o que a ciência deveria ser, mas o que ela é; tinha uma visão muito mais realista, obstinada, psicologicamente precisa, da ciência do que Popper. Kuhn compreendia que, diante do poder da ciência moderna e da tendência dos cientistas de acreditar em teorias que passaram por muitos testes, a ciência podia entrar numa fase de normalidade permanente, na qual não é possível nenhuma outra revolução ou revelação.

Kuhn também aceitava, ao contrário de Popper, que a ciência talvez não continuasse para sempre, mesmo num estado normal. "Houve um começo", disse Kuhn. "Há muitas sociedades que não têm ciência. São necessárias condições bastante especiais para sustentá-la. Agora está ficando mais difícil encontrar essas condições sociais. *Sem dúvida*, a ciência pode acabar." Até poderia acabar, disse Kuhn, pelo fato de os cientistas não poderem avançar mais, mesmo recebendo recursos adequados.

O reconhecimento de Kuhn de que a ciência poderia terminar — deixando-nos com o que Charles Sanders Peirce definia como a verdade sobre a natureza — tornava ainda mais imperioso para Kuhn do que para Popper o desafio à autoridade da ciência, a negação de que ela pudesse *um dia* atingir a verdade absoluta. "Creio que não devemos dizer que agora já sabemos como é o mundo", disse Kuhn. "Porque não acho que seja isso o que está em jogo."

Ao longo de toda a sua carreira, Kuhn tentou se manter fiel àquele *insight* original, experimentado em seu quarto em Harvard. Naquele momento, Kuhn viu — ficou sabendo! — que, em última análise, é impossível conhecer a realidade; qualquer tentativa de explicá-la tanto obscurece quanto ilumina. Mas sua percepção o obrigou a adotar a posição insustentável de que, como nenhuma teoria científica alcança a verdade absoluta e mística, são todas igualmente falsas; como não podemos descobrir *A Resposta*, não podemos encontrar nenhuma resposta. Seu misticismo o levou a uma posição tão absurda quanto a dos sofistas literários, para quem todos os textos — desde *A tempestade* até um anúncio de uma nova marca de vodca — são igualmente sem sentido ou significativos.

No final de *Estrutura*, Kuhn propunha de forma sucinta a seguinte pergunta: por que algumas áreas da ciência convergem para um paradigma enquanto outras, engenhosamente, permanecem num estado de fluxo constante? A resposta, sugeria ele, era uma questão de escolha; os cientistas de determinadas áreas simplesmente não estavam dispostos a se comprometer com um único paradigma. Eu tenho a impressão de que Kuhn evitou prosseguir no exame dessa questão, porque não podia tolerar a resposta. Algumas áreas, como a economia e outras ciências sociais, nunca se mantêm fiéis por muito tempo a um único paradigma, porque tratam de problemas para os quais nenhum paradigma será suficiente. As áreas que atingem o consenso — ou a normalidade, tomando emprestado o termo de Kuhn — só o conseguem porque seus paradigmas correspondem a algo real na natureza, algo verdadeiro.

Dizer que as idéias de Popper e Kuhn têm falhas não significa que elas não possam ser ferramentas úteis para analisar a ciência. O modelo da ciência normal de Kuhn indica acuradamente o que a maioria dos cientistas agora faz: preencher detalhes, resolver charadas um tanto triviais que mais reforçam do que desafiam o paradigma predominante. O critério de refutabilidade de Popper pode ser útil para distinguir entre a ciência empírica e a ciência irônica. Mas cada um desses filósofos, por levar suas idéias demasiadamente longe e demasiadamente a sério, acaba numa posição absurda que contradiz a si mesma.

Como é que um cético evita tornar-se Karl Popper, batendo na mesa e gritando que *não* é dogmático? Ou Thomas Kuhn, tentando comunicar com precisão o que quer dizer quando fala sobre a impossibilidade da verdadeira comunicação? Só existe um caminho. Ele deve aceitar — até se deleitar com — o paradoxo, a contradição, o exagero retórico. Deve reconhecer que o ceticismo é um exercício necessário mas impossível. Deve tornar-se Paul Feyerabend.

O primeiro e até hoje o mais influente livro de Feyerabend, *Against method*, foi publicado em 1975 e até o momento traduzido para dezesseis línguas.[20] Nessa obra, ele afirma que a filosofia não pode fornecer uma metodologia ou uma racionalidade para a ciência, pois não há racionalidade a explicar. Ao analisar acontecimentos científicos marcantes, como o julgamento de Galileu no Vaticano e o desenvolvimento da mecânica quântica, Feyerabend procurava mostrar que não há lógica na ciência; os cientistas criam e adotam teorias científicas por razões que são, em última análise, subjetivas e até irracionais. Segundo ele, os cientistas podem e devem fazer tudo o que for necessário para progredir. Ele resumia seu anticredo com a expressão “qualquer coisa serve” [*anything goes*]. Certa vez, zombou do racionalismo crítico de Popper, dizendo que era “um diminuto sopro de ar quente na xícara de chá positivista”.[21] Ele concordava com Kuhn sobre muitos pontos, em particular sobre a incomensurabilidade das teorias científicas; no entanto, afirmava que a ciência raramente é tão normal quanto Kuhn propunha. Feyerabend também acusava Kuhn — e com razão — de evitar as implicações de sua própria perspectiva; observava, para consternação de Kuhn, que o modelo sociopolítico da mudança científica proposto por ele se aplicava com perfeição ao crime organizado.[22]

O pendor de Feyerabend por fazer teatro tornou demasiado fácil reduzi-lo a um amontoado de ruídos sensacionalistas. Certa vez, ele igualou a ciência ao vodu, à bruxaria e à astrologia. Defendeu o direito dos fundamentalistas religiosos de ter a sua versão da criação ensinada nas escolas públicas ao lado da teoria da evolução de Darwin.[23] O seu verbete em *Who's Who in America* de 1991 terminava com o seguinte comentário: "Minha vida tem sido o resultado de acasos e não de objetivos e princípios. Meu trabalho intelectual é apenas uma parte insignificante dela. O amor e a compreensão pessoal são muito mais importantes. Os intelectuais influentes, com o seu zelo pela objetividade, matam esses elementos pessoais. Não são libertadores da humanidade, mas criminosos".

A retórica dadaísta de Feyerabend ocultava uma idéia extremamente séria: a compulsão humana para descobrir verdades absolutas, por mais nobre que seja, acaba, com muita freqüência, em tirania. Feyerabend não atacava a ciência porque acreditasse sinceramente que ela não fazia mais jus à verdade do que a astrologia. Muito pelo contrário. Ele atacava a ciência porque reconhecia — e temia — o seu poder, o seu potencial de eliminar a diversidade do pensamento e da cultura humanos. Não se opunha à certeza científica por razões epistemológicas, mas por razões políticas e morais.

No final do seu livro de 1987, *Farewell to reason* [Adeus à razão], Feyerabend revelou a profundidade de seu relativismo. Ele tratava de uma questão que "tem enraivecido muitos leitores e desapontado muitos amigos — a minha recusa a condenar até um fascismo extremo e a minha sugestão de que deveria ser permitido que ele prosperasse".[24] A questão era particularmente delicada, porque Feyerabend servira no exército alemão durante a Segunda Guerra Mundial. Seria muito fácil condenar o nazismo, argumentava ele, mas foram exatamente essa arrogância e essa rigidez moral que tornaram o nazismo possível.

> Declaro que Auschwitz é a manifestação extrema de uma atitude que ainda prospera em nosso meio. Ela se revela no tratamento dispensado às minorias nas democracias industriais; na educação, inclusive na educação de perspectiva humanitária, que em geral consiste em trans-

> formar jovens maravilhosos em cópias apagadas e convencidas de seus professores; torna-se manifesta na ameaça nuclear, no aumento constante do número e da potência de armas mortais e na disposição de alguns pretensos patriotas a dar início a uma guerra perto da qual o Holocausto encolheria e se tornaria insignificante. Ela se mostra na destruição da natureza e das culturas "primitivas", sem que se dê a menor atenção àqueles cuja vida fica, assim, privada de significado; na colossal vaidade de nossos intelectuais, na sua crença de que sabem precisamente o que a humanidade necessita e nos seus esforços implacáveis para recriar as pessoas à sua própria e triste semelhança; na megalomania infantil de alguns de nossos médicos que chantageiam os seus pacientes com o medo, mutilam-nos e depois os perseguem com elevadas contas; na falta de sentimento de muitos pretensos pesquisadores da verdade que torturam sistematicamente os animais, estudam o seu desconforto e recebem prêmios por tal crueldade. No meu entender, não existe nenhuma diferença entre os carrascos de Auschwitz e esses "benfeitores da humanidade".[25]

Quando tentei entrar em contato com Feyerabend em 1992, ele tinha se aposentado do seu cargo na Universidade da Califórnia, em Berkeley. Ninguém sabia onde ele estava; os colegas me asseguravam que minha tentativa de encontrá-lo seria infrutífera. Quando ele lecionava em Berkeley, possuía um telefone que lhe permitia fazer ligações, mas não recebê-las. Aceitava convites para dar conferências e depois não aparecia. Por carta, convidava colegas a visitá-lo. No entanto, quando eles chegavam e batiam à porta de sua casa nas colinas que dominam Berkeley, ninguém atendia.

Mais tarde, folheando *Isis*, uma revista de história e filosofia da ciência, encontrei uma resenha curta de um livro de ensaios assinada por Feyerabend. A resenha exibia o talento dele para empregar ditos espirituosos. Em resposta a um comentário denegridor que o autor fizera sobre religião, Feyerabend retorquia: "A oração pode não ser muito eficiente se comparada à mecânica celeste, mas certamente não fica atrás de parte da economia".[26]

Telefonei ao editor de *Isis* para perguntar se sabia como eu poderia entrar em contato com Feyerabend, e ele me deu um endereço perto de Zurique, na Suíça. Mandei a Feyerabend uma carta aduladora, explicando que desejava entrevistá-lo. Para minha alegria, ele respondeu com uma nota coloquial manuscrita, dizendo que achava ótima a idéia da entrevista. Dividia seu tempo entre a sua casa, na Suíça, e a casa da sua mulher, em Roma. Mandou junto com a carta o número do telefone da casa de Roma e uma fotografia sua, de avental e com um grande sorriso diante de uma pia cheia de louça. A fotografia, explicava, "me mostra na minha atividade favorita, lavando a louça para a minha mulher em Roma". Na metade de outubro, recebi outra carta de Feyerabend. "Esta é para lhe dizer que devo estar (93% de probabilidade) em Nova York durante a semana de 25 de outubro a 1º de novembro. Poderíamos fazer a entrevista, então. Eu lhe telefonarei assim que chegar."

Assim, aconteceu que numa noite fria, somente alguns dias antes do Halloween, encontrei Feyerabend num luxuoso apartamento da Quinta Avenida. O apartamento pertencia a uma ex-aluna sua que, sabiamente, abandonara a filosofia em favor dos negócios imobiliários — ao que parecia, com sucesso. Ela me cumprimentou e me levou para a cozinha, onde Feyerabend estava sentado a uma mesa bebericando vinho tinto. Ele se levantou da cadeira com um salto e curvou-se para me cumprimentar, como se estivesse com dores nas costas; só então me lembrei de que Feyerabend fora baleado nas costas durante a Segunda Guerra Mundial e ficara permanentemente aleijado.

Feyerabend tinha a energia e a face angular de um duende. Quando nos sentamos e começamos a conversar, ele declamou, zombou, usou sua lábia e sussurrou — dependendo da idéia ou do enredo — enquanto girava as mãos como um maestro. A autodepreciação temperava a sua *hubris*. Ele se dizia "preguiçoso" e "falador". Quando perguntei qual era sua posição em relação a certa questão, ele se encolheu. "Não tenho posição!", disse. "Quem tem uma posição fica sempre imobilizado, parafusado." Ele torceu uma invisível chave de fenda sobre a mesa. "Eu tenho opiniões que defendo um tanto vigorosamente, depois descubro como são tolas e desisto delas!"

A mulher de Feyerabend, Grazia Borrini, física italiana cujos modos eram tão calmos quanto os de Feyerabend eram agitados, observava o desempenho dele com um sorriso indulgente. Ela fora aluna de Feyerabend, quando fazia uma segunda graduação em saúde pública em Berkeley, em 1983; eles se casaram seis anos mais tarde. Borrini entrava na conversa esporadicamente; por exemplo, depois que perguntei a Feyerabend por que ele achava que os cientistas se enfureciam tanto com os seus textos.

"Não faço idéia", disse ele, a própria imagem da inocência. "Eles se enfurecem?"

Borrini interpôs que *ela* ficara furiosa quando outra física lhe falara das idéias de Feyerabend.

"Alguém estava me tirando as chaves do universo", explicou ela. Foi só quando leu os livros dele que ela compreendeu que as idéias de Feyerabend eram muito mais sutis e perspicazes do que seus críticos afirmavam. "Acho que é sobre isso que você deveria escrever", disse-me Borrini, "sobre o grande mal-entendido."

"Ah, deixe para lá, ele não é meu agente de publicidade", disse Feyerabend.

Como Popper, Feyerabend nascera e fora criado em Viena. Adolescente, estudou artes cênicas e ópera. Ao mesmo tempo, interessou-se pela ciência, depois de assistir às conferências de um astrônomo. Longe de considerar inconciliáveis suas duas paixões, ele planejava tornar-se cantor de ópera e astrônomo. "Eu passaria as minhas tardes estudando canto, as minhas noites no palco, e depois, tarde da noite, observaria as estrelas", disse ele.

Então veio a guerra. A Alemanha ocupou a Áustria em 1938, e em 1942 o jovem Feyerabend, então com dezoito anos, se alistou numa escola de oficiais. Embora imaginasse que seu período de treinamento fosse mais longo do que a guerra, acabou comandando 3 mil homens na frente russa. Enquanto lutava contra os (na realidade, fugia dos) russos em 1945, foi baleado na parte inferior das costas. "Não conseguia me levantar", recordou Feyerabend, "e ainda me lembro dessa visão: 'Ah, vou andar numa cadeira de rodas para cima e para baixo entre fileiras de livros'. Estava muito feliz."

Aos poucos, ele recuperou a capacidade de caminhar, embora sempre com a ajuda de uma bengala. Retomando seus estudos na Universidade de Viena depois da guerra, mudou da física para a história, entediou-se, voltou à física, entediou-se de novo, e finalmente se fixou na filosofia. Seu talento para apresentar posições absurdas por meio de pura sagacidade despertou a suspeita crescente de que, mais do que a verdade, a retórica é crucial para sustentar um argumento. "A própria verdade é um termo retórico", afirmou Feyerabend. Projetando o queixo para fora, ele entoou: "'Estou à procura da verdade.' Nossa, rapaz, que grande pessoa!".

Feyerabend estudou sob a orientação de Popper, na London School of Economics, em 1952 e 1953. Ali conheceu Lakatos, outro aluno brilhante de Popper. Foi Lakatos quem, anos mais tarde, insistiu para que Feyerabend escrevesse *Against method*. "Ele era o meu melhor amigo", comentou ele. Feyerabend lecionou na Universidade de Bristol até 1959, quando se mudou para Berkeley, onde se tornou amigo de Kuhn.

Como Kuhn, Feyerabend negava que fosse contra a ciência. O que ele *realmente* afirmava, primeiro, era que não há método científico. "O que ocorre com as ciências é exatamente o seguinte", disse Feyerabend. "Você tem certas idéias que funcionam, e então surge alguma nova situação e você tenta outra coisa. É oportunismo. Você precisa de uma caixa de ferramentas com vários tipos de instrumentos. E não apenas um martelo, alguns pinos e nada mais." É isso o que ele queria dizer com aquela maldita frase — "qualquer coisa serve" (e não, como em geral se pensa, que uma teoria científica é tão boa quanto qualquer outra). Restringir a ciência a uma metodologia particular — mesmo que fosse tão vagamente definida quanto o esquema de refutabilidade de Popper ou o modo da ciência normal de Kuhn — a destruiria, afirmou Feyerabend.

Ele também questionava a afirmação de que a ciência é superior a outros modos de conhecimento. Enfurecia-se particularmente com a tendência dos países ocidentais de impingirem os produtos da ciência — a teoria da evolução, as usinas nucleares ou os gigantescos aceleradores de partículas — às pessoas contra a sua vontade. "Há uma separação entre o Estado e a Igreja", reclamou, "mas não há nenhuma entre o Estado e a ciência!"

A ciência "oferece histórias fascinantes sobre o universo, sobre os ingredientes, sobre o desenvolvimento, sobre como surgiu a vida e tudo o mais", disse Feyerabend. Mas os "criadores de mitos" pré-científicos, enfatizou, como os cantores, os bobos da corte e os poetas, ganhavam a vida, enquanto a maioria dos cientistas modernos é sustentada pelos contribuintes. "O público é o patrão, e deveria poder decidir a respeito da questão."

Feyerabend acrescentou: "É claro que vou a extremos, mas não aos extremos de que me acusam, isto é, de jogar fora a ciência. Joguem fora a idéia de que a ciência é o *principal*. Quanto a *isso*, tudo bem. Tem de ser ciência caso a caso". Afinal, os cientistas não concordam entre si sobre muitas questões. "As pessoas não deviam aceitar como certo quando um cientista diz: 'Todos têm de seguir tal caminho'."

Se ele não era contra a ciência, perguntei, o que pretendia dizer com a sua afirmação em *Who's Who* de que os intelectuais são criminosos? "Foi o que pensei durante muito tempo", respondeu Feyerabend, "mas no ano passado mudei de idéia, porque há muitos bons intelectuais." Ele virou-se para a mulher.

"Quero dizer, você é uma intelectual."

"Não, sou física", respondeu ela com firmeza. Feyerabend deu de ombros.

"O que significa 'intelectual'? Significa pessoas que pensam mais sobre as coisas do que as outras, talvez. Mas muitos deles simplesmente atropelam os outros, dizendo: 'Nós é que descobrimos isso'."

Feyerabend observou que muitos povos não industrializados viviam bem sem a ciência. Os bosquímanos !Kung, da África, "sobrevivem num ambiente em que qualquer ocidental morreria em alguns dias", disse. "Agora, você pode dizer que as pessoas nessa sociedade vivem mais tempo, mas a questão é saber qual é a qualidade de vida, e esta ainda não está decidida."

Mas Feyerabend não se dava conta de que a maioria dos cientistas ficaria incomodada com esse tipo de afirmação? Mesmo que os bosquímanos vivam felizes, eles são ignorantes, e o conhecimento não é melhor que a ignorância? "O que há de tão especial no conhecimento?", replicou Feyerabend. "Eles são bons uns para os outros. Não se destroem." As pessoas têm todo o direito de rejeitar a ciência, se assim o desejarem, disse Feyerabend.

Isso queria dizer que os cristãos fundamentalistas também tinham o direito de ter o criacionismo ensinado nas escolas ao lado da teoria da evolução? "Acho que essa história de 'direito' é uma questão cheia de manhas", respondeu Feyerabend, "porque quando alguém tem um direito pode golpear com ele a cabeça do outro." Fez uma pausa. Idealmente, disse, as crianças deveriam entrar em contato com o maior número possível de modos de pensar diferentes, para que pudessem escolher livremente entre eles. Inquieto, ele mudou de posição na cadeira. Sentindo uma abertura, observei que na verdade ele não tinha respondido à minha pergunta sobre o criacionismo. Feyerabend franziu a testa. "É uma questão estéril. Não me interessa muito. O fundamentalismo não é a antiga e rica tradição cristã." Mas os fundamentalistas norte-americanos são muito poderosos, persisti, e usam as afirmações de Feyerabend para atacar a teoria da evolução. "Mas a ciência tem sido utilizada para dizer que algumas pessoas têm um baixo coeficiente de inteligência", retorquiu. "Assim, tudo é empregado de muitas maneiras diferentes. A ciência pode ser um meio para destruir todo tipo de gente."

Entretanto, perguntei, os educadores não deveriam mostrar que as teorias científicas são diferentes dos mitos religiosos? "Certamente. Eu diria que a ciência é muito popular hoje em dia", respondeu. "Mas aí também tenho de deixar que o outro lado reúna o maior número possível de evidências, porque o outro lado é sempre apresentado de forma breve." De qualquer modo, os povos chamados primitivos em geral conhecem muito mais sobre o seu meio ambiente, como, por exemplo, as características das plantas locais, do que os chamados especialistas. "Assim, dizer que esses povos são ignorantes é apenas... *isso* é que é ignorância!"

Então, disparei a minha pergunta sobre sua contradição: Não havia algo contraditório no modo como ele empregava todas as técnicas do racionalismo ocidental para atacar o racionalismo ocidental? Feyerabend se recusou a morder a isca. "Bem, são apenas ferramentas, e as ferramentas podem ser usadas de qualquer maneira que nos parecer conveniente", disse, mansamente. "Eles não podem me culpar por usá-las." Feyerabend parecia entediado, distraído. Embora provavelmente não admitisse, suspeitei que ele estava cansado de ser um relativista radical, cansado de defender os diversos sistemas de crença do mundo — a astrologia, o criacionismo, até o fascismo! — contra a opressão do racionalismo.

Mas os olhos de Feyerabend brilharam de novo, quando ele começou a falar sobre o livro em que estava trabalhando. Com o título provisório de *The conquest of abundance*, tratava da paixão humana pelo reducionismo. "Todos os empreendimentos humanos", explicou Feyerabend, procuram reduzir a diversidade natural, ou a "abundância", inerente à realidade. "Em primeiro lugar, o sistema perceptivo corta essa abundância, senão ninguém sobreviveria." A religião, a ciência, a política e a filosofia representam as nossas tentativas de comprimir ainda mais a realidade. Sem dúvida, essas tentativas de vencer a abundância simplesmente criam novas abundâncias, novas complexidades. "Muitas pessoas foram mortas em guerras políticas. Quero dizer, certas opiniões não agradam." Feyerabend, compreendi, estava falando sobre a nossa busca *Da Resposta*, a teoria que vai terminar com todas as teorias.

Mas *A Resposta* vai — deve — permanecer para sempre fora de nosso alcance, segundo Feyerabend. Ele ridicularizava a crença de alguns cientistas de que poderiam algum dia abarcar a realidade numa única teoria de tudo. "Que fiquem com a sua crença, se isso lhes dá prazer. Que façam palestras sobre sua crença. 'Alcançamos o infinito!' E algumas pessoas dizem" — sua voz estava entediada — "'Sim, sim, ele diz que alcança o infinito!' E outras pessoas dizem" — agora a voz revelava entusiasmo — "'Sim, sim! Ele diz que alcança o infinito!' Mas ensinar as crianças na escola, 'Isso é que é a verdade', aí já é ir longe demais."

Toda descrição da realidade é necessariamente inadequada, disse Feyerabend. "Você acha que essa mosca de um dia, esse pequeno pedacinho de nada, o ser humano — segundo a cosmologia da atualidade! — é capaz de conceber tudo? Isso me parece loucura! Não pode ser verdade! O que eles descobriram é uma resposta particular às suas ações, e essa resposta resulta neste universo, mas a realidade que existe por trás está se divertindo: 'Ah, ah, ah! Eles acham que me descobriram!'."

Um filósofo medieval chamado Dionísio, o Pseudo-Areopagita, disse Feyerabend, afirmou que ter uma visão direta de Deus é não ver absolutamente nada. "Isso tem muito sentido para mim. Não sei explicar a razão. Essa coisa prodigiosa, da qual tudo se origina, não há como conhecê-la. A linguagem foi criada pela lida com objetos, cadeiras e alguns instrumentos. E apenas nesta terra minúscula!" Feyerabend fez uma pausa, perdido numa espécie de exaltação. "Deus são emanações, sabia? Elas descem e se tornam cada vez mais materiais. E nas mais inferiores, na última emanação, ainda é possível encontrar um pequeno vestígio d'Ele e adivinhá-lo."

Surpreso com esse arrebatamento, perguntei a Feyerabend se ele era religioso. "Não sei ao certo", respondeu. Ele fora criado como católico apostólico romano, mas depois se tornara um ateu "vigoroso". "E agora a minha filosofia assumiu uma forma completamente diferente. Não acredito que o universo apenas — Bum! — sabe, e depois se desenvolva. Simplesmente não tem sentido." Sem dúvida, muitos cientistas e filósofos têm afirmado que é absurdo especular sobre o sentido, significado ou objetivo do universo. "Mas as pessoas perguntam qual é, então por que não? Assim, tudo isso entrará nesse meu livro, a questão da abundância aparecerá, e vai me custar um bom tempo de trabalho."

Quando me preparava para sair, Feyerabend perguntou como fora a festa de aniversário da minha mulher na noite anterior. (Eu lhe falara sobre o aniversário dela, quando marcara meu encontro com ele.) Ótima, respondi.

"Vocês não estão se separando?", persistiu Feyerabend, examinando-me. "Não foi o último aniversário que você celebrou com ela, foi?"

Borrini olhou fixamente para ele, horrorizada.

"Por que seria?"

"Não sei!", exclamou Feyerabend, jogando as mãos para o alto. "Porque acontece!" Ele se virou para mim. "Há quanto tempo vocês estão casados?" Três anos, disse eu. "Ah, apenas o início. Os tempos difíceis ainda virão. Espere uns dez anos."

"Agora você realmente parece um filósofo", disse eu. Feyerabend riu. Confessou que se casara e divorciara três vezes antes de conhecer Borrini.

"Agora, pela primeira vez, estou feliz por estar casado."

Eu disse que ouvira falar que o seu casamento com Borrini o tornara mais afável. "Bem, isso pode ter duas razões", respondeu Feyerabend. "Quando se fica velho, não se tem mais energia para não ser afável. Mas, sem dúvida, ela também faz uma diferença muito grande." Ele sorriu para Borrini, e ela lhe retribuiu o sorriso.

Virando-me para Borrini, mencionei o retrato que seu marido me mandara, a foto dele lavando a louça, junto com uma nota dizendo que realizar essa tarefa para a mulher era a coisa mais importante que fazia no momento.

Borrini riu alto.

"Uma vez em mil anos", disse ela.

"O que você quer dizer com uma vez em mil anos?", berrou Feyerabend. "Lavo a louça todos os dias!"

"Uma vez em mil anos", repetiu Borrini com firmeza. Decidi acreditar na física, e não no relativista.

Pouco mais de um ano depois de meu encontro com Feyerabend, o *New York Times* noticiou, para minha consternação, que o "filósofo da anticiência" falecera, devido a um tumor no cérebro.[27] Telefonei para Zurique a fim de dar os meus pêsames a Borrini — e, é óbvio, para saciar a minha covarde curiosidade jornalística. Ela estava perturbada. Acontecera muito rapidamente. Paul tinha se queixado de dores de cabeça, e depois, alguns meses mais tarde... Acalmando-se, ela me contou, orgulhosa, que Feyerabend continuara trabalhando até o fim. Pouco antes de morrer, acabara o rascunho de sua autobiografia. (O livro, com o título tipicamente feyerabendiano de *Killing time* [Tempo mortal], foi publicado em 1995. Nas páginas finais, escritas nos seus últimos dias, Feyerabend concluía que é o amor que importa na vida.)[28] E o livro sobre a abundância?, perguntei. Não, Paul não tivera tempo de acabá-lo, murmurou Borrini.

Lembrando-me das acusações de Feyerabend contra a profissão médica, não resisti e perguntei se seu marido procurara tratamento para o seu tumor. Sem dúvida, ela respondeu. Ele depositara "total confiança" no diagnóstico dos médicos e se mostrara disposto a aceitar qualquer tratamento que recomendassem, mas o tumor fora detectado tarde demais para que se pudesse fazer qualquer coisa.

POR QUE A FILOSOFIA É TÃO DIFÍCIL

Theocaris e Psimopoulos, os autores do ensaio "Where science has gone wrong", publicado em *Nature*, afinal tinham razão: as idéias de Popper, Kuhn e Feyerabend "contradizem a si próprias". Todos os céticos acabam vencidos pelas suas próprias espadas. Eles se tornam o que o crítico Harold Bloom chamou escarnecedoramente de "meros rebeldes" em *The anxiety of influence*. O seu argumento mais poderoso contra a verdade científica é histórico: dada a rápida reviravolta das teorias científicas ao longo do último século, como podemos ter certeza de que alguma das teorias atuais vai perdurar? Na realidade, a ciência moderna tem sido muito menos revolucionária — e mais conservadora — do que os céticos, e Kuhn em particular, têm sugerido. A física de partículas está fundamentada nos alicerces sólidos da mecânica quântica, e a genética moderna antes confirma do que solapa a teoria da evolução de Darwin. Os argumentos históricos dos céticos são muito mais devastadores quando usados contra a filosofia. Se a ciência não pode alcançar a verdade absoluta, que posição deve ser atribuída à filosofia, que demonstrou ter muito menos capacidade para resolver os seus problemas? Os próprios filósofos reconhecem a sua situação difícil. Em *After philosophy: end or transformation?*, publicado em 1987, catorze renomados filósofos refletiam se a sua disciplina tinha futuro. O consenso foi filosófico: talvez sim, talvez não.[29]

Um filósofo que vem refletindo sobre a "crônica falta de progresso" de sua disciplina é Colin McGinn, um inglês que ensina na Universidade Rutgers desde 1992. Quando o conheci em agosto de 1994, no seu apartamento na parte alta do West Side de Manhattan, McGinn era desconcertantemente jovem. (Claro, a expectativa é de que todos os filósofos tenham um semblante vincado e orelhas cabeludas.) Estava de jeans, camiseta branca e mocassins. Era um homem pequeno, com um queixo saliente e olhos azul-claros; poderia passar pelo irmão mais jovem de Anthony Hopkins.

Quando pedi a opinião de McGinn sobre Popper, Kuhn e Feyerabend, a sua boca se crispou com desgosto. Eram "desleixados", "irresponsáveis"; Kuhn, em particular, tinha um "subjetivismo e um relativismo absurdos". Poucos filósofos modernos ainda levavam suas opiniões a sério. "Não acho, absolutamente, que a ciência seja provisória num sentido interessante", afirmou McGinn. "*Parte* é provisória, mas parte não é!" A tabela periódica é provisória? Ou a teoria da seleção natural de Darwin?

Por outro lado, a filosofia não atinge esse tipo de solução, disse McGinn. Sua orientação não é: "Temos esse problema, trabalhamos nele e encontramos a sua solução, depois passamos para o próximo problema". Certas questões filosóficas têm sido "esclarecidas";

algumas abordagens saíram de moda. Mas as grandes questões filosóficas — O que é a verdade? Existe o livre-arbítrio? Como podemos conhecer alguma coisa? — continuam, como sempre, sem solução. Esse fato não nos deve surpreender, observou McGinn, pois a filosofia moderna pode ser definida como a tentativa de resolver problemas que estão fora do alcance da investigação empírica e científica.

McGinn salientou que muitos filósofos deste século — em especial Ludwig Wittgenstein e os positivistas lógicos — simplesmente declararam que os problemas filosóficos são pseudoproblemas, ilusões que se originam da linguagem ou "doenças do pensamento". Para resolver o problema mente-corpo, alguns desses "eliminativistas" chegaram até a negar que a consciência existe. Essa perspectiva "pode ter conseqüências políticas que talvez não estejamos dispostos a aceitar", disse McGinn. "Ela acaba reduzindo os seres humanos a nada. Leva ao extremo materialismo, ao behaviorismo."

McGinn oferecia uma explicação diferente e, conforme sugeriu, mais agradável: os grandes problemas da filosofia são reais, mas estão fora do alcance de nossa capacidade cognitiva. Podemos formulá-los, porém não podemos resolvê-los — assim como um rato não pode resolver uma equação diferencial. McGinn disse que essa idéia lhe surgiu num *insight*, tarde da noite, quando ele ainda morava na Inglaterra; só depois ele se deu conta de que já encontrara uma idéia semelhante nos textos do lingüista Noam Chomsky (cujas opiniões serão apresentadas no capítulo 6). Em seu livro de 1993, *Problems in philosophy*, McGinn sugeria que talvez daqui a 1 milhão de anos os filósofos venham a reconhecer que sua previsão estava correta.[30] É claro, disse ele, que os filósofos provavelmente parariam de lutar para atingir o impossível muito mais cedo.

McGinn suspeitava de que a ciência também está se aproximando de um beco sem saída. "As pessoas têm grande confiança na ciência e no método científico", disse, "e, dentro dos seus próprios limites, ela tem funcionado bem há algumas centenas de anos. Mas, vista de uma perspectiva mais ampla, quem diz que vai continuar a funcionar e a conquistar tudo?" Os cientistas, como os filósofos, são refreados por seus próprios limites cognitivos. "É arrogância pensar que temos, de alguma forma, o instrumento cognitivo perfeito em nossa mente", disse. Além do mais, o fim da Guerra Fria eliminou uma motivação importante para se investir na ciência, e, à medida que se expande a idéia de que a ciência está terminando, menos jovens brilhantes serão atraídos para a carreira científica.

"Assim, não seria surpresa para mim se durante o próximo século as pessoas começassem a deixar de procurar o estudo da ciência, exceto apenas para aprender o que precisam saber sobre as coisas, e começassem a voltar para as humanidades." No futuro, veremos a ciência retrospectivamente como "uma fase, uma fase brilhante. As pessoas esquecem que há apenas mil anos existia somente a doutrina religiosa; só isso". Quando a ciência terminar, "a religião talvez comece a atrair as pessoas de novo". McGinn, que é ateu confesso, parecia bastante satisfeito consigo mesmo, e tinha razões para tanto. Durante a nossa curta conversa no seu apartamento arejado, com buzinas de carro, roncos de ônibus e cheiro de comida chinesa gordurosa entrando pela janela, ele decretara o fim iminente não só de um, mas de dois modos importantes do conhecimento humano: a filosofia e a ciência.

O MEDO DO ZAHIR

Sem dúvida, a filosofia nunca vai, de fato, terminar. Ela continuará, só que de um modo mais abertamente irônico, como aquele já praticado por Nietzsche, Wittgenstein ou Feyerabend. Um de meus filósofos literários favoritos é o fabulista argentino Jorge Luis Borges. Mais do que qualquer outro filósofo, Borges explorou a complexa relação psicológica que temos com a verdade. Em "O Zahir", Borges conta a história de um homem que fica obcecado pela moeda que recebeu de troco de um lojista.[31] A moeda aparentemente indefinida é um Zahir, um objeto que é o emblema de todas as coisas, do mistério da existência. O Zahir pode ser uma bússola, um tigre, uma pedra, qualquer coisa. Uma vez observado, não pode ser esquecido. Domina a mente do observador até que todos os outros aspectos da realidade se tornem insignificantes, triviais.

A princípio, o narrador luta para libertar sua mente do Zahir, mas finalmente aceita o seu destino. "Devo passar de milhares de visões para uma única: de um sonho muito complexo para um muito simples. Outros imaginarão que estou louco, e eu vou sonhar com o Zahir. E quando todos sonharem com o Zahir dia e noite, o que será sonho e o que será realidade, a Terra ou o Zahir?"[32] O Zahir é evidentemente a Resposta, o segredo da vida, a teoria que acabará com todas as teorias. Popper, Kuhn e Feyerabend tentaram nos proteger da Resposta com a dúvida e a razão; Borges, com o terror.

3

O FIM DA FÍSICA

Ninguém está mais interessado — para não dizer obcecado em encontrar a Resposta do que os físicos de partículas modernos. Eles querem mostrar que todas as coisas complicadas do mundo são, na verdade, apenas manifestações de uma única coisa. Uma essência. Uma força. Um circuito de energia retorcendo-se num hiperespaço de dez dimensões. Um sociobiólogo poderia suspeitar de que uma influência genética talvez esteja por trás desse impulso reducionista, pois ela parece ter motivado os pensadores desde o nascimento da civilização. Deus, afinal, foi concebido pelo mesmo impulso.

Einstein foi o primeiro grande moderno a procurar a Resposta. Ele passou seus últimos anos tentando encontrar uma teoria que unificasse a mecânica quântica com a sua teoria da gravitação, a relatividade geral. Para ele, o objetivo de descobrir tal teoria era determinar se o universo era inevitável ou, como ele dizia, "se Deus teve opção ao criar o mundo". Mas, sem dúvida por acreditar que a ciência dava sentido à vida, Einstein também sugeria que nenhuma teoria poderia ser verdadeiramente final. Certa vez, ele disse de sua própria teoria da relatividade: "[Ela] terá de se render a outra teoria, por razões que no presente ainda não imaginamos. Creio que o processo de aprofundar a teoria não tem limites".[1]

A maioria dos contemporâneos de Einstein via essa tentativa de unificar a física como produto de sua senilidade e de suas tendências quase religiosas. Porém, na década de 1970, o sonho da unificação foi ressuscitado por vários progressos. Primeiro, os físicos mostraram que, assim como a eletricidade e o magnetismo são aspectos de uma única força, o eletromagnetismo e a força nuclear fraca (que rege certos tipos de decaimento nuclear) também são manifestações de uma força "eletrofraca" subjacente. Os pesquisadores desenvolveram igualmente uma teoria para a força nuclear forte, que mantém unidos os prótons e os nêutrons no núcleo dos átomos. A teoria, denominada cromodinâmica quântica, postula que os prótons e os nêutrons são compostos de partículas ainda mais elementares, chamadas quarks. Juntas, a teoria da força eletrofraca e a cromodinâmica quântica constituem o modelo padrão da física de partículas.

Animados com esse sucesso, os pesquisadores avançaram muito além do modelo padrão em busca de uma teoria mais profunda. O seu guia era uma propriedade matemática chamada simetria, pela qual os elementos de um sistema podem passar por transformações — de forma análoga à rotação ou ao reflexo no espelho — sem ser fundamentalmente alterados. A simetria tornou-se o *sine qua non* da física de partículas. Ao buscar teorias com simetrias mais profundas, os teóricos começaram a pular para dimensões mais elevadas. Assim como um astronauta, ao se elevar acima do plano bidimensional da Terra, pode apreender de forma mais direta a sua simetria global, os teóricos também podem discernir as simetrias mais sutis subjacentes às interações das partículas visualizando-as de uma dimensão mais elevada.

Um dos problemas mais persistentes da física de partículas provém da definição das partículas como pontos. Assim como a divisão por zero dá infinito e por isso um resultado sem significação, os cálculos a respeito de partículas pontuais freqüentemente culminam em absurdos. Ao construir o modelo padrão, os físicos foram capazes de varrer esses problemas para debaixo do tapete. Mas a gravidade de Einstein, com suas distorções de espaço e tempo, parecia exigir uma abordagem ainda mais radical.

No início da década de 1980, muitos físicos começaram a acreditar que a teoria das supercordas representava essa abordagem. A teoria substituía as partículas pontuais por diminutos circuitos de energia que eliminavam os absurdos que surgiam nos cálculos. Assim como as vibrações das cordas de um violino criam notas diferentes, as vibrações dessas cordas geram todas as forças e partículas do mundo físico. As supercordas também conseguiam expulsar um dos bichos-papões da física de partículas: a possibilidade de não haver nenhum fundamento básico para a realidade física, mas apenas uma interminável sucessão de partículas cada vez menores, aninhadas uma dentro da outra, como bonecas russas. Segundo a teoria das supercordas, há uma escala fundamental além da qual todas as questões a respeito de espaço e tempo perdem o sentido.

No entanto, a teoria tem vários problemas. Primeiro, parece haver inúmeras versões possíveis, e os teóricos não têm como saber qual é a correta. Além disso, considera-se que as supercordas não habitam apenas as quatro dimensões em que vivemos (as três dimensões do espaço mais o tempo), mas também seis dimensões extras, que se acham, de algum modo, "compactadas" ou enroladas em bolas infinitesimais, no nosso universo. Por fim, as cordas são tão pequenas em comparação com um próton quanto é um próton em comparação com o sistema solar. Em certo sentido, elas estão mais distantes de nós do que os quasares que se escondem na fronteira mais remota do universo visível. O superacelerador, que devia levar os físicos a uma investigação mais profunda da microrrealidade do que qualquer outro acelerador anterior, teria 86,4 quilômetros de circunferência. Para sondar o mundo que as supercordas supostamente habitam, os físicos teriam de construir um acelerador de partículas com mil anos-luz de circunferência. (Todo o sistema solar tem apenas um *dia*-luz de circunferência.) E nem mesmo um acelerador desse tamanho nos permitiria ver as dimensões extras em que as supercordas dançam.

A DEPRESSÃO DE GLASHOW

Um dos prazeres de ser redator científico é sentir-se superior ao repórter comum à caça de notícias. A meu ver, o tipo mais primitivo de repórter é aquele que vai atrás da mulher que viu seu único filho ser morto a facadas por um maluco viciado em *crack* e lhe pergunta: "Como é que a senhora está se sentindo?". Entretanto, no outono de 1993, vi-me obrigado a realizar tarefa semelhante. Estava começando um artigo sobre o futuro da física de partículas quando o Congresso dos Estados Unidos matou, de uma vez por todas, o superacelerador de supercondução. (Os empreiteiros já tinham gasto mais de 2 bilhões de dólares e cavado um túnel de 24 quilômetros de comprimento no Texas.) Nas semanas seguintes, tive de enfrentar os físicos de partículas, que acabavam de ver a sua esperança mais brilhante de futuro ser brutalmente abortada, e perguntar: "Como é que vocês estão se sentindo?".

O lugar mais melancólico que visitei foi o Departamento de Física da Universidade de Harvard. O chefe do departamento era Sheldon Glashow, que ganhara um prêmio Nobel junto com Steven Weinberg e Abdus Salam pelo desenvolvimento da parte eletrofraca do modelo padrão. Em 1989, junto com o biólogo Gunther Stent, Glashow tinha feito uma conferência no simpósio "O fim da ciência?", no Gustavus Adolphus College. Glashow apresentou uma refutação espirituosa da premissa "absurda" do encontro, de que o ceticismo filosófico estava minando a crença na ciência como "empreendimento unificado, universal e objetivo". Alguém realmente duvida da existência das luas de Júpiter, que Galileu descobriu há tantos séculos? Alguém realmente duvida da teoria moderna da doença? "Os germes são vistos e exterminados", declarou Glashow, e "não imaginados e desimaginados."

A ciência está "certamente desacelerando", admitia Glashow, mas não por causa dos ataques de sofistas ignorantes, anticientíficos. A sua própria área, a física de partículas, "recebe ameaças de uma direção inteiramente diferente: elas provêm de seu próprio sucesso". A última década de pesquisas gerou inúmeras confirmações do modelo padrão da física de partículas, "mas não revelou nenhuma falha, nem a mais diminuta discrepância. [...] Não temos nenhuma pista ou indício experimental que nos leve a construir uma teoria mais ambiciosa". Glashow acrescentou o obrigatório final esperançoso: "A estrada da natureza muitas vezes tem dado a impressão de ser intransitável, mas sempre temos vencido".[2]

Em outras declarações, Glashow não seguia esse otimismo alegre. No passado, ele foi um dos líderes da busca de uma teoria unificada. Na década de 1970, propôs várias dessas teorias, embora nenhuma tão ambiciosa quanto a das supercordas. Mas, com o advento das supercordas, Glashow se desiludiu da busca pela unificação. Os que trabalhavam com as supercordas e outras teorias unificadas já não estavam fazendo física, sustentava ele, porque suas especulações estavam muito além de qualquer teste empírico possível. Glashow e um colega se queixavam num ensaio de que "a contemplação das supercordas pode evoluir para uma atividade tão distante da física de partículas convencional quanto esta última se acha da química, a ser desenvolvida em escolas religiosas por equivalentes futuros dos teólogos medievais". Eles acrescentavam que, "pela primeira vez desde a Idade Média, é possível ver como a nossa nobre busca pode terminar, com a fé substituindo mais uma vez a ciência".[3] Quando a física de partículas ultrapassa o mundo do empírico — Glashow parecia estar sugerindo —, pode, afinal, sucumbir ao ceticismo, ao relativismo.

Entrevistei Glashow em Harvard em novembro de 1993, pouco depois da morte do superacelerador. O seu escritório pouco iluminado, revestido com estantes e armários escuros e muito envernizados, era tão solene quanto uma funerária. O próprio Glashow, um homem alto que mascava sem parar uma ponta de charuto apagada, parecia um pouco impróprio naquele ambiente. Ele tinha os cabelos brancos e desalinhados que parecem ser *de rigueur* para os laureados com o Nobel de física, e seus óculos eram tão grossos quanto as lentes de um telescópio. Entretanto, ainda se podia detectar, embaixo da pátina do professor de Harvard, o garoto nova-iorquino forte e falante que Glashow fora outrora.

Glashow estava arrasado com a morte do superacelerador. A física, enfatizou ele, não pode avançar apenas com base no pensamento puro, a despeito do que dizem os entusiastas das supercordas. A teoria das supercordas "não chegou a nenhum lugar, apesar de toda a barulheira", resmungou. Há mais de um século, alguns físicos tentaram inventar teorias unificadas; fracassaram, é claro, porque nada sabiam sobre elétrons, prótons, nêutrons ou sobre a mecânica quântica. "Ora, será que somos tão arrogantes a ponto de acreditar que temos atualmente todas as informações experimentais necessárias para construir esse Santo Graal da física teórica, a teoria unificada? Acho que não. Tenho certeza de que os fenômenos naturais nos reservam surpresas, e não vamos encontrá-las se não procurarmos."

Mas será que ainda há muito a fazer em física além da unificação? "É claro que há", respondeu Glashow incisivamente. A astrofísica, a física da matéria condensada e até algumas ramificações da física de partículas não se ocupam da unificação. "A física é uma casa muito grande cheia de charadas interessantes", disse ele (usando o termo de Thomas Kuhn para os problemas cuja solução simplesmente reforça o paradigma predominante). "*É claro* que se fará muita coisa. A questão é saber se estamos chegando a algum lugar na busca desse Santo Graal." Glashow acreditava que os físicos continuariam a procurar "alguma pequena novidade interessante em algum lugar. Algo divertido, algo novo. Mas não é a mesma busca que tive a sorte de conhecer na minha vida profissional".

Glashow não conseguia mostrar muito otimismo a respeito das perspectivas de sua área de estudo, dada a política de financiamento da ciência. Ele tinha de admitir que a física de partículas não era extraordinariamente útil. "Ninguém pode afirmar que esse tipo de pesquisa produzirá um dispositivo prático. Seria mentira. E, dada a atitude do governo hoje em dia, o tipo de pesquisa de que gosto não tem um futuro muito bom."

Nesse caso, o modelo padrão poderia ser a teoria final da física de partículas? Glashow sacudiu a cabeça. "Muitas perguntas ainda não têm resposta", disse ele. Sem dúvida, acrescentou, o modelo padrão seria final num sentido prático, se os físicos não pudessem explorar mais além com aceleradores mais poderosos. "Haverá a teoria padrão, e esse será o último capítulo na história da física elementar." É sempre possível que alguém descubra um meio de gerar energias bastante elevadas de forma relativamente barata. "Talvez um dia isso seja feito. Um dia, um dia, um dia."

A questão é, continuou Glashow, o que os físicos de partículas farão enquanto esperam que esse dia chegue? "Acho que a resposta é que o *establishment* [da física de partículas] fará coisas desinteressantes, perdendo tempo até que surja alguma coisa. Mas eles nunca admitirão que sua atividade é desinteressante. Ninguém vai dizer: 'Faço coisas desinteressantes'." É claro, à medida que a área se tornar menos interessante e o financiamento diminuir, ela deixará de atrair novos talentos. Glashow observou que vários estudantes promissores da pós-graduação abandonaram Harvard para ir trabalhar em Wall Street. "A Goldman Sachs, em particular, descobriu que físicos teóricos são ótimas pessoas para se contratar."

O FÍSICO MAIS INTELIGENTE DE TODOS

Uma das razões para que a teoria das supercordas se tornasse tão popular na metade da década de 1980 foi o fato de um físico chamado Ed Witten ter decidido que ela representava a melhor esperança para o futuro da física. Vi Witten pela primeira vez no final da década de 1980, quando eu almoçava com outro cientista na cantina do Institute for Advanced Study [Instituto de Estudos Avançados] de Princeton. Um homem passou pela nossa mesa segurando a sua bandeja de comida. Tinha um queixo enorme e uma testa impressionantemente alta, limitada por grossos óculos escuros na parte inferior e por cabelos pretos espessos na parte superior. "Quem é?", perguntei ao meu acompanhante. "Oh, é Ed Witten", respondeu meu companheiro. "É um físico de partículas."

Um ou dois anos mais tarde, enquanto eu conversava no intervalo de uma conferência de física, perguntei a alguns participantes: "Quem é o físico mais inteligente de todos?" Vários nomes apareceram muitas vezes, inclusive os de Steven Weinberg e Murray Gell-Mann, laureados com o Nobel. Mas o nome mencionado com mais freqüência foi o de Witten. Ele parecia evocar um tipo especial de reverência, como se pertencesse a uma categoria própria. É freqüentemente comparado a Einstein; um colega foi até mais longe na comparação, sugerindo que Witten possuía a maior inteligência matemática desde Newton.

Witten talvez seja igualmente o mais espetacular praticante da ciência irônica ingênua que já encontrei. Os cientistas irônicos ingênuos possuem uma fé excepcionalmente forte nas suas especulações científicas, apesar de essas especulações não poderem ser verificadas de forma empírica. Eles acreditam que não inventam as suas teorias, mas descobrem-nas; essas teorias existem independentemente de qualquer contexto cultural ou histórico e de quaisquer tentativas para encontrá-las.

Um cientista irônico ingênuo (como o texano segundo o qual todos, exceto os texanos, falam com sotaque) não reconhece que adotou uma posição filosófica (muito menos que ela poderia ser descrita como irônica). Esse cientista é apenas um conduto pelo qual as verdades passam do reino platônico para o mundo da carne; a formação e a personalidade são irrelevantes para o trabalho científico. Assim, quando telefonei para lhe pedir uma entrevista, Witten tentou me dissuadir de escrever sobre ele. Disse-me que tinha horror do jornalismo que focalizava a personalidade dos cientistas, e de qualquer modo muitos outros físicos e matemáticos eram mais interessantes do que ele. Witten não gostara de um perfil seu publicado na *New York Times Magazine* em 1987, sugerindo que ele inventara a teoria das supercordas.[4] Na realidade, Witten me informou, ele virtualmente não desempenhara nenhum papel na criação da teoria das supercordas; apenas ajudara a desenvolvê-la e promovê-la depois de ela ter sido descoberta.

Todo redator científico encontra, de vez em quando, indivíduos que, de fato, não desejam atenção da mídia, querem apenas ter paz para fazer o seu trabalho. O que esses cientistas muitas vezes deixam de perceber é que essa sua característica os torna mais fascinantes. Intrigado pela reserva aparentemente sincera de Witten, insisti em arranjar uma entrevista. Ele me pediu que lhe mandasse alguns dos meus textos. Tolamente, enviei-lhe um perfil de Thomas Kuhn publicado na *Scientific American*. Por fim, Witten concordou em me receber para uma conversa, mas disse que me daria duas horas, nem um minuto a mais; eu teria de sair ao meio-dia em ponto. Quando cheguei, ele logo começou a me censurar por causa da minha falsa ética jornalística. Eu prestara um desserviço à sociedade ao repetir a perspectiva de Thomas Kuhn de que ciência é um processo a-racional (e não irracional) que não converge para a verdade. "Você devia se concentrar nas contribuições sérias e substantivas para a compreensão da ciência", disse Witten. A filosofia de Kuhn "não é levada a sério, a não ser como um marco dos debates, nem mesmo pelos seus adeptos". Kuhn não ia ao médico quando estava doente? Não tinha pneus radiais no seu carro? Dei de ombros e conjeturei que provavelmente tinha. Witten acenou triunfantemente com a cabeça.

Isso provava, declarou, que Kuhn acreditava na ciência, e não na sua filosofia relativista.

Eu disse que, concordando-se ou não com os pontos de vista de Kuhn, eles eram influentes e provocadores, e que um dos meus objetivos era não só informar os leitores, como também provocá-los. "Em vez de provocar os leitores, procure escrever sobre algumas das *verdades* que estão sendo descobertas. *Esse* é que devia ser o objetivo de um redator científico", disse Witten severamente. Eu tentava fazer ambas as coisas, respondi. "Bem, essa é uma resposta bem fraca", disse Witten. "Provocar as pessoas, ou estimulá-las intelectualmente, devia ser um *subproduto* do ato de informar sobre algumas das verdades que estão sendo descobertas." Essa é outra característica do cientista irônico ingênuo: quando diz "a verdade", nunca há nenhuma inflexão irônica, nenhum sorriso; a palavra ganha implicitamente letra maiúscula. Como penitência para meus pecados jornalísticos, sugeriu Witten, eu devia descrever o perfil de cinco matemáticos, um atrás do outro; se eu não soubesse quais eram os matemáticos que mereciam atenção, Witten me recomendaria alguns. (Ele não sabia que estava fornecendo munição para aqueles que o consideravam menos como físico do que como matemático.)

Como se aproximava do meio-dia, tentei direcionar a entrevista para a carreira de Witten. Ele se recusou a responder a perguntas "pessoais", como qual fora a disciplina na qual se formara, ou se pensara em seguir outras carreiras antes de tornar-se físico; a sua história não tinha importância. Pelas leituras que eu fizera para preparar a entrevista, descobrira que, embora fosse filho de físico e sempre tivesse gostado da disciplina, Witten se formara em história no Brandeis College em 1971, com planos de se tornar jornalista político. Conseguiu publicar alguns artigos no *The New Republic* e no *The Nation*. Apesar disso, logo decidiu que não tinha o "senso comum" para ser jornalista (ou foi o que disse a um repórter); entrou em Princeton a fim de estudar física e obteve o seu doutorado em 1976.

Witten continuou a história a partir desse ponto. Ao me contar sobre o seu trabalho na física, passou a falar de modo altamente abstrato e impessoal. Parecia estar recitando, enquanto me relatava a história das supercordas, colocando a ênfase não sobre a sua atuação, mas sobre a dos outros. Falava tão suavemente que fiquei com medo de que o gravador não o estivesse captando por sobre o barulho do ar-condicionado. Fazia freqüentes pausas — 51 segundos numa das vezes —, abaixando os olhos e apertando os lábios como um adolescente envergonhado. Parecia estar lutando para conseguir no seu discurso a mesma precisão e abstração que alcançava nos seus tratados sobre as supercordas. De vez em quando — por nenhuma razão que eu pudesse compreender — irrompia numa risada convulsiva e entrecortada, como se alguma piada secreta esvoaçasse pela sua consciência.

Witten construiu sua reputação na metade da década de 1970, com artigos incisivos, mas bastante convencionais, sobre a cromodinâmica quântica e a força eletrofraca. Ele tomou conhecimento da teoria das supercordas em 1975, mas suas tentativas iniciais de compreendê-la foram bloqueadas pela literatura "opaca". (Sim, até a pessoa mais inteligente do mundo teve dificuldade em entender a teoria das supercordas.) Em 1982, entretanto, uma resenha de John Schwarz, um dos pioneiros da teoria, ajudou Witten a discernir um fato crucial: a teoria das supercordas não admite apenas a possibilidade da gravidade; ela exige a existência da gravidade. Witten dizia que essa percepção fora "a maior emoção intelectual da minha vida". Em alguns anos, todas as dúvidas que Witten nutrira sobre o potencial da teoria desapareceram. "Compreendi que, se não passasse a minha vida concentrando-me na teoria das supercordas, estaria simplesmente deixando de cumprir a missão da minha vida", disse. Começou a proclamar em público que a teoria era um "milagre", prevendo que ela "dominaria a física nos próximos cinqüenta anos". Também gerou uma montanha de artigos sobre a teoria. Os 96 artigos que Witten produziu de 1981 a 1990 foram citados por outros físicos 12 105 vezes; nenhum outro físico no mundo chegou perto desse grau de influência.[5]

Em seus primeiros artigos, Witten se concentrava em criar um modelo de supercordas que fosse um fac-símile razoável do mundo real. Mas ele se tornou cada vez mais convencido de que a melhor maneira de atingir esse objetivo era revelar os "princípios geométricos fundamentais" da teoria. Esses princípios, dizia, seriam análogos à geometria não-euclidiana que Einstein empregou para construir a sua teoria da relatividade geral. A reflexão de Witten sobre essas idéias o levou a se aprofundar na topologia, que é o estudo das propriedades geométricas fundamentais dos objetos, independentemente de sua forma ou tamanho particulares. Aos olhos de um topologista, uma rosca frita e uma xícara de café de uma só alça são equivalentes, porque cada uma tem apenas um buraco; um objeto pode ser transformado no outro sem nenhuma ruptura. Uma rosca frita e uma banana não são equivalentes, porque seria necessário romper a rosca para lhe dar a forma de uma banana. Os topologistas gostam sobretudo de determinar se nós aparentemente dessemelhantes podem ser transformados um no outro sem ser cortados. No final da década de 1980, Witten criou uma técnica — que usava idéias da topologia e da teoria quântica de campos — capaz de permitir que os matemáticos revelassem simetrias profundas entre nós terrivelmente enredados em dimensões mais elevadas. Em conseqüência dessa descoberta, Witten recebeu a Fields Medal de 1990, o prêmio de maior prestígio na *matemática*. Witten se referia a essa proeza como seu "trabalho mais satisfatório de todos".

Perguntei-lhe como ele reagia às afirmações dos críticos de que a teoria das supercordas não era testável e, por isso, não era realmente física. Witten respondeu que a teoria previra a gravidade. "Para falar a verdade, mesmo que seja uma pós-previsão, no sentido de que a experiência foi realizada antes da teoria, o fato de a gravidade ser uma conseqüência da teoria das supercordas é, para mim, uma das maiores percepções teóricas de todos os tempos."

Ele reconhecia, até enfatizava, que ninguém tinha, de fato, aprofundado a teoria, e que talvez se passassem décadas antes de ela produzir uma descrição precisa da natureza. Ele não iria prever, como outros tinham feito, que a teoria das supercordas poderia acarretar o fim da física. Apesar de tudo, tinha confiança de que a teoria produziria por fim uma nova e profunda compreensão da realidade. "Boas idéias erradas são extremamente raras", disse, "e nunca se teve notícia de boas idéias erradas que chegassem, mesmo remotamente, perto da majestade da teoria das supercordas." Quando continuei a pressionar Witten sobre a questão da testabilidade, ele ficou exasperado. "Acho que não consegui convencê-lo da maravilha da teoria, de sua incrível coerência, extraordinária elegância e beleza." Em outras palavras, a teoria das supercordas é bela demais para estar errada.

Witten então revelou toda a força de sua fé. "Em termos gerais, todas as idéias realmente grandes da física são, na verdade, produtos derivados da teoria das supercordas", começou Witten. "Algumas foram descobertas primeiro, mas considero essa circunstância um simples acaso no desenvolvimento do planeta Terra. Aqui na Terra, elas foram descobertas na seguinte ordem." Caminhou até o seu quadro-negro e anotou: relatividade geral, teoria quântica de campos, supercordas e supersimetria (um conceito que desempenha um papel vital na teoria das supercordas). "Mas, no caso de haver muitas civilizações no universo, não acredito que essas quatro idéias tenham sido descobertas nessa ordem em todas as civilizações." Fez uma pausa. "A propósito, acredito que essas quatro idéias tenham sido descobertas em qualquer civilização avançada."

Não conseguia acreditar na minha boa sorte. E agora, quem está sendo provocador?, perguntei. "Não estou provocando ninguém", replicou Witten. "Estou sendo tão provocador quanto alguém que declara que o céu é azul em resposta a algum escritor que diz que o céu tem bolinhas cor-de-rosa."

A ESTÉTICA DAS PARTÍCULAS

No início da década de 1990, quando a teoria das supercordas ainda era relativamente nova, vários físicos escreveram livros populares sobre as suas implicações. Em *Theories of everything*, o físico britânico John Barrow afirmava que o teorema da incompletude de Gödel solapa a própria noção de uma teoria completa da natureza.[6] Gödel estabeleceu que todo sistema moderadamente complexo de axiomas provoca, de maneira inevitável, perguntas que não podem ser respondidas pelos axiomas. A implicação disso é que toda teoria sempre terá pontas soltas. Barrow também indicava que a teoria unificada da física de partículas não seria de fato a teoria de tudo, mas apenas a teoria de todas as partículas e forças. A teoria teria pouco ou nada a dizer sobre os fenômenos que tornam a nossa vida significativa, como o amor e a beleza.

Entretanto, Barrow e outros analistas pelo menos admitiam que os físicos podiam alcançar uma teoria unificada. Esse pressuposto foi questionado em *The end of physics*, escrito por David Lindley, o físico que se tornou jornalista.[7] Este afirmava que os físicos que trabalham com a teoria das supercordas já não estavam fazendo pesquisas físicas, porque as suas teorias jamais poderiam ser validadas por experimentos, mas apenas por critérios subjetivos, como elegância e beleza. A física de partículas, concluía Lindley, corria o perigo de se transformar num ramo da estética.

A história da física dá sustentação ao prognóstico de Lindley. As teorias anteriores da física, por mais bizarras que parecessem, ganhavam aceitação entre os físicos e até entre o público, não porque fizessem sentido, mas porque ofereciam previsões que eram confirmadas — muitas vezes de forma dramática — pela observação. Afinal, até a versão da gravitação de Newton viola o senso comum. Como pode um objeto puxar outro através de vastas extensões do espaço? John Maddox, o editor da revista *Nature*, afirmou certa vez que, se Newton submetesse a sua teoria da gravitação a uma revisão atual, ela seria quase com certeza rejeitada, por ser demasiado absurda para merecer crédito.[8] Apesar disso, o formalismo de Newton forneceu um meio espantosamente preciso de calcular as órbitas dos planetas; era eficaz demais para poder ser negado.

A teoria da relatividade geral de Einstein, com o seu espaço e tempo maleáveis, é ainda mais bizarra. Mas tornou-se amplamente aceita como verdadeira, depois que observações confirmaram a sua previsão de que a gravidade deformaria a trajetória da luz que passasse ao redor do Sol. Da mesma forma, os físicos acreditam na mecânica quântica não porque ela explica o mundo, mas porque prevê o resultado de experimentos com uma precisão quase milagrosa. Os teóricos continuaram a prever novas partículas e outros fenômenos, e os experimentos continuaram a confirmar essas previsões.

A teoria das supercordas está realmente em dificuldades, se tiver de se apoiar em julgamentos estéticos. O princípio estético mais influente na ciência foi apresentado por Guilherme de Occam, filósofo britânico do século XIV. Ele afirmava que a melhor explicação de um determinado fenômeno é geralmente a mais simples, aquela que tem o menor número de pressupostos. Esse princípio, chamado de Navalha de Occam, foi a derrocada do modelo ptolomaico do sistema solar na Idade Média. Para mostrar que a Terra era o centro do sistema solar, o astrônomo Ptolomeu foi obrigado a afirmar que os planetas traçavam epiciclos elaboradamente espiralados ao redor da Terra. Admitindo que o centro do sistema solar não era a Terra, mas o Sol, os astrônomos posteriores puderam enfim dispensar os epiciclos e substituí-los por órbitas elípticas, muito mais simples.

Os epiciclos de Ptolomeu parecem inteiramente razoáveis quando comparados com as dimensões extras não detectadas e indetectáveis requeridas pela teoria das supercordas. Por mais que os teóricos das supercordas nos assegurem da elegância matemática da teoria, a bagagem metafísica que ela contém impedirá que ganhe o tipo de aceitação entre os físicos e os leigos que a relatividade geral ou o modelo padrão da física de partículas possuem.

Vamos conceder aos adeptos das supercordas o benefício da dúvida, nem que seja apenas por um momento. Suponhamos que um futuro Witten, ou até o próprio Witten, encontre uma geometria infinitamente maleável que descreva em detalhes o comportamento de todas as forças e partículas conhecidas. Em que sentido essa teoria explicará o mundo? Tenho conversado com muitos físicos a respeito das supercordas, e nenhum foi capaz de me ajudar a compreender o que *é* exatamente uma supercorda. Que eu saiba, não é matéria, nem energia; é uma espécie de ur-material matemático que gera matéria, energia, espaço e tempo, mas que não corresponde a nada em nosso mundo.

Os bons redatores científicos com certeza darão a entender a seus leitores que compreendem essa teoria. Dennis Overbye, em *Lonely hearts of the cosmos* [Os corações solitários do cosmos], um dos melhores livros já escritos sobre cosmologia, imagina Deus como um cantor de rock cósmico, criando o universo ao tocar a sua guitarra de supercordas em dez dimensões.[9] (Conjectura-se: Deus improvisa ou segue uma partitura?) O verdadeiro significado da teoria das supercordas está, sem dúvida, incrustado na matemática austera da teoria. Certa vez, ouvi um professor de literatura comparar os torneios verbais de James Joyce, em *Finnegans wake*, às gárgulas que pousam sobre a catedral de Notre-Dame, construídas unicamente para a diversão de Deus. Suspeito de que, se Witten um dia encontrar a teoria que tanto deseja, somente ele e talvez Deus irão, de fato, apreciar a sua beleza.

Com bochechas vermelhas, olhos vagamente asiáticos e cabelos prateados ainda manchados de vermelho, Steven Weinberg parece um elfo grande e digno. Ele daria um excelente Oberon, o rei das fadas em *Sonho de uma noite de verão*. E como o rei das fadas, Weinberg tem demonstrado uma atração poderosa pelos mistérios da natureza, uma capacidade de discernir padrões sutis dentro da profusão de dados que mana dos aceleradores de partículas. Em seu livro de 1993, *Dreams of a final theory*, ele conseguiu fazer com que o reducionismo soasse romântico. A física de partículas é o ápice de uma busca épica, "a antiga procura daqueles princípios que não podem ser explicados em termos de princípios mais profundos".[10] A força que impulsiona a ciência, indicava ele, é uma pergunta bem simples: por quê? Essa pergunta tem levado os físicos a penetrar cada vez mais fundo no coração da natureza. Finalmente, sustentava ele, a convergência de explicações para princípios cada vez mais simples culminaria numa teoria final. Weinberg suspeitava de que as supercordas pudessem levar a essa explicação definitiva.

Como Witten e quase todos os físicos de partículas, Weinberg tem uma fé profunda no poder da física para atingir a verdade absoluta. O que o torna um porta-voz tão interessante para a sua tribo é que ele, ao contrário de Witten, tem muita consciência de que a sua fé é apenas isto: fé. Weinberg sabe que está falando com sotaque filosófico. Se Edward Witten é um cientista filosoficamente ingênuo, Weinberg é um cientista extremamente sofisticado — talvez sofisticado demais para o bem de sua própria área.

Conheci Weinberg em Nova York em março de 1993 durante a era tranqüila que antecedeu a morte do superacelerador, por ocasião de um jantar realizado para celebrar a publicação de *Dreams of a final theory*. Ele estava com um humor expansivo, contando piadas e histórias sobre colegas famosos e conjecturando como seria conversar com o entrevistador Charlie Rose mais tarde, naquela noite. Ansioso por impressionar o grande prêmio Nobel, comecei a citar nomes. Mencionei que Freeman Dyson me contara recentemente que toda a noção de uma teoria final era uma esperança ilusória.

Weinberg sorriu. A maioria de seus colegas, ele me assegurou, acreditava numa teoria final, embora muitos deles preferissem manter essa crença para si. Citei outro nome, Jack Gibbons, que o recém-eleito Bill Clinton acabara de nomear conselheiro científico. Ele entrevistara Gibbons recentemente, disse eu, e Gibbons sugerira que, sozinhos, os Estados Unidos talvez não fossem capazes de arcar com o custo do superacelerador. Weinberg franziu a testa e sacudiu a cabeça, resmungando alguma coisa sobre a desconcertante falta de consideração da sociedade pelos benefícios da pesquisa básica.

O lado irônico da questão era que o próprio Weinberg, em *Dreams of a final theory*, apresentava pouca ou nenhuma argumentação que justificasse por que a sociedade *deveria* custear mais pesquisas na área da física de partículas. Ele era cuidadoso em reconhecer que nem o superacelerador, nem qualquer outro acelerador terrestre, poderiam dar a confirmação direta de uma teoria final; os físicos acabariam tendo de confiar na elegância e na coerência matemáticas como guias. Além disso, uma teoria final poderia não ter nenhum valor prático. A admissão mais extraordinária de Weinberg era que uma teoria final poderia revelar que o universo não tinha sentido em termos humanos. Muito pelo contrário. Ele reiterava um comentário infame feito num livro anterior: "Quanto mais o universo parece compreensível, mais parece sem sentido".[11] Embora o comentário o tivesse "perseguido desde então", Weinberg se recusava a negá-lo. Em vez disso, desenvolvia o que afimara: "Quanto mais descobrimos princípios físicos fundamentais, menos eles parecem ter alguma coisa a ver conosco".[12] Weinberg parecia estar reconhecendo que todas as nossas perguntas "por quê?" culminariam numa resposta "porque". A sua imagem da teoria final evocava *The hitchhiker's guide to the galaxy* [Guia do carona para a galáxia], de Douglas Adams. Nessa comédia de ficção científica, publicada em 1980, os cientistas finalmente descobriam a resposta para o enigma do universo, e a resposta era... 42. (Adams estava realizando filosofia da ciência de um modo manifestamente literário.)

O superacelerador estava morto e enterrado quando encontrei Weinberg de novo, em março de 1995, na Universidade do Texas, em Austin. O seu escritório espaçoso estava cheio de periódicos que testemunhavam a amplitude de seus interesses, inclusive *Foreign*

Affairs, *Isis*, *Skeptical Inquirer* e *American Historical Review*, bem como revistas de física. Ao longo de uma parede se estendia um quadro-negro enfeitado com inevitáveis garatujas matemáticas. Weinberg falava como se estivesse fazendo um grande esforço. Não parava de suspirar, fazer caretas, apertar os olhos e esfregá-los, mesmo enquanto a sua voz sonora e grave seguia em frente. Ele acabara de almoçar e estava provavelmente experimentando a fadiga pós-refeição. Mas preferi pensar que ele estava refletindo sobre o trágico dilema dos físicos de partículas: condenados se realizassem a teoria final e condenados se não a realizassem.

É uma "época terrível para a física de partículas", admitiu Weinberg. "Nunca houve um período de tão pouca emoção, no sentido de que os experimentos não sugerem, na verdade, novas idéias, nem as teorias são capazes de fazer novos tipos qualitativamente diferentes de previsões, a serem depois confirmadas pelos experimentos." Com o superacelerador morto e os planos para novos aceleradores nos Estados Unidos afastados pela falta de financiamento, as perspectivas para a área eram sombrias. De modo estranho, estudantes brilhantes ainda procuravam essa área de estudo, estudantes "melhores do que merecemos, provavelmente", acrescentou Weinberg.

Embora partilhasse a crença de Witten de que a física se move em direção à verdade absoluta, Weinberg tinha aguda consciência das dificuldades filosóficas inerentes à defesa dessa posição. Reconhecia que "as técnicas que empregamos para decidir sobre a aceitação das teorias físicas são extremamente subjetivas". Seria sempre possível filósofos inteligentes argumentarem que os físicos de partículas "estão apenas inventando teorias à medida que seguem em frente". (Em *Dreams of a final theory*, Weinberg até confessa gostar dos textos do anarquista filosófico Paul Feyerabend.) Por outro lado, disse Weinberg, o modelo padrão da física de partículas, "seja qual for a estética, tem sido testado como o foram poucas teorias, e realmente funciona. Se fosse apenas uma interpretação social, já teria se despedaçado há muito tempo".

Weinberg sabia que os físicos jamais poderiam *provar* uma teoria final da mesma maneira que os matemáticos provam teoremas; mas se a teoria explicasse todos os dados experimentais — as massas de todas as partículas, a intensidade de todas as forças —, os físicos deixariam de questioná-la. "Não penso que fui criado para ter certeza de coisa alguma", disse Weinberg. "Muita filosofia da ciência que remonta aos gregos tem sido envenenada pela busca da certeza, que me parece uma busca falsa. A ciência é muito divertida para ficarmos sentados torcendo as mãos, só porque não temos certeza de nada."

Mesmo enquanto conversávamos, sugeriu Weinberg, alguém poderia estar enviando a versão final e correta da teoria das supercordas pela Internet. "Se *ela*", acrescentou Weinberg, com uma pequena pausa e ênfase no pronome feminino [em inglês só seres humanos têm gênero; objetos e conceitos são neutros, com exceção de navios, que são femininos, e animais, em certos contextos], "apresentasse resultados conformes com o experimento, diríamos: 'É isso aí'", mesmo que os pesquisadores nunca conseguissem fornecer evidência direta das próprias cordas nem das dimensões extras que elas supostamente habitam; afinal, a teoria atômica da matéria não foi aceita porque os experimentadores tivessem criado imagens dos átomos, mas porque funcionava. "Concordo em que as cordas estão muito mais distantes da percepção direta do que os átomos, e os átomos estão muito mais distantes da percepção direta do que as cadeiras, mas não vejo nenhuma descontinuidade filosófica nesse ponto."

Havia pouca convicção na voz de Weinberg. Bem no fundo, ele certamente sabia que a teoria das supercordas representava uma descontinuidade na física, um salto além de qualquer teste empírico concebível. De repente, ele se levantou e começou a andar pela sala. Pegou objetos avulsos, acariciou-os distraidamente e colocou-os de volta nos seus lugares, enquanto continuava a falar. Reiterou sua crença de que uma teoria final da física representaria a realização mais fundamental possível da ciência — o alicerce de qualquer outro conhecimento. Sem dúvida, alguns fenômenos complexos, como a turbulência, a economia ou a vida, exigem suas próprias leis e generalizações especiais. Mas se perguntarmos por que esses princípios são verdadeiros, acrescentou Weinberg, essa pergunta nos leva à teoria final da física, sobre a qual tudo repousa. "É isso o que faz da ciência uma hierarquia. *É* uma hierarquia. Não é apenas uma rede aleatória."

Muitos cientistas não toleram ouvir essa verdade, disse ele, mas não há como evitá-la. "A teoria final deles é o que a nossa teoria final explica." Se os neurocientistas explicarem algum dia a consciência, por exemplo, eles a explicarão em termos do cérebro, "e o cérebro é o que é devido a acasos históricos e aos princípios universais da química e da física". A ciência certamente continuará depois de uma teoria final, talvez para sempre, mas terá perdido alguma coisa. "Haverá uma sensação de tristeza" a respeito da realização de uma teoria final, disse Weinberg, pois ela porá fim à grande busca do conhecimento fundamental.

Enquanto Weinberg continuava a falar, parecia retratar a teoria final em termos cada vez mais negativos. Quando lhe perguntei se haveria um dia algo semelhante a uma teoria aplicada das supercordas, Weinberg fez uma careta. (Num livro editado em 1994, *Hyperspace*, o físico Michio Kaku previa que um dia os progressos na teoria das supercordas nos permitiriam visitar outros universos e viajar através do tempo.)[13] Weinberg advertia que "as praias da história científica estão brancas com os ossos das pessoas" que deixaram de prever aplicações de desenvolvimentos da ciência, mas aplicações da teoria das supercordas eram "difíceis de conceber".

Weinberg também duvidava de que a teoria final resolvesse todos os famosos paradoxos implicados pela mecânica quântica. "Eu me inclino a pensar que esses são apenas enigmas, pela maneira como falamos sobre a mecânica quântica", disse Weinberg. Um modo de eliminar esses enigmas, acrescentou, seria adotar a interpretação de universos paralelos da mecânica quântica. Proposta na década de 1950, essa interpretação tenta explicar por que o ato da observação por parte de um físico parece forçar uma partícula como um elétron a escolher apenas um caminho dentre os muitos permitidos pela mecânica quântica. Segundo a interpretação dos universos paralelos, o elétron, na verdade, segue todos os caminhos possíveis, mas em universos separados. Essa explicação tem os seus aspectos difíceis, admitiu Weinberg. "Talvez haja outro caminho paralelo no tempo, no qual John Wilkes Booth não acertou Lincoln e..." Ele fez uma pausa. "Eu, de certo modo, espero que todo o problema desapareça, mas tal coisa pode não acontecer. Talvez isso seja só o jeito que o mundo é."

É pedir demais de uma teoria final que torne o mundo inteligível? Antes que eu terminasse a pergunta, Weinberg já estava acenando afirmativamente com a cabeça. "Sim, é pedir demais", respondeu. A linguagem apropriada da ciência é a matemática, ele me lembrou. Uma teoria final "tem de fazer com que o universo pareça plausível e de algum modo reconhecivelmente lógico para as pessoas que dominam a linguagem da matemática, mas talvez leve um bom tempo até que ela tenha sentido para as outras pessoas". Uma teoria final tampouco dará à humanidade uma orientação sobre como conduzir suas atividades. "Aprendemos a desenredar por completo os juízos de valor dos juízos de realidade", disse Weinberg. "Eu não nos vejo retrocedendo e voltando a ligá-los." A ciência "pode certamente ajudar alguém a descobrir quais são as conseqüências de suas ações, mas não pode dizer a ninguém quais são as conseqüências desejáveis. E isso me parece ser uma distinção absoluta".

Weinberg tinha pouca paciência com os que sugerem que uma teoria final revelará o objetivo do universo, ou "a mente de Deus", como disse certa vez Stephen Hawking. Muito pelo contrário. Weinberg esperava que uma teoria final eliminasse o *wishful thinking*, o misticismo e a superstição que impregnam grande parte do pensamento humano, mesmo entre os físicos. "Enquanto não conhecemos as regras fundamentais", disse ele, "esperamos descobrir um certo interesse pelos seres humanos ou então um plano orientador divino incorporado às regras fundamentais. Mas quando descobrirmos que as regras fundamentais da mecânica quântica e alguns princípios da simetria são muito impessoais e frios, isso vai ter um efeito muito desmistificador. Pelo menos, é o que eu desejaria ver."

Endurecendo a expressão do rosto, Weinberg continuou: "Eu certamente não discordaria de quem dissesse que a física segundo o meu estilo ou o estilo newtoniano tem produzido um certo desencanto. Mas se o mundo é assim, é melhor saber disso. Vejo esse conhecimento como parte do crescimento da nossa espécie, exatamente como uma criança que descobre não existir a fada do dente. É melhor descobrir que não existe nenhuma fada do dente, ainda que um mundo com fadas do dente seja, de certa forma, mais agradável".

Weinberg sabia bem que muitas pessoas ansiavam por uma mensagem diferente da física. Na verdade, um pouco antes, naquele mesmo dia, ele ouvira dizer que Paul Davies, um físico australiano, recebera um prêmio de 1 milhão de dólares por "incentivar a compreensão pública de Deus ou da espiritualidade". Davies escrevera inúmeros livros, especialmente *The mind of God* [A mente de Deus], sugerindo que as leis da física revelam um plano subjacente à natureza, em que a consciência humana talvez desempenhe um papel central.[14] Depois de me contar sobre o prêmio de Davies, Weinberg deu uma risadinha sem graça. "Estava pensando em mandar um telegrama a Davies dizendo: 'Conhece alguma organização que esteja disposta a oferecer um prêmio de 1 milhão de dólares por um trabalho que mostre não haver nenhum plano divino?'."

Em *Dreams of a final theory*, Weinberg tratava um tanto asperamente de toda essa conversa de planos divinos. Propunha a questão embaraçosa do sofrimento humano. Que plano é esse que permite a ocorrência do Holocausto e inúmeros outros males? Que planejador é esse? Muitos físicos, embriagados pelo poder de suas teorias matemáticas, têm sugerido que "Deus é um geômetra". Weinberg replicou não compreender por que deveríamos nos interessar por um Deus que parece tão pouco interessado em nós, por melhor que seja o seu conhecimento de geometria.

Perguntei a Weinberg o que lhe dava a fortaleza de sustentar uma perspectiva tão soturna (e, na minha opinião, precisa) da condição humana. "Eu, de certo modo, aprecio a minha visão trágica", respondeu ele com um pequeno sorriso. "Afinal, o que você preferiria ver, uma tragédia ou..." Ele hesitou, e seu sorriso desapareceu. "Bem, alguns prefeririam ver uma comédia. Mas... acho que a perspectiva trágica acrescenta uma certa dimensão à vida. De qualquer modo, é o que temos de melhor." Ele olhou para fora da janela do seu escritório, refletindo. Felizmente, talvez, para Weinberg, a sua vista não abrangia a torre abominável de onde um estudante tresloucado da Universidade do Texas, Charles Whitman, matou catorze pessoas em 1966. O escritório de Weinberg se abre para uma graciosa igreja gótica que funciona como o seminário teológico da universidade. Mas ele não parecia estar olhando para a igreja ou, a bem da verdade, não parecia estar vendo nada no mundo material.

Ainda que a sociedade reúna a vontade e o dinheiro para construir aceleradores maiores — e com isso mantenha viva a física de partículas pelo menos por um período —, qual é a probabilidade de os físicos aprenderem algo tão verdadeiramente novo e surpreendente como, digamos, a mecânica quântica? Não é muito grande, segundo Hans Bethe. Professor da Universidade Cornell, Bethe ganhou um prêmio Nobel em 1967 pelo seu trabalho sobre o ciclo do carbono no processo da fusão estelar; em outras palavras, ele mostrou como as estrelas brilham. Também chefiou a seção teórica do Projeto Manhattan durante a Segunda Guerra Mundial. Nessa qualidade, realizou o que, sem dúvida, foram os cáculos mais importantes na história do planeta. Edward Teller (que, ironicamente, tornou-se mais tarde o maior incentivador das armas nucleares na comunidade científica) fizera alguns cálculos indicadores de que a bola de fogo de uma explosão atômica poderia incendiar a atmosfera da Terra, desencadeando um incêndio desastroso e generalizado que destruiria o mundo inteiro. Ao estudar a conjectura de Teller, os cientistas a levaram muito a sério; afinal, estavam explorando um terreno desconhecido. Bethe então examinou o problema e fez os seus próprios cálculos. Determinou que Teller estava errado; a bola de fogo não se propagaria.[15]

Ninguém deveria realizar cálculos dos quais dependa o destino da Terra. Mas, se alguém tivesse de fazê-los, Bethe seria o meu escolhido. Ele transpira sabedoria e gravidade. Quando lhe perguntei se, nos momentos antes de a bomba ser detonada em Alamogordo, ele ainda alimentava alguma dúvida sobre o que aconteceria, Bethe sacudiu a cabeça. Não, respondeu ele. A sua única preocupação fora saber se o dispositivo de ignição funcionaria apropriadamente. Não havia indício de fanfarronada na resposta de Bethe. Ele fizera os cálculos e confiava neles. (É de se perguntar se até mesmo Edward Witten colocaria o destino da Terra numa previsão baseada nas supercordas.)

Quando lhe perguntei sobre o futuro de sua área, Bethe disse que ainda havia muitas questões abertas na física, inclusive aquelas propostas pelo modelo padrão. Além disso, descobertas importantes continuariam a acontecer na física do estado sólido. Mas nenhum desses progressos provocaria mudanças revolucionárias nos fundamentos da física, segundo Bethe. Como exemplo, ele citou a descoberta dos chamados supercondutores de alta temperatura, sem dúvida o progresso mais emocionante da física em décadas. Esses materiais, anunciados pela primeira vez em 1987, conduzem a eletricidade sem nenhuma resistência a temperaturas relativamente elevadas (que ainda estão bem abaixo de zero grau Celsius). "Isso de modo algum mudou a nossa compreensão da condução elétrica ou até da supercondutividade", disse Bethe. "A estrutura básica da mecânica quântica — a mecânica quântica sem a relatividade — está terminada." Na verdade, "a compreensão dos átomos, moléculas, as ligações químicas e assim por diante, tudo isso já estava completado em 1928". Seria possível ocorrer outra revolução na física como a que acompanhou a mecânica quântica? "É muito improvável", respondeu Bethe com seu modo perturbadoramente prático.

Na realidade, quase todos os que acreditam numa teoria final concordam que, seja qual for a sua forma futura, ela ainda será uma teoria *quântica*. Steven Weinberg me sugeriu que uma teoria final da física "poderia estar tão distante da nossa compreensão atual quanto a mecânica quântica estava da mecânica clássica". Mas, como Hans Bethe, ele não achava que a teoria final suplantaria a mecânica quântica sob qualquer aspecto. "Acho que vamos ficar com a mecânica quântica", disse Weinberg. "De modo que, nesse sentido, o desenvolvimento dela pode ser mais revolucionário do que qualquer coisa antes ou depois."

Os comentários de Weinberg me lembraram um ensaio publicado em *Physics Today* em 1990, em que o físico David Mermin, da Universidade Cornell, contava como um certo professor Mozart (na verdade, o excêntrico *alter ego* de Mermin) reclamara que "a física de partículas tem sido um desapontamento nos últimos quarenta ou cinqüenta anos. Quem poderia esperar que em meio século não aprenderíamos nada realmente profundo?". Quando Mermin perguntou ao professor fictício o que ele queria dizer, sua resposta foi:

"Tudo o que a física de partículas nos ensinou sobre o mistério central é que a mecânica quântica ainda funciona. Perfeitamente, pelo que se sabe. Que decepção!".[16]

JOHN WHEELER E O "IT" DO "BIT"

Bethe, Weinberg e Mermin, todos pareciam sugerir que a mecânica quântica é — pelo menos num sentido qualitativo — a teoria final da física. Alguns físicos e filósofos têm proposto que, se ao menos pudessem compreender a mecânica quântica, se pudessem determinar o seu significado, talvez encontrassem *A Resposta*. Um dos intérpretes mais influentes e inventivos da mecânica quântica, bem como da física moderna em geral, é John Archibald Wheeler. Wheeler é o físico arquetípico da física-para-poetas. É famoso por suas analogias e aforismos, criados por ele mesmo ou emprestados de outros. Dentre as frases de efeito que me concedeu, quando o entrevistei, num dia quente de primavera em Princeton, cito: "Se não posso imaginá-lo, não posso compreendê-lo" (Einstein); "O unitarismo [a religião ostensiva de Wheeler] é uma cama de plumas para amparar os cristãos decaídos" (Darwin); "Nunca corra atrás de um ônibus, de uma mulher ou de uma teoria cosmológica, porque sempre aparece outro em alguns minutos" (um amigo de Wheeler em Yale); e "Se você não descobriu algo estranho durante o dia, não foi um dia muito importante" (Wheeler).

Wheeler é também famoso por sua energia física. Quando saímos do seu escritório no terceiro andar para almoçar, ele desprezou o elevador — "os elevadores são perigosos para a saúde", declarou — e se precipitou pela escada. Enganchou um dos braços no corrimão e girava em cada patamar, deixando que a força centrífuga o fizesse girar ao redor da curva e o levasse até o próximo andar. "Temos competições para ver quem desce a escada mais depressa", disse ele por sobre o ombro. Lá fora, Wheeler parecia marchar em vez de caminhar, balançando os punhos no ritmo resoluto de seus passos largos. Só parava quando chegávamos a uma porta. Invariavelmente, ele chegava na frente e a abria para mim. Depois de passar, eu parava por cortesia — Wheeler tinha quase oitenta anos na época — mas no momento seguinte ele já estava à minha frente, avançando rápido para a próxima porta.

A metáfora era tão óbvia que quase suspeitei de que Wheeler a tivesse criado de propósito. Ele erigira sua carreira rapidamente à frente dos outros cientistas e abrira as portas para eles. Ajudara a conquistar aceitação — ou pelo menos atenção — para algumas das idéias mais bizarras da física moderna, dos buracos negros às teorias dos universos paralelos e à própria mecânica quântica. Wheeler talvez tivesse sido descartado há muito tempo como divertido, mas louco, se não fossem as suas credenciais tão inatacáveis. Com vinte e poucos anos, viajara até a Dinamarca para estudar com Niels Bohr ("porque ele vê mais longe do que qualquer outro homem hoje em dia", escreveu Wheeler no seu pedido de bolsa de estudo). Bohr se transformaria na influência mais profunda sobre o pensamento de Wheeler. Em 1939, Bohr e Wheeler publicaram o primeiro artigo em que se explicou a fissão nuclear em termos da física quântica.[17]

O conhecimento de Wheeler sobre física nuclear o levou a se envolver na construção da primeira bomba baseada em fissão durante a Segunda Guerra Mundial e, nos primeiros anos da Guerra Fria, na construção da primeira bomba de hidrogênio. Depois da guerra, ele se tornou uma das principais autoridades em relatividade geral, a teoria da gravitação de Einstein. Cunhou o termo *buraco negro*, no final da década de 1960, e desempenhou um papel importante ao convencer os astrônomos de que esses objetos bizarros e infinitamente densos, previstos pela teoria de Einstein, poderiam realmente existir. Perguntei a Wheeler o que o tornava capaz de acreditar nesses objetos fantásticos, que os outros físicos começaram a aceitar só com grande relutância. "Uma imaginação mais vívida", respondeu. "Há uma frase de Bohr que me agrada muito: 'Você deve estar preparado para uma surpresa, uma surpresa muito grande'."

A partir da década de 1950, Wheeler ficara cada vez mais intrigado com as implicações filosóficas da física quântica. A interpretação mais amplamente aceita da mecânica quântica era a chamada interpretação ortodoxa (embora "ortodoxa" pareça uma descrição estranha para uma visão de mundo tão radical). Também chamada de interpretação de Copenhague, porque foi apresentada pelo mentor de Wheeler — Bohr — numa série de palestras em Copenhague no final da década de 1920, ela sustentava que as entidades subatômicas como os elétrons não têm existência real; existem num limbo probabilístico de muitos possíveis estados superpostos até serem forçadas a entrar num único estado pelo ato da observação. Os elétrons ou fótons podem atuar como ondas ou como partículas, dependendo da maneira pela qual são observados experimentalmente.

Wheeler foi um dos primeiros físicos de renome a propor que a realidade poderia não ser inteiramente física; em certo sentido, o nosso universo poderia ser um fenômeno participativo, requerendo o ato da observação — e, portanto, a consciência. Na década de 1960, Wheeler ajudou a popularizar o conhecido princípio antrópico. Esse princípio defende, essencialmente, que o universo deve ser como é porque, se fosse de outro modo, talvez não estivéssemos aqui para observá-lo. Wheeler também começou a atrair a atenção dos colegas para algumas conexões curiosas entre a física e a teoria da informação, que foi inventada em 1948 pelo matemático Claude Shannon. Assim como a física se baseia numa entidade elementar e indivisível — a saber, o quantum — que é definida pelo ato de observação, o mesmo se dá na teoria da informação. O seu quantum é a unidade binária, ou bit, que é uma mensagem representando uma dentre duas opções: cara ou coroa, sim ou não, zero ou um.

Wheeler ficou ainda mais convencido da importância da informação depois de inventar uma experiência imaginária que revelou a todos a estranheza do mundo quântico. A experiência de escolha retardada de Wheeler é uma variação da experiência clássica (mas não baseada na física clássica) das duas fendas, que demonstra a natureza esquizofrênica dos fenômenos quânticos. Quando os elétrons são apontados para um anteparo que contém duas fendas, eles agem como ondas; passam pelas duas fendas de uma só vez e formam o que é chamado de padrão de interferência, criado pela superposição das ondas, quando elas atingem um detector situado do outro lado do anteparo. Se, porém, o físico fecha uma das fendas, os elétrons passam pela fenda aberta como partículas simples, e o padrão de interferência desaparece. Na experiência de escolha retardada, o experimentador decide se vai deixar abertas as duas fendas ou se vai fechar uma delas *depois que os elétrons já tiverem passado pelo anteparo* — obtendo os mesmos resultados. Os elétrons parecem saber de antemão como o físico preferirá observá-los. Essa experiência foi realizada no início da década de 1990 e confirmou a previsão de Wheeler.

Wheeler explicava esse enigma com outra analogia. Ele comparava o trabalho de um físico ao de alguém que participasse do jogo das vinte perguntas na sua versão surpresa. Nessa variante do antigo jogo, uma pessoa deixa a sala enquanto o resto do grupo — é o que supõe a pessoa excluída — seleciona algum indivíduo, lugar ou objeto. O jogador, então, entra de novo na sala e tenta adivinhar o que os outros têm em mente, fazendo uma série de perguntas que só podem ser respondidas com sim ou não. Sem que o adivinhador saiba, o grupo decidiu lhe pregar uma peça. A primeira pessoa a ser questionada só pensará num objeto *depois* de feita a pergunta. Todos os outros farão o mesmo, dando uma resposta que seja coerente não só com a pergunta imediata, mas também com todas as perguntas anteriores.

"Quando entrei, não havia palavra na sala, embora eu pensasse que havia", explicou Wheeler. Da mesma forma, antes que o físico decida como observá-lo, o elétron não é nem onda nem partícula. Em certo sentido, é irreal; existe num limbo indeterminado. "Só quando se começa a fazer uma pergunta é que se obtém alguma coisa", disse Wheeler. "A situação não pode se declarar enquanto não se faz a pergunta. Mas fazer uma pergunta impede que se faça outra. Assim, se você me perguntar em que deposito atualmente a minha grande expectativa — sempre acho interessante perguntar às pessoas qual é a sua grande expectativa —, eu diria que é na idéia de que todo o espetáculo pode ser reduzido a algo parecido, em sentido lato, com esse jogo das vinte perguntas."

Wheeler condensou essas idéias numa expressão que parece um paradoxo zen: "o *it* do *bit*". Num de seus ensaios livres, ele explicou a expressão da seguinte maneira: "[...] Todo *it* — toda partícula, todo campo de força, até o próprio *continuum* espaço-tempo — deriva sua função, seu significado, sua própria existência, inteiramente — mesmo que em certos contextos de forma indireta — das respostas extraídas pelos instrumentos a perguntas sim-não, escolhas binárias, *bits*".[18]

No final da década de 1980, um grupo cada vez maior de pesquisadores — inclusive cientistas da computação, astrônomos, matemáticos e biólogos, bem como físicos —, inspirado por Wheeler, começou a sondar as ligações entre a teoria da informação e a física. Até alguns teóricos das supercordas se juntaram ao grupo, tentando unir a teoria quântica de campos, os buracos negros e a teoria da informação a uma meada de cordas. Wheeler reconhecia que essas idéias ainda estavam cruas, portanto não preparadas para ser testadas com rigor. Ele e seus colegas exploradores ainda estavam "tentando reconhecer o terreno" e "aprendendo a expressar dados que já conhecemos" na linguagem da teoria da informação. O esforço pode levar a um beco sem saída, disse Wheeler, ou a uma nova e poderosa perspectiva da realidade, de "todo o espetáculo".

Wheeler enfatizou que a ciência ainda tem muitos mistérios a ser explicados. "Ainda vivemos na infância da humanidade", disse. "Todos esses horizontes estão começando a se iluminar nos dias de hoje: a biologia molecular, o DNA, a cosmologia. Ainda somos apenas crianças procurando respostas." Ele me ofereceu outro aforisma: "À medida que cresce a ilha de nosso conhecimento, também cresce a praia da nossa ignorância". Mas ele também estava convencido de que os seres humanos iriam algum dia encontrar a Resposta. Procurando uma citação que expressasse a sua fé, ele se levantou com um salto e pegou um livro sobre teoria da informação e física para o qual contribuíra com um ensaio. Depois de abri-lo rapidamente, leu: "Certamente algum dia, pode-se acreditar, vamos compreender a idéia central de tudo como algo tão simples, tão belo, tão convincente que diremos uns para os outros: 'Oh, não poderia ser de outro modo! Como é que pudemos ter sido cegos por tanto tempo?'".[19] Wheeler levantou os olhos do livro; sua expressão era beatífica. "Não sei se levará um ano ou uma década, mas acho que podemos e vamos compreender. É esse o ponto central que eu gostaria de defender. Podemos e vamos compreender."

Muitos cientistas modernos, observou Wheeler, partilhavam a sua fé de que os humanos iriam encontrar a Resposta algum dia. Por exemplo, Kurt Gödel, outrora vizinho de Wheeler em Princeton, acreditava que a Resposta talvez já tivesse sido descoberta. "Ele achava que talvez entre os documentos de Leibniz, que na sua época ainda não tinham sido completamente revelados, encontraríamos a — qual era a palavra? — a chave do filósofo, o modo mágico de encontrar a verdade e resolver qualquer grupo de enigmas." Gödel acreditava que essa chave "daria à pessoa que a compreendesse um tal poder que só se poderia confiar o conhecimento dessa chave filosófica a pessoas de elevado caráter moral".

No entanto, o próprio mentor de Wheeler — Bohr — aparentemente duvidava que a ciência ou a matemática pudessem atingir essa revelação. Wheeler não soube dessa opinião de Bohr por algum comentário feito pelo grande homem, mas pelo seu filho. Este lhe contou, depois da morte de Bohr, que seu pai nutria a idéia de que a busca da teoria final da física talvez nunca chegasse a uma conclusão satisfatória; à medida que os físicos procurassem penetrar mais fundo na natureza, enfrentariam questões de complexidade e dificuldade crescentes, que acabariam por esmagá-los. "Acho que sou mais otimista", disse Wheeler. Fez uma pausa e acrescentou, com um raro tom de melancolia: "Mas talvez esteja me iludindo".

O lado irônico da questão é que as próprias idéias de Wheeler sugerem que uma teoria final será sempre uma miragem, que a verdade é, em certo sentido, mais imaginada do que de fato apreendida. Segundo o *it* do *bit*, não criamos apenas a verdade, mas até a própria realidade — o "*it*" — com as perguntas que fazemos. A perspectiva de Wheeler chega perigosamente perto do relativismo, ou de algo ainda pior. No início da década de 1980, os organizadores da reunião anual da Associação Americana para o Progresso da Ciência colocaram Wheeler num programa juntamente com três parapsicólogos. Wheeler ficou furioso. Na reunião, deixou claro que não partilhava com seus companheiros de mesa a crença nos fenômenos mediúnicos. Distribuiu um panfleto que declarava, com referência à parapsicologia: "Onde há fumaça, há fumaça".

No entanto, o próprio Wheeler tem sugerido que não existe nada *a não ser* fumaça. "Levo 100% a sério a idéia de que o mundo é uma invenção da imaginação", observou ele, certa vez, para o físico e escritor científico Jeremy Bernstein.[20] Wheeler tem consciência de que essa perspectiva é, de um ponto de vista empírico, insustentável: Onde estava a mente quando o universo nasceu? E o que sustentou o universo durante os bilhões de anos antes que começássemos a existir? Ainda assim, ele nos dá corajosamente um paradoxo adorável e desalentador: no coração de toda realidade existe uma pergunta, e não uma resposta. Quando examinamos os recessos mais profundos da matéria ou a fronteira mais remota do universo, vemos, finalmente, o nosso próprio rosto perplexo nos devolvendo o olhar.

A ORDEM IMPLÍCITA DE DAVID BOHM

Como seria de se esperar, alguns outros físicos-filósofos têm estancado ante a perspectiva de Wheeler e, de modo mais geral, a interpretação de Copenhague, proposta por Bohr. Um dissidente notável foi David Bohm. Nascido e criado na Pensilvânia, Bohm deixou os Estados Unidos em 1951, no auge da era McCarthy, depois de se recusar a responder às perguntas de uma Comissão de Atividades Antiamericanas, que desejava saber se ele ou algum de seus colegas cientistas (especialmente Robert Oppenheimer) eram comunistas. Depois de estadas no Brasil e em Israel, ele fixou residência na Inglaterra no final da década de 1950.

A essa altura, Bohm já tinha começado a desenvolver uma alternativa para a interpretação de Copenhague. Às vezes chamada de interpretação da onda piloto, ela preserva todo o poder preditivo da mecânica quântica, mas elimina muitos dos aspectos mais bizarros da interpretação ortodoxa, como o caráter esquizofrênico dos quanta e a sua dependência de observadores para existir. Desde o final da década de 1980, a teoria da onda piloto tem atraído cada vez mais atenção dos físicos e filósofos que se sentem desconfortáveis com o subjetivismo e o antideterminismo da interpretação de Copenhague.

Paradoxalmente, Bohm também parecia determinado a tornar a física ainda *mais* filosófica, especulativa, holística. Ele foi muito mais longe do que Wheeler ao traçar analogias entre a mecânica quântica e a religião oriental. Desenvolveu uma filosofia, chamada de ordem implícita, que procurava abranger tanto o conhecimento científico quanto o místico. Os textos de Bohm sobre esses tópicos atraíram seguidores que os cultuavam; ele se tornou um herói para aqueles que esperavam alcançar a percepção mística por meio da física. Poucos cientistas combinam esses dois impulsos contradítórios — a necessidade de esclarecer a realidade e de mistificá-la — de forma tão notável.[21]

Em agosto de 1992, visitei Bohm na sua casa em Edgeware, um subúrbio ao norte de Londres. A sua pele era alarmantemente pálida, sobretudo em contraste com os lábios cor de púrpura e o cabelo escuro e espetado. Ao afundar numa grande poltrona, seu corpo parecia flácido e langoroso, mas ao mesmo tempo cheio de energia nervosa. Ele colocou uma das mãos em concha sobre o topo da cabeça; a outra deixou pousada no braço da poltrona. Seus dedos, longos e cheios de veias azuis, com unhas amarelas e estreitas, eram tortos. Ele me contou que estava se recuperando de um recente ataque cardíaco.

A mulher de Bohm nos trouxe chá e biscoitos e depois se retirou para outra parte da casa. Bohm falava hesitantemente a princípio, mas aos poucos as palavras passaram a ser ditas mais rápido, num tom uniforme, baixo e insistente. Sua boca parecia estar seca, pois ele não parava de estalar os lábios. De vez em quando, depois de fazer alguma observação que o divertia, arreganhava os lábios num simulacro de sorriso. Tinha também o hábito desconcertante de fazer uma pausa entre algumas frases e dizer: "Está claro?" ou simplesmente: "Hummm?". Eu ficava, muitas vezes, tão desnorteado, tão incapaz de encontrar o caminho para a compreensão, que apenas acenava com a cabeça e sorria. Mas Bohm também podia ser absoluta e firmemente claro. Mais tarde, fiquei sabendo que ele produzia o mesmo efeito sobre outras pessoas; como alguma estranha partícula quântica, oscilava entrando e saindo de foco.

Bohm disse que começara a questionar a interpretação de Copenhague no final da década de 1940, enquanto escrevia um livro sobre a mecânica quântica. Bohr tinha rejeitado a possibilidade de que o comportamento probabilístico dos sistemas quânticos fosse, na verdade, o resultado de mecanismos subjacentes e determinísticos, às vezes chamados de variáveis ocultas. A realidade não era passível de conhecimento por ser intrinsecamente indeterminada, insistia Bohr.

Bohm achava essa interpretação inaceitável. "Toda a nossa idéia de ciência até agora tem sido dizer que, subjacente ao fenômeno, existe uma realidade que explica as coisas", justificou ele. "Não que Bohr negasse a realidade, mas ele dizia que a mecânica quântica dava a entender que não havia nada mais a dizer a seu respeito." Segundo ele, essa perspectiva reduzia a mecânica quântica a "um sistema de fórmulas que usamos para fazer previsões ou controlar a realidade tecnologicamente. Pensei: isso não basta. Acho que não me interessaria muito pela ciência, se fosse apenas isso".

Num trabalho publicado em 1952, Bohm propunha que as partículas são, na verdade, partículas — em todos os momentos, e não apenas quando observadas. Seu comportamento é determinado por uma nova força, até então não detectada, que Bohm chamava de onda piloto. Qualquer tentativa de medir essas propriedades com precisão destruiria a informação sobre elas, por alterar fisicamente a onda piloto. Bohm conferia assim ao princípio da incerteza um significado puramente físico, em vez de metafísico. Bohr interpretara o princípio da incerteza como querendo dizer "não que haja incerteza, mas que há uma ambigüidade inerente" num sistema quântico, disse Bohm.

A interpretação de Bohm permitia, e até salientava, um paradoxo quântico: a não-localidade, a capacidade de uma partícula influenciar outra instantaneamente através de imensas distâncias. Em 1935, Einstein chamara a atenção para a não-localidade numa tentativa de mostrar que a mecânica quântica devia estar errada. Junto com Boris Podolsky e Nathan Rosen, ele propusera uma experiência imaginária — agora chamada de experiência EPR — envolvendo duas partículas que derivam de uma fonte comum e voam em direções opostas.[22]

Segundo o modelo padrão da mecânica quântica, nenhuma das partículas tem posição ou quantidade de movimento definidas antes de ser medida; mas ao medir a quantidade de movimento de uma das partículas, o físico instantaneamente força a outra partícula a assumir uma posição fixa — mesmo que esteja no outro lado da galáxia. Ridicularizando esse efeito como "ação mal-assombrada à distância", Einstein argumentava que isso violava não só o senso comum mas também a sua própria teoria da relatividade especial, que proíbe a propagação de efeitos a uma velocidade maior do que a da luz; a mecânica quântica devia, portanto, ser uma teoria incompleta. Em 1980, entretanto, um grupo de físicos franceses realizou uma versão da experiência EPR e mostrou que ela realmente dava origem à ação mal-assombrada. (A razão de a experiência não violar a relatividade especial é que não se pode explorar a não-localidade para transmitir informações.) Bohm nunca teve dúvidas sobre o resultado do experimento. "Teria sido uma enorme surpresa se descobrissem algo diferente", ele disse.

No entanto, enquanto tentava colocar o mundo sob um foco mais nítido por meio de seu modelo da onda piloto, Bohm também afirmava que a clareza completa era impossível. Suas idéias foram inspiradas em parte por uma experiência que viu na televisão, em que uma gota de tinta era pingada sobre um cilindro de glicerina. Quando se girava o cilindro, a tinta se espalhava pela glicerina de forma aparentemente irreversível; sua ordem parecia ter se desintegrado. Mas quando se invertia a direção da rotação, a tinta se reunia de novo numa gota.

Sobre essa experiência simples Bohm construiu uma visão de mundo chamada ordem implícita. Subjacente ao mundo aparentemente caótico das aparências físicas — a ordem explicada — há sempre uma ordem implícita, oculta e mais profunda. Aplicando esse conceito ao mundo quântico, Bohm propôs que a ordem implícita é o potencial quântico, um campo que consiste num número infinito de ondas piloto flutuantes. A superposição dessas ondas gera o que nos parece ser partículas, que constituem a ordem explicada. Até conceitos aparentemente fundamentais como espaço e tempo podem ser apenas manifestações explicadas de alguma ordem implícita mais profunda, segundo Bohm.

Para explorar a ordem implícita, disse Bohm, os físicos precisariam se desfazer de alguns pressupostos básicos sobre a organização da natureza. "As noções fundamentais como ordem e estrutura condicionam o nosso pensamento inconscientemente, e novos tipos de teorias dependem de novos tipos de ordem", observou. Durante o Iluminismo, pensadores como Newton e Descartes substituíram o antigo conceito orgânico de ordem pela perspectiva mecanicista. Embora o advento da relatividade e de outras teorias tenha produzido modificações nessa ordem, "a idéia básica ainda é a mesma", disse Bohm, "uma ordem mecânica descrita por coordenadas".

Porém, apesar de suas enormes ambições na busca da verdade, Bohm rejeitava a possibilidade de que os cientistas pudessem pôr fim ao seu empreendimento, reduzindo todos os fenômenos da natureza a um único fenômeno (como as supercordas). "Acho que não há limites para essa busca. As pessoas falarão da teoria de tudo, mas esse é um pressuposto que não tem fundamento. Em cada nível, temos algo que é tomado como aparência, e alguma outra coisa é tomada como a essência que explica a aparência. Mas quando passamos a outro nível, a essência e a aparência trocam de regras, certo? Está claro? Não há fim para a busca, entende? A própria natureza de nosso conhecimento é dessa natureza. Mas o que está subjacente a tudo é desconhecido e não pode ser compreendido pelo pensamento."

Para Bohm, a ciência era "um processo inesgotável". Os físicos modernos, indicava, pressupõem que as forças da natureza são a essência da realidade. "Mas por que existem as forças da natureza? Elas são, então, tomadas como a essência. Os átomos não eram a essência. Por que essas forças deveriam ser?"

A crença dos físicos modernos numa teoria final só podia ser auto-realizável, disse Bohm. "Se eles ficarem nisso, deixarão de fazer as perguntas realmente profundas." Ele observou que "se houver peixes num tanque e ali colocarmos uma barreira de vidro, eles irão evitá-la. Se então retirarmos a barreira de vidro, eles nunca ultrapassarão a barreira e acharão que o mundo inteiro é apenas aquele espaço". Deu uma risadinha seca. "Assim, essa sua idéia de que chegamos ao fim da ciência pode ser a barreira que nos impede de olhar mais além."

Bohm reiterou que "nunca vamos conseguir uma essência final que não seja também a aparência de alguma coisa". Mas isso não era frustrante?, perguntei. "Bem, depende do que você deseja. É frustrante se você deseja conhecer tudo. Por outro lado, os cientistas ficarão frustrados se conseguirem a resposta final, pois então não terão nada mais a fazer a não ser desempenhar o papel de técnicos, entende?" Emitiu seu riso seco. Assim, disse eu, eles estão condenados se encontrarem a resposta e condenados se não a encontrarem. "Bem, acho que você tem de considerar a questão de forma diferente. Uma das razões para fazer ciência é a expansão da percepção, e não do conhecimento corrente. Estamos o tempo todo aprimorando nosso contato com a realidade."

A ciência, continuou Bohm, com certeza evoluirá de formas totalmente inesperadas. Ele expressou a esperança de que os futuros cientistas seriam menos dependentes da matemática para modelar a realidade e recorreriam a novas fontes de metáforas e analogias. "Ora, temos um pressuposto, que está se tornando cada vez mais forte, de que a matemática é a única maneira de lidar com a realidade", disse Bohm. "Como funcionou tão bem por um tempo, supomos que tem de ser dessa maneira."

Como muitos outros visionários científicos, Bohm esperava que a ciência e a arte acabariam por se fundir. "Essa divisão de arte e ciência é temporária", observou ele. "Não existia no passado, e não há razão para continuar a existir no futuro." Assim como a arte não consiste apenas em obras de arte, mas numa "atitude, no espírito artístico", a ciência também não consiste na acumulação de conhecimento, mas na criação de novos modos de percepção. "A capacidade de perceber ou pensar de modo diferente é mais importante do que o conhecimento ganho", explicou Bohm. Havia uma ponta de pungência na esperança de Bohm de que a ciência se tornasse mais artística. A maioria dos físicos tem feito objeções à sua interpretação da onda piloto por razões estéticas: é feia demais para estar certa.

Tentando me convencer de uma vez por todas da impossibilidade do conhecimento final, Bohm apresentou o seguinte argumento: "Qualquer coisa conhecida tem de ser determinada pelos seus limites. Não apenas quantitativa mas também qualitativamente. A teoria é isto, e não aquilo. Agora, é coerente propor que existe o ilimitado. É preciso notar que, se dizemos que há o ilimitado, não pode ser diferente, porque então o ilimitado limitará o limitado, ao afirmarmos que o limitado não é o ilimitado, certo? O ilimitado deve incluir o limitado. Temos de dizer: do ilimitado surge o limitado, num processo criativo; isso é coerente. Portanto, afirmamos que, por mais longe que se vá, sempre haverá o ilimitado. Parece que, por mais longe que se vá, sempre aparecerá alguém com outro ponto que precisa de resposta. E não sei como se pode pôr fim a esse processo".

Nesse momento, para meu alívio, a mulher de Bohm entrou na sala e perguntou se queríamos mais chá. Enquanto ela enchia minha xícara, apontei para um livro sobre misticismo tibetano numa prateleira atrás de Bohm. Quando lhe perguntei se ele fora influenciado por esse tipo de texto, acenou afirmativamente com a cabeça. Fora amigo e discípulo do místico hindu Krishnamurti, que morreu em 1986. Krishnamurti foi um dos primeiros sábios hindus modernos a tentar mostrar aos ocidentais como atingir a iluminação. "O próprio Krishnamurti era um iluminado?", perguntei. "Em alguns aspectos, sim", respondeu Bohm. "Sua preocupação básica era compreender o pensamento, explorá-lo até o fim, completamente. E o pensamento se tornaria um tipo diferente de consciência." Sem dúvida, ninguém jamais podia sondar verdadeiramente a sua própria mente, disse Bohm. Qualquer tentativa de examinar o próprio pensamento o altera — assim como a medição de um elétron altera o seu curso. Bohm parecia estar sugerindo que não podia haver um conhecimento místico final, assim como não podia existir uma teoria final da física.

Krishnamurti era feliz? Bohm pareceu perplexo com a minha pergunta. "É difícil dizer", respondeu por fim. "Ele era infeliz às vezes, mas acho que em geral era bastante feliz. Na verdade, o que está em questão não é a felicidade." Bohm franziu as sobrancelhas, como se percebesse a importância do que acabara de dizer.

Em *Science, order, and creativity*, escrito com F. David Peat, Bohm insistia na importância do "caráter de brincadeira" da ciência e da vida.[23] Mas o próprio Bohm, tanto em seus textos quanto pessoalmente, era tudo menos brincalhão. Para ele, essa busca da verdade não era um jogo; era uma tarefa terrível, impossível, mas necessária. Bohm estava louco para conhecer, descobrir o segredo de tudo, fosse pela física, pela meditação ou pelo conhecimento místico. Porém, ele insistia em que a realidade não era passível de conhecimento — porque, acredito, a idéia da finalidade o repelia. Ele reconhecia que toda verdade, por mais maravilhosa que fosse no início, acaba por se fossilizar num ser inanimado e morto, que não revela o absoluto, mas o encobre. Bohm não almejava a verdade, mas a revelação, a revelação perpétua. Por isso, estava condenado à dúvida eterna.

Finalmente, despedi-me de Bohm e de sua mulher e parti. Lá fora, caía uma chuva fina. Percorri o caminho até a rua e me voltei para ver a residência dos Bohm, uma casa modesta e caiada numa rua de casas modestas e caiadas. Bohm morreu de ataque cardíaco, dois meses mais tarde.[24]

A PROFECIA SOMBRIA DE FEYNMAN

Em *The character of physical law*, Richard Feynman, que em 1965 ganhou o prêmio Nobel por delinear uma versão quântica do eletromagnetismo, apresentava uma profecia bastante sombria para o futuro da física:

> Temos muita sorte de viver numa era em que ainda estamos fazendo descobertas. É como a descoberta da América — só é possível descobrir a América uma vez. Na era em que vivemos, estamos descobrindo as leis fundamentais da natureza, e esse tempo nunca voltará. É muito emocionante, é maravilhoso, mas essa emoção terá de desaparecer. Sem dúvida, haverá outros interesses no futuro. Existirá interesse pela conexão de um nível de fenômenos a outro — fenômenos na biologia e assim por diante, ou, se falarmos de explorações, o estudo de outros planetas —, mas não haverá as mesmas coisas que fazemos agora.[25]
>
> Depois da descoberta das leis fundamentais, a física sucumbirá a pensadores de segunda classe, isto é, aos filósofos. Os filósofos, que estão sempre de fora fazendo comentários estúpidos, se tornarão capazes de se aproximar, porque não poderemos afastá-los dizendo: "Se vocês tivessem razão, seríamos capazes de adivinhar todas as leis", pois quando as leis forem todas conhecidas, eles terão uma explicação para elas [...]. Haverá uma degeneração das idéias, igual à degeneração que os grandes exploradores sentem ocorrer quando os turistas começam a invadir um novo território.[26]

A perspectiva de Feynman acertava fantasticamente na mosca. Ele só errou ao pensar que se passariam milênios, e não décadas, antes que os filósofos se aproximassem. Eu vi o futuro da física em 1992, quando assisti a um simpósio na Universidade de Columbia, em que filósofos e físicos discutiam o significado da mecânica quântica.[27] O simpósio demonstrava que, mais de sessenta anos depois da invenção da mecânica quântica, o seu significado continuava, em termos polidos, evanescente. Nas palestras, era possível escutar ecos do enfoque do *it* do *bit* de Wheeler, da hipótese da onda piloto de Bohm e do modelo dos mundos paralelos preferido por Steven Weinberg e outros. Mas, em sua maior parte, cada conferencista parecia ter chegado a uma compreensão privada da mecânica quântica, enunciada em linguagem idiossincrática; ninguém parecia compreender o outro, muito menos concordar com sua perspectiva. As altercações lembravam o que Bohr disse certa vez sobre a mecânica quântica: "Se você acha que a compreende, isso só mostra que você não sabe nada a respeito".[28]

É claro, a aparente confusão podia ser fruto da minha ignorância. Mas quando revelei a minha impressão de confusão e dissonância a um dos participantes, ele me assegurou que eu tinha razão. "Está uma mixórdia", disse ele referindo-se à conferência (e, por ilação, a toda a tentativa de interpretar a mecânica quântica). O problema, observou ele, é que, na sua maior parte, as diferentes interpretações da mecânica quântica não podem ser empiricamente distinguidas umas das outras; os filósofos e os físicos preferem uma interpretação à outra por razões estéticas e filosóficas — isto é, subjetivas.

Esse é o destino da física. A imensa maioria dos físicos, aqueles empregados na indústria e até na academia, continuará a aplicar o conhecimento que já tem em mãos — inventando lasers, supercondutores e dispositivos de computação cada vez mais versáteis — sem se preocupar com as questões filosóficas subjacentes.[29] Uns poucos teimosos, mais interessados na verdade do que na praticabilidade, estudarão a física de um modo irônico, não empírico, explorando o mundo mágico das supercordas e outros tópicos esotéricos, afligindo-se com o significado da mecânica quântica. As conferências desses físicos irônicos, cujas disputas não podem ser experimentalmente resolvidas, se tornarão cada vez mais semelhantes às daquele baluarte da crítica literária, a Modern Language Association [Associação de Língua Moderna].

4

O FIM DA COSMOLOGIA

Em 1990, viajei a um lugar distante nas montanhas do Norte da Suécia para assistir a um simpósio intitulado "O nascimento e a evolução primitiva de nosso universo". Quando cheguei, descobri que cerca de trinta físicos de partículas e astrônomos de todo o mundo — dos Estados Unidos, Europa, União Soviética e Japão — lá se encontravam. Eu fora ao colóquio em parte para encontrar Stephen Hawking. O simbolismo irresistível de sua condição — um cérebro poderoso num corpo paralisado — ajudara a transformá-lo num dos cientistas mais famosos do mundo.

Quando o conheci, o estado de Hawking era pior do que eu imaginara. Ele ficava sentado numa posição semifetal, com os ombros curvados, o maxilar inferior caído, aflitivamente frágil, a cabeça inclinada para o lado, numa cadeira de rodas repleta de baterias e computadores. Pelo que pude perceber, ele só conseguia mover o indicador esquerdo. Com esse dedo, selecionava com cuidado letras, palavras ou frases de um menu na tela de seu computador. Um sintetizador de voz pronunciava as palavras com uma voz incongruentemente grave e segura que lembrava o herói *cyborg* de *Robocop*. Hawking parecia ver na sua condição mais uma fonte de ironia do que de angústia. A sua boca vermelha *à la* Mick Jagger se curvava com freqüência num dos cantos, numa espécie de sorriso afetado.

Estava programado que Hawking daria uma conferência sobre cosmologia quântica, uma área de estudo que ele ajudara a criar. A cosmologia quântica pressupõe que, em escalas muito pequenas, não só a matéria e a energia, mas também o próprio tecido do espaço e do tempo, vibram entre diferentes estados por causa da incerteza quântica. Essas flutuações do espaço-tempo podiam dar origem a *wormholes* [túneis de minhoca], capazes de ligar uma região do espaço-tempo a outra muito distante, ou a "universos-bebês". Hawking armazenara em seu computador a palestra de uma hora, intitulada "Os parâmetros alfa dos *wormholes*"; ele tinha apenas de apertar uma tecla para acionar o sintetizador de voz, que a leria, frase por frase.

Em sua estranha voz cibernética, Hawking discutia se algum dia seríamos capazes de escorregar por um *wormhole* na nossa galáxia e, no momento seguinte, sair do outro lado numa galáxia muito, muito distante. Provavelmente não, concluía, porque os efeitos quânticos misturariam irremediavelmente nossas partículas constituintes. (O argumento de Hawking implicava que o *warp drive*, o transporte mais veloz que a luz descrito em *Jornada nas estrelas*, era impossível.) Ele fechou a sua conferência com uma digressão sobre a teoria das supercordas. Embora tudo o que vemos ao nosso redor seja o "minissuperespaço" que chamamos de espaço-tempo, "na verdade vivemos no superespaço de infinitas dimensões da teoria das supercordas".[1]

Minha reação a Hawking foi ambivalente. Por um lado, ele era uma figura heróica. Preso num corpo aleijado e incapaz, ainda assim podia imaginar realidades com graus infinitos de liberdade. Por outro lado, o que ele estava dizendo me parecia completamente despropositado. *Wormholes?* Universos-bebês? Superespaço de infinitas dimensões da teoria das supercordas? Parecia mais ficção científica do que ciência.

Tive mais ou menos a mesma reação durante todo o simpósio. Algumas palestras — aquelas em que os astrônomos discutiam o que tinham coligido das sondagens do cosmo por meio de telescópios e outros instrumentos — estavam fundadas em solo firme. Eram ciência empírica. Mas muitas das apresentações tratavam de questões irremediavelmente divorciadas da realidade, de qualquer possível teste empírico. Como era o universo quando tinha o tamanho de uma bola de basquete, ou de uma ervilha, ou de um próton, ou de uma supercorda? Qual é o efeito sobre o nosso universo de todos os outros universos ligados a ele por *wormholes*? Havia algo grandioso e ridículo no fato de homens adultos (não havia mulheres presentes) brigarem por causa dessas questões.

Durante a realização do encontro, lutei, com algum sucesso, para sufocar esse sentimento instintivo de despropósito. Dizia a mim mesmo que todos eram pessoas terrivelmente inteligentes, "os maiores gênios no mundo", como declarara um jornal sueco local. Não perderiam o seu tempo com pesquisas triviais. Por isso, ao escrever mais tarde sobre as idéias de Hawking e outros cosmólogos, fiz o possível para torná-las plausíveis, para instilar nos leitores reverência e compreensão em vez de ceticismo e confusão. Afinal, é esse o trabalho do redator científico.

Mas às vezes o texto científico mais claro é o mais desonesto. Minha reação inicial a Hawking e a outros na conferência era, em certa medida, apropriada. Grande parte da cosmologia moderna, particularmente aqueles aspectos inspirados por teorias unificadas da física de partículas e outras idéias esotéricas, *é* despropositada. Ou, melhor, é ciência irônica, a ciência que não é experimentalmente testável ou solucionável mesmo em princípio, e que, portanto, não é ciência no sentido estrito. Sua função primária é nos manter deslumbrados diante do mistério do cosmo.

Ironicamente, Hawking foi o primeiro físico ilustre da sua geração a prever que a física poderia em breve formular uma teoria completa e unificada da natureza e, assim, provocar a sua própria morte. Ele apresentou essa profecia em 1980, pouco depois de ter sido nomeado professor de matemática lucasiano na Universidade de Cambridge; Newton ocupara essa cátedra uns trezentos anos antes. (Poucos observadores notaram que no final de seu discurso, intitulado "O fim da física teórica está à vista?", Hawking sugeria que os computadores, dada a sua evolução acelerada, poderiam em breve ultrapassar em inteligência seus criadores humanos e formular a teoria final por sua própria conta.)[2] Hawking enunciou a sua profecia de forma mais detalhada em *Uma breve história do tempo*. A realização de uma teoria final, declarava ele na frase final do livro, poderia nos ajudar a "conhecer a mente de Deus".[3] A frase sugeria que uma teoria final nos transmitiria uma revelação mística em cujo brilho poderíamos nos refestelar para todo o sempre.

Porém, numa passagem anterior do livro, ao discutir o que ele chamava de proposição sem fronteira, Hawking apresentava uma opinião muito diferente do que uma teoria final poderia efetuar. A proposição sem fronteira tratava das perguntas eternas: O que havia antes do *big bang*? O que existe além das fronteiras de nosso universo? Segundo a proposição sem fronteira, toda a história do universo, todo o espaço e todo o tempo, formam uma espécie de esfera de quatro dimensões: espaço-tempo. Por isso, falar sobre o começo ou o fim do universo é tão absurdo quanto falar sobre o começo ou o fim de uma esfera. Também a física, conjecturava Hawking, poderia formar um todo perfeito e inconsútil depois de ser unificada; talvez houvesse apenas uma teoria unificada e plenamente coerente capaz de gerar o espaço-tempo que nós conhecemos. Deus talvez não tivesse tido opção ao criar o universo.

"Qual é o lugar, então, para um criador?", perguntava Hawking.[4] Não há *nenhum* lugar, era a sua resposta; uma teoria final excluiria Deus do universo, e com Ele todo o mistério. Como Steven Weinberg, Hawking esperava arrancar o misticismo, o vitalismo, o criacionismo de um de seus últimos refúgios, a origem do universo. Segundo um biógrafo, Hawking e sua mulher, Jane, se separaram em 1990, em parte porque ela, uma cristã devota, se sentia cada vez mais ofendida pelo ateísmo do marido.[5]

Depois da publicação de *Uma breve história*, vários outros livros trataram da questão de saber se a física podia alcançar uma teoria completa e final, uma teoria que responderia a todas as perguntas e com isso provocaria o fim da física. Aqueles que afirmavam ser impossível uma tal teoria tendiam a recorrer ao teorema de Godel e a outros temas esotéricos. Mas, durante toda a sua carreira, Hawking tem demonstrado que há um obstáculo muito mais básico para uma teoria de tudo. Os físicos nunca erradicarão o mistério do universo, nunca encontrarão a Resposta, enquanto houver físicos com imaginação tão floreada quanto a de Hawking.

Desconfio que Hawking — que talvez seja menos alguém em busca da verdade do que um artista, um ilusionista, um piadista cósmico — sabia o tempo todo que encontrar e validar empiricamente uma teoria unificada seria muito difícil, até impossível. Sua declaração de que a física estava prestes a encontrar a Resposta pode muito bem ter sido irônica, menos uma afirmação do que uma provocação. Em 1994, ele admitiu essa sua posição quando disse a um entrevistador que a física, no final das contas, talvez nunca formulasse uma teoria final.[6] Hawking é um mestre da física e da cosmologia irônicas.

AS GRANDES SURPRESAS DA COSMOLOGIA

O fato mais extraordinário sobre a cosmologia moderna é que nem tudo é irônico. A cosmologia tem nos dado várias surpresas genuínas, irrefutáveis. No início deste século, achava-se que a Via Láctea, a ilha de estrelas dentro da qual se aninha o nosso Sol, constituía todo o universo. Depois os astrônomos compreenderam que as minúsculas manchas de luz chamadas nebulosas, que se pensava serem meras nuvens de gás dentro da Via Láctea, eram, na realidade, ilhas de estrelas. A Via Láctea era apenas uma dentre um imenso número de galáxias, num universo muitíssimo maior do que se imaginara. Essa descoberta representou uma surpresa enorme, empírica, irrevogável, algo que até o relativista mais obstinado teria dificuldade em negar. Parafraseando Sheldon Glashow, as galáxias não são imaginadas e desimaginadas; elas existem.

Outra grande surpresa estava por vir. Os astrônomos descobriram que o brilho das galáxias era invariavelmente desviado para a extremidade vermelha do espectro visível. Ao que parecia, as galáxias estavam se afastando da Terra e umas das outras, e a velocidade desse afastamento fazia a luz sofrer o efeito Doppler (o mesmo efeito que faz com que o som da sirene de uma ambulância se torne mais grave à medida que ela se afasta do ouvinte). A evidência do desvio para o vermelho confirmava uma teoria, baseada na teoria da relatividade de Einstein, de que o universo tivera início numa explosão que ainda estava em andamento.

Na década de 1950, os teóricos previam que o nascimento ígneo do universo há bilhões de anos deveria ter deixado um brilho remanescente sob a forma de tênues microondas. Em 1964, dois radioengenheiros nos Laboratórios Bell encontraram por acaso a chamada radiação cósmica de fundo. Os físicos também tinham proposto que a bola de fogo da criação teria servido de fornalha nuclear, onde o hidrogênio se fundia formando hélio e outros elementos leves. Observações cuidadosas durante as últimas décadas têm revelado que a abundância de elementos leves na Via Láctea e em outras galáxias corresponde precisamente às previsões teóricas.

David Schramm, do Fermilab e da Universidade de Chicago, gosta de se referir a essas três linhas de evidências — o desvio para o vermelho das galáxias, o fundo de microondas e a abundância de elementos — como os pilares que sustentam a teoria do *big bang*. Schramm é um homem alto, de peito empinado, muito agitado, piloto, montanhista e ex-campeão universitário de luta greco-romana. É um entusiasta infatigável do *big bang* e de seu próprio papel em refinar os cálculos sobre a abundância de elementos leves. Assim que cheguei ao simpósio na Suécia, Schramm me fez sentar para ouvir seu discurso muito detalhado sobre as evidências do *big bang*. "O *big bang* está numa forma *fantástica*", disse. "Temos a estrutura básica. Falta apenas preencher as lacunas."

Schramm reconhecia que algumas dessas lacunas eram bastante grandes. Os teóricos não conseguem determinar precisamente como o plasma quente do universo primitivo se condensou formando estrelas e galáxias. As observações têm sugerido que a matéria visível e estrelada que os astrônomos percebem pelos seus telescópios não tem massa suficiente para impedir que as galáxias voem para todos os lados; alguma matéria invisível ou escura deve estar mantendo as galáxias unidas. Em outras palavras, toda a matéria que conseguimos ver talvez seja apenas a espuma sobre um mar escuro e profundo.

Outra questão diz respeito ao que os cosmólogos gostam de chamar "estrutura de grande escala". Nos primeiros tempos da cosmologia, as galáxias pareciam estar espalhadas de forma mais ou menos uniforme pelo universo. Mas, à medida que as observações se aperfeiçoaram, os astrônomos descobriram que as galáxias tendem a se agrupar em aglomerados rodeados por vazios gigantescos. Finalmente, há a questão de como o universo se comportava na chamada era da gravitação quântica, quando o cosmo era tão pequeno e quente que, segundo a opinião geral, todas as forças do universo deviam estar unificadas. Essas eram as questões que dominavam a discussão durante o simpósio do Nobel na Suécia. Mas nenhum desses problemas, insistia Schramm, ameaçava a estrutura básica do *big bang*. "Só porque não se pode prever os tornados", disse, "não quer dizer que a Terra não seja redonda."[7]

Schramm transmitiu mais ou menos a mesma mensagem a seus colegas cosmólogos do simpósio do Nobel. Ele continuava a proclamar que a cosmologia vivia uma "era de ouro". Esse entusiasmo de câmara de comércio parecia irritar alguns de seus colegas; afinal, ninguém se torna cosmólogo para preencher os detalhes que os pioneiros deixaram inexplorados. Depois de sua milésima proclamação da "era de ouro", um físico observou mordazmente que não é possível saber se uma era é de ouro quando se vive nessa era, mas apenas em retrospecto. Proliferaram as piadas sobre Schramm. Um colega especulava se o porte físico atarracado não representaria a solução para o problema da matéria escura. Outro propunha que Schramm fosse usado como tampão para impedir que o nosso universo fosse sugado para dentro de um *wormhole*.

Já perto do fim do encontro na Suécia, Hawking, Schramm e todos os outros cosmólogos se amontoaram num ônibus e foram a uma vila vizinha para assistir a um concerto. Quando entraram na igreja luterana onde devia se realizar o concerto, o lugar já estava lotado. A orquestra, um conjunto heterogêneo de jovens loiros e anciãos encarquilhados agarrados a seus violinos, clarinetes e outros instrumentos, já estava sentada na frente da igreja. Os vizinhos se apinhavam nas galerias e nos bancos do fundo da igreja. Quando os cientistas desfilaram pela nave central até os bancos da frente reservados para eles, com Hawking abrindo caminho em sua cadeira de rodas motorizada, os moradores da cidade começaram a aplaudir, primeiro aos poucos, depois apaixonadamente, durante quase um minuto inteiro. O simbolismo era perfeito: naquele momento, pelo menos, naquele lugar e para aquelas pessoas, a ciência tinha usurpado o papel da religião como fonte de verdade sobre o universo.

No entanto, dúvidas tinham se infiltrado no clero científico. Alguns momentos antes do início do concerto, escutei uma conversa entre David Schramm e Neil Turok, um jovem físico britânico. Turok confidenciou a Schramm que andava tão preocupado com a intratabilidade de questões relacionadas à matéria escura e à distribuição das galáxias que estava pensando em abandonar a cosmologia e entrar num outro campo de estudo. "Afinal, quem disse que temos o direito de compreender o universo?", perguntou Turok, queixoso. Schramm sacudiu a cabeça. A estrutura básica da cosmologia, a teoria do *big bang*, era totalmente razoável, sussurrou com insistência, enquanto a orquestra começava a se aquecer; os cosmólogos precisavam apenas amarrar algumas pontas soltas. "As coisas vão se arrumar", disse Schramm.

Turok dava a impressão de encontrar consolo nas palavras de Schramm, mas ele provavelmente estava alarmado. E se Schramm tivesse razão? E se os cosmólogos já tivessem encontrado, com a teoria do *big bang*, a resposta principal para o enigma do universo? E se tudo o que restava fosse amarrar pontas soltas, aquelas que podiam ser amarradas? Dada essa possibilidade, não é de admirar que cientistas "fortes" como Hawking tivessem pulado por cima da teoria do *big bang* para a ciência pós-empírica. O que mais pode fazer alguém tão criativo e ambicioso?

O MÁGICO RUSSO

Um dos poucos rivais de Stephen Hawking como adepto da cosmologia irônica é Andrei Linde, físico russo que emigrou para a Suíça em 1988 e para os Estados Unidos dois anos mais tarde. Linde também estava no simpósio do Nobel na Suécia, e suas cabriolas figuravam entre os destaques do encontro. Depois de beber um ou dois drinques num coquetel ao ar livre, ele partiu uma pedra ao meio com um golpe de caratê. Plantou bananeira e em seguida, inclinando o corpo para trás, aterrissou de volta sobre os pés. Tirou do bolso uma caixa de fósforos e colocou dois deles, formando uma cruz, sobre a mão. Enquanto Linde mantinha a mão — pelo menos é o que parecia — perfeitamente imóvel, o fósforo de cima tremia e saltava como se fosse puxado por um cordão invisível. O truque enlouqueceu seus colegas. Em pouco tempo, fósforos e pragas voavam em todas as direções, enquanto alguns dos cosmólogos mais famosos do mundo procuravam em vão reproduzir a proeza de Linde. Quando lhe pediam para explicar como é que se fazia, ele sorria e resmungava: "Flutuação quântica".

Linde é ainda mais famoso por suas prestidigitações teóricas. No início da década de 1980, ele contribuiu para que uma das idéias mais extravagantes já criadas pela física de partículas ganhasse aceitação: a inflação. A invenção da inflação (o termo *descoberta* não é apropriado nesse caso) é geralmente atribuída a Alan Guth do MIT, mas Linde ajudou a refinar a teoria e a conseguir a sua aceitação. Guth e Linde propunham que muito cedo na história de nosso universo — em $T = 10^{-43}$ segundos, para ser preciso, quando o cosmo era supostamente muito menor do que um próton — a gravitação poderia ter se tornado, por um breve período, uma força mais repulsiva do que atrativa. Em conseqüência, o universo teria passado por um tremendo ímpeto de crescimento exponencial, antes de se acomodar no seu ritmo corrente e muito mais calmo de expansão.

Guth e Linde basearam a sua idéia em teorias unificadas da física de partículas que não foram testadas — e são quase com certeza intestáveis. Ainda assim, os cosmólogos se apaixonaram pela inflação, porque ela conseguia explicar alguns problemas aborrecidos propostos pelo modelo padrão do *big bang*. Primeiro, por que o universo parece mais ou menos o mesmo em todas as direções? A resposta é que, assim como ao soprar um balão alisamos suas pregas, a expansão exponencial do universo o tornaria relativamente uniforme. Inversamente, a inflação também explica por que o universo não é um caldo *totalmente* homogêneo de radiação, mas contém aglomerações de matéria em forma de estrelas e galáxias. A mecânica quântica sugere que até o espaço vazio está transbordando de energia; essa energia flutua constantemente, como ondas dançando na superfície de um lago agitado pelo vento. Segundo a inflação, os picos gerados por essas flutuações quânticas no universo primitivo poderiam ter se tornado bastante grandes, depois de infladas, a ponto de servir de sementes gravitacionais para as estrelas e as galáxias.

A inflação tem algumas implicações surpreendentes. Uma delas é que tudo o que podemos ver pelos nossos telescópios representa uma fração infinitesimal do mundo imensamente maior criado durante a inflação. Mas Linde não parava por aí. Mesmo esse universo prodigioso, sustentava ele, é apenas um dentre um número infinito de universos gerados pela inflação. Uma vez começada, a inflação não termina nunca; ela não criou apenas o nosso universo — o mundo adornado de galáxias que examinamos pelos nossos telescópios —, mas uma quantidade incontável de outros. Esse megaverso tem o que é conhecido como estrutura fractal: os universos grandes fazem brotar pequenos universos, que fazem brotar outros ainda menores, e assim por diante. Linde dava ao seu modelo o nome de universo inflacionário, eternamente auto-reprodutivo, fractal e caótico.[8]

Para alguém tão brincalhão e inventivo em público, Linde pode ser surpreendentemente melancólico. Vislumbrei esse lado do seu caráter quando o visitei na Universidade de Stanford, onde ele e sua mulher, Renata Kallosh, que é também física teórica, começaram a trabalhar em 1990. Quando cheguei à casa cinzenta e cubista que alugavam, Linde me mostrou a residência por alto. No quintal encontramos Kallosh, que estava revolvendo alegremente um canteiro de flores. "Olhe, Andrei!", gritou ela, apontando para um ninho cheio de passarinhos que chilreavam num ramo de árvore acima da sua cabeça. Com a palidez e os olhos apertados denunciando sua pouca familiaridade com a luz do sol, Linde fez apenas um sinal com a cabeça. Perguntei-lhe se ele achava a Califórnia repousante, e ele resmungou: "Talvez repousante demais".

Quando Linde me contou a história de sua vida, tornou-se claro que a ansiedade, até a depressão, tinham sido significativas para motivá-lo. Em vários estágios de sua carreira, ele perdera a esperança de ganhar alguma compreensão sobre a natureza das coisas — pouco antes de encontrar uma brecha. Linde encontrara por acaso o conceito básico da inflação no final da década de 1970, enquanto ainda vivia em Moscou, mas decidira que a idéia tinha falhas demais para ser levada adiante. A tese de Alan Guth, de que a inflação podia explicar várias características enigmáticas do universo, como a sua uniformidade, ressuscitou o seu interesse. Mas a versão de Guth também tinha muitas falhas. Depois de refletir sobre o problema de forma tão obsessiva que desenvolveu uma úlcera, Linde mostrou como o modelo de Guth podia ser ajustado para eliminar os problemas técnicos.

Porém, até esse modelo da inflação dependia de características de teorias unificadas que, segundo Linde, eram suspeitas. Finalmente — depois de sucumbir a uma melancolia tão profunda que tinha dificuldade de sair da cama —, determinou que a inflação podia resultar de processos quânticos muito mais genéricos, propostos pela primeira vez por John Wheeler. Segundo este, se alguém tivesse um microscópio trilhões e trilhões de vezes mais poderoso do que qualquer um existente, veria o espaço-tempo flutuando agitadamente por causa da incerteza quântica. Linde afirmava que aquilo que Wheeler chamava de "espuma do espaço-tempo" daria inevitavelmente origem às condições necessárias para a inflação.

A inflação é um processo que se auto-esgota; a expansão do espaço logo faz se dissipar a energia que impulsiona a inflação. Entretanto, Linde dizia que, uma vez iniciada, a inflação sempre continua em algum lugar mais uma vez por causa da incerteza quântica. (É uma característica útil, essa incerteza quântica.) Novos universos estão nascendo neste exato momento. Alguns imediatamente implodem. Outros inflam tão rápido que a matéria nunca tem uma oportunidade de se amalgamar. Outros ainda, como o nosso, se estabelecem numa expansão suficientemente calma para que a gravitação molde a matéria — formando galáxias, estrelas e planetas.

Linde às vezes comparava esse supercosmo a um mar infinito. Visto de perto, o mar transmite uma impressão de dinamismo e mudança, de ondas subindo e descendo. Como vivemos dentro de uma dessas ondas em movimento, achamos que todo o universo está se expandindo. Mas se pudéssemos nos elevar acima da superfície do mar, compreenderíamos que o nosso cosmo em expansão é apenas uma característica local, diminuta e insignificante, de um oceano eterno e infinito. De certo modo, sustentava Linde, a velha teoria do estado estacionário de Fred Hoyle (que discutirei mais adiante, neste capítulo) estava certa; visto de uma perspectiva divina, o supercosmo apresenta um tipo de equilíbrio.

Linde não foi o primeiro físico a postular a existência de outros universos. Porém, enquanto a maioria dos teóricos tratava os outros universos como abstrações matemáticas, e mesmo assim ligeiramente embaraçosas, Linde gostava de especular sobre as propriedades desses universos. Ao desenvolver sua teoria do universo auto-reprodutivo, por exemplo, ele tomou emprestado termos da linguagem da genética. Cada universo criado pela inflação gera ainda outros "universos-bebês". Alguns desses filhotes retêm o "gene" de seus predecessores e evoluem formando universos semelhantes, com leis da natureza semelhantes e talvez habitantes semelhantes. Invocando o princípio antrópico, Linde propunha que uma versão cósmica da seleção natural poderia favorecer a perpetuação de universos que têm probabilidade de produzir vida inteligente. "O fato de que em algum outro lugar existe vida como a nossa é quase certo para mim", disse ele. "Mas nunca saberemos."

Como Alan Guth e vários outros cosmólogos, Linde gostava de especular sobre a exeqüibilidade de se criar um universo inflacionário num laboratório. Mas apenas Linde perguntava: por que alguém *desejaria* criar outro universo? Para que serviria? Assim que um engenheiro cósmico criasse um novo universo, ele logo se dissociaria de seu progenitor a velocidades maiores do que a da luz, segundo os cálculos de Linde. Nenhuma outra comunicação seria possível.

Por outro lado, conjecturava Linde, talvez o engenheiro pudesse manipular a semente da matéria pré-inflacionária de tal modo que ela evoluiria para formar um universo com determinadas dimensões, leis físicas e constantes da natureza. Dessa forma, o engenheiro poderia gravar algum tipo de mensagem na própria estrutura do novo universo. Na verdade, sugeria Linde, o nosso próprio universo talvez tenha sido criado por seres de outro universo, e físicos como Linde, em suas tentativas desajeitadas de decifrar as leis da natureza, poderiam estar realmente decodificando uma mensagem de nossos pais cósmicos.

Linde apresentava essas idéias desconfiado, observando a minha reação. Somente no final, talvez satisfeito por me ver com a boca aberta, ele se permitiu um pequeno sorriso. No entanto, o sorriso desapareceu quando perguntei qual seria a mensagem embutida em nosso universo. "Ao que parece", disse ele, pensativo, "ainda não somos suficientemente adultos para conhecê-la." Linde tornou-se ainda mais sombrio quando lhe perguntei se ele já se preocupara com o fato de que todo o seu trabalho poderia ser — lutei para encontrar a palavra certa — uma bobagem.

"Em meus momentos de depressão, sinto-me um completo idiota", respondeu ele. "Estou lidando com brinquedos muito primitivos." Ele acrescentou que tentava não ficar muito ligado às suas próprias idéias. "Às vezes os modelos são muito estranhos, e, se você os leva muito a sério, existe o risco de ficar preso na armadilha. Eu diria que é parecido com o ato de correr num lago sobre gelo muito fino. Se você for bem rápido, talvez não afunde e percorra uma grande distância. Mas se parar para pensar se está na direção certa, poderá cair no lago."

Linde parecia estar dizendo que o seu objetivo como físico não era alcançar a solução, chegar à Resposta ou até simplesmente a *uma* resposta, mas continuar a correr, continuar a patinar. Ele temia a idéia de fim. Sob essa luz, sua teoria do universo auto-reprodutivo tem sentido: se o universo é infinito e eterno, a ciência, a busca do conhecimento, também é. Mas até um físico confinado nesse universo, sugeria Linde, não está perto da solução. "Por exemplo, ele não considera a consciência. A física estuda a matéria, e a consciência não é matéria." Ele concordava com John Wheeler, para quem a realidade deve ser, em certo sentido, um fenômeno que exige participação. "Antes de se fazer a medição, não há nenhum universo, nada que se possa chamar de realidade objetiva", disse Linde.

Assim como Wheeler e David Bohm, Linde parecia ser atormentado por desejos místicos que a física, sozinha, nunca poderia satisfazer. "Há algum limite para o conhecimento racional", disse ele. "Um modo de estudar o irracional é pular para dentro dele e meditar. O outro é estudar as fronteiras do irracional com as ferramentas da racionalidade." Ele escolhera o último caminho, porque a física oferecia um meio de "não falar absurdos" sobre o funcionamento do mundo. Mas às vezes, confessou, "fico deprimido quando penso que vou morrer como físico".

A DEFLAÇÃO DA INFLAÇÃO

O fato de Linde ter conquistado tanto respeito — ele foi cortejado por várias universidades norte-americanas antes de escolher Stanford — atesta seus talentos retóricos e a fome de idéias novas por parte dos cosmólogos. Ainda assim, no início da década de 1990, a inflação e muitas das outras idéias exóticas que na década anterior tinham se originado da física de partículas já começavam a perder o apoio da corrente dominante dos cosmólogos. Até David Schramm, que fora bem obstinado a respeito da inflação durante nosso encontro na Suécia, tinha suas dúvidas quando falei com ele, anos mais tarde. "Eu *gosto* da inflação", disse Schramm, acrescentando, no entanto, que ela nunca poderá ser completamente verificada, porque não gera previsões singulares, ou seja, previsões que não podem ser explicadas de outra maneira. "Não se consegue esse tipo de evidência para a inflação", continuou Schramm, "ao passo que, para o *big bang*, elas existem. O belo fundo de microondas cósmicas e a abundância de elementos leves confirmam: 'É isso aí!'. Não há nenhuma outra maneira de obter essas observações."

Schramm reconhecia que as teorias dos cosmólogos tornam-se mais especulativas à medida que eles retrocedem cada vez mais ao início do tempo. A cosmologia precisa de uma teoria unificada da física de partículas para descrever os processos do universo primevo, mas validar uma teoria unificada pode ser muito difícil. "Mesmo que alguém apresente uma teoria realmente bela, como a teoria das supercordas, não há como testá-la. Assim, já não estamos realmente seguindo o método científico, segundo o qual devemos fazer previsões e depois testá-las. Não estamos fazendo essa verificação experimental. É mais uma questão de coerência matemática."

Perguntei-lhe se a área poderia acabar como a interpretação da mecânica quântica, cujos padrões são basicamente estéticos. "Esse é um problema real que tenho", respondeu Schramm, "pois, se alguém não apresenta testes, estamos mais na área filosófica do que na física. Os testes têm de confirmar o universo como o observamos, mas trata-se mais de uma visão *a posteriori* do que de uma previsão." É sempre possível que as investigações teóricas dos buracos negros, as supercordas, o *it* do *bit* de Wheeler e outros temas exóticos nos abram algum tipo de brecha. "Mas, enquanto alguém não apresentar testes definitivos", disse Schramm, "ou enquanto não tivermos a sorte de encontrar um buraco negro que possamos sondar com cuidado, não chegaremos àquela 'Eureka' de quando se está realmente seguro de conhecer a resposta."

Ao compreender a importância do que estava dizendo, Schramm voltou, de repente, ao seu costumeiro registro entusiasmado de relações públicas. O fato de os cosmólogos demonstrarem tanta dificuldade para ultrapassar o modelo do *big bang* é um *bom* sinal, insistiu, recorrendo a um argumento mais do que familiar. "Por exemplo, na virada do século, os físicos diziam que a maior parte da física estava resolvida. Havia ainda alguns probleminhas incômodos, mas estava basicamente resolvida. E descobrimos que não era nada disso. Na verdade, o que percebemos é que esse tipo de pensamento costuma ser um indício de que outro grande progresso está por acontecer. Sempre que se pensa que o fim está à vista, descobre-se que essa idéia é um *wormhole* que se abre para uma perspectiva inteiramente nova do universo. E acho que é isso o que talvez vá acontecer. Estamos dando um *close-up* e começando a ver as coisas. Veremos certos problemas irritantes que ainda não fomos capazes de resolver. E espero que a solução deles nos conduza a uma área de estudos totalmente nova, rica e emocionante. O empreendimento científico não vai morrer."[9]

Mas e se a cosmologia tiver passado de seu apogeu, no sentido de ser improvável que produza novas surpresas empíricas tão profundas quanto a própria teoria do *big bang*? Os cosmólogos têm a sorte de saber alguma coisa com certeza, segundo Howard Georgi, físico de partículas da Universidade de Harvard. "Acho que se deve considerar a cosmologia como uma ciência histórica, da mesma forma que a biologia da evolução", disse Georgi, um homem com rosto de querubim e um jeito alegremente sarcástico. "Tentamos examinar o universo atual e extrapolar para o passado, o que é interessante mas também perigoso, porque é possível que tenham ocorrido acasos que produziram grandes efeitos. E eles tentam, com muito esforço, compreender que tipo de coisas podem ser fruto do acaso e que características são sólidas. Porém, acho difícil discernir essa argumentação com a clareza necessária para ficar plenamente convencido." Georgi sugeria que os cosmólogos poderiam adquirir um pouco de humildade — de que necessitam muito — lendo os livros do biólogo da evolução Stephen Jay Gould, que discute as armadilhas potenciais de reconstruir o passado com base em nosso conhecimento do presente (ver o capítulo 5).

Georgi deu uma risadinha, reconhecendo talvez a improbabilidade de que algum cosmólogo seguisse o seu conselho. Como Sheldon Glashow, cujo escritório ficava no fim do corredor, Georgi fora outrora um líder na busca de uma teoria unificada da física. E, como Glashow, acabou denunciando que a teoria das supercordas e outras candidatas a uma teoria unificada não eram testáveis e, portanto, não eram científicas. Os destinos da física de partículas e da cosmologia, observou Georgi, estão de certa forma entrelaçados. Os cosmólogos esperam que uma teoria unificada os ajude a compreender as origens do universo de forma mais clara. Inversamente, alguns físicos de partículas esperam poder confirmar as suas teorias, substituindo as experiências terrestres pelo exame das fronteiras do universo por meio de telescópios. "Isso me parece um pouco forçado", observou Georgi, mansamente, "mas o que posso dizer?" Quando lhe perguntei sobre a cosmologia quântica, o campo explorado por Hawking, Linde e outros, Georgi sorriu maliciosamente. "Um simples físico de partículas como eu tem dificuldade em navegar nessas águas desconhecidas", disse. Ele achava os artigos sobre cosmologia quântica, com todo o seu discurso sobre *wormholes*, viagens no tempo e universos-bebês, "muito divertidos. É como ler o Gênese". Quanto à inflação, trata-se de "um maravilhoso mito científico, que é *pelo menos* tão bom quanto qualquer outro mito da criação que conheço".[10]

O REBELDE DOS REBELDES

Sempre haverá aqueles que rejeitam não só a inflação, os universos-bebês e outras hipóteses altamente especulativas, mas até a própria teoria do *big bang*. O decano dos denegridores do *big bang* é Fred Hoyle, astrônomo e físico britânico. Uma leitura seletiva do currículo de Hoyle poderia dar a impressão de que ele é a quintessência do conservadorismo. Estudou na Universidade de Cambridge com Paul Dirac, premiado com o Nobel, que previu corretamente a existência da antimatéria. Tornou-se professor em Cambridge em 1945 e, na década de 1950, ajudou a mostrar como as estrelas forjam os elementos pesados de que são feitos os planetas e as pessoas.

No início da década de 1960, Hoyle fundou o prestigioso Instituto de Astronomia em Cambridge, tendo sido seu primeiro diretor. Por essas e outras realizações, foi armado cavaleiro em 1972. Sim, Hoyle é sir Fred. No entanto, sua recusa teimosa a aceitar a teoria do *big bang* — e sua adesão a idéias marginais em outros campos — transformaram-no num fora-da-lei no campo que ajudara a criar.[11]

Desde 1988, Hoyle mora num grande prédio de apartamentos em Bornemouth, uma cidade na costa sul da Inglaterra. Quando o visitei, sua mulher, Barbara, abriu-me a porta e me encaminhou para a sala de estar, onde encontrei Hoyle sentado numa poltrona, assistindo a uma partida de críquete na televisão. Ele se levantou e me apertou a mão sem tirar os olhos do jogo. Repreendendo-o gentilmente pela grosseria, sua mulher foi até a TV e desligou o aparelho. Então Hoyle, como se despertasse de um feitiço, passou a dar-me toda a sua atenção.

Eu esperava que ele fosse estranho e amargurado, mas, de modo geral, parecia muito amável. Com seu nariz pequeno e chato, o maxilar saliente e uma tendência a falar gíria — os colegas eram "chapas", uma teoria falsa era uma "canoa furada" —, ele transpirava a integridade e a genialidade de um trabalhador. Parecia gostar de seu papel de rebelde. "Quando eu era jovem, os velhos me consideravam um jovem extravagante, e agora que sou velho, os jovens me consideram um velho extravagante." Deu uma risadinha. "Eu diria que nada me incomodaria mais do que ser visto como alguém que fica repetindo sempre a mesma coisa ano após ano", como fazem muitos astrônomos. "Meu único receio é que alguém me diga: 'O que você falou não é tecnicamente válido'. Isso me preocuparia." (Na realidade, Hoyle tem sido acusado de se repetir e de incorrer em erros técnicos.)[12]

Hoyle sempre queria dar a impressão de ser razoável — por exemplo, quando argumentava que as sementes da vida devem ter vindo do espaço para o nosso planeta. A geração espontânea da vida sobre a Terra, observou ele certa vez, seria tão provável quanto a montagem de uma aeronave 747 por um tornado que passasse por um ferro-velho. Refletindo sobre esse ponto durante a nossa entrevista, Hoyle mostrou que os impactos de asteróides tornaram a Terra inabitável até pelo menos 3,8 bilhões de anos atrás, e que a vida celular tinha quase certamente aparecido há 3,7 bilhões de anos. Se alguém pensasse em toda a história de 4,5 bilhões de anos do planeta como um dia de 24 horas, ponderava Hoyle, a vida teria surgido em mais ou menos meia hora. "Seria preciso descobrir o DNA, seria preciso produzir milhares de enzimas nessa meia hora", explicou ele. "E tudo isso teria de ser feito numa situação muito hostil. Por isso, quando se juntam todos esses fatores, a situação que se obtém não é muito atraente." Enquanto Hoyle falava, vi-me meneando a cabeça e concordando. Sim, com certeza a vida não poderia ter se originado na Terra. O que poderia ser mais óbvio? Só mais tarde me dei conta de que, segundo o cronograma de Hoyle, os macacos foram metamorfoseados em humanos uns vinte segundos atrás e a civilização moderna nasceu em menos de — um décimo de segundo. Talvez seja improvável, mas aconteceu.

Hoyle tinha começado a pensar seriamente sobre a origem do universo pouco depois da Segunda Guerra Mundial, durante longas discussões com dois outros físicos, Thomas Gold e Hermann Bondi. "Bondi tinha um parente em algum lugar — ele parecia ter parentes em todos os lugares —, e alguém lhe enviou uma caixa de rum", lembrou Hoyle. Enquanto bebiam o rum de Bondi, os três físicos se concentraram no enigma perene dos jovens e bêbados: como é que nós aparecemos?

A descoberta de que todas as galáxias no cosmo estão se afastando umas das outras já convencera muitos astrônomos de que o universo tinha nascido de uma explosão num determinado momento do passado e continuava em expansão. A objeção fundamental de Hoyle a esse modelo era filosófica. Não tinha sentido falar sobre a criação do universo a não ser que já houvesse espaço e tempo onde ele pudesse ser criado. "Perde-se a universalidade das leis da física", Hoyle me explicou. A física "deixava de existir". A única alternativa a esse absurdo, concluiu Hoyle, era que o espaço-tempo devia ter existido sempre. Ele, Gold e Bondi inventaram então a teoria do estado estacionário, que pressupõe ser o universo infinito tanto no espaço como no tempo, gerando constantemente matéria nova por meio de um mecanismo ainda desconhecido.

Hoyle parou de promover a teoria do estado estacionário depois que a descoberta da radiação de fundo de microondas, no início da década de 1960, aparentemente forneceu evidências conclusivas para o *big bang*. Mas as suas velhas dúvidas ressurgiram na década de 1980, enquanto ele observava os cosmólogos lutarem para explicar a formação das galáxias e outros enigmas. "Comecei a sentir que havia algo muito errado" — não só com os novos conceitos, como a inflação e a matéria escura, disse, mas com o próprio *big bang*. "Quando se tem uma teoria correta, acredito que é possível mostrar uma porção de resultados positivos. Acho que por volta de 1985 eles já estavam trabalhando há vinte anos, e mesmo assim não tinham grande coisa para mostrar. Isso não aconteceria, se a teoria estivesse correta."

Dessa forma, Hoyle ressuscitou a teoria do estado estacionário sob uma nova forma mais aperfeiçoada. Em vez de uma grande explosão, disse, ocorreram muitas pequenas explosões no espaço e tempo preexistentes. Essas pequenas explosões foram responsáveis pelos elementos leves e pelo desvio para o vermelho das galáxias. Quanto ao fundo de microondas cósmicas, a melhor conjectura de Hoyle era que se tratava de radiação emitida por algum tipo de poeira interstelar metálica. Hoyle reconhecia que a sua "teoria do estado quase-estático", que na verdade substituía um grande milagre por diversos milagres pequenos, estava longe de ser perfeita. Mas ele insistia em que as versões recentes da teoria do *big bang*, que pressupõem a existência da inflação, da matéria escura e de outros fenômenos exóticos, tinham falhas muito mais profundas. "É como a teologia medieval", exclamou ele, num raro lampejo de raiva.

Quanto mais Hoyle falava, mais eu começava a questionar o grau de sinceridade de suas dúvidas sobre o *big bang*. Em algumas das suas declarações, ele revelava um afeto de proprietário pela teoria. Uma das grandes ironias da ciência moderna é que Hoyle cunhou o termo *big bang* em 1950, numa série de conferências sobre astronomia que proferiu pelo rádio. Ele me disse que não teve a intenção de desacreditar a teoria, como têm sugerido muitos relatos, mas que tentou apenas descrevê-la. Na época, lembrou, os astrônomos se referiam freqüentemente à teoria como "a cosmologia de Friedman", em alusão ao físico que mostrou como a teoria da relatividade de Einstein deu origem a um universo em expansão.

"Era um nome muito ruim", declarou Hoyle. "Precisava ser um termo mais vivo. Por isso, inventei o *big bang*. Se eu o tivesse patenteado, garantido meus direitos autorais...", conjecturou. O número de agosto de 1993 da revista *Sky and Telescope* deu início a um concurso para renomear a teoria. Depois de meditarem sobre milhares de sugestões, os juízes anunciaram que não tinham conseguido encontrar nenhum nome capaz de suplantar *big bang*.[13] Hoyle disse que não ficou surpreso. "As palavras são como arpões", comentou. "Depois que penetram, é muito difícil extraí-las."

Hoyle também parecia obcecado pelo fato de ter chegado muito perto de descobrir o fundo de microondas cósmicas. Foi em 1963, durante uma conferência de astronomia. Ele começara a conversar com Robert Dicke, físico de Princeton que estava planejando pesquisar as microondas cósmicas previstas pelo modelo do *big bang*. Dicke disse a Hoyle que sua expectativa era de que as microondas estivessem uns 20° acima do zero absoluto, como previa a maioria dos teóricos. Hoyle informou a Dicke que, em 1941, um radioastrônomo canadense chamado Andrew McCullough encontrara gás interstelar irradiando microondas a 3°, e não a 20°.

Para o pesar eterno de Hoyle, nem ele nem Dicke decifraram durante a conversa a implicação da descoberta de McCullough: que o fundo de microondas poderia estar a 3°. "Apenas continuamos sentados tomando café", recordou Hoyle, levantando a voz. "Se um de nós houvesse dito: 'Talvez *seja* 3°', teríamos saído imediatamente para checar a suposição, e então, já em 1963, estaríamos com a resposta." Um ano mais tarde, pouco antes de Dicke realizar sua experiência das microondas, Arno Penzias e Robert Wilson, dos Laboratórios Bell, descobriram a radiação de microondas a 3°, feito pelo qual receberam, mais tarde, o prêmio Nobel. "Sempre achei que foi um dos piores erros da minha vida", suspirou Hoyle, meneando lentamente a cabeça.

Por que Hoyle ficaria tão chateado por ter quase descoberto um fenômeno de que agora zombava por considerar espúrio? Acho que Hoyle, como muitos rebeldes, alimentou a esperança de fazer parte do círculo interno da ciência, revestido de honra e glória. Ele foi longe, na busca desse objetivo. Mas, em 1972, as autoridades de Cambridge o forçaram a se demitir do cargo de diretor do Instituto de Astronomia — mais por razões políticas do que científicas. Hoyle e a mulher saíram de Cambridge e foram morar numa casa de campo situada numa região isolada, no Norte da Inglaterra, onde viveram durante quinze anos, até se mudarem para Bornemouth. Nesse período, o antiautoritarismo de Hoyle, que sempre lhe fora útil, tornou-se menos criativo e mais reacionário. Ele degenerou no que Harold Bloom chamava, em tom de zombaria, de "um simples rebelde", embora ele ainda sonhasse com o que poderia ter sido.

Hoyle também parecia sofrer de outro problema. A tarefa do cientista é descobrir padrões na natureza. Há sempre o perigo de alguém ver padrões onde eles não existem. Na última etapa de sua carreira, Hoyle parecia ter sucumbido a essa armadilha. Ele via padrões — ou, melhor, conspirações — tanto na estrutura do cosmo quanto entre aqueles cientistas que rejeitavam suas opiniões radicais. A forma de pensar de Hoyle é muito evidente nas suas opiniões sobre biologia. Desde o início da década de 1970, ele afirma que o universo está impregnado de vírus, bactérias e outros organismos. (Hoyle aventou essa possibilidade pela primeira vez em 1957, com *The black cloud* [A nuvem negra], que continua a ser o mais famoso de seus muitos romances de ficção científica.) Esses micróbios espaciais forneceram supostamente as sementes para a vida na Terra e incitaram mais tarde a evolução. O papel da seleção natural em criar a diversidade da vida foi pequeno ou nulo.[14] Hoyle afirma também que as epidemias de gripe, coqueluche e outras doenças são desencadeadas quando a Terra passa por nuvens de germes patogênicos.

Enquanto discutia a crença continuada da comunidade biomédica no modo mais convencional de transmissão das doenças, de pessoa a pessoa, Hoyle franzia o sobrolho. "Eles dizem, sem examinar os dados: 'Bem, está errado', e param de ensinar o erro. Continuam a entorpecer todo o mundo com esse lixo. É por isso que, se você for para o hospital porque há algo errado com a sua saúde, terá sorte se eles conseguirem curá-lo." Mas, se o espaço estava pululando de organismos, perguntei, por que eles ainda não tinham sido detectados? "Ah, eles provavelmente o foram", assegurou-me Hoyle. Ele suspeitava que as experiências dos Estados Unidos com balões de grande altitude e outras plataformas tinham encontrado evidências de vida no espaço na década de 1960, mas os burocratas devem ter ocultado os resultados das pesquisas. Por quê? Talvez por razões relacionadas com a segurança nacional, sugeriu Hoyle, ou porque os resultados contradiziam o conhecimento recebido. "A ciência, hoje em dia, está trancada em paradigmas", entoou ele, solenemente. "Todas as estradas estão bloqueadas por crenças errôneas, e se alguém tentar publicar alguma coisa numa revista atual, esbarrará num paradigma e os editores recusarão o artigo."

Hoyle enfatizou que, ao contrário do que diziam certas reportagens, ele não acreditava que o vírus da AIDS tivesse vindo do espaço. "É um vírus tão estranho que tenho de acreditar que se trata de um produto de laboratório", disse ele. Estaria sugerindo que o vírus poderia ter sido produzido por um programa de guerra biológica que dera errado? "Sim, é a minha impressão", respondeu Hoyle.

Hoyle também suspeitava que a vida e, na verdade, todo o universo deviam estar se desenvolvendo segundo um plano cósmico. O universo é certamente um "arranjo de cartas marcadas", disse ele. "Há muitas coisas que parecem acidentais, mas não o são." Quando lhe perguntei se ele achava que uma inteligência sobrenatural governava as coisas, ele fez que sim com a cabeça, com expressão séria. "É o meu modo de ver Deus. É um arranjo, mas como está sendo arranjado, não sei." Sem dúvida, muitos dos seus colegas — e provavelmente a maioria do público em geral — partilham o seu ponto de vista de que o universo é, deve ser, uma conspiração. E talvez seja. Quem sabe? Porém, sua afirmação de que os cientistas suprimiriam de propósito as evidências dos micróbios espaciais ou de falhas legítimas na teoria do *big bang* revela uma compreensão fundamentalmente errônea de seus colegas. A maioria dos cientistas *anseia* por essas descobertas científicas.

O PRINCÍPIO DO SOL

Deixando de lado as excentricidades de Hoyle, algumas observações futuras talvez provem que seu ceticismo em relação ao *big bang* é, pelo menos em parte, premonitório. É possível que os astrônomos descubram que o fundo de microondas cósmicas não deriva do clarão do *big bang*, mas de uma fonte mais mundana, como a poeira em nossa própria Via Láctea. Da mesma forma, a evidência da nucleossíntese talvez não se sustente tão bem quanto Schramm e outros entusiastas do *big bang* têm afirmado. Porém, mesmo que alguém derrube esses dois pilares do *big bang*, a teoria ainda pode ser fundamentada pela evidência do desvio para o vermelho das galáxias, o que, até Hoyle concorda, é uma prova de que o universo está se expandindo.

A teoria do *big bang* faz pela astronomia o que a teoria da seleção natural de Darwin fez pela biologia: provê coesão, sentido, significado, uma narrativa unificadora. Isso não quer dizer que a teoria possa ou vá algum dia explicar todos os fenômenos. Apesar de sua conjunção estreita com a física de partículas, a mais meticulosamente precisa das ciências, a cosmologia está longe de ser precisa. Esse fato tem sido demonstrado pela persistente incapacidade dos astrônomos de concordar a respeito de um valor para a constante de Hubble, que é a medida do tamanho, idade e taxa de expansão do universo. Para deduzir a constante de Hubble, deve-se medir a amplitude do desvio para o vermelho das galáxias e a sua distância da Terra. A primeira medição é simples, mas a segunda é terrivelmente complicada. Os astrônomos não podem supor que o aparente brilho de uma galáxia seja proporcional à sua distância; a galáxia poderia estar próxima ou ser apenas intrinsecamente brilhante. Alguns astrônomos insistem em que o universo tem 10 bilhões de anos ou até menos; outros estão seguros de que ele não deve ter menos de 20 bilhões de anos.[15]

O debate sobre a constante de Hubble nos ensina uma lição óbvia: mesmo quando realizam um cálculo aparentemente simples, os cosmólogos devem fazer várias pressuposições que podem influenciar os seus resultados; eles devem interpretar os seus dados, assim como fazem os biólogos da evolução e os historiadores. Assim, devem-se considerar com reservas quaisquer afirmações baseadas em alta precisão (como a declaração de Schramm de que os cálculos da nucleossíntese correspondem às previsões teóricas com uma precisão de cinco pontos decimais).

Observações mais detalhadas do nosso cosmo não resolverão necessariamente as questões sobre a constante de Hubble ou outros tópicos. Consideremos: a mais misteriosa de todas as estrelas é o nosso próprio Sol. Por exemplo, ninguém sabe realmente o que causa as manchas solares, nem por que o seu número aumenta e diminui ao longo de períodos de mais ou menos uma década. Nossa capacidade de descrever o universo com modelos simples e elegantes deriva, em grande parte, de nossa falta de dados, de nossa ignorância. Quanto mais claramente pudermos ver o universo com todos os seus gloriosos detalhes, mais dificuldades teremos em explicar por meio de uma teoria simples como é que ele veio a se constituir dessa maneira. Os estudiosos da história humana têm bastante consciência desse paradoxo, mas os cosmólogos podem achar difícil aceitá-lo.

Esse princípio do Sol sugere que muitas das suposições mais exóticas da cosmologia estão fadadas ao descrédito. Em data recente, no início da década de 1970, os buracos negros ainda eram considerados curiosidades teóricas que não deviam ser levadas a sério. (O próprio Einstein achava que os buracos negros eram "um defeito a ser removido de sua teoria por uma melhor formulação matemática", segundo Freeman Dyson.)[16] Aos poucos, como resultado do proselitismo de John Wheeler e outros, eles começaram a ser aceitos como objetos reais. Hoje, muitos teóricos estão convencidos de que quase todas as galáxias, inclusive a nossa, abrigam buracos negros gigantescos no seu âmago. A razão dessa aceitação é que ninguém consegue imaginar uma forma melhor de explicar o violento torvelinho de matéria no centro das galáxias.

Esses argumentos dependem de nossa ignorância. Os astrônomos deveriam se perguntar o seguinte: se pudessem ser carregados, de alguma forma, para o centro da galáxia de Andrômeda ou da nossa Via Láctea, o que encontrariam? Descobririam algo semelhante aos buracos negros descritos pela teoria atual ou se deparariam com algo inteiramente diferente, que ninguém imaginou nem poderia ter imaginado? O princípio do Sol sugere que a última hipótese é a mais provável. É possível que os seres humanos nunca cheguem a examinar diretamente o coração, obscurecido pela poeira, de nossa galáxia, quanto mais o de outra galáxia, mas talvez aprendamos o bastante para levantar dúvidas sobre a hipótese dos buracos negros. Talvez aprendamos o bastante para saber, mais uma vez, quão pouco sabemos.

O mesmo vale para a cosmologia. Descobrimos um fato básico e espantoso sobre o nosso universo. Sabemos que ele está se expandindo e que talvez esteja em expansão há 10 ou 20 bilhões de anos, assim como os biólogos da evolução sabem que toda a vida evoluiu de um ancestral comum por meio da seleção natural. Mas é tão improvável os cosmólogos suplantarem essa compreensão básica quanto os biólogos da evolução suplantarem o darwinismo. David Schramm tinha razão. No futuro, o final da década de 1980 e o início da década de 1990 serão considerados a era de ouro da cosmologia, o momento em que esse campo de estudos atingiu o equilíbrio perfeito entre o conhecimento e a ignorância. Quanto mais dados forem descobertos nos anos futuros, mais a cosmologia talvez se torne semelhante à botânica, uma vasta coleção de fatos empíricos apenas frouxamente ligados pela teoria.

O FIM DA DESCOBERTA

Para finalizar, os cientistas não possuem uma capacidade infinita de descobrir novos dados interessantes sobre o universo. Foi o que afirmou, em seu livro *Cosmic discovery*, Martin Harwit, astrofísico e historiador da ciência que até 1995 dirigiu o Museu Nacional de Aeronáutica e do Espaço, do Instituto Smithsonian, em Washington, D.C.

> A história da maioria das tentativas de descoberta segue um padrão comum, quer consideremos a descoberta de variedades de insetos, a exploração dos oceanos em busca de continentes e ilhas ou a procura de reservatórios de petróleo no solo. No início, há um aumento acelerado na taxa de descobertas, quando números cada vez maiores de exploradores são atraídos para as pesquisas. Novas idéias e ferramentas são empregadas nas explorações, e o ritmo das descobertas se torna mais rápido. No entanto, logo diminui o número das descobertas que ainda restam a ser feitas, e essa taxa declina apesar da alta eficiência dos métodos desenvolvidos. As explorações estão chegando ao fim. É possível encontrar uma característica ocasional, antes negligenciada, ou uma determinada espécie muito rara; mas a taxa de des-

> cobertas começa a declinar com rapidez, e depois se reduz a um quase nada. O interesse cai, os pesquisadores abandonam o campo e não resta virtualmente mais nenhuma atividade.[17]

Ao contrário de campos mais experimentais da ciência, assinalava Harwit, a astronomia é uma atividade essencialmente passiva. Só podemos detectar os fenômenos celestes por meio de informações que nos caem do céu, sobretudo sob a forma de radiação eletromagnética. Harwit tecia várias conjecturas sobre o melhoramento de tecnologias de observação já desenvolvidas, como os telescópios ópticos, bem como de outras ainda em estado nascente, como os detectores de ondas gravitacionais. Ele apresentava um gráfico estimando a taxa em que novas descobertas cósmicas foram feitas no passado e seriam feitas no futuro. O gráfico era uma curva em forma de sino com um pico agudo no ano 2000. Por volta desse ano, teremos descoberto aproximadamente a metade de todos os fenômenos que podemos descobrir, segundo Harwit. Teremos descoberto cerca de 90% dos fenômenos acessíveis no ano 2200, e o resto das descobertas pingará numa taxa decrescente ao longo dos próximos milênios.

Sem dúvida, admitia Harwit, vários desenvolvimentos podiam acelerar ou deter esse cronograma. "Fatores políticos poderiam determinar que a astronomia recebesse menos apoio no futuro. Uma guerra poderia retardar as pesquisas até uma virtual suspensão das atividades, embora a era pós-guerra, caso existisse, tivesse condições de fornecer aos astrônomos equipamento militar abandonado, que voltaria a acelerar a taxa de descobertas."[18] Toda nuvem tem uma borda brilhante.

A cosmologia irônica vai continuar, é claro, enquanto existirem poetas tão imaginativos e ambiciosos como Hawking, Linde, Wheeler e, sem dúvida, Hoyle. As suas visões nos dão a dimensão de nossa insignificância, na medida em que mostram o alcance limitado de nosso conhecimento empírico, e, ao mesmo tempo, abrem os horizontes da inspiração, pois também atestam que a imaginação humana é ilimitada. Na sua melhor roupagem, a cosmologia irônica nos maravilha. Mas não é ciência.

John Donne talvez estivesse falando em nome de Hawking e de nós todos quando escreveu: "Os meus pensamentos alcançam tudo, abrangem tudo. Mistério inexplicável; eu, o seu criador, estou numa prisão fechada, num leito de doente, não importa em que lugar, e qualquer uma das minhas criaturas, os meus pensamentos, está com o Sol e além do Sol, alcança o Sol e ultrapassa o Sol com um só passo, um só movimento, em toda parte".[19] Que suas palavras sirvam de epitáfio para a cosmologia.

5

O FIM DA BIOLOGIA DA EVOLUÇÃO

Nenhum outro campo da ciência é tão oprimido pelo seu passado quanto a biologia da evolução. Ela exala o que o crítico literário Harold Bloom chamava de angústia da influência. A disciplina da biologia da evolução pode ser definida, em grande parte, como a permanente tentativa dos descendentes de Darwin de lidar com a sua influência esmagadora. Darwin fundamentou a teoria da seleção natural, o elemento central de seu pensamento, em duas observações. Primeiro, as plantas e os animais em geral produzem uma prole maior do que o seu meio ambiente comporta. (Darwin tomou emprestado essa idéia do economista britânico Thomas Malthus.) Segundo, essas proles diferem ligeiramente de seus pais e entre si. Darwin concluiu que todo organismo, em sua luta a fim de sobreviver o tempo necessário para se reproduzir, compete direta ou indiretamente com os outros de sua espécie. O acaso desempenha um papel na sobrevivência de qualquer organismo individual, mas a natureza favorecerá ou selecionará aqueles organismos que, por suas variações, se tornam um pouco mais aptos, isto é, têm maior probabilidade de sobreviver para se reproduzir e transmitir aos seus descendentes essas variações da adaptação.

Darwin podia apenas formular conjecturas sobre o que dá origem a essas fundamentais variações entre as gerações. Em *A origem das espécies*, publicado pela primeira vez em 1859, ele mencionava uma proposição apresentada pelo biólogo francês Jean-Baptiste Lamarck, de que os organismos podiam transmitir a seus herdeiros características não só herdadas mas também adquiridas. Por exemplo, o fato de a girafa constantemente esticar o pescoço para alcançar as folhas no alto das árvores alteraria o seu esperma ou óvulo, de modo a fazer com que sua prole nascesse com pescoços mais longos. Mas Darwin sentia-se desconfortável com a idéia de que a adaptação é autocontrolada. Preferia pensar que as variações entre as gerações são aleatórias e que somente pela pressão da seleção natural elas propiciam a adaptação e a evolução.[1]

Sem o conhecimento de Darwin, quando ele ainda era vivo um monge austríaco chamado Gregor Mendel estava realizando experiências que ajudariam a refutar a teoria de Lamarck e a confirmar a intuição do próprio Darwin. Mendel foi o primeiro cientista a reconhecer que as formas naturais podem ser subdivididas em características individualizadas, que são transmitidas de uma geração para outra pelo que Mendel denominava *partículas hereditárias* e agora é chamado de gene. A recombinação de genes que ocorre durante a reprodução sexual, junto com erros genéticos ocasionais, as mutações, fornece a variedade necessária para que a seleção natural opere a sua mágica.

O artigo de Mendel sobre a criação de ervilhas, publicado em 1868, passou em grande parte despercebido pela comunidade científica até a virada do século. Mesmo então, a genética mendeliana não foi imediatamente conciliada com as idéias de Darwin. Alguns dos primeiros geneticistas sentiam que a mutação genética e a recombinação sexual podiam conduzir a evolução por determinados caminhos independentemente da seleção natural. Mas, nas décadas de 1930 e 1940, Ernst Mayr, da Universidade de Harvard, e outros biólogos da evolução fundiram as idéias de Darwin com a genética numa poderosa reafirmação de sua teoria, chamada nova síntese, segundo a qual a seleção natural é o arquiteto primário da forma e da diversidade biológicas.

A descoberta, em 1953, da estrutura do DNA — que serve de esquema para a construção de todos os organismos — confirmou a intuição de Darwin de que toda vida tem relação entre si e descende de uma fonte comum. A descoberta de Watson e Crick também revelou a fonte de continuidade e variação que torna a seleção natural possível. Além disso, a biologia molecular sugeriu que todos os fenômenos biológicos podiam ser explicados em termos físicos, mecânicos.

Essa conclusão não era absolutamente inevitável, segundo Gunther Stent. Em *The coming of the golden age*, ele observava que, antes da descoberta da estrutura do DNA, alguns cientistas ilustres sentiam que os métodos e pressupostos convencionais da ciência se mostrariam inadequados para a compreensão da hereditariedade e outras questões biológicas básicas. O físico Niels Bohr era o principal defensor dessa opinião. Ele sustentava que, assim como os físicos tinham de enfrentar o princípio da incerteza para tentar compreender o comportamento de um elétron, os biólogos também se confrontavam com uma limitação fundamental, quando tentavam sondar a fundo os organismos vivos:

> [...] deve permanecer uma incerteza em relação à condição física a que [o organismo está] sujeito, e insinua-se por si própria a idéia de que a liberdade mínima que devemos admitir ao organismo a esse respeito é ampla apenas o suficiente para que ele esconda de nós os seus segredos básicos. Dessa perspectiva, a existência da vida deve ser considerada como um ponto de partida na biologia, assim como o quantum da ação — aparentemente um elemento irracional do ponto de vista da física mecânica clássica —, considerado junto com a existência das partículas elementares, forma o alicerce da mecânica quântica.[2]

Stent acusava Bohr de tentar reviver o velho e desacreditado conceito de vitalismo, segundo o qual a vida deriva de uma força ou essência misteriosa que não pode ser reduzida a um processo físico. Mas a visão vitalista de Bohr não tem sido confirmada. Na verdade, a biologia molecular provou uma das máximas de Bohr, de que a ciência, quando obtém mais sucesso, reduz os mistérios a trivialidades (embora elas não sejam necessariamente compreensíveis).[3]

O que pode fazer um jovem e ambicioso biólogo para deixar a sua marca na era pós-Darwin e pós-DNA? Uma alternativa é tornar-se mais darwiniano do que Darwin, aceitando a teoria darwiniana como uma compreensão superior da natureza, impossível de ser superada. Esse é o caminho tomado pelo arquielucidativo e reducionista Richard Dawkins, da Universidade de Oxford. Ele fez do darwinismo uma arma temível, com a qual oblitera quaisquer idéias que desafiem a sua perspectiva decididamente materialista e não mística da vida. Parece tomar a persistência do criacionismo e outras idéias antidarwinianas como uma afronta pessoal.

Conheci Dawkins numa reunião arranjada por seu agente literário, em Manhattan.[4] É um homem de beleza glacial, com olhos predatórios, um nariz fino como uma faca e bochechas estranhamente rosadas. Estava com o que parecia ser um terno caro, feito sob medida. Quando estendia suas mãos de veias finas para expressar uma idéia, elas tremiam um pouco. Não era o tremor de um homem nervoso, mas o de um competidor altamente treinado e eficiente na guerra das idéias: o galgo de Darwin.

Como seus livros, a pessoa de Dawkins transpirava uma suprema autoconfiança. Suas declarações geralmente pareciam ter um preâmbulo implícito: "Como qualquer imbecil pode ver...". Ateu sem rodeios, Dawkins anunciou que não era daqueles cientistas para quem a ciência e a religião tratavam de questões separadas e, assim, podiam coexistir em paz. A maioria das religiões, sustentava ele, dizia que Deus é responsável pelo projeto e objetivo evidentes na vida. Dawkins estava determinado a eliminar esse ponto de vista. "Todo objetivo deriva, em última análise, da seleção natural", disse ele. "Esse é o credo que desejo propor."

Dawkins passou então uns 45 minutos apresentando a sua versão ultra-reducionista da evolução. Sugeriu que devemos pensar nos genes como pequenos bits de software que têm apenas um objetivo: criar cópias de si mesmos. Os cravos, os leopardos e todos os seres vivos são apenas veículos elaborados que esses "programas de cópia" criaram para ajudá-los a se reproduzir. A cultura é também baseada em programas de cópia, que Dawkins chamava de *memes*. Dawkins nos pediu que imaginássemos um livro com a seguinte mensagem: acreditem neste livro e ensinem seus filhos a acreditar nele, senão, quando morrerem, vocês vão todos para um lugar muito desagradável chamado inferno. "É um exemplo muito eficaz do código de cópia. Ninguém é imbecil a ponto de simplesmente aceitar a injunção: 'Acreditem nessas palavras e ensinem seus filhos a acreditar nelas'. É preciso ser um pouco mais sutil e enfeitar a mensagem de maneira mais elaborada. E, é lógico, todos sabemos do que estou falando." Sem dúvida. O cristianismo, como todas as religiões, é uma espécie de corrente extremamente bem-sucedida. O que poderia ter mais sentido?

Dawkins, então, rebateu perguntas da platéia, um conjunto heterogêneo de jornalistas, educadores, editores de livros e outros quase-intelectuais. Um dos ouvintes era John Perry Barlow, ex-hippie Whole Earth e letrista ocasional do grupo Grateful Dead, que tinha se transformado num ciberprofeta da Nova Era. Barlow, um homem alto com um lenço vermelho amarrado na garganta, propôs a Dawkins uma longa pergunta que tinha algo a ver com a questão de saber em que lugar a informação *realmente* existia.

Os olhos de Dawkins se estreitaram, e suas narinas se dilataram muito de leve, captando o aroma de pensamentos confusos. Desculpando-se, ele disse que não entendera a pergunta. Barlow falou durante mais alguns minutos. "Acho que você está tentando compreender algo que interessa a você, mas não a mim", disse Dawkins, esquadrinhou a sala à procura de outro interlocutor. De repente, a temperatura da sala pareceu baixar vários graus.

Mais tarde, durante uma discussão sobre a vida extraterrestre, Dawkins apresentou a sua crença de que a seleção natural é um princípio cósmico; em todos os lugares onde encontramos vida, a seleção natural tem funcionado. Ele advertiu que a vida não pode ser demasiado comum no universo, porque até agora ainda não se encontrou nenhuma evidência dela nos outros planetas do sistema solar ou em algum outro lugar do universo. Barlow corajosamente interveio para sugerir que a nossa incapacidade de detectar formas de vida alienígena podia derivar de nossas inadequações perceptivas. "Não sabemos quem descobriu a água", acrescentou Barlow de maneira significativa, "porém podemos ter bastante certeza de que não foram os peixes." Dawkins se dignou a olhar para Barlow. "Você quer dizer que nós estamos olhando para eles o tempo todo", perguntou Dawkins, "mas não os vemos?" Barlow acenou afirmativamente com a cabeça. "Sssssim", suspirou Dawkins, como se junto com o ar liberasse toda a esperança de esclarecer um mundo incrivelmente estúpido.

Dawkins pode ser igualmente duro com seus colegas biólogos, aqueles que têm ousado questionar o paradigma básico do darwinismo. Ele afirma, com persuasão devastadora, que todas as tentativas de modificar ou superar Darwin de forma significativa contêm falhas. Ele abriu o seu livro de 1986, *The blind watchmaker* [O relojoeiro cego], com a seguinte proclamação: "A nossa existência apresentava outrora o maior de todos os mistérios, mas [...] já não é um mistério, porque está resolvido. Darwin e Wallace o resolveram, embora devamos continuar a acrescentar notas de rodapé à sua solução ainda por algum tempo".[5]

"Há sempre um elemento de retórica nessas discussões", respondeu Dawkins quando lhe perguntei, mais tarde, sobre o comentário das notas de rodapé. "Por outro lado, é um emprego legítimo da retórica", na medida em que Darwin realmente resolveu "o mistério de como a vida passou a existir e de como ela tem a beleza, a capacidade de adaptação, a complexidade que possui". Dawkins concordava com Gunther Stent em que todos os grandes progressos na biologia desde Darwin — a demonstração de Mendel de que os genes vêm em grupos separados, a descoberta de Watson e Crick da estrutura de hélice dupla do DNA — mais fortaleceram do que solaparam a idéia básica de Darwin.

A biologia molecular revelou recentemente que o processo pelo qual o DNA interage com o RNA e as proteínas é mais complicado do que se pensava anteriormente, mas o paradigma básico da genética — a transmissão genética baseada no DNA — não corre o risco de entrar em colapso. "Estaríamos fazendo uma mudança séria", disse Dawkins, "se pudéssemos tomar um organismo completo, por exemplo uma zebra na planície de Serengeti, e deixar que ele adquirisse alguma característica, como aprender um novo caminho até o buraco da água, para depois descobrir que essa característica foi retrospectivamente acrescentada ao código no genoma. Bem, e se alguma coisa desse tipo acontecesse, eu comeria o meu chapéu."

Ainda existem alguns mistérios biológicos bastante grandes, como a origem da vida, do sexo e da consciência humana. A biologia do desenvolvimento — que procura mostrar como uma única célula fertilizada se torna uma salamandra ou um evangelista — propõe igualmente questões importantes. "Nós com certeza precisamos saber como isso tudo funciona, e vai ser muito, muito complicado." Mas Dawkins insistia em que a biologia do desenvolvimento, como a genética molecular antes dela, simplesmente incluiria mais detalhes no paradigma darwiniano.

Dawkins estava "farto" desses intelectuais segundo os quais a ciência não pode, sozinha, responder às questões básicas sobre a existência. "Eles acham que a ciência é arrogante demais e que há certas perguntas que não cabe à ciência fazer, as quais têm sido tradicionalmente do interesse dos religiosos. Como se *eles* tivessem respostas. É diferente dizer que é muito difícil saber como o universo teve início, o que provocou o *big bang*, o que é a consciência. Entretanto, se a ciência tem dificuldade em explicar alguma coisa, certamente ninguém mais vai conseguir explicá-la." Dawkins citou, com grande prazer, um comentário do grande biólogo britânico Peter Medawar, de que algumas pessoas "gostam de chafurdar na imundície não ameaçadora da incompreensão". "Eu quero compreender", acrescentou ele, furioso, "e compreensão significa para mim compreensão científica."

Perguntei a Dawkins por que ele achava que a sua concepção de que Darwin basicamente nos disse tudo o que sabemos e tudo o que precisamos saber sobre a vida encontrava resistência não só entre os criacionistas, os adeptos da Nova Era ou os filósofos sofistas, mas até entre biólogos manifestamente competentes. "É possível que eu não consiga me expressar com suficiente clareza", respondeu ele. Mas o mais provável é que o oposto seja verdadeiro. Dawkins expressa suas idéias com absoluta clareza, de tal forma que não deixa espaço para o mistério, o significado, o objetivo ou para grandes revelações científicas além da que Darwin nos deu.

PLANO CONTINGENTE DE GOULD

Como é natural, alguns biólogos modernos reagem à noção de estarem simplesmente acrescentando notas de rodapé ao *magnum opus* de Darwin. Um dos descendentes mais fortes (no sentido de Bloom) de Darwin é Stephen Jay Gould, da Universidade de Harvard. Gould tem procurado resistir à influência de Darwin denegrindo o poder da sua teoria, argumentando que ela não explica tanto quanto dizem. Gould começou a proclamar sua posição filosófica na década de 1960, quando atacou a venerável doutrina do uniformitarianismo, segundo a qual as forças geofísicas que modelaram a Terra e a vida têm sido mais ou menos constantes.[6]

Em 1972, Gould e Niles Eldredge, do Museu Americano de História Natural de Nova York, estenderam essa crítica do uniformitarianismo à evolução biológica, introduzindo a teoria do equilíbrio pontuado (também chamada de *punk eek**) ou, pelos críticos de Gould e Eldredge, evolução por espasmos.**[7] Só muito raramente é criada uma nova espécie pela evolução gradual e linear descrita por Darwin, afirmavam Gould e Eldredge. Em vez disso, a especiação é um acontecimento relativamente rápido, que ocorre quando um grupo de organismos se desvia de sua população original estável e embarca num curso genético próprio. A especiação não deve depender do tipo de processos de adaptação descritos por Darwin (e Dawkins), mas de fatores contingentes muito mais particulares e complexos.

Em seus textos subseqüentes, Gould tem martelado implacavelmente em idéias que ele afirma estarem implícitas em muitas interpretações da teoria darwiniana: o progresso e a inevitabilidade. A evolução não demonstra nenhuma direção coerente, segundo Gould, nem seus produtos — como o *Homo sapiens* — são de modo algum inevitáveis; repassem a "fita da vida" 1 milhão de vezes, e esse símio peculiar de cérebro avantajado talvez nunca chegue a existir. Gould tem também atacado o determinismo genético toda vez que o encontra, seja em afirmações pseudocientíficas sobre a raça e a inteligência, seja em teorias muito mais respeitáveis relacionadas com a sociobiologia. Gould reveste seu ceticismo com uma prosa rica em referências a todos os níveis de cultura e impregnada de uma consciência aguda de sua própria existência como artefato cultural. Ele tem feito um sucesso espantoso; quase todos os seus livros tornaram-se best-sellers, e ele é um dos cientistas mais amplamente citados do mundo.[8]

(*) Trocadilho com a abreviação de *punctuated equilibrium*; *punk* é "moleque" e *eek* é uma interjeição para expressar algo que achamos estranho. (N. E.)

(**) *Evolution by jerks*; outro trocadilho, pois *jerk* é tanto "espasmo" como "panaca"; *to jerk off* é "masturbar-se". (N. E.)

Antes de me encontrar com Gould, eu sentia curiosidade sobre vários aspectos aparentemente contraditórios de seu pensamento. Eu me perguntava, por exemplo, qual era o grau de profundidade de seu ceticismo e de sua aversão ao progresso. Ele acreditava, acompanhando Thomas Kuhn, que a própria ciência não tem demonstrado nenhum progresso coerente? O curso da ciência é tão cheio de meandros, tão sem sentido, quanto o da vida? Se esse fosse o caso, como é que Gould evitava as contradições em que caíra Kuhn? Além disso, alguns críticos — e o sucesso de Gould lhe assegurava legiões de críticos — acusavam-no de ser criptomarxista. No entanto, Marx esposava uma visão progressivista e altamente determinista da história que parecia antitética à de Gould.

Eu também me perguntava se Gould não estaria recuando na questão do equilíbrio pontuado. Na introdução do original de seu trabalho de 1972, Gould e Eldredge audaciosamente diziam que o equilíbrio pontuado era uma "alternativa" ao gradualismo de Darwin e poderia vir a suplantá-lo. Na introdução de um ensaio retrospectivo publicado em *Nature* em 1993, chamado "Punctuated equilibrium comes of age" [O equilíbrio pontuado vem com a idade], Gould e Eldredge sugeriam que sua hipótese poderia ser uma "extensão útil" ou "um complemento" ao modelo básico de Darwin. *Punk meek* [*meek* significa "manso"]. Gould e Eldredge concluíam o ensaio de 1993 com um espasmo de desarmada honestidade. Observavam que a sua teoria era apenas uma dentre as muitas idéias científicas modernas que enfatizavam o aleatório e a descontinuidade, em lugar da ordem e do progresso. "Visto sob essa luz, o equilíbrio pontuado é apenas uma contribuição da paleontologia ao *Zeitgeist*, e os *Zeitgeists*, por serem (literalmente) os fantasmas transitórios da época, jamais merecem confiança. Assim, ao desenvolver o equilíbrio pontuado, ou fomos bajuladores e lacaios da moda, e nesse caso estamos destinados à lata de lixo da história, ou tivemos um lampejo de compreensão sobre a constituição da natureza. Só o futuro pontuado e imprevisível dirá."[9]

Eu suspeitava que essa modéstia pouco característica pudesse estar ligada a acontecimentos ocorridos no final da década de 1970, quando jornalistas apresentavam o equilíbrio pontuado como um avanço "revolucionário" que suplantava Darwin. Inevitavelmente, os criacionistas tomaram o equilíbrio pontuado como prova de que a teoria da evolução não era aceita por todo o mundo. Alguns biólogos censuraram Gould e Eldredge por terem encorajado essas afirmações com a sua retórica. Em 1981, Gould tentou colocar as coisas em pratos limpos, ao depor num julgamento, realizado em Arkansas, sobre se o criacionismo deveria ser ensinado nas escolas ao lado da evolução. Ele foi forçado a admitir que o equilíbrio pontuado não era verdadeiramente uma teoria revolucionária; era antes uma questão técnica secundária, uma discussão entre especialistas.

Gould tem uma aparência candidamente comum. É baixo e gordo; o rosto é também rechonchudo, adornado com um nariz abatatado e um bigode grisalho à Charlie Chaplin. Quando o encontrei, estava com uma calça cáqui amassada e uma camisa *oxford*; parecia o arquetípico professor distraído e amarrotado. Mas a ilusão de um homem comum desapareceu assim que ele abriu a boca. Ao discutir as questões científicas, ele falava num murmúrio rápido, apresentando até o argumento mais complexo e técnico com uma facilidade que sugeria reservas de um conhecimento muito mais vasto. Enfeitava o seu discurso, como os seus textos, com citações, que ele invariavelmente introduzia dizendo: "É claro que você conhece o famoso comentário de...". Enquanto falava, parecia muitas vezes distraído, como se não estivesse prestando atenção às próprias palavras. Tive a impressão de que o simples ato da fala não era suficiente para ocupá-lo inteiramente; os programas de nível mais elevado de sua mente seguiam adiante, guiando o reconhecimento, tentando antecipar possíveis objeções ao seu discurso, procurando novas linhas de argumentação, analogias, citações. Eu tinha a impressão de que, não importa onde eu estivesse, Gould estava léguas à minha frente.

Gould reconhecia que sua abordagem da biologia da evolução fora inspirada em parte pela obra de Kuhn, *A estrutura das revoluções científicas*, que ele lera pouco depois da sua publicação em 1962. O livro o ajudara a acreditar que ele, um jovem de "uma família de classe média baixa de Queens [bairro de Nova York], na qual ninguém estudara na universidade", poderia ser capaz de dar uma contribuição importante para a ciência. Também o levara a rejeitar o "modelo de fazer ciência indutivo, aperfeiçoador, progressivo, acrescente-um-fato-de-cada-vez-e-não-teorize-até-ficar-velho".

Perguntei a Gould se ele acreditava, como Kuhn, que a ciência não avançava rumo à verdade. Sacudindo a cabeça obstinadamente, ele negou que Kuhn tivesse essa posição. "Eu o conheço, é claro", disse Gould. Embora Kuhn fosse o "pai intelectual" dos relativistas e construtivistas sociais, ainda assim acreditava que "há um mundo objetivo lá fora", afirmou Gould; Kuhn sentia que esse mundo objetivo é em *certo* sentido muito difícil de definir, mas ele certamente reconhecia que "hoje em dia temos uma idéia melhor do que ele seja do que nos séculos passados".

Nesse caso Gould, que lutara tão implacavelmente para banir a noção de progresso da biologia da evolução, acreditava no progresso científico? "Oh, sem dúvida", disse ele com tranqüilidade. "Acho que todos os cientistas acreditam." Nenhum cientista autêntico poderia ser um verdadeiro relativista cultural, explicou Gould, porque a ciência é aborrecida demais. "O trabalho diário da ciência é *intensamente* aborrecido. É preciso limpar as gaiolas dos camundongos e titular as soluções. É preciso limpar os pratos das culturas de bactérias." Nenhum cientista agüentaria esse tédio, se não acreditasse que produziria uma "maior adequação empírica". Gould acrescentou, novamente com referência a Kuhn, que "algumas pessoas com idéias de grande escala muitas vezes as expressam de um modo quase estranhamente exagerado, apenas para acentuar o que querem dizer". (Ao refletir, mais tarde, sobre esse comentário, tive de me perguntar: estaria Gould dando uma desculpa indireta pelos seus próprios excessos retóricos?)

Gould deslizou com a mesma facilidade pelas minhas perguntas sobre Marx. Admitiu que achava muito atraentes algumas das proposições dele. Por exemplo, o ponto de vista marxista de que as idéias são socialmente implantadas e mudam por meio do conflito, por meio do confronto da tese com a antítese, "é, na verdade, uma teoria muito sensata e interessante da mudança", observou Gould. "Avança-se negando o estado anterior, e depois nega-se a primeira negação, mas não se volta ao primeiro estado. Avança-se na realidade para outro lugar. Acho tudo isso muito interessante." A perspectiva marxista da mudança social e da revolução, em que "pequenas agressões ao sistema vão sendo acumuladas até que o próprio sistema se rompa", é também muito compatível com o equilíbrio pontuado.

Quase nem precisei fazer a pergunta seguinte: Gould era ou fora, algum dia, marxista? "Lembre-se do que disse Marx certa vez", respondeu ele antes que minha boca se fechasse. O próprio Marx, Gould me "lembrou", negara que fosse marxista, porque o marxismo adquirira um número excessivo de significados para um número excessivo de pessoas. Nenhum intelectual, explicou Gould, deseja se identificar muito de perto com qualquer "ismo", principalmente um intelectual da competência de Marx. Gould também não gostava das idéias de Marx sobre o progresso. "Marx de fato se enredou nas noções de predestinação e determinismo, sobretudo em teorias da história, que na minha opinião devem ser completamente contingentes. *Na verdade*, penso que ele está errado a esse respeito." Embora fosse "um vitoriano demasiado ilustre para descartar por completo o progresso", Darwin tinha uma posição muito mais crítica em relação aos conceitos vitorianos de progresso do que Marx.

Por outro lado, Gould, o antiprogressista obstinado, não excluía a possibilidade de que a cultura pudesse exibir algum tipo de progresso. "Como a herança social é lamarckiana, há uma certa base teórica para se crer no progresso da cultura. Ele está sempre descarrilhando pela guerra *et cetera*, e por isso torna-se contingente. Mas como ao menos algo que inventamos é transmitido diretamente à nossa prole, existe essa possibilidade de acumulação direcional."

Quando, finalmente, perguntei a Gould sobre o equilíbrio pontuado, ele o defendeu com animação. A importância real da idéia, disse, é que "não se pode explicar [a especiação] no nível da luta e adaptação dos indivíduos em termos darwinianos, ou melhor, em termos darwinianos convencionais". As tendências só podem ser explicadas por mecanismos que operam no nível da espécie. "Existem tendências porque algumas espécies se particularizam com mais freqüência, porque algumas espécies vivem mais tempo do que outras", disse ele. "Como as causas do nascimento e da morte das espécies são muito diferentes das causas do nascimento e da morte dos organismos, é um tipo diferente de teoria. Isso é que é interessante. É nesse ponto que a nova teoria experimenta o seu equilíbrio pontuado."

Gould se recusava a admitir que estava de algum modo recuando a respeito da questão do equilíbrio pontuado ou admitindo a supremacia de Darwin. Quando lhe perguntei sobre a troca da palavra "alternativa", em seu trabalho original de 1972, para "complemento", na retrospectiva de 1993 em *Nature*, ele exclamou: "Não escrevi nada disso!". Gould acusou John Maddox, o editor de *Nature*, de ter inserido o termo "complemento" na introdução do artigo, sem falar com ele ou com Eldredge. "Estou furioso com ele por causa disso", esbravejou Gould. Mas depois passou a argumentar que alternativa e complemento não têm realmente significados muito diferentes.

"Olhe, dizer que é uma alternativa não significa que o velho tipo de gradualismo não exista. Veja, esse é outro ponto que, a meu ver, as pessoas não entendem. O mundo é cheio de alternativas, certo? Por exemplo, temos homens e mulheres, que são estados alternativos de gênero no *Homo sapiens*. O que eu quero dizer é que falar de uma coisa como uma alternativa não significa que ela opere com exclusividade. O gradualismo tinha uma hegemonia bastante intensa antes de escrevermos o trabalho. Apresentamos uma alternativa para ser testada. Acho que o equilíbrio pontuado tem uma freqüência esmagadoramente predominante nos registros fósseis, o que significa que o gradualismo existe, mas não é realmente importante no padrão global dos seres."

Enquanto Gould continuava a falar, comecei a duvidar de seu real interesse em resolver os debates sobre equilíbrio pontuado ou outras questões. Quando lhe perguntei se achava que a biologia podia alcançar uma teoria final, ele fez uma careta. Os biólogos que têm essas crenças são "indutivos ingênuos", disse ele. "Eles realmente acham que, quando traçarmos a seqüência do genoma humano, bem, teremos a resposta!" Até alguns paleontólogos, admitiu Gould, provavelmente pensam: "Se continuarmos a pesquisar por bastante tempo, conheceremos de fato as características básicas da história da vida, e então teremos a resposta". Gould discordava. Darwin "tinha a resposta certa a respeito das inter-relações básicas dos organismos, mas para mim isso é apenas o começo. A disciplina não está no fim, mas no começo".

Nesse caso, o que Gould considerava como as questões principais da biologia da evolução? "Oh, são tantas que nem sei por onde começar." Ele observou que os teóricos ainda tinham de determinar "toda a panóplia das causas" subjacente à evolução, desde as moléculas até as grandes populações de organismos. Depois havia "todas essas contingências", como os impactos de asteróides que supostamente teriam causado extinções em massa. "Assim, eu diria causas, as forças das causas, os níveis das causas e a contingência." Gould refletiu por um momento. "Essa formulação não está má", disse e logo tirou do bolso da camisa um caderninho de notas no qual rabiscou alguma coisa.

Depois Gould tagarelou alegremente sobre todas as razões por que a ciência *nunca* responderia a essas questões. Como ciência histórica, a biologia da evolução só pode oferecer explicações retrospectivas em vez de previsões, e às vezes não pode fornecer nada, pois não tem dados suficientes. "Se alguém deixa de ver a evidência de seqüências antecedentes, não pode fazer absolutamente nada", disse ele. "É por isso que eu acho que nunca conheceremos as origens da linguagem. Porque não é uma questão de teoria; é uma questão de história contingente."

Gould também concordava com Gunther Stent em que o cérebro humano, criado para a sobrevivência na sociedade pré-industrial, simplesmente não é capaz de resolver certas questões. A pesquisa tem mostrado que os humanos são ineptos para tratar de problemas que envolvem probabilidades e as interações de variáveis complexas — como a natureza e a criação. "As pessoas não compreendem que, se os genes e a cultura interagem — e eles *certamente* interagem —, não se pode dizer que a proporção seja 20% de genes e 80% de meio ambiente. Não se pode afirmar uma coisa dessas. Não tem sentido. A propriedade emergente é a propriedade emergente, é só o que se pode dizer a respeito." No entanto, Gould não estava entre aqueles que atribuíam à vida ou à mente propriedades místicas. "Sou um materialista antiquado", disse ele. "Acho que a mente nasce das complexidades da organização neural, que não compreendemos realmente muito bem."

Para minha surpresa, Gould então mergulhou numa ruminação sobre a infinidade e a eternidade. "São duas coisas que não conseguimos compreender", disse. "Mas a teoria quase exige que tratemos disso. É que provavelmente não estamos pensando sobre elas de forma correta. A infinidade é um paradoxo dentro do espaço cartesiano, certo? Quando eu tinha oito ou nove anos, costumava dizer: 'Há um muro de tijolo lá fora'. Bem, o que existe além do muro de tijolo? Mas isso é o espaço cartesiano, e, mesmo que o espaço seja encurvado, não podemos deixar de pensar no que existe além da curva, mesmo que essa não seja a maneira correta de pensar sobre o assunto. Talvez tudo isso esteja errado! Talvez seja um universo de expansões fractais! Não sei. Talvez haja estruturas no universo que simplesmente não conseguimos imaginar." Gould duvidava de que os cientistas de qualquer disciplina pudessem chegar a uma teoria final, dada a sua tendência a classificar as coisas segundo conceitos preconcebidos. "Eu realmente me pergunto se qualquer pretensão a uma teoria final não está apenas refletindo o modo como as conceitualizamos."

Dados esses limites, não seria possível que a biologia, e até a ciência em geral, avançassem até onde pudessem e então chegassem a um fim? Gould sacudiu a cabeça. "As pessoas achavam que a ciência estava terminando em 1900, e desde então temos as placas tectônicas, a base genética para a vida. Por que deveria terminar?" De qualquer modo, acrescentou ele, as nossas teorias talvez reflitam mais as nossas próprias limitações na busca da verdade do que a verdadeira natureza da realidade. Antes que eu pudesse responder, Gould já tinha pulado à minha frente. "Sem dúvida, se esses limites são intrínsecos, a ciência estará completa dentro dos limites. Sim, sim. OK, é um argumento justo. Não acho que esteja certo, mas posso entender a sua estrutura."

Além disso, talvez ainda ocorram grandes revoluções conceituais no futuro da biologia, afirmou Gould. "A evolução da vida neste planeta pode se revelar uma parte muito pequena do fenômeno da vida." A vida em outros lugares, ponderou ele, pode muito bem não se ajustar aos princípios darwinianos, como acreditava Richard Dawkins; na verdade, a descoberta de vida extraterrestre talvez torne falsa a afirmação de Dawkins de que Darwin não só reina aqui na pequena Terra mas também em todo o cosmo.

Diante disso, perguntei se ele acreditava que existe vida em outros lugares do universo. "Você não acredita?", retorquiu ele. Respondi que, a meu ver, era apenas uma questão de opinião. Gould se encolheu, incomodado; pelo menos uma vez, talvez, fora pego desprevenido. "Sim, *com certeza* a existência de vida em outros lugares é uma questão de opinião", disse ele, "mas mesmo assim é possível fazer especulações bem informadas. A vida parece ter aparecido bastante rapidamente aqui na Terra, pois as rochas mais antigas que *podiam* mostrar evidências de vida *realmente* mostram essas evidências. Além disso, a imensidão do universo e a improbabilidade do caráter único absoluto de qualquer uma de suas partes apontam para a imensa probabilidade de que exista algum tipo de vida por toda parte. Mas não sabemos ao certo. É *claro* que não sabemos ao certo, e sei que não é filosoficamente incoerente afirmar o contrário."

A chave para compreender Gould talvez não seja o seu alegado marxismo, liberalismo ou antiautoritarismo, mas o receio que ele tem do potencial que seu próprio campo apresenta de terminar. Ao liberar a biologia da evolução da filiação estrita a Darwin e da filiação à ciência em geral, a uma ciência definida como a busca de leis universais, ele tem procurado tornar essa busca de conhecimento aberta, até infinita. Gould é demasiado sofisticado para negar, como fazem alguns relativistas desajeitados, a existência das leis fundamentais reveladas pela ciência. Em vez disso, ele sustenta com muita persuasão que as leis não têm grande poder de explicação; deixam muitas perguntas sem resposta. Ele é um adepto extremo da ciência irônica no seu modo de capacidade negativa. Ainda assim, a sua perspectiva da vida pode ser resumida por: "As coisas podem dar errado" [*shit happens*].

Gould, é claro, expressa sua idéia de forma mais elegante. Durante nossa entrevista, ele observou que muitos cientistas não consideram a história, que trata de dados particulares e da contingência, como uma parte da ciência. "Acho que é uma falsa taxonomia. A história é um tipo diferente de ciência." Gould admitia que achava estimulante a imprecisão da história, sua resistência à análise direta. "Adoro! É por isso que sou, no fundo, um historiador." Ao transformar a biologia da evolução em história — uma disciplina irônica intrinsecamente interpretativa, como a crítica literária —, Gould a torna mais maleável para alguém com seu considerável talento retórico. Se a história da vida é uma fonte insondável de acontecimentos em grande parte aleatórios, ele pode continuar a explorá-la, tratando verbalmente de um fato avulso após o outro, sem jamais temer que seus esforços se tornem triviais ou redundantes. Enquanto a maioria dos cientistas procura discernir o sinal subjacente à natureza, Gould está sempre chamando a atenção para o ruído. O equilíbrio pontuado não é realmente uma teoria; é uma descrição do ruído.

O grande bicho-papão de Gould é a falta de originalidade. Darwin antecipou o conceito básico de equilíbrio pontuado em *A origem das espécies*: "Uma vez formadas, muitas espécies nunca passam por nenhuma outra mudança [...] e os períodos durante os quais as espécies passam por nova modificação, embora sejam longos a ponto de serem medidos em anos, têm sido provavelmente curtos em comparação aos períodos durante os quais elas retêm a mesma forma".[10] Na década de 1940, Ernst Mayr, colega de Gould em Harvard, propôs que as espécies podiam surgir tão rapidamente — por exemplo, por meio do isolamento de pequenas populações — que não deixariam nenhum vestígio dos passos intermediários nos registros fósseis.

Richard Dawkins não encontra muita coisa de valor na obra de Gould. Sem dúvida, disse ele, é possível que a especiação ocorra às vezes ou até freqüentemente por explosões breves. Mas e daí? "O importante é que se tem a seleção gradativa funcionando, mesmo que esta seja encaixada em breves períodos ao redor da época da especiação", comentou ele. "Por isso, não considero essa idéia importante. Vejo-a como uma pequena prega interessante na teoria neodarwinista."

Dawkins também subestimava a insistência de Gould em afirmar que o aparecimento dos seres humanos ou de qualquer outra forma de vida inteligente sobre a Terra não era inevitável. "Concordo com ele a esse respeito!", disse Dawkins. "Aliás, acho que todo o mundo concorda! É a minha opinião! Ele está lutando contra moinhos de vento!" A vida foi unicelular durante quase 3 bilhões de anos, assinalou ele, e podia ter continuado assim por outros 3 bilhões de anos sem dar origem aos organismos multicelulares. "Sim, *é claro* que não há inevitabilidade."

Seria possível, perguntei a Dawkins, que a longo prazo o ponto de vista de Gould sobre a biologia da evolução fosse prevalecer? Afinal, Dawkins tinha proposto que as questões fundamentais da biologia poderiam muito bem ser finitas, enquanto as questões históricas estudadas por Gould eram virtualmente infinitas. "Se você quer dizer que, uma vez resolvidas todas as questões interessantes, só nos restará preencher os detalhes", respondeu Dawkins secamente, "suponho que tenha razão." Por outro lado, acrescentou, os biólogos nunca poderão saber ao certo quais princípios biológicos têm, de fato, importância universal, "enquanto não visitarmos alguns outros planetas que tenham vida". Dawkins estava reconhecendo, implicitamente, que as questões mais profundas da biologia — em que medida a vida sobre a Terra é inevitável? O darwinismo é uma lei universal ou apenas terrestre? — nunca serão, na verdade, empiricamente respondidas, enquanto tivermos apenas um tipo de vida para estudar.

A HERESIA GAIA

Assim como absorveu as teorias de Gould apenas com um leve arroto, Darwin também metabolizou as idéias de outra suposta cientista forte, Lynn Margulis, da Universidade de Massachusetts, em Amherst. Margulis tem desafiado o que ela chama de ortodoxia ultradarwiniana com várias idéias. A primeira e a mais bem-sucedida foi o conceito de simbiose. Darwin e seus herdeiros enfatizaram o papel da competição entre os indivíduos e as espécies na evolução. Na década de 1960, Margulis começou a argumentar que a simbiose fora um fator igualmente importante e talvez mais importante na evolução da vida. Um dos maiores mistérios da biologia da evolução diz respeito à evolução dos procariotes — células que não têm núcleo e são os mais simples dentre todos os organismos — para os eucariotes, células que possuem núcleos. Todos os organismos multicelulares, inclusive os seres humanos, são compostos de células eucariotes.

Margulis propôs que os eucariotes podem ter aparecido quando um procariote absorveu outro menor, que se tornou o seu núcleo. Ela sugeriu que essas células não devem ser consideradas organismos individuais, mas sim compostos. Depois de conseguir dar exemplos de relações simbióticas entre microorganismos vivos, Margulis aos poucos ganhou apoio para as suas idéias sobre o papel da simbiose na evolução primitiva. Mas ela não parou por aí. Como Gould e Eldredge, afirmou que os mecanismos darwinianos convencionais não podiam explicar as interrupções e progressos observados nos registros fósseis. A simbiose, sugeriu ela, podia explicar por que as espécies aparecem tão repentinamente e por que persistem por tanto tempo sem mudar.[11]

A ênfase de Margulis na simbiose levou de modo natural a uma idéia muito mais radical: Gaia. O conceito e o termo (Gaia era a deusa grega da Terra) foram originalmente propostos em 1972 por James Lovelock, químico e inventor britânico autônomo, que talvez seja ainda mais iconoclasta que Margulis. Gaia assume várias formas, mas a idéia básica é que a biota, o conjunto de toda a vida sobre a Terra, está presa numa relação simbiótica com o meio ambiente, que inclui a atmosfera, os mares e outros aspectos da superfície terrestre. A biota regula quimicamente o meio ambiente, de modo a promover a sua própria sobrevivência. Margulis logo ficou encantada com a idéia, e ela e Lovelock têm colaborado para divulgá-la desde então.[12]

Conheci Margulis em maio de 1994, na sala de espera da primeira classe da Pennsylvania Station, em Nova York, onde ela esperava um trem. Parecia um menino envelhecendo: tinha cabelos curtos e pele corada e usava uma camisa listrada de mangas curtas e uma calça cáqui. Primeiro, ela zelosamente fez o papel de radical. Ridicularizou a sugestão de Dawkins e outros ultradarwinianos de que a biologia da evolução poderia estar se aproximando do fim. "*Eles* é que estão acabados", declarou Margulis, "mas é apenas um pequeno movimento na história da biologia do século XX, e não uma ciência válida e completamente desenvolvida."

Ela enfatizou que não tinha nenhum problema com a premissa básica do darwinismo. "A evolução sem dúvida ocorre, temos visto que ocorre, está ocorrendo agora. Qualquer um que tenha mente científica concorda. A questão é saber como ela ocorre. É nesse ponto que todos divergem entre si." Ao colocar o foco no gene como a unidade da seleção, os ultradarwinianos não conseguiram explicar como é que ocorre a especiação; só uma teoria mais ampla, que incorporava a simbiose e a seleção em nível elevado, podia explicar a diversidade dos registros fósseis e da vida atual, segundo Margulis.

A simbiose, acrescentou, admite também uma espécie de lamarckianismo, isto é, a transmissão de características adquiridas. Por meio da simbiose, um organismo pode absorver ou infiltrar geneticamente outro organismo, tornando-se com isso mais apto. Por exemplo, se um fungo translúcido absorve uma alga que realiza fotossíntese, o fungo também pode adquirir a capacidade de fotossíntese e transmiti-la à sua prole. Margulis disse que Lamarck recebera injustamente o papel de bode expiatório na biologia da evolução. "Temos essa rivalidade entre os britânicos e os franceses. Darwin está certo e Lamarck está errado. É terrível." Margulis observou que a simbiogênese, a criação da nova espécie por meio da simbiose, não era de fato uma idéia original. O conceito fora proposto pela primeira vez no final do século passado, e tem sido freqüentemente ressuscitado desde então.

Antes de me encontrar com Margulis, eu lera o rascunho de um livro que ela estava escrevendo com seu filho, Dorion Sagan, chamado *What is life?*. O livro era um amálgama de filosofia, ciência e elogios líricos à "vida: o eterno enigma". Na verdade, a argumentação era a favor de uma nova abordagem holística da biologia, em que as crenças animistas dos antigos seriam fundidas com as perspectivas mecanicistas da ciência pós-Newton e pós-Darwin.[13] Margulis admitia que o objetivo do livro era mais encorajar uma nova visão filosófica entre os biólogos do que apresentar afirmações científicas e testáveis. Mas ela insistiu em que a única diferença entre ela e os biólogos como Dawkins era que ela admitia a sua perspectiva filosófica em vez de fingir que não tinha nenhuma. "Os cientistas não são mais imunes às influências da cultura do que qualquer outra pessoa."

Quer dizer que ela não acreditava na possibilidade de a ciência alcançar a verdade absoluta? Margulis refletiu por um momento sobre a pergunta e observou que a ciência deriva seu poder e sua força de persuasão do fato de ser capaz de checar as suas afirmações no mundo real — ao contrário da religião, da arte e de outras formas de conhecimento. "Mas não acho que isso equivalha a dizer que existe a verdade absoluta. Não creio que exista a verdade absoluta, e, se existe, ninguém a conhece."

Mas depois, talvez compreendendo como estava perto de cair no relativismo — perto de ser o que Harold Bloom chamou de simples rebelde —, Margulis cuidou de voltar à corrente tradicional da ciência. Afirmou que, embora fosse tida muitas vezes como feminista, ela não o era e sentia-se incomodada quando lhe impunham esse papel. Admitia que, em comparação com certos conceitos como "a sobrevivência do mais apto" e "a natureza sanguínea com garras e dentes", Gaia e a simbiose podiam *parecer* femininas. "Há essa sugestão cultural, mas acredito que não passa de uma total distorção."

Ela rejeitava a noção — geralmente associada a Gaia — de que a Terra é, em certo sentido, um organismo vivo. "A Terra não é, evidentemente, um organismo vivo", disse Margulis, "porque nenhum organismo vivo recicla o seu refugo. Isso é *tão* antropomórfico, *tão* desorientador!" James Lovelock estimulou o uso dessa metáfora, pois achava que ela ajudaria a causa do ambientalismo e porque ela combinava com as suas inclinações quase espirituais. "Ele diz que é uma boa metáfora, já que é melhor do que a antiga. Eu creio que é ruim, porque está simplesmente provocando a ira dos cientistas contra nós, por estarmos encorajando a irracionalidade." (Na verdade, Lovelock também tem manifestado dúvidas sobre algumas de suas afirmações originais a respeito de Gaia, pensando até em renunciar ao termo.)[14]

Tanto Gould como Dawkins têm ridicularizado Gaia, afirmando tratar-se de uma pseudociência ou de poesia que procura passar por teoria. Mas Margulis é, pelo menos num aspecto, muito mais inflexível, mais positivista, do que os dois. Gould e Dawkins recorreram à especulação sobre a vida extraterrestre para fortalecer as suas perspectivas sobre a vida na Terra. Margulis zombou dessa tática. Qualquer conjectura sobre a existência de vida em outro lugar no universo — sua natureza darwiniana ou não-darwiniana — é pura especulação, disse ela. "Não existem restrições para a resposta, quer seja algo freqüente ou infreqüente. Por isso, não entendo como as pessoas podem ter opiniões fortes a respeito. Em outras palavras:

opiniões não são ciência. Não há nenhum fundamento científico! É apenas opinião!"

Ela recordou que, no início da década de 1970, recebera um telefonema do diretor Steven Spielberg, que estava na época escrevendo o filme *ET*. Spielberg perguntou se ela achava provável ou até possível que um extraterrestre tivesse duas mãos, cada uma com cinco dedos. "Eu respondi: 'Você está fazendo um filme! Escreva uma história divertida! Que diferença faz? Não tente se enganar pensando que é ciência!'."

Já no final da entrevista, perguntei a Margulis se ela não se importava de ser sempre considerada provocadora ou incomodativa, "uma pessoa fecundamente errada", como se expressara certo cientista.[15] Ela apertou os lábios, pensando na pergunta. "É uma atitude de desconsideração, não é séria", respondeu. "Quero dizer, você não diria uma coisa dessas de um cientista sério, não é mesmo?" Ela me fitou, e por fim me dei conta de que a sua pergunta não era retórica; ela realmente queria uma resposta. Concordei que as descrições pareciam bastante condescendentes.

"Sim, é isso", refletiu ela. Essas críticas não a incomodavam, insistiu. "Quem faz esse tipo de crítica *ad hominem* se expõe, não acha? Quero dizer, se a argumentação deles se baseia apenas em adjetivos provocadores sobre mim, desconsiderando o conteúdo da questão, então..." Sua voz se extinguiu aos poucos. Como tantos cientistas fortes, Margulis não podia deixar de sentir, de vez em quando, um grande desejo de ser simplesmente um membro respeitado do *status quo*.

A PAIXÃO DE KAUFFMAN PELA ORDEM

Atualmente, o mais ambicioso e radical questionador de Darwin é talvez Stuart Kauffman, bioquímico do Instituto Santa Fé, quartel-general do campo da complexidade que hoje está na crista da onda (ver capítulo 8). Na década de 1960, quando ainda era estudante de pós-graduação, Kauffman começou a suspeitar que a teoria da evolução de Darwin tinha sérias falhas, na medida em que não conseguia explicar a capacidade aparentemente miraculosa da vida para aparecer e depois perpetuar-se de maneiras tão maravilhosas. Afinal, a segunda lei da termodinâmica decreta que tudo no universo é carregado de forma inexorável para o "fim térmico", isto é, a mornidão universal.

Kauffman testou as suas idéias simulando em computadores a interação de vários agentes abstratos — supostamente representativos das substâncias químicas e biológicas. Ele chegou a várias conclusões. Uma delas foi que, quando um sistema de elementos químicos simples atinge um certo nível de complexidade, ele passa por uma transição dramática, semelhante à mudança de fase que ocorre quando a água líquida congela. As moléculas começam espontaneamente a se combinar para criar moléculas maiores de complexidade e capacidade catalítica crescentes. Kauffman afirmava que era esse processo de auto-organização ou autocatálise, e não a formação fortuita de uma molécula com a capacidade de se replicar e evoluir, que gerava a vida.

A outra hipótese de Kauffman tinha ainda maior alcance, na medida em que questionava o princípio talvez central da biologia: a seleção natural. Segundo Kauffman, arranjos complexos de genes interagentes sujeitos a mutações aleatórias não evoluem ao acaso. Em vez disso, eles tendem a convergir para um número relativamente pequeno de padrões, ou atratores, para usar o termo preferido pelos teóricos do caos. Em seu livro de 1993, um calhamaço de 709 páginas, *The origins of order: self-organization and selection in evolution*, Kauffman sustentava que esse princípio ordenador, que ele às vezes chamava de anticaos, pode ter desempenhado um papel mais importante do que a seleção natural na orientação da evolução da vida, particularmente à medida que a vida crescia em complexidade.[16]

Quando o conheci, durante uma visita a Santa Fé, em maio de 1994, Kauffman tinha um rosto largo muito bronzeado e cabelos grisalhos ondulados que rareavam no topo da cabeça. Estava com o uniforme padrão de Santa Fé: camisa de algodão, calça cáqui, botas de excursão. Parecia ao mesmo tempo trêmulo, vulnerável e altamente seguro de si. A sua fala, como as improvisações de um músico de jazz, tinha pouca melodia e muita digressão. Como um vendedor tentando criar um clima de cordialidade, ele insistia em me chamar de John. Ele gostava, evidentemente, de falar sobre filosofia. Ao longo de nossa conversa, me deu miniconferências sobre as suas teorias anticaos, mas também não apenas sobre os limites do reducionismo, a dificuldade de refutar teorias e o contexto social dos fatos científicos.

No início de nossa conversa, Kauffman lembrou um artigo que eu tinha escrito para a *Scientific American* sobre a origem da vida.[17] Nesse artigo, eu citara uma declaração dele sobre sua própria teoria da origem da vida: "Tenho certeza de que estou certo". Kauffman me confessou que ficara envergonhado ao ver essa citação impressa; tinha jurado evitar esse tipo de *hubris* no futuro. Um pouco para meu pesar, Kauffman manteve a palavra durante a maior parte da entrevista. Durante nossa conversa, tomou cuidado para moderar as suas afirmativas: "Agora não estou dizendo que tenho certeza de que estou certo, John, mas...".

Kauffman acabara de escrever um livro, *At home in the universe*, em que expunha as implicações de suas teorias sobre a evolução biológica. "A linha que sigo no meu livro da Oxford [University Press], John, me parece certa — quero dizer, acho que está certa se considerarmos que tudo é perfeitamente plausível; ainda há *muito* a ser demonstrado de forma experimental. Porém, pelo menos em termos de modelos matemáticos, ali você tem um corpo de modelos indicando que o aparecimento da vida pode ser um fenômeno natural, no sentido de que, dado um conjunto suficientemente complicado de moléculas reagentes, é de se esperar que cristalizem subconjuntos autocatalíticos. Assim, se essa perspectiva está certa, como lhe disse com abundante entusiasmo há alguns anos" — grande sorriso —, "não somos acasos incrivelmente improváveis." Na verdade, é quase certo que exista vida em outros lugares do universo, acrescentou. "E, portanto, estamos em casa, no universo, de uma forma diferente daquela em que estaríamos se a vida fosse um acontecimento incrivelmente improvável que ocorreu num planeta, e apenas num único planeta, porque era tão improvável que nem seria de se esperar que acontecesse."

Kauffman dotou do mesmo espírito a sua teoria de como as redes de genes tendem a se acomodar em certos padrões recorrentes. "Mais uma vez, suponhamos que eu esteja certo", disse ele; nesse caso, grande parte da ordem demonstrada pelos sistemas biológicos não resulta do "sucesso obtido a duras penas pela seleção natural", mas desses efeitos que geram ordem e estão difundidos por toda parte. "O ponto principal é o fato de ser uma ordem espontânea. É uma ordem grátis, entende? Novamente, se essa concepção estiver certa, não só teremos de modificar o darwinismo para explicá-la como compreenderemos o aparecimento e a ordem da vida de um modo diferente."

As simulações de computador fornecem outra mensagem mais sóbria, disse Kauffman. Assim como a adição de um único grão a um grande monte de areia pode desencadear avalanches nos lados, uma mudança na aptidão de uma espécie pode causar uma alteração repentina na aptidão de todas as outras espécies no ecossistema, o que pode culminar numa avalanche de extinções. "Em linguagem metafórica, a melhor adaptação que nós realizarmos pode desencadear uma avalanche que vai acarretar o nosso fim, entende? Porque estamos todos juntos no mesmo jogo, fazendo marolas no sistema que criamos mutuamente. Agora *isso* revela humildade." Kauffman atribuía a analogia do monte de areia a Per Bak, um físico ligado ao Instituto Santa Fé que desenvolvera uma teoria chamada criticalidade auto-organizada (que será discutida no capítulo 8).

Quando falei que me preocupava o fato de que muitos cientistas, em particular os do Instituto Santa Fé, pareciam confundir as simulações com a realidade, Kauffman balançou a cabeça em assentimento. "Concordo com você. Isso também me incomoda bastante", respondeu ele. Examinando algumas simulações, disse ele, "não sei dizer onde fica o limite entre falar sobre o *mundo* — isto é, tudo o que existe aí fora — e sobre simples brinquedos, formas de arte e jogos de computador sem dúvida muito bem-feitos". Quando *ele* fazia simulações no computador, entretanto, estava sempre, ou quase sempre, "tentando descobrir como alguma coisa funciona no mundo. Às vezes tento apenas descobrir coisas que parecem interessantes e procuro ver se elas têm cabimento. Mas acho que só se faz ciência quando aquilo que se está fazendo acaba correspondendo a alguma coisa no mundo exterior, de modo demonstrável. E isso significa, em última análise, ser testável".

O seu modelo de redes genéticas "faz todo *tipo* de previsões" que talvez sejam testadas dentro dos próximos quinze ou vinte anos, disse Kauffman. "É testável com alguns empecilhos. Quando se tem um sistema com 100 mil componentes, e não se pode — ainda — dividir o sistema detalhadamente, quais são as conseqüências testáveis apropriadas? Terão de ser as conseqüências estatísticas, certo?"

Como poderia ser testada a sua teoria sobre a origem da vida? "Você podia estar fazendo duas perguntas diferentes", respondeu Kauffman. Num sentido, a questão diz respeito ao modo como de fato a vida surgiu na Terra há 4 bilhões de anos. Kauffman não sabia se a sua teoria, ou qualquer outra, podia tratar satisfatoriamente dessa questão histórica. Por outro lado, seria possível testar a sua teoria tentando criar conjuntos autocatalíticos no laboratório. "Vou lhe dizer uma coisa. Façamos um trato. Não importa se for eu ou alguma outra pessoa, mas, se alguém criar conjuntos de moléculas coletivamente autocatalíticos com as transições de fase e os gráficos da reação, você me deve um jantar, OK?"

Há paralelos entre Kauffman e outros questionadores do *status quo* na biologia da evolução. Primeiro, as idéias de Kauffman, assim como o equilíbrio pontuado e a simbiose, têm precedentes históricos. Kant, Goethe e outros pensadores pré-darwinianos especulavam que princípios ou regras matemáticas gerais poderiam estar subjacentes aos padrões da natureza. Mesmo depois de Darwin, muitos biólogos continuavam convencidos da existência de alguma outra força geradora de ordem além da seleção natural, uma força que se contrapõe à deriva universal rumo à mesmice termodinâmica e dá origem à ordem biológica. Entre os que propõem essa perspectiva no século XX, às vezes chamada de morfologia racional, estão D'Arcy Wentworth Thompson, William Bateson e, mais recentemente, Brian Goodwin.[18]

Além disso, a motivação de Kauffman parece dever em medidas iguais tanto à convicção filosófica de como as coisas devem ser como à curiosidade científica de saber como as coisas realmente são. Gould enfatiza a importância do acaso, da contingência, na formação da evolução. Margulis evita o reducionismo do neodarwinismo a favor de uma abordagem mais holística. Da mesma forma, Kauffman sente que o acaso não pode ter criado a vida sozinho; o nosso cosmo deve abrigar alguma tendência fundamental geradora de ordem.

Por fim, Kauffman, como Gould e Margulis, tem lutado para definir a sua relação com Darwin. Em nossa entrevista, ele me disse ver o anticaos como um complemento à seleção natural darwiniana. Em outras ocasiões, proclamou que o anticaos é o fator básico na evolução e que o papel da seleção natural tem sido secundário ou inexistente. Sua ambivalência contínua a respeito dessa questão ficou inteiramente manifesta numa cópia datilografada de *At home in the universe*, que ele me deu na primavera de 1995. Na primeira página do livro, ele tinha afirmado que o darwinismo estava "errado", mas riscou a palavra "errado", substituindo-a por "incompleto". Kauffman voltou a "errado" na primeira prova do livro, divulgada vários meses mais tarde. O que dizia a versão final publicada? "Incompleto."

Kauffman tem um aliado poderoso em Gould, que proclamou na capa de *Origins of order*, de Kauffman, que o livro se tornaria "um marco e um clássico em nossa busca tateante de uma teoria mais abrangente e satisfatória da evolução". É uma aliança estranha. Enquanto Kauffman afirma que as leis da complexidade discernidas em suas simulações de computador conferem à evolução da vida uma certa inevitabilidade, Gould tem dedicado sua carreira a afirmar que virtualmente *nada* na história da vida foi inevitável. Em sua conversa comigo, Gould também repudiou especificamente a teoria de que a história da vida se desdobraria segundo leis matemáticas. "É uma posição muito profunda", disse Gould, "mas também acho que está substancialmente errada." O que há em comum entre Gould e Kauffman é que os dois têm questionado a afirmação de Richard Dawkins e outros darwinianos inflexíveis de que a teoria da evolução já explicou mais ou menos a história da vida. Ao fazer publicidade para os livros de Kauffman, Gould mostra que ele adere à velha máxima: "O inimigo do meu inimigo é meu amigo".

Em geral, Kauffman não tem tido muito sucesso em conquistar adeptos para as suas idéias. Talvez o principal problema seja que suas teorias são de natureza estatística, como ele próprio admite. Mas não se pode confirmar uma previsão estatística sobre a probabilidade da origem da vida e sua subseqüente evolução quando se tem uma única observação — a vida terrestre — a considerar. Uma das avaliações mais duras do trabalho de Kauffman é a de John Maynard Smith, biólogo da evolução britânico que, como Dawkins, é famoso por sua língua ferina e foi pioneiro no uso da matemática na biologia da evolução. Kauffman estudou sob a orientação de Maynard Smith, e tem gasto inúmeras horas tentando convencer o ex-mentor da importância de seu trabalho — aparentemente em vão. Num debate público em 1995, Maynard disse a respeito da criticalidade auto-organizada, o modelo do monte de areia proposto por Per Bak e adotado por Kauffman: "Acho todo o empreendimento desprezível". Maynard Smith disse a Kauffman mais tarde, enquanto tomavam cerveja, que não achava interessante o enfoque dado por ele à biologia.[19] Para quem exerce a ciência irônica, como Kauffman, não pode haver insulto mais cruel.

Kauffman atinge o ápice se sua eloqüência e persuasão quando manifesta sua veia crítica. Ele tem sugerido que a teoria da evolução propalada por biólogos como Dawkins é fria e mecânica; não faz justiça à majestade e mistério da vida. Kauffman tem razão; *há* algo insatisfatório, tautológico, sobre a teoria darwinista, mesmo quando ela é explicada por um retórico tão competente quanto Dawkins. Mas este, pelo menos, faz a distinção entre seres vivos e não vivos. Kauffman parece ver todos os fenômenos, das bactérias às galáxias, como manifestações de formas matemáticas abstratas que passam por permutações infindáveis. É um esteta matemático. Sua visão é semelhante à dos físicos de partículas que chamam Deus de geômetra. Kauffman tem sugerido que sua concepção da vida é mais significativa e consoladora do que a de Dawkins. Mas suspeito que a maioria das pessoas se identifica mais com os pequenos replicantes agressivos de Dawkins do que com as funções booleanas no *N*-espaço de Kauffman. Onde, nessas abstrações, está o sentido e o consolo?

O CONSERVADORISMO DA CIÊNCIA

Uma ameaça constante ao *status quo* na ciência — e em todos os empenhos humanos — é o desejo das novas gerações de deixar a sua marca no mundo. A sociedade tem igualmente um apetite insaciável por novidades. Esses fenômenos gêmeos são responsáveis, em grande parte, pela rápida alteração de estilos nas artes, uma área em que se adota a mudança pela mudança. A ciência não está imune a essas influências. O equilíbrio pontuado de Gould, a Gaia de Margulis e o anticaos de Kauffman tiveram todos os seus minutos de fama. Mas é muito mais difícil realizar uma mudança duradoura na ciência do que nas artes, por razões óbvias. O sucesso da ciência deriva, em grande parte, de seu conservadorismo, de sua insistência em exigir altos padrões de eficácia. A mecânica quântica e a relatividade geral eram tão novas e surpreendentes quanto se poderia desejar. Porém, em última análise, elas não receberam crédito por comunicar uma emoção intelectual, mas por serem eficazes: previam acuradamente o resultado das experiências. As velhas teorias são velhas por boas razões. São sólidas, flexíveis. Têm uma correspondência excepcional com a realidade. Podem até ser Verdadeiras.

Os futuros revolucionários enfrentam outro problema. A cultura científica era outrora muito menor e, portanto, mais suscetível a mudanças rápidas. Agora tornou-se uma imensa burocracia intelectual, social e política, em que se deve enfrentar a inércia. Durante uma de nossas conversas, Stuart Kauffman comparou o conservadorismo da ciência ao da evolução biológica, no qual a história restringe seriamente a mudança. Não só a ciência, mas muitos outros sistemas de idéias — e particularmente aqueles com importantes conseqüências sociais — tendem a "estabilizar-se e fossilizar-se" com o tempo, observou Kauffman. "Pense na evolução dos procedimentos operacionais padrões nos navios ou nos aviões de carga", disse ele. "É um processo incrivelmente conservador. Se você entrasse por acaso nessa área e tentasse projetar, *ab initio* [do zero], os procedimentos num avião de carga, simplesmente mandaria tudo pelos ares!"

Kauffman se inclinou para o meu lado. "Isso é realmente interessante", disse. "Pense na lei, certo? Há quanto tempo a *common law* britânica tem evoluído? Há 1200 anos? Existe esse enorme *corpus* com todo um arsenal de conceitos sobre o que constitui um comportamento razoável. Seria realmente difícil mudar tudo isso! Eu me pergunto se não seria possível demonstrar que, quando uma teia de conceitos amadurece em qualquer área — em todos esses casos em que estamos traçando mapas para entender o mundo —, de alguma forma, o centro da questão se torna cada vez mais resistente à mudança [*sic*].” Estranhamente, Kauffman estava dando uma excelente explicação para a possibilidade de suas teorias radicais sobre a origem da vida e da ordem biológica nunca serem aceitas. Se houve alguma idéia científica que demonstrou ser capaz de sobrepujar todos os questionadores, foi a teoria da evolução de Darwin.

A ORIGEM MISTERIOSA DA VIDA

Se eu fosse um criacionista, deixaria de atacar a teoria da evolução — tão bem confirmada pelos registros fósseis — e focalizaria a origem da vida. Esse é, sem dúvida, o esteio mais fraco do chassi da biologia moderna. A origem da vida é o sonho de todo redator científico. A área está cheia de cientistas e teorias exóticos, que nunca são inteiramente abandonados ou aceitos, mas apenas entram e saem de moda.[20]

Um dos mais diligentes e respeitados pesquisadores da origem da vida é Stanley Miller. Em 1953, ele era estudante de pós-graduação, e procurou recriar a origem da vida num laboratório. Encheu um aparelho de vidro hermeticamente fechado com alguns litros de metano, amônia e hidrogênio (representando a atmosfera) e um pouco de água (o oceano). Um eletrodo atingia os gases com raios simulados, enquanto um resistor mantinha as águas em ebulição. Dentro de alguns dias, a água e os gases ficaram manchados com uma substância pegajosa avermelhada. Ao analisar a substância, Miller descobriu, com alegria, que ela era rica em aminoácidos. Esses compostos orgânicos são os tijolos das proteínas, a matéria básica da vida.

Os resultados de Miller pareciam fornecer uma evidência assombrosa de que a vida podia surgir daquilo que o químico britânico J. B. S. Haldane chamara de “sopa primordial”. Os eruditos especularam que cientistas, como o dr. Frankenstein de Mary Shelley, iriam em breve criar organismos vivos em seus laboratórios e com isso demonstrar com detalhes o desenrolar do Gênese. Não foi o que aconteceu. Na verdade, quase quarenta anos depois de sua experiência original, Miller disse-me que resolver o enigma da origem da vida demonstrara ser mais difícil do que ele ou qualquer outra pessoa poderia imaginar. Ele lembrou uma previsão, feita pouco depois de sua experiência, de que em 25 anos os cientistas "com certeza" saberiam como é que a vida começou. "Bem, os 25 anos já se passaram", disse ele secamente.

Depois de sua experiência de 1953, Miller se dedicou a buscar o segredo da vida. Adquiriu a reputação de ser um experimentalista rigoroso e ranzinza, sempre pronto a criticar o que lhe parecia trabalho malfeito. Quando o conheci em sua sala na Universidade da Califórnia, em San Diego, onde é professor de bioquímica, ele reclamou que seu campo de estudo ainda era considerado uma disciplina marginal, indigna de pesquisa séria. "Alguns trabalhos são melhores do que os outros. É verdade que os piores tendem a prejudicar a disciplina. Isso me incomoda muito. As pessoas fazem bons trabalhos, e aí vê-se esse lixo atrair a atenção." Miller não parecia impressionado com nenhuma das teorias atuais sobre a origem da vida, referindo-se a elas como "absurdo" ou "química de papel". Desprezava tanto algumas das hipóteses que, quando lhe perguntei qual era a sua opinião a respeito, ele apenas sacudiu a cabeça, suspirou profundamente e riu abafado — como se vencido pela loucura da humanidade. A teoria da autocatálise de Stuart Kauffman entrava nessa categoria. "Resolver equações num computador não constitui uma experiência", disse ele com desdém.

Miller reconhecia que os cientistas talvez nunca chegassem a saber precisamente onde e quando nasceu a vida. "Estamos tentando discutir um acontecimento histórico, o que é muito diferente do tipo habitual de ciência, e por isso os critérios e os métodos são muito diversos", observou ele. Mas quando lhe sugeri que ele parecia pessimista sobre a probabilidade de se descobrir o segredo da vida, ele ficou estarrecido. Pessimista? Absolutamente! Ele era otimista!

Um dia, asseverou Miller, os cientistas iriam descobrir a molécula auto-replicante que desencadeara a grande saga da evolução. Assim como a descoberta do resíduo de microondas resultante do *big bang* legitimara a cosmologia, a descoberta do primeiro material genético legitimaria o ramo de Miller. "Vai decolar como um foguete”, resmungou ele entre os dentes. Uma descoberta dessas seria imediatamente perceptível? Miller acenou afirmativamente com a cabeça. “Será o tipo de descoberta que nos fará dizer: ‘Meu Deus, então é isso! Como é que não percebemos durante tanto tempo?’. E todos ficarão plenamente convencidos.”

Quando Miller executou a sua experiência-marco em 1953, a maioria dos cientistas ainda partilhava a crença de Darwin de que as proteínas eram os candidatos mais prováveis para as moléculas auto-replicantes, pois se pensava que elas tinham a capacidade de se reproduzir e se organizar. Após a descoberta de que o DNA é a base para a transmissão genética e para a síntese protéica, muitos pesquisadores começaram a preferir os ácidos nucléicos às proteínas para o papel de protomoléculas. Mas havia um empecilho importante nesse roteiro. O DNA não pode fazer proteínas, nem cópias de si mesmo, sem a ajuda de proteínas catalíticas chamadas enzimas. Esse fato transformou a origem da vida no clássico problema do ovo e da galinha: o que veio primeiro, as proteínas ou o DNA?

Em *The coming of the golden age*, Gunther Stent, premonitor como sempre, sugeria que esse enigma poderia ser resolvido se os pesquisadores encontrassem uma molécula auto-replicante que atuasse como seu próprio catalisador.[21] No início da década de 1980, os pesquisadores identificaram uma molécula exatamente desse tipo: o ácido ribonucléico, ou RNA, uma molécula formada por um único filamento que auxilia o DNA a fabricar as proteínas. As experiências revelaram que certos tipos de RNA podiam atuar como suas próprias enzimas, cortando-se em dois e voltando a se emendar. Se o RNA podia atuar como uma enzima, então poderia igualmente ser capaz de se replicar sem a ajuda de proteínas. O RNA servia tanto de gene como de catalisador, ovo e galinha.

Mas a hipótese de a vida ter sido criada a partir do RNA tem vários problemas. O RNA e seus componentes são difíceis de sintetizar nas melhores condições de laboratório, quanto mais em condições pré-bióticas plausíveis. Uma vez sintetizado, o RNA só consegue fazer novas cópias de si mesmo com muita ajuda química do cientista. A origem da vida “tem de acontecer em condições fáceis, em condições que não sejam muito especiais”, disse Miller. Ele está convencido de que uma molécula mais simples — e possivelmente bem dessemelhante — deve ter preparado o caminho para o RNA.

Lynn Margulis é uma dentre os cientistas que duvidam de que as investigações sobre a origem da vida produzam o tipo de resposta simples e evidente com que Miller sonha. "Acho que isso talvez venha a acontecer com a causa do câncer, mas não com a origem da vida", disse Margulis. A vida, observou ela, nasceu em condições ambientais complexas. "Temos dia e noite, inverno e verão, mudanças na temperatura, mudanças na secura. Esses dados são acumulações históricas. Os sistemas bioquímicos são, na realidade, acumulações históricas. Por isso, não acho que teremos algum dia um pacote com a receita da vida: acrescente água, misture, e nasce a vida. Não é um processo de um único passo. É um processo cumulativo que envolve uma porção de mudanças." A bactéria mais diminuta, observou ela, "é muito mais semelhante às pessoas do que as misturas de produtos químicos de Stanley Miller, porque já tem essas propriedades sistêmicas. Assim, o passo para ir de uma bactéria a uma pessoa é menor do que para ir de uma mistura de aminoácidos a uma bactéria".

Em seu livro *Life itself*, Francis Crick escreveu que "a origem da vida parece ser quase um milagre, tantas são as condições que teriam de ser satisfeitas para que ela viesse a ocorrer".[22] (Crick, deve-se notar, é um agnóstico que se inclina ao ateísmo.) Ele propôs que, há bilhões de anos, alienígenas em visita à Terra numa nave espacial teriam deliberadamente semeado micróbios em nosso planeta.

Talvez a esperança de Stanley Miller se concretize: os cientistas talvez descubram algum produto químico ou alguma combinação inteligente de produtos químicos que possa reproduzir, mutar e evoluir em condições pré-bióticas plausíveis. A descoberta certamente vai desencadear uma nova era da química aplicada. (A imensa maioria dos pesquisadores se concentra nesse objetivo, e não na elucidação da origem da vida.) Porém, dada a nossa falta de conhecimento sobre as condições em que a vida teve início, qualquer teoria da origem da vida baseada nessa descoberta estaria sempre sujeita a dúvidas. Miller acredita que os biólogos reconhecerão a resposta para o enigma da origem da vida assim que a virem. Mas a sua crença se fundamenta na premissa de que a resposta será plausível, ainda que só em retrospectiva. Quem disse que a origem da vida na Terra foi plausível? A vida pode ter nascido de uma convergência estranha de acontecimentos improváveis e até inimagináveis.

Além disso, é improvável que a descoberta de uma protomolécula plausível, quando ou se acontecer, nos diga o que realmente queremos saber: a vida sobre a Terra foi uma ocorrência inevitável ou extravagante? Surgiu em algum outro lugar ou apenas neste planeta tão solitário? Essas perguntas só poderão ser respondidas se descobrirmos vida fora da Terra. A sociedade parece cada vez mais relutante em patrocinar esse tipo de investigação. Em 1993, o Congresso dos EUA cancelou o programa SETI (Pesquisa de Inteligência Extraterrestre) da NASA, um programa que esquadrinhava os céus à procura de sinais de rádio gerados por outras civilizações. O sonho de uma missão tripulada a Marte, o planeta que tem a maior probabilidade de abrigar vida extraterrestre no sistema solar, foi indefinidamente adiado.

Mesmo assim, amanhã os cientistas talvez encontrem evidências de vida fora da Terra. Uma tal descoberta transformaria toda a ciência, toda a filosofia e todo o pensamento humano. Stephen Jay Gould e Richard Dawkins seriam capazes de resolver a sua discussão sobre se a seleção natural é um fenômeno cósmico ou meramente terrestre (embora cada um fosse certamente encontrar amplas evidências para o seu ponto de vista). Stuart Kauffman seria capaz de determinar se as leis que discerne em suas simulações de computador predominam no mundo real. Se os extraterrestres fossem inteligentes a ponto de terem desenvolvido a sua própria ciência, Edward Witten talvez ficasse sabendo se a teoria das supercordas é o ápice inevitável de qualquer pesquisa das leis fundamentais que regem a realidade. A ficção científica se tornaria fato. O *New York Times* ficaria parecido com o *Weekly World News*, um dos tablóides de supermercado que publica "fotografias" de presidentes em contato com alienígenas. É sempre possível esperar.

6

O FIM DA CIÊNCIA SOCIAL

Tudo teria sido fácil para Edward O. Wilson[1] se ele tivesse se limitado às formigas. Foram as formigas que o atraíram para a biologia quando ainda era um garoto em Alabama, e elas continuam a ser a sua maior fonte de inspiração. Ele já escreveu pilhas de artigos e vários livros sobre as pequenas criaturas. Colônias de formigas forram o escritório de Wilson no Museu de Zoologia Comparada da Universidade de Harvard. Ao mostrá-las para mim, ele estava tão orgulhoso e excitado como uma criança de dez anos. Quando lhe perguntei se ele já tinha esgotado o tópico das formigas, ele exultou: "Estamos apenas começando!". Ele acabara de iniciar um levantamento das *Pheidole*, um dos gêneros mais abundantes no reino animal. Julga-se que o gênero *Pheidole* abranja mais de 2 mil espécies de formigas, a maioria das quais nunca foi descrita ou sequer nomeada. "Acho que foi com o mesmo ímpeto que leva homens de meia-idade a decidirem que vão enfim cruzar o Atlântico num barco a remo, ou juntar-se a um grupo para escalar o K2, que decidi estudar as *Pheidole*", disse ele.

Wilson era líder nos esforços para conservar a diversidade biológica da Terra, e seu objetivo grandioso era fazer das *Pheidole* um ponto de referência para os biólogos que procuram monitorar a biodiversidade de diferentes regiões. Baseando-se na coleção de formigas de Harvard, a maior do mundo, Wilson estava gerando um conjunto de esmerados desenhos feitos a lápis de cada espécie das *Pheidole*, junto com descrições de seu comportamento e ecologia. "Isso deve lhe parecer muito aborrecido", desculpou-se Wilson enquanto folheava seus desenhos das espécies *Pheidole* (que eram, na realidade, fascinantemente monstruosos). "É uma das atividades mais prazerosas que posso imaginar." Ele confessou que, ao observar no microscópio uma espécie antes desconhecida, tinha "a sensação de estar olhando — não quero parecer poético demais —, de estar vendo a face da criação". Uma única formiga era o bastante para deixar Wilson deslumbrado diante do universo.

Detectei pela primeira vez um espírito marcial cintilando através da exuberância pueril de Wilson quando fomos até a colônia de formigas que se esparramava sobre um balcão no seu escritório. Essas são as formigas cortadeiras, explicou Wilson, que são encontradas desde a América do Sul até o estado da Louisiana, nos EUA. Os pequenos espécimes magricelas correndo pela superfície do formigueiro em forma de esponja são as operárias; os soldados estão escondidos lá dentro. Wilson tirou um tampão do topo do formigueiro e soprou no buraco. Um minuto depois, vários monstros hidrocéfalos vieram à tona, com a cabeça enorme balançando e as mandíbulas abertas. "Eles conseguem cortar o couro de sapatos", observou Wilson com admiração um tanto excessiva. "Se você tentasse se enfiar dentro de um formigueiro de cortadeiras, elas iriam matá-lo aos poucos, como numa tortura chinesa, com mil cortes." Ele deu uma risadinha.

A belicosidade de Wilson — inata ou inculcada? — apareceu mais claramente pouco depois, quando ele discutiu a relutância persistente da sociedade norte-americana em confrontar o papel desempenhado pelos genes na formação do comportamento humano. "Este país está tão dominado pela nossa religião cívica, o igualitarismo, que simplesmente desvia o olhar de qualquer coisa que pareça depreciar essa ética básica que temos, de que todo o mundo é igual, de que sociedades perfeitas podem ser construídas com a boa vontade das pessoas." Enquanto proferia esse sermão, o rosto ossudo de fazendeiro ianque de Wilson, em geral muito cordial, tornou-se tão rígido quanto o de um pregador puritano.

Há dois — pelo menos dois — Edward Wilsons. Um é o poeta dos insetos sociais e o defensor apaixonado de toda a biodiversidade da Terra. O outro é um homem ferozmente ambicioso e competitivo em luta com o sentimento de ser um retardatário, de seu campo de estudo estar mais ou menos completo. A resposta de Wilson à angústia da influência era bem diferente da reação de Gould, Margulis, Kauffman e outros que têm lutado com Darwin. Apesar de todas as suas diferenças, eles reagiam ao domínio de Darwin argumentando que a teoria darwiniana tem poder explicativo limitado, que a evolução é muito mais complicada do que Darwin e seus herdeiros modernos têm sugerido. Wilson tomou o caminho oposto. Ele procurava estender o darwinismo para mostrar que a teoria podia explicar bem mais do que os outros — até mesmo Richard Dawkins — tinham imaginado.

É possível remontar o papel de Wilson como profeta da sociobiologia a uma crise de fé que ele sofreu no final da década de 1950, pouco depois de sua chegada a Harvard. Embora ele já fosse uma das autoridades mundiais sobre insetos sociais, começou a refletir sobre a aparente insignificância — pelo menos aos olhos de outros cientistas — de seu ramo de pesquisa. Os biólogos moleculares, inebriados com sua descoberta da estrutura do DNA, a base da transmissão genética, tinham começado a questionar o valor de estudar organismos completos, como as formigas. Wilson lembrou certa vez que James Watson, que estava então em Harvard e ainda resplandecia com a emoção de ter descoberto a dupla hélice, "irradiava desprezo" pela biologia da evolução, que ele via como uma versão glorificada de filatelia que a biologia molecular tornara obsoleta.[2]

Wilson reagiu a esse desafio alargando a sua perspectiva, procurando as regras de comportamento que regem não só as formigas mas todos os animais sociais. Esse empenho culminou em *Sociobiology: the new synthesis*. Publicado em 1975, o livro era em grande parte um levantamento magistral dos animais sociais não humanos, desde as formigas e cupins até os antílopes e mandris. Recorrendo à etologia, à genética populacional e outras disciplinas, Wilson mostrava que as normas de acasalamento e a divisão de trabalho podiam ser compreendidas como respostas adaptativas à pressão evolutiva.

Só no último capítulo é que Wilson se voltava para os seres humanos. Ele chamava a atenção para o fato óbvio de que a sociologia, o estudo do comportamento social humano, estava precisando muito de uma teoria unificadora. "Tem havido tentativas de construir sistemas, mas os resultados [...] não são animadores. Grande parte do que hoje passa por teoria em sociologia é na verdade a atribuição de denominações a fenômenos e conceitos, à maneira que se espera da história natural. O processo é difícil de analisar porque as unidades fundamentais são muito escondidas, talvez inexistentes. As sínteses comumente consistem em tediosas referências cruzadas de diferentes conjuntos de definições e metáforas, criados pelos pensadores mais imaginativos."[3]

A sociologia só se tornaria uma disciplina verdadeiramente científica, afirmava Wilson, se fosse submetida ao paradigma darwiniano. Ele observava, por exemplo, que a guerra, a xenofobia, o domínio dos machos e até nossos ímpetos ocasionais de altruísmo, tudo podia ser compreendido como comportamento adaptativo, originário da compulsão primordial de propagar os nossos genes. No futuro, previa Wilson, novos progressos na teoria da evolução, na genética e na neurociência capacitarão a sociobiologia a explicar uma ampla variedade de comportamentos humanos; a sociobiologia acabaria por abranger não só a sociologia mas também a psicologia, a antropologia e todas as ciências sociais "moles".

O livro recebeu, em geral, resenhas favoráveis. Entretanto, alguns cientistas, inclusive seu colega Stephen Jay Gould, criticaram Wilson por sugerir que a condição humana fosse de certo modo inevitável. O ponto de vista de Wilson, afirmavam os críticos, representava uma versão atualizada de darwinismo social; ao combinar o que é com o que deve ser, essa notória doutrina da era vitoriana fornecera uma justificativa científica para o racismo, o sexismo e o imperialismo. Os ataques a Wilson atingiram o ápice em 1978, num encontro da Associação Americana para o Progresso da Ciência. Um membro de um grupo radical chamado Comitê Internacional Contra o Racismo despejou um jarro de água na cabeça de Wilson enquanto gritava: "Você está errado".*[4]

Sem se deixar intimidar, Wilson continuou seu trabalho escrevendo com Charles Lumsden, físico da Universidade de Toronto, dois livros sobre sociobiologia humana: *Genes, mind, and culture* [Genes, mente e cultura] (1981) e *Promethean fire* [O fogo de

(*) "*You're all wet*" significa literalmente "Você está todo molhado", mas também "Você está errado". (N. E.)

Prometeu] (1983). Wilson e Lumsden admitiam no último livro "a dificuldade de criar um retrato preciso da interação genética e cultural". Porém, declaravam que o modo de enfrentar essa dificuldade não era continuar "a tradição honrada da teoria social escrita como crítica literária", mas sim criar uma rigorosa teoria matemática da interação entre os genes e a cultura. "A teoria que desejamos construir", diziam Wilson e Lumsden, "conteria um sistema de processos abstratos relacionados, expressos na medida do possível como estruturas matemáticas explícitas que traduzem de novo os processos para o mundo real da experiência sensorial."[5]

Os livros que Wilson escreveu com Lumsden não tiveram uma recepção tão boa quanto *Sociobiology*. Um crítico classificou, há pouco tempo, a sua perspectiva sobre a natureza humana como "sombriamente mecanicista" e "simplista".[6] Durante a nossa entrevista, entretanto, Wilson estava mais entusiasmado do que nunca com as perspectivas da sociobiologia. Embora reconhecendo que o apoio às suas proposições era muito escasso na década de 1970, ele insistia em que "existem hoje muito mais evidências" de que várias características humanas — da homossexualidade à timidez — têm uma base genética; progressos na genética médica também tornaram as explicações genéticas do comportamento humano mais aceitáveis para os cientistas e o público. A sociobiologia humana está florescendo não só na Europa, que tem uma Sociedade Sociobiológica, mas também nos Estados Unidos, disse Wilson; embora nos Estados Unidos muitos cientistas evitem o termo sociobiologia por causa de suas conotações políticas, disciplinas que têm nomes como estudos bioculturais, psicologia evolucionista e estudos darwinianos do comportamento humano são todas "rebentos" do tronco da sociobiologia.[7]

Wilson ainda estava convencido de que a sociobiologia acabaria por abarcar não só as ciências sociais mas também a filosofia. Ele estava escrevendo um livro, com o título provisório de *Natural philosophy*, sobre como as descobertas da sociobiologia ajudariam a resolver as questões políticas e morais. Pretendia afirmar que os dogmas religiosos podem e devem ser "testados empiricamente" e rejeitados se forem incompatíveis com verdades científicas. Sugeria, por exemplo, que a Igreja católica deveria examinar se a sua proibição do aborto — um dogma que contribui para a superpopulação — não se chocava com o objetivo moral mais importante de preservar toda a biodiversidade da Terra. Enquanto ele falava, lembrei o comentário de um colega, de que Wilson combinava paradoxalmente grande inteligência e erudição com uma certa ingenuidade, quase inocência.

Mesmo aqueles biólogos da evolução que admiram o empenho de Wilson em estabelecer os fundamentos de uma teoria detalhada da natureza humana duvidam de que tal empreendimento possa ser realizado a contento. Dawkins, por exemplo, abominava a "hostilidade automática" em relação aos sociobiólogos demonstrada por Stephen Jay Gould e outros cientistas de inclinação esquerdista. "Acho que Wilson foi tratado vergonhosamente, sobretudo por seus colegas de Harvard", disse Dawkins. "Por isso, se houver uma oportunidade de me manifestar, vou levantar a voz e apoiá-lo." No entanto, Dawkins não parecia ter a mesma certeza de Wilson de que "a confusão da vida humana" pudesse ser inteiramente compreendida em termos científicos. A ciência não tem a finalidade de explicar "sistemas altamente complexos que nascem de milhares de detalhes", refletiu Dawkins. "Explicar a sociologia seria como usar a ciência para explicar ou prever a trajetória exata de uma molécula de água que passa pelas cataratas do Niágara. Seria uma tarefa impossível, mas isso não significa que seja *fundamentalmente* difícil. É apenas muito, muito complicada."

Suspeito que o próprio Wilson duvide que a sociobiologia venha a se tornar um dia tão todo-poderosa como ele acreditava no passado. No final de *Sociobiology*, ele sugeria que o campo culminaria numa teoria completa e final da natureza humana. "Para manter a espécie indefinidamente", escreveu Wilson, "somos compelidos a procurar o conhecimento total, descendo até os níveis do neurônio e do gene. Quando tivermos avançado o suficiente para nos explicarmos nesses termos mecanicistas e as ciências sociais desabrocharem completamente, o resultado talvez seja difícil de aceitar." Ele terminava com uma citação de Camus: "Num universo despido de ilusões e luzes, o homem se sente um alienígena, um estrangeiro. Seu exílio é irremediável, pois ele é privado da memória de um lar perdido ou da esperança de uma terra prometida".[8]

Quando o lembrei dessa coda sombria, Wilson admitiu que tinha terminado *Sociobiology* com uma leve depressão. "Pensei que depois de certo tempo, quando tivéssemos um conhecimento cada vez mais preciso da nossa origem e da razão de nossos atos, isso reduziria — qual é a palavra exata? — a nossa auto-imagem sublime e a nossa esperança de um crescimento indefinido no futuro." Wilson também acreditava que uma teoria dessas provocaria o fim da biologia, a disciplina que dera sentido à sua vida. "Mas aí tirei essa idéia da cabeça", disse ele. Wilson decidiu que a mente humana, que tem sido e ainda é formada pela interação complexa entre a cultura e os genes, representava um limite intangível para a ciência. "Vi que ali existia uma imensa área ainda inexplorada da ciência e da história humana que iríamos investigar para sempre", lembrou ele. "Isso melhorou o meu ânimo." Na verdade, Wilson curou a sua depressão reconhecendo que seus críticos tinham razão: a ciência não pode explicar todas as extravagâncias do pensamento e da cultura humanos. Uma teoria completa da natureza humana, aquela que vai resolver todas as perguntas sobre nós mesmos, é impossível.

Até que ponto a sociobiologia é revolucionária? Não é muito, segundo o próprio Wilson. Apesar de toda a sua criatividade e ambição, ele é um darwiniano bastante convencional. Isso ficou claro quando lhe perguntei sobre um conceito chamado biofilia, segundo o qual a afinidade humana com a natureza, ou pelo menos com alguns de seus aspectos, é inata, um produto da seleção natural. A biofilia representa o empenho de Wilson em descobrir um terreno comum entre as suas duas grandes paixões, a sociobiologia e a biodiversidade. Ele escreveu uma monografia sobre a biofilia, publicada em 1984, e mais tarde organizou uma coletânea de ensaios, seus e de outros, sobre o assunto. Durante minha conversa com Wilson, cometi o erro de observar que a biofilia me lembrava Gaia, porque as duas idéias evocam um altruísmo que abrange toda a vida, e não apenas uma família ou mesmo uma espécie.

"Na realidade, elas nada têm em comum", respondeu Wilson, tão rispidamente que me surpreendeu. A biofilia não pressupõe a existência de "um altruísmo fosforescente no ar", zombou Wilson. "Eu adoto uma visão muito mecanicista da origem da natureza humana", disse ele. "A nossa preocupação com os outros organismos é em grande parte um produto da seleção natural darwiniana." A biofilia evoluiu, continuou Wilson, não para o bem da vida em geral, mas para o bem dos indivíduos. "Meu ponto de vista é estritamente antropocêntrico, porque o que vejo e compreendo, com base no meu conhecimento da evolução, apóia essa perspectiva e não a outra."

Perguntei a Wilson se ele concordava com o seu colega de Harvard, Ernst Mayr, segundo o qual a biologia moderna fora reduzida à tarefa de tratar de enigmas cuja solução só reforçava o paradigma predominante do neodarwinismo.[9] Wilson sorriu com afetação. "Ajuste as constantes para o próximo ponto decimal", disse ele, aludindo à citação que ajudou a criar a lenda dos físicos presumidos do século XIX. "Sim, já ouvimos esse argumento." Mas, depois de ter caçoado delicadamente dessa perspectiva de completude de Mayr, Wilson passou a concordar com ele. "Não estamos prestes a destronar a evolução pela seleção natural, nem a nossa compreensão básica da especiação", disse ele. "Por isso, também não acredito que teremos mudanças revolucionárias em nosso entendimento de como a evolução ou a diversificação funcionam ou de como a biodiversidade é criada, no nível da espécie." Há muito a aprender sobre o desenvolvimento embrionário, sobre a interação entre a biologia e a cultura humanas, sobre as ecologias e outros sistemas complexos. Mas as regras básicas da biologia, afirmou Wilson, estão a seu ver "começando a se ajustar permanentemente no seu devido lugar. O modo como a evolução funciona, o algoritmo, a máquina, o que a impulsiona".

O que Wilson poderia ter acrescentado é que as desalentadoras implicações morais e filosóficas da teoria darwiniana foram expostas há muito tempo. Em seu livro de 1871, *The descent of man* [A origem do homem e a seleção sexual], Darwin observava que, se os seres humanos tivessem evoluído como as abelhas, "não há dúvida de que as nossas fêmeas solteiras, como as abelhas operárias, considerariam um dever sagrado matar os irmãos, e as mães procurariam matar as filhas férteis; e ninguém pensaria em interferir".[10] Em outras palavras, os seres humanos são animais, e a seleção natural tem moldado não só nosso corpo mas também nossas próprias crenças, nosso senso fundamental do certo e do errado. Um aterrorizado resenhista vitoriano de *Descent* se afligia na *Edinburgh Review*: "Se essas idéias forem verdadeiras, é iminente uma revolução no pensamento humano, que abalará os próprios fundamentos da sociedade, destruindo a santidade da consciência e o sentimento religioso".[11] Essa revolução aconteceu há muito tempo. Antes do final do século XIX, Nietzsche proclamou que não havia suporte divino para a moralidade humana: Deus está morto. Não aprendemos isso com a sociobiologia.

ALGUMAS PALAVRAS DE NOAM CHOMSKY

Um dos críticos mais fascinantes da sociobiologia e de outras abordagens darwinianas da ciência social é o lingüista Noam Chomsky, que é também um dos críticos sociais mais intransigentes dos Estados Unidos. A primeira vez que vi Chomsky pessoalmente, ele estava dando uma palestra sobre as práticas dos sindicatos modernos. Era magro, com a leve corcunda de um leitor crônico. Estava com óculos de aro de aço, tênis, calça cáqui e camisa de gola aberta. Não fossem as rugas na face e os fios grisalhos no cabelo longo, ele poderia passar por um estudante da faculdade, embora sendo um desses estudantes que prefere discutir Hegel a beber cerveja nas festas das associações estudantis.

A principal mensagem de Chomsky era que os líderes sindicais estavam mais preocupados em manter o seu poder do que em representar os operários. Sua platéia? Líderes sindicais. Durante o período de perguntas e respostas, eles reagiram, como era de se esperar, com atitudes defensivas e até hostilidade. Mas Chomsky rebatia os seus argumentos com uma convicção tão serena e inabalável e com uma barragem tão implacável de *fatos*, que em pouco tempo os alvos de sua crítica estavam acenando a cabeça e concordando: sim, eles talvez *estivessem* traindo a sua causa e favorecendo seus patrões capitalistas.

Quando, mais tarde, disse a Chomsky que ficara surpreso com a severidade da sua palestra, ele me informou que não estava interessado em "dar nota A às pessoas por estarem certas". Ele se opunha a todos os sistemas autoritários. Sem dúvida, em geral não despejava sua ira sobre os sindicatos, que têm perdido grande parte do poder de outrora, mas sobre o governo dos Estados Unidos, a indústria e a mídia. Para Chomsky, os Estados Unidos eram uma "superpotência terrorista" e a mídia, seu "agente publicitário". Ele me disse que se o *New York Times*, um de seus alvos favoritos, começasse a resenhar os livros que escreve sobre política, isso seria um sinal de que ele estava fazendo algo errado. Ele resumiu a sua visão de mundo dizendo: "Qualquer que seja o *establishment*, sou contra".

Eu disse achar irônico que suas perspectivas políticas fossem tão contra o *establishment*, uma vez que em lingüística *ele* é o *establishment*. "Não, não sou", disse ele de súbito. A sua voz, que é em geral hipnoticamente calma mesmo quando está demolindo alguém, adquiriu de repente um tom ríspido. "Minha posição na lingüística é minoritária, e sempre tem sido." Insistiu em que era "quase totalmente incapaz de aprender línguas" e que, na verdade, sequer era um lingüista profissional. O MIT só o contratara e lhe dera estabilidade no cargo, sugeriu ele, porque eles, na verdade, pouco sabiam sobre humanidades, nem se importavam com esse ramo de estudos; tinham apenas de preencher uma vaga.[12]

Apresento esse pano de fundo como um alerta. Chomsky é um dos intelectuais mais contestadores que já conheci (só rivalizado pelo filósofo anárquico Paul Feyerabend). É compelido a pôr todas as figuras de autoridade no seu devido lugar, até a ele próprio. Ele exemplifica a angústia da auto-influência. Por isso, devemos tomar com uma certa reserva tudo o que ele declara. A despeito de suas negativas, Chomsky é o lingüista mais importante de todos os tempos. "Não é exagerado dizer que não existe nenhuma questão teórica importante na lingüística moderna que não seja discutida nos termos em que ele a definiu", declara a *Encyclopaedia Britannica*.[13] A posição de Chomsky na história das idéias tem sido comparada à de Descartes e Darwin.[14] Quando ele estava na escola de pós-graduação na década de 1950, a lingüística — e todas as ciências sociais — era dominada pelo behaviorismo, que seguia a noção de John Locke de que a mente começa como uma *tabula rasa*, uma lousa branca onde a experiência faz inscrições. Chomsky questionou esse enfoque. Sustentou que as crianças não podiam aprender a língua somente por indução, por tentativas e erros, como acreditavam os behavioristas. Alguns princípios fundamentais da linguagem — uma espécie de gramática universal — deviam estar incrustados em nossos cérebros. As teorias de Chomsky, que ele apresentou pela primeira vez em seu livro de 1957, *Estruturas sintáticas*, ajudaram a derrotar o behaviorismo de uma vez por todas e abriram caminho para uma visão mais kantiana, geneticamente orientada, da linguagem e da cognição humanas.[15]

Edward Wilson e outros cientistas que tentam explicar a natureza humana em termos genéticos têm todos, em certo sentido, uma dívida para com Chomsky. Mas Chomsky nunca se sentiu confortável com as explicações darwinianas do comportamento humano. Ele admite que a seleção natural possa ter desempenhado *algum* papel na evolução da linguagem e de outros atributos humanos. Mas, dada a enorme lacuna entre a linguagem humana e os sistemas de comunicação relativamente simples dos outros animais, e dado o nosso conhecimento fragmentário do passado, a ciência pouco nos pode dizer sobre a evolução da linguagem. Só porque a linguagem é agora capaz de adaptação, analisa Chomsky, isso não significa que ela surgiu em resposta a pressões da seleção. A linguagem pode ter sido um subproduto acidental de um aumento súbito de inteligência que só mais tarde foi empregado para vários usos. Talvez se possa dizer o mesmo de outras propriedades da mente humana. A ciência social darwiniana, queixa-se Chomsky, não é uma ciência real, mas "uma filosofia da mente com um pouco de ciência misturada". O problema, segundo Chomsky, é que "a teoria darwiniana é tão vaga que pode incorporar tudo o que descobrirem".[16]

A perspectiva evolucionista de Chomsky o tem convencido, se é que se pode afirmar tal coisa, de que talvez tenhamos uma capacidade apenas limitada de compreender a natureza, humana ou não humana. Ele rejeita a noção — popular entre muitos cientistas — de que a evolução moldou o cérebro para transformá-lo numa máquina de aprender e de resolver problemas e objetivos gerais. Como Gunther Stent e Colin McGinn, Chomsky acredita que a estrutura inata de nossa mente impõe limites ao nosso entendimento. (Stent e McGinn chegaram a essa conclusão, em parte, graças à pesquisa de Chomsky.)

Chomsky divide as questões científicas em problemas, que são pelo menos potencialmente solucionáveis, e mistérios, que não o são. Antes do século XVII, explicou-me ele, quando a ciência ainda não existia realmente no sentido moderno, quase todas as questões pareciam ser mistérios. Depois Newton, Descartes e outros começaram a propor questões e a resolvê-las com os métodos que geraram a ciência moderna. Algumas dessas investigações resultaram num "progresso espetacular", mas muitas outras se mostraram infrutíferas. Por exemplo, os cientistas não fizeram nenhum progresso investigando questões como a consciência e o livre-arbítrio. "Nem sequer tivemos más idéias", disse Chomsky.

Todos os animais, afirmou ele, têm habilidades cognitivas moldadas pela sua história evolutiva. Por exemplo, um rato pode aprender a atravessar um labirinto em que deve virar à esquerda a cada duas bifurcações, mas não consegue cruzar aquele em que deve virar à esquerda a cada bifurcação que corresponda a um número primo. Se acreditamos que os seres humanos são animais — e não "anjos", acrescentou Chomsky sarcasticamente —, então nós também estamos sujeitos a essas restrições biológicas. Nossa capacidade lingüística nos permite formular questões e resolvê-las de um modo inacessível aos ratos, mas, em última análise, também enfrentamos mistérios tão absolutos quanto o do rato no labirinto de números primos. Nossa capacidade de fazer perguntas é também limitada. Portanto, Chomsky rejeitava a possibilidade de que os físicos ou outros cientistas chegassem a uma teoria de tudo; na melhor das hipóteses, os físicos só podem criar uma "teoria do que eles sabem como formular".

Em seu próprio campo da lingüística, "há atualmente uma compreensão bastante grande de como as linguagens humanas têm mais ou menos o mesmo molde, quais são os princípios que as unificam e assim por diante". Mas muitas das questões mais profundas propostas pela linguagem continuam impenetráveis. Descartes, por exemplo, lutou para compreender a capacidade humana de usar a linguagem de maneiras infinitamente criativas. A respeito dessa questão, "estamos diante da mesma parede branca com que Descartes se deparou", disse Chomsky.

Em seu livro de 1988, *Language and the problems of knowledge*, Chomsky sugeria que, no tratamento de muitas questões sobre a natureza humana, nossa criatividade verbal pode se mostrar mais frutífera do que nossas habilidades científicas. "É bem possível — extremamente provável, pode-se supor — que sempre aprendamos mais sobre a vida e a personalidade humanas com os romances do que com a psicologia científica", escreveu ele. "A capacidade de fazer ciência é apenas uma faceta de nossos dotes mentais. Nós a usamos sempre que possível, mas não estamos restritos a essa capacidade, felizmente."[17]

O sucesso da ciência, explicou-me Chomsky, deriva de "uma espécie de convergência casual entre a verdade sobre o mundo e a estrutura de nosso espaço cognitivo. E é *de fato* de uma convergência casual, porque a evolução não nos projetou para essa experiência; não houve pressão na reprodução diferencial que gerasse a capacidade de resolver problemas da teoria quântica. Nós a tínhamos. Ela está em nosso cérebro pela mesma razão que muitas outras capacidades também ali se acham: por alguma razão que ninguém compreende".

A ciência moderna tem estendido a capacidade humana ao máximo, segundo Chomsky. No século XIX, qualquer pessoa bem-educada podia compreender a física contemporânea, mas no século XX "é preciso ser uma espécie de monstro". Essa foi a minha brecha. A dificuldade crescente da ciência, perguntei, implica que a ciência poderia estar se aproximando de seus limites? A ciência, definida como a busca de regularidades ou padrões *compreensíveis* na natureza, poderia estar acabando? Subitamente, Chomsky retirou tudo o que acabara de dizer. "A ciência é difícil, concordo. Mas quando falamos com crianças pequenas, elas querem compreender a natureza. Essa curiosidade lhes é roubada. O ensino tedioso e um sistema educacional que incute em suas cabeças que elas são estúpidas demais para aprender tiram delas essa capacidade." De repente era o *establishment*, e não as nossas limitações inatas, que levara a ciência ao seu impasse atual.

Chomsky insistiu em que "há questões importantes para as ciências naturais que podemos formular e que estão ao alcance de nosso entendimento, e essa é uma perspectiva estimulante". Por exemplo, os cientistas ainda devem mostrar — e quase certamente irão mostrar — como as células fertilizadas se desenvolvem para formar organismos complexos e como o cérebro humano gera a linguagem. Há ainda muita ciência a ser feita, "muita física, muita biologia, muita química".

Ao negar a implicação de suas próprias idéias, Chomsky poderia estar apenas dando vazão a outro acesso de autoquestionamento. Mas suspeito que ele estivesse realmente sucumbindo ao *wishful thinking*. Como tantos outros cientistas, ele não pode imaginar o mundo sem ciência. Certa vez perguntei a Chomsky que trabalho ele achava mais prazeroso, o seu ativismo político ou a sua pesquisa lingüística. Ele pareceu surpreso com a pergunta. É claro, respondeu, que protestava contra a injustiça apenas por um sentimento de dever; não tinha nenhum prazer intelectual com isso. Se desaparecessem de repente os problemas do mundo, não há dúvida de que, feliz e alegremente, ele se dedicaria à busca do conhecimento pelo conhecimento.

ANTIPROGRESSO DE CLIFFORD GEERTZ

Os praticantes da ciência irônica podem ser divididos em dois grupos: os ingênuos, que acreditam ou pelo menos esperam estar descobrindo verdades objetivas sobre a natureza (o teórico das supercordas Edward Witten é o exemplo arquetípico), e os sofisticados, que têm consciência de estar, na verdade, praticando algo que tenha mais afinidade com a arte ou a crítica literária do que com a ciência convencional. Não há melhor exemplo de um cientista irônico sofisticado do que o antropólogo Clifford Geertz. Ele é ao mesmo tempo cientista e filósofo da ciência; o seu trabalho é um longo comentário sobre si próprio. Se Stephen Jay Gould exerce a capacidade negativa da biologia da evolução, Geertz realiza a mesma função para a ciência social. Geertz tem ajudado a realizar a profecia de Gunther Stent em *The coming of the golden age*, de que as ciências sociais "talvez continuem a ser as disciplinas impressionistas e ambíguas que são no presente".[18]

Descobri os textos de Geertz na faculdade, quando fiz um curso de crítica literária e o professor me mandou ler um ensaio dele de 1973: "Thick description: toward an interpretive theory of culture" [Descrição densa: rumo a uma teoria interpretativa da cultura].[19] A idéia básica do ensaio era que o antropólogo não pode retratar uma cultura apenas "registrando fatos". Ele precisa interpretar os fenômenos, tentando adivinhar o que *significam*. Considere um piscar de olho, escreveu Geertz (atribuindo o exemplo ao filósofo britânico Gilbert Ryle). O piscar pode representar um tique involuntário proveniente de uma desordem neurológica, de cansaço ou de nervosismo. Ou pode ser uma piscadela, um sinal intencional, com muitos significados possíveis. Uma cultura é composta de um número virtualmente infinito dessas mensagens, ou sinais, e a tarefa do antropólogo é interpretá-las. De maneira ideal, a interpretação antropológica de uma cultura deveria ser tão complexa e ricamente imaginada quanto a própria cultura. Mas assim como os críticos literários não têm a menor esperança de algum dia estabelecer, de uma vez por todas, o significado de *Hamlet*, os antropólogos devem evitar qualquer esperança de descobrir verdades absolutas. "A antropologia, ou pelo menos a antropologia interpretativa, é uma ciência cujo progresso é marcado menos por uma perfeição de consenso do que por um refinamento do debate", escreveu Geertz. "O que se aperfeiçoa é a precisão com que nos atormentamos uns aos outros."[20] Ele sabia que o ponto principal de sua forma de ciência não é levar o discurso a um fim, mas perpetuá-lo de forma cada vez mais interessante.

Em textos posteriores, Geertz comparou a antropologia não só à crítica literária mas também à literatura. A etnografia envolve "contar histórias, delinear imagens, inventar simbolismos e desenvolver tropos", escreveu Geertz, exatamente como faz a literatura. Ele chamava a antropologia de "facção" [fato + ficção], isto é, "escrita imaginativa sobre pessoas reais em lugares reais e épocas reais".[21] (Sem dúvida, substituir a crítica literária pela arte não representa um passo radical para alguém como Geertz, pois para a maioria dos pós-modernistas um texto é um texto é um texto.)

Geertz demonstrou seu próprio talento de escritor de "facção" em "Deep play: notes on the balinese cockfight" [Divertimento violento: notas sobre a briga de galos balinesa]. A primeira frase do ensaio de 1972 estabelece o seu estilo, que é tudo menos direto: "No início de abril de 1958, minha mulher e eu chegamos, com malária e desconfiados, a uma aldeia balinesa que, como antropólogos, pretendíamos estudar".[22] (A prosa de Geertz tem sido comparada com a de Marcel Proust e Henry James. Geertz disse-me que ficou muito lisonjeado com a primeira comparação, mas achava que a última estava provavelmente mais próxima da verdade.)

A abertura do ensaio relatava como o jovem casal ganhara a confiança dos balineses, que são em geral arredios. Geertz, sua mulher e um grupo de aldeões estavam assistindo a uma briga de galos quando a polícia deu uma batida no local. O casal americano fugiu junto com seus vizinhos balineses. Impressionados com o fato de os cientistas não terem procurado tratamento privilegiado da polícia, os moradores da vila os aceitaram.

Tendo assim estabelecido as suas credenciais de membro da aldeia, Geertz passou a retratar e depois analisar a obsessão balinesa pela briga de galos. Ele acabou concluindo que o esporte sangrento — em que galos armados com esporas afiadas como lâminas lutam até morrer — espelhava e assim exorcizava o medo do povo balinês em relação a forças obscuras subjacentes à sua sociedade superficialmente calma. Como *Rei Lear* ou *Crime e castigo*, a briga de galo "capta esses temas — a morte, a masculinidade, a raiva, o orgulho, a perda, a benevolência, o acaso — e [ordena-os] numa estrutura abrangente".[23]

Geertz é um homem corpulento e desajeitado, com cabelos e barba desgrenhados e embranquecidos. Quando o entrevistei pela primeira vez, num dia garoento de primavera no Instituto de Estudos Avançados de Princeton, ele não parava de se mexer, puxando a orelha, enfiando as unhas nas bochechas, relaxando a postura na cadeira e abruptamente empertigando-se.[24] Às vezes, enquanto escutava minha pergunta, puxava a gola do suéter sobre a ponta do nariz, como um bandido tentando esconder a sua identidade. O seu discurso também era evasivo. Imitava o seu estilo de escrever: todo intermitente, afirmações arrojadas pontuadas por inúmeras ressalvas e impregnado de uma autoconsciência hipertrófica.

Geertz estava determinado a corrigir o que ele sentia ser uma impressão errônea comum, a de ser ele um cético universal que não acreditava que a ciência pudesse revelar verdades duradouras. Alguns campos, disse Geertz, sobretudo a física, têm evidentemente a capacidade de alcançar a verdade. Ele também enfatizou que, ao contrário do que eu poderia ter ouvido, ele não considerava a antropologia como uma simples forma de arte, despida de qualquer conteúdo empírico, não sendo, portanto, um ramo legítimo da ciência. A antropologia é "empírica, responde à evidência, teoriza", disse Geertz, e os seus profissionais podem às vezes realizar uma falsificação não absoluta das idéias. Por isso é uma ciência, uma ciência que pode realizar um certo tipo de progresso.

Por outro lado, "nada em antropologia tem o *status* dos ramos mais rigorosos das ciências 'duras', e acho que jamais alcançará esse *status*", disse Geertz. "Alguns dos pressupostos que [os antropólogos] criaram sobre como é fácil compreender tudo isso e o que é preciso fazer para realizar tudo isso já não são realmente... bem, ninguém acredita mais neles." Ele riu. "Isso não significa que seja impossível conhecer alguém ou realizar um trabalho antropológico. Não penso assim. Mas não é fácil."

Na antropologia moderna, a norma não é o consenso, mas a discordância. "As coisas se tornam cada vez mais complicadas, mas não convergem para um único ponto. Elas se espalham e se dispersam de um modo muito complexo. Por isso, não vejo tudo se dirigindo para uma grandiosa integração. Vejo a situação como um momento mais pluralista e diferenciado."

Enquanto Geertz continuava a falar, parecia que o progresso que ele imaginava era uma espécie de antiprogresso, em que os antropólogos eliminariam, um a um, todos os pressupostos que podiam tornar possível o consenso; as crenças firmes diminuiriam e as dúvidas se multiplicariam. Ele observou que poucos antropólogos ainda acreditavam ser possível extrair verdades humanas universais do estudo das chamadas tribos "primitivas", aquelas que supostamente ainda estão intactas, sem ter sido corrompidas pela cultura moderna; nem podiam os antropólogos fingir que colhiam dados puramente objetivos, livres de vieses e preconceitos.

Geertz achava risíveis as previsões de Edward Wilson de que as ciências sociais poderiam finalmente se tornar tão rigorosas quanto a física, quando fossem fundamentadas na teoria evolucionista, na genética e na neurociência. Os pretensos revolucionários sempre têm se apresentado com uma idéia grandiosa que unificaria as ciências sociais, lembrou Geertz. Antes da sociobiologia, houve a teoria geral dos sistemas, a cibernética e o marxismo. "A idéia de que alguém vai aparecer e revolucionar tudo da noite para o dia é uma espécie de doença dos acadêmicos", disse Geertz.

No Instituto de Estudos Avançados, Geertz era de vez em quando abordado por físicos ou matemáticos que tinham desenvolvido modelos altamente matemáticos das relações raciais e de outros problemas sociológicos. "Mas eles não sabem nada do que acontece no centro das cidades!", exclamou Geertz. "Eles têm apenas um modelo matemático!" Os físicos, resmungou ele, nunca apoiariam uma teoria da física que não tivesse uma base empírica. "Mas, de qualquer maneira, a ciência social não conta. E se você quiser uma teoria geral da guerra e da paz, basta sentar-se e escrever uma equação, sem ter nenhum conhecimento da história ou dos povos."

Geertz tinha uma consciência angustiada de que o estilo literário e introspectivo de ciência que divulgara tinha suas armadilhas. Podia levar o cientista a uma excessiva autoconsciência, ou "hipocondria epistemológica". Essa tendência, que ele apelidava de "testemunho do eu", tinha produzido alguns trabalhos interessantes, mas também outros terríveis. Alguns antropólogos, observou ele, tinham se tornado tão determinados a expor todos os seus vieses potenciais, ideológicos ou de qualquer outra natureza, que seus textos pareciam confissões, revelando muito mais sobre o autor do que sobre o suposto tema.

Geertz visitara recentemente duas regiões que estudara no início de sua carreira, uma em Marrocos e a outra na Indonésia. Os dois lugares haviam mudado de forma drástica; ele também mudara. Em conseqüência, aumentara ainda *mais* a sua consciência de como o antropólogo tem dificuldade em discernir verdades que transcendam o seu tempo, lugar e contexto. "Sempre senti que tudo poderia acabar num fracasso total", disse ele. "Ainda sou razoavelmente otimista, no sentido de que acho factível, desde que não sejamos exigentes demais. Sou pessimista? Não, mas agora sou mais moderado." A antropologia não é o único campo em luta com questões sobre as suas próprias limitações, assinalou Geertz. "Sinto o mesmo estado de espírito em todos os campos" — até na física de partículas, disse ele, que parece estar atingindo os limites da verificação empírica. "O tipo simples de autoconfiança na ciência que havia outrora já não me parece tão difundido. O que não significa que todos vão perder as esperanças e torcer as mãos de angústia etc. Mas é extraordinariamente difícil."

Na época de nosso encontro em Princeton, Geertz estava escrevendo um livro de divagações sobre o seu passado. Quando o livro foi publicado em 1995, o título resumia de maneira elegante a atitude ansiosa de Geertz: *After the fact*. Geertz revelava os múltiplos significados do título no parágrafo final do livro: os cientistas como ele estão à procura de fatos, mas só podem captá-los, se tal coisa for possível, retrospectivamente; quando alcançam alguma compreensão do que ocorreu, o mundo já caminhou adiante, inescrutável como sempre.

A expressão também se referia, concluía Geertz, à "crítica pós-positivista do realismo empírico, ao abandono das teorias da simples correspondência entre a verdade e o conhecimento, o que transforma o próprio termo 'fato' numa questão delicada. Não há muita segurança ou sentido de fechamento, nem mesmo existe a noção de saber exatamente o que se *está* procurando, numa busca tão indefinida, entre tantas pessoas diferentes, ao longo de uma diversidade de épocas. Mas é um modo excelente, interessante, perturbador, útil e divertido de passar a vida".[25] A ciência social irônica pode não nos levar a lugar algum, mas ela pelo menos nos dá o que fazer, para sempre, se quisermos.

7
O FIM DA NEUROCIÊNCIA

A fronteira final da ciência não é o espaço, mas a mente. Até o mais sequioso dentre os que atribuem à ciência o poder de resolver os problemas considera a mente uma fonte potencialmente inesgotável de questões. É possível abordar o problema da mente de várias maneiras. Existe a dimensão histórica: como e por que o *Homo sapiens* se tornou tão inteligente? Darwin deu uma resposta geral há muito tempo: a seleção natural favoreceu os hominídeos que sabiam usar ferramentas, prever as ações de competidores potenciais, organizar-se em grupos de caça, partilhar informações por meio da linguagem e adaptar-se a circunstâncias variáveis. Junto com a genética moderna, a teoria darwiniana tem muito a dizer sobre a estrutura de nossa mente e, por isso, sobre nosso comportamento sexual e social (embora não tanto quanto Edward Wilson e outros sociobiólogos gostariam).

Mas os neurocientistas modernos estão menos interessados em saber como e por que nossa mente evoluiu, num sentido histórico, do que em descobrir como elas são estruturadas e funcionam no presente. A distinção é semelhante à que se pode estabelecer entre a cosmologia, que procura explicar as origens e a evolução subseqüente da matéria, e a física de partículas, que trata da estrutura da matéria no presente. Uma disciplina é histórica e, por isso, necessariamente tateante, especulativa e aberta. Em comparação, a outra é muito mais empírica, precisa e propícia à resolução e conclusão.

Ainda que os neurocientistas restringissem seus estudos ao cérebro desenvolvido, sem levar em conta o embrionário, as perguntas seriam inúmeras. Como aprendemos, lembramos, vemos, escutamos, sentimos cheiros e gostos? A maioria dos pesquisadores diria que esses problemas são analisáveis, apesar das profundas dificuldades; os cientistas os resolverão projetando em sentido contrário os nossos circuitos neurais. A consciência, o nosso senso subjetivo de percepção, sempre pareceu ser um tipo diferente de enigma, um problema que não é físico, mas metafísico. Durante a maior parte deste século, a consciência não foi considerada um assunto adequado para a investigação científica. Embora o behaviorismo tivesse morrido, seu legado continuou vivo na relutância dos cientistas em considerar fenômenos subjetivos, e a consciência em particular.

Essa atitude mudou quando Francis Crick se voltou para o problema. Ele é um dos reducionistas mais implacáveis da história da ciência. Depois que revelou, juntamente com James Watson, a estrutura de saca-rolha de hélice dupla do DNA em 1953, Crick continuou a pesquisa para mostrar como as informações genéticas estão codificadas no DNA. Essas realizações deram à teoria da evolução de Darwin e à teoria da hereditariedade de Mendel a sólida base empírica que lhes faltava. Na metade da década de 1970, Crick mudou-se de Cambridge, Inglaterra, onde tinha desenvolvido a maior parte de sua carreira, para o Instituto Salk de Pesquisas Biológicas, uma fortaleza cubista com vista para o oceano Pacífico, localizada ao norte de San Diego, Califórnia. Ele trabalhava com a biologia do desenvolvimento e a origem da vida antes de finalmente voltar a sua atenção para o mais escorregadio e inevitável de todos os fenômenos: a consciência. Só Nixon podia ir à China [alusão ao fato de o ex-presidente Richard Nixon representar os setores mais conservadores da sociedade norte-americana]. E só Francis Crick podia fazer da consciência um objeto legítimo da ciência.[1]

Em 1990, Crick e um jovem colaborador, Christof Koch, neurocientista nascido na Alemanha que trabalha no Instituto de Tecnologia da Califórnia, proclamaram em *Seminars in the neurosciences* que já era hora de fazer da consciência um tema de investigação empírica. Afirmavam que não se poderia esperar uma verdadeira compreensão da consciência ou de qualquer outro fenômeno mental se o cérebro fosse tratado como uma caixa preta, isto é, um objeto cuja estrutura interna é desconhecida e até irrelevante. Só examinando os neurônios e as interações entre eles é que os cientistas poderiam acumular o tipo de conhecimento não ambíguo necessário para criar modelos verdadeiramente científicos da consciência, modelos análogos aos que explicam a hereditariedade em termos do DNA.[2]

Crick e Koch rejeitavam a crença de muitos de seus colegas de que a consciência não podia ser definida, quanto mais estudada. A consciência, afirmavam, era sinônimo de percepção, e todas as formas de percepção — seja dirigida aos objetos no mundo, seja dirigida a conceitos internos, altamente abstratos — parecem implicar o mesmo mecanismo subjacente, o que combina atenção com memória de curto prazo. (Crick e Koch atribuíam essa definição a William James.) Eles insistiam para que os investigadores focalizassem a percepção visual como uma sinédoque da consciência, pois o sistema visual fora muito bem mapeado. Se conseguissem descobrir os mecanismos neurais subjacentes a essa função, talvez os pesquisadores se revelassem capazes de desvendar fenômenos mais complexos e sutis, como a autoconsciência, que talvez fosse uma característica apenas dos seres humanos (e, por isso, muito mais difícil de estudar no nível neural). Crick e Koch haviam feito o que era aparentemente impossível: transformaram a consciência, antes um mistério filosófico, num problema empírico. Uma teoria da consciência representaria o apogeu — a culminância — da neurociência.

Conta a lenda que alguns discípulos do arquibehaviorista B. F. Skinner, ao serem expostos pela primeira vez à sua implacável visão mecanicista da natureza humana, entraram em desespero existencial. Lembrei-me disso ao encontrar Crick em sua imensa e arejada sala do Instituto Salk. Ele não parecia ser um homem sombrio ou severo. Muito pelo contrário. De sandálias, calça amarela e uma vistosa camisa havaiana, era quase sobrenaturalmente jovial. Os olhos e a boca se elevavam nos cantos num sorriso malicioso. As sobrancelhas brancas e espessas sobressaíam, brilhantes como chifres. A face rosada enrubescia ainda mais quando ele ria, o que fazia a toda hora e com gosto. Crick parecia particularmente alegre quando atacava algum vago produto do *wishful thinking*, como a minha vã esperança de que os seres humanos tenham livre-arbítrio.[3]

Mesmo um ato aparentemente simples como ver, informou-me Crick com sua pronúncia clara à Henry Higgins, implica imensa quantidade de atividade neural. "Seria possível dizer o mesmo sobre um movimento, como, por exemplo, pegar uma caneta", continuou, retirando uma esferográfica da escrivaninha e sacudindo-a na minha frente. "A computação que prepara a pessoa para esse movimento é bastante intensa. Aquilo que você percebe é uma decisão, mas você não tem consciência do que o leva a tomar essa decisão. Parece-lhe gratuito, mas é o resultado de operações de que você não se dá conta." Franzi as sobrancelhas, e Crick deu uma risadinha.

Tentando me ajudar a compreender o que ele e Koch entendem por atenção — que era o componente crucial de sua definição de consciência —, Crick enfatizou que ela envolvia mais do que o simples processamento de informações. Para demonstrar esse ponto, ele me entregou uma folha de papel impressa com um padrão familiar em preto e branco: num primeiro momento, vi um vaso branco sobre um fundo preto, e no momento seguinte a silhueta de dois perfis humanos. Embora a informação visual que entrava em meu cérebro continuasse constante, apontou Crick, o que eu percebia — ou aquilo em que prestava atenção — não parava de mudar. Que mudança no cérebro correspondia a essa mudança na atenção? Se os neurocientistas pudessem responder a essas perguntas, disse ele, avançariam muito na tentativa de resolver o mistério da consciência.

Crick e Koch tinham, na verdade, apresentado uma tentativa de resposta a essa pergunta em seu artigo de 1990 sobre a consciência. Sua hipótese baseava-se na evidência de que, no momento em que o córtex visual reage à estimulação, certos grupos de neurônios disparam rapidamente e em sincronia. Esses neurônios oscilantes, explicou Crick, poderiam corresponder a aspectos da cena aos quais a atenção estava sendo dirigida. Se imaginamos o cérebro como uma imensa multidão sussurrante de neurônios, os neurônios oscilantes são como um grupo de pessoas que de repente começa a cantar a mesma música. Voltando à figura do vaso-perfis, um grupo de neurônios canta "vaso", e depois outro grupo canta "rostos".

A teoria da oscilação (que tem sido pesquisada independentemente por outros cientistas) tem as suas fraquezas, como Crick logo admitiu. "Acho que é uma primeira tentativa, boa e corajosa", disse ele, "mas tenho minhas dúvidas de que ela se revelará correta." Ele e Watson só conseguiram descobrir a hélice dupla depois de inúmeras tentativas frustradas. "A pesquisa exploratória é, na verdade, como trabalhar no meio de uma neblina. Não sabemos aonde estamos indo. Estamos apenas andando às cegas. Aí as pessoas lêem a respeito e pensam que tudo foi muito fácil." Ainda assim, Crick acreditava que a questão não seria resolvida com a discussão de conceitos e definições psicológicas, mas sim com "milhares de experiências. É assim que se faz ciência".

Os neurônios devem ser a base para qualquer modelo da mente, disse-me Crick. Os psicólogos têm tratado a mente como uma caixa preta, que pode ser compreendida apenas em termos de entradas e saídas, e não em termos de mecanismos internos. "Bem, pode-se tomar essa posição, se a caixa preta for bastante simples; mas se for complicada, as chances de conseguir a resposta correta são bem pequenas", disse ele. "É exatamente a mesma coisa que aconteceu na genética. Tivemos de conhecer os genes e o que os genes faziam. Porém, para encontrar a resposta, tivemos de chegar até o fundamental e descobrir as moléculas e todo o restante envolvido."

Crick pensava com satisfação que estava numa posição perfeita para promover a consciência como problema científico. "Não tenho de conseguir subvenções", disse ele, "porque ocupo uma cátedra com financiamento independente no Instituto Salk. A principal razão de eu me dispor a fazer esse trabalho é que acho o problema fascinante, e sinto que já ganhei o direito de fazer o que gosto." Ele não esperava que os pesquisadores resolvessem esses problemas da noite para o dia. "O que quero enfatizar é que o problema é importante e tem sido negligenciado por muito tempo."

Enquanto eu falava com Crick, não podia deixar de pensar na famosa primeira linha de *The double helix* [A hélice dupla], as memórias de James Watson sobre como ele e Crick decifraram a estrutura do DNA: "Nunca vi Francis Crick num estado de espírito modesto".[4] Cabe aqui um pouco de revisionismo histórico. Crick é freqüentemente modesto. Durante a nossa conversa, ele manifestou dúvidas sobre a sua teoria da oscilação a respeito da consciência; disse que algumas partes de um livro que ele estava escrevendo sobre o cérebro estavam "terríveis" e precisavam ser reescritas.

Quando lhe perguntei como interpretava o gracejo de Watson, ele sorriu. O que Watson queria dizer, sugeriu Crick, não era que ele fosse imodesto, mas que tinha "muita confiança, entusiasmo e coisas do gênero". Se ele também era um pouco arrogante às vezes, e crítico outras vezes, era porque queria muito chegar ao fundo das coisas. "Posso ser paciente por uns vinte minutos", disse, "mas é só."

A auto-análise de Crick, como a sua análise da maioria das coisas, parecia acertar no alvo. Ele tem a personalidade perfeita para um cientista, um cientista empírico, do tipo que responde às perguntas, que nos leva a algum lugar. Ele é, ou parece ser, singularmente livre de dúvidas a respeito de si mesmo, de *wishful thinking* e de apego às suas próprias teorias. Sua imodéstia, na forma em que se manifesta, provém apenas do seu desejo de saber como as coisas funcionam, independentemente das conseqüências. Ele não tolera confusão, *wishful thinking* ou especulação que não pode ser testada, as marcas da ciência irônica. Também se mostra ansioso por partilhar o seu conhecimento, por explicá-lo da forma mais clara possível. Essa característica não é tão comum entre os cientistas famosos como seria de se esperar.

Em sua autobiografia, Crick revelou que, quando era garoto e candidato a cientista, preocupava-se com a possibilidade de que tudo já estivesse descoberto quando ele crescesse. "Contei esses receios à minha mãe, que me tranqüilizou: 'Não se preocupe, querido', disse ela. 'Ainda haverá muita coisa para você descobrir'."[5] Lembrando-me dessa passagem, perguntei a Crick se ele achava que *sempre* haveria muitas coisas para os cientistas descobrirem. Tudo depende de como definimos ciência, respondeu ele. Os físicos talvez determinem em breve as regras fundamentais da natureza, mas podiam então aplicar esse conhecimento inventando novas coisas para sempre. A biologia parece ter um futuro ainda mais longo. Algumas estruturas biológicas — como o cérebro — são tão complexas que talvez resistam à elucidação por algum tempo. Outros enigmas, sobretudo os históricos, como a origem da vida, talvez nunca sejam plenamente resolvidos, apenas porque os dados disponíveis são insuficientes. "Há um número enorme de problemas interessantes na biologia", disse Crick. "O bastante para nos manter ocupados até pelo menos a geração de nossos netos." Por outro lado, ele concordava com Richard Dawkins em que os biólogos já tinham uma boa compreensão geral dos processos subjacentes à evolução.

Quando Crick me acompanhou até a porta de sua sala, passamos por uma mesa com uma grande pilha de papel. Era o rascunho do seu livro sobre o cérebro, intitulado *The astonishing hypothesis* [A hipótese espantosa]. Ele perguntou-me se eu não gostaria de ler o primeiro parágrafo. Claro, respondi. "A Hipótese Espantosa", começava o livro, "é que, na verdade, 'Você', suas alegrias e tristezas, suas lembranças e ambições, seu senso de identidade pessoal e livre-arbítrio, não são mais do que o comportamento de um imenso conjunto de células nervosas e suas moléculas associadas. Como diria a Alice de Lewis Carroll: 'Você não passa de um baralho de neurônios'."[6] Olhei para Crick. Ele estava sorrindo abertamente.

Quando telefonei para Crick, várias semanas depois, para checar alguns dados de um artigo que eu escrevera a seu respeito, ele me pediu um conselho. Confessou que sua editora não estava muito entusiasmada com o título *The astonishing hypothesis*; ela não achava que a idéia de que "não passamos de um baralho de neurônios" fosse assim tão espantosa. O que eu achava? Respondi que tinha de concordar; afinal, a sua imagem da mente era apenas o antiquado reducionismo e materialismo. Sugeri que *The depressing hypothesis* [A hipótese deprimente] seria um título mais adequado, mas poderia afastar os futuros leitores. Porém, o título não tinha muita importância, acrescentei, pois o livro venderia por causa da força do nome dele.

Crick absorveu tudo isso com o seu habitual bom humor. Quando o livro foi publicado, em 1994, ainda se chamava *The astonishing hypothesis*. Entretanto, Crick, ou mais provavelmente a sua editora, acrescentara um subtítulo: *The scientific search of the soul* [A procura científica da alma]. Tive de sorrir quando o vi; era óbvio que Crick não estava tentando descobrir a alma — isto é, uma essência espiritual que existe independentemente de nosso corpo —, mas procurando eliminar a possibilidade de que houvesse uma alma. A sua descoberta do DNA tinha contribuído para erradicar o vitalismo, e agora ele esperava suprimir os últimos vestígios dessa visão de mundo romântica por meio de seu trabalho sobre a consciência.

GERALD EDELMAN FAZ POSE EM TORNO DO ENIGMA

Uma das premissas do enfoque dado por Crick ao problema da consciência é que nenhuma teoria da mente apresentada até agora tem muito valor. No entanto, ao menos um cientista ilustre, nada menos do que um prêmio Nobel, alega ter contribuído bastante para resolver o problema da consciência: Gerald Edelman. A sua carreira, como a de Crick, tem sido eclética e muito bem-sucedida. Enquanto ainda era estudante de pós-graduação, Edelman ajudou a determinar a estrutura das imunoglobulinas, proteínas que são cruciais para a resposta imunológica. Em 1972, partilhou um prêmio Nobel por esse trabalho. Edelman passou então à biologia do desenvolvimento, o estudo de como uma única célula fertilizada se torna um organismo plenamente desenvolvido. Descobriu uma classe de proteínas, chamadas moléculas de adesão às células, a que se atribui um papel importante no desenvolvimento embrionário.

Entretanto, tudo isso foi apenas o prelúdio para o grandioso projeto de Edelman de criar uma teoria da mente. Ele apresentou a sua teoria em quatro livros: *Neural darwinism*, *Topobiology*, *The remembered present* e *Bright air, brilliant fire*.[7] O ponto principal da teoria é que, assim como as pressões ambientais selecionam os membros mais aptos de uma espécie, as informações que entram no cérebro selecionam grupos de neurônios — por exemplo, os que correspondem às memórias úteis —, reforçando as conexões entre eles.

A ambição e a personalidade intumescentes de Edelman o tornaram um tema atraente para os jornalistas. Um perfil no *New Yorker* o descrevia como "um dervixe de movimento, energia e intelecto puro" que era "ao mesmo tempo Henry Youngman e Einstein"; o autor mencionava que os detratores o consideravam "um egomaníaco desejoso de construir impérios".[8] Numa matéria de capa da *New York Times Magazine* em 1988, Edelman se atribuía poderes divinos. Discutindo sua obra sobre imunologia, ele dizia que ,"antes que eu me voltasse para esse campo, havia trevas — mais tarde fez-se a luz". Chamava o robô baseado no seu modelo neural de sua "criatura" e dizia: "Só posso observá-lo como Deus. Tenho de baixar o olhar para o seu mundo".[9]

Fui submetido à auto-estima de Edelman pela primeira vez quando o visitei na Universidade Rockefeller, em junho de 1992. (Algum tempo depois, Edelman deixou a Rockefeller para dirigir o seu próprio laboratório no Instituto Scripps em La Jolla, estado da Califórnia, bem perto de Crick.) Edelman é um homem alto. Trajando um terno escuro de ombros largos, transpirava uma espécie de elegância e cordialidade ameaçadoras. Como em seus livros, sempre interrompia o discurso científico para contar histórias, piadas ou citar aforismos cuja relação com o assunto discutido era freqüentemente obscura. As digressões pareciam ter a intenção de demonstrar que Edelman representava o intelectual ideal, cerebral e terreno, erudito e mundano; não era um simples experimentalista.

Edelman explicou como nasceu o seu interesse pela mente: "As questões obscuras, românticas e abertas da ciência me fascinam. Não me importo de trabalhar com detalhes, mas não gosto nem um pouco de estar sempre tentando lidar com essa questão do fechamento". Edelman queria descobrir a resposta para grandes perguntas. Sua pesquisa sobre a estrutura dos anticorpos, que recebeu o prêmio Nobel, transformara a imunologia numa "ciência mais ou menos fechada"; a questão central, que dizia respeito a como o sistema imunológico reage aos invasores, estava resolvida. Ele e outros ajudaram a mostrar que o auto-reconhecimento ocorre por meio de um processo conhecido como seleção: o sistema imunológico tem inúmeros anticorpos diferentes, e a presença de antígenos estranhos incita o corpo a acelerar a produção de, ou selecionar, anticorpos específicos àquele antígeno, bem como a suprimir a produção de outros anticorpos.

A busca de questões abertas levou Edelman inexoravelmente ao desenvolvimento e à operação do cérebro. Ele compreendeu que uma teoria da mente humana representaria a realização máxima para a ciência, pois então esta poderia explicar a sua própria origem. "Pense na teoria das supercordas", disse Edelman. "Ela poderia explicar a existência de Edward Witten? É claro que não. A maioria das teorias da física relegam as questões relativas à mente à 'filosofia ou à pura especulação'", observou ele. "Você leu aquela parte do meu livro em que Max Planck afirma que nunca resolveremos o mistério do universo, porque nós é que somos o mistério? E Woody

Allen não disse que, se tivesse toda a sua vida para viver de novo, viveria numa loja de iguarias?"

Ao descrever sua abordagem da mente, Edelman parecia, a princípio, tão decididamente empírico quanto Crick. A mente, enfatizou ele, só pode ser compreendida de um ponto de vista biológico, e não pela física, pela informática ou outras abordagens que ignoram a estrutura do cérebro. "Não teremos uma teoria do cérebro profundamente satisfatória se não tivermos uma teoria profundamente satisfatória da anatomia neural, OK? É só isso." Para falar a verdade, os "funcionalistas", como o especialista da inteligência artificial Marvin Minsky, dizem que podem construir um ser inteligente sem levar em conta a anatomia. "Minha resposta é: 'Quando me mostrar um desses seres inteligentes, ótimo'."

Mas enquanto Edelman continuava a falar, tornou-se claro que, ao contrário de Crick, ele via o cérebro pelo filtro de suas obsessões e ambições idiossincráticas. Parecia pensar que todas as suas idéias eram totalmente originais; ninguém tinha, de fato, visto o cérebro, antes que ele voltasse a sua atenção para esse estudo. Quando começara a estudar o cérebro, ou melhor, os cérebros, lembrou, ficara imediatamente impressionado com a sua variabilidade. "Achei muito curioso que as pessoas que trabalhavam no ramo da neurociência sempre falassem sobre os cérebros como se eles fossem idênticos", disse ele. "Quando examinamos a literatura, vemos que todo o mundo fala do cérebro como se ele fosse uma máquina duplicável. Mas quando examinamos o cérebro em profundidade, em cada nível — e há um número espantoso de níveis —, o que realmente impressiona é a diversidade." Até mesmo gêmeos idênticos, observou, apresentam grandes diferenças na organização de seus neurônios. Essas diferenças, longe de ser um ruído insignificante, são profundamente importantes. "É bem assustador", disse Edelman. "É uma questão que não se pode contornar."

A imensa variabilidade e complexidade do cérebro pode estar relacionada a um problema com que os filósofos, de Kant a Wittgenstein, tinham lutado: como categorizamos as coisas? Wittgenstein, refletiu Edelman, salientou a natureza espinhosa das categorias apontando que jogos diferentes muitas vezes nada tinham em comum, exceto o fato de serem jogos. "Típico de Wittgenstein", meditou Edelman.

"Há uma certa ostentação na sua modéstia. Não sei o que é. Ele provoca o leitor, e seu texto tem muita força. É ambíguo às vezes, e nada agradável. É enigmático, faz pose em torno do enigma."

Uma menina brincando de amarelinha, jogadores de xadrez e marujos suecos fazendo exercícios navais estão todos praticando jogos. Para a maioria dos observadores, esses fenômenos parecem ter pouco ou nada em comum, porém são todos membros do conjunto de jogos possíveis. "Isso define o que os entendidos chamam de conjunto polimorfo. É uma definição muito difícil. Significa um conjunto definido por condições que não são nem necessárias, nem suficientes. Posso lhe mostrar figuras que ilustram essa questão em *Neural darwinism*." Edelman pegou o livro que estava na mesa e folheou-o até encontrar a ilustração de dois conjuntos de formas geométricas que representavam conjuntos polimorfos. Depois afastou o livro e fixou novamente o olhar em mim. "Eu me *espanto* com o fato de que ninguém se dispõe a fazer a síntese de todos esses dados", disse Edelman.

Edelman, é claro, fazia a síntese dos dados: a diversidade polimorfa do cérebro permite que ele responda à diversidade polimorfa da natureza. A diversidade do cérebro não é um ruído irrelevante, mas "a própria base em que se processará a seleção, quando encontrar um conjunto desconhecido de correspondências físicas no mundo. Certo? Bem, isso é muito promissor. Vamos adiante. A *unidade* da seleção seria o neurônio?". Não, porque o neurônio é binário demais, inflexível; está ligado, disparando, ou desligado, inativo. Mas *grupos* de neurônios ligados e interagentes podiam dar conta do recado. Esses grupos competem uns com os outros na tentativa de criar representações eficazes, ou mapas, da infinita variedade de estímulos que nos chegam do mundo. Os grupos que formam mapas bem-sucedidos se tornam ainda mais fortes, ao passo que os outros definham.

Edelman continuou a fazer e a responder as suas próprias perguntas. Falava devagar e com certa pompa, como se tentasse imprimir fisicamente as palavras em meu cérebro. Como é que esses grupos de neurônios associados resolvem o problema dos conjuntos polimorfos que afligiu Wittgenstein? Por meio da reentrada. O que é reentrada? "A reentrada é a sinalização recursiva existente entre áreas mapeadas", disse Edelman, "de modo que os mapas são delineados por conexões maciçamente paralelas e recíprocas. *Não* é realimentação o que ocorre entre dois fios, quando tenho uma função, uma instrução definida — onda senoidal na entrada, onda senoidal amplificada na saída." Ele estava carrancudo, quase zangado, como se de repente eu tivesse me transformado no símbolo de todos os seus críticos invejosos e mesquinhos, segundo os quais a reentrada *era* apenas realimentação.

Fez uma pausa, como se estivesse se recompondo, e começou de novo a falar alto e lentamente, com pausas entre as palavras, como um turista tentando fazer com que um nativo presumivelmente confuso o compreendesse. Ao contrário do que diziam seus críticos, aquele modelo era único; nada tinha em comum com as redes neurais, disse, pronunciando com desdém o termo *redes neurais*. Para ganhar a sua confiança — e porque era verdade — confessei que sempre tinha achado difícil compreender as redes neurais. (As redes neurais consistem em neurônios artificiais, ou chaves, ligados por conexões de forças variáveis.) Edelman sorriu triunfante. "As redes neurais implicam a amplificação de uma metáfora", disse ele. "Há esse enorme hiato, e você se pergunta: 'Será problema meu, ou estou deixando de perceber alguma coisa?'." O *seu* modelo, ele me assegurou, não tinha esse problema.

Comecei a fazer outra pergunta sobre a reentrada, mas Edelman levantou a mão. Já era tempo, disse ele, de me falar sobre a sua última criatura, o *Darwin 4*. A melhor maneira de validar a sua teoria seria observar o comportamento dos neurônios num animal vivo, o que era evidentemente impossível. A única solução, disse Edelman, era construir um autômato que encarnasse os princípios do darwinismo neural. Edelman e seus colegas de trabalho tinham construído quatro robôs, todos chamados *Darwin*, cada um mais sofisticado do que o anterior. Na verdade, o *Darwin 4*, Edelman me assegurou, não era um robô, mas uma "criatura real". Era "o primeiro ser inanimado que realmente aprendia, certo?".

Novamente ele fez uma pausa, e senti seu fervor evangélico me inundando. Ele parecia estar tentando construir uma sensação de drama, como se estivesse retirando uma sucessão de véus, cada um deles encobrindo um mistério mais profundo. "Vamos dar uma olhada", disse. Saímos de seu escritório em direção ao saguão. Ele abriu a porta de uma sala que continha um imenso computador central zunindo. Este, afirmou Edelman, era o "cérebro" do *Darwin 4*. Depois fomos a uma outra sala, onde a própria criatura nos aguardava. Era um monte de maquinaria sobre rodas, que estava sobre um estrado de madeira compensada cheio de blocos vermelhos e azuis. Talvez sentindo o meu desapontamento — os robôs reais sempre desapontarão quem viu *Guerra nas estrelas* —, Edelman reiterou que o *Darwin 4* "parece, mas não é um robô".

Edelman apontou para o "focinho", uma barra que tinha na ponta um sensor que reage à luz e um dispositivo magnético para agarrar coisas. Um monitor de televisão montado numa das paredes exibia alguns padrões que representavam, segundo Edelman me informou, o estado do cérebro do *Darwin*. "Quando ele acha um objeto, vai cutucá-lo, vai agarrá-lo, e depois ganhará bons ou maus valores. Isso alterará as relações difusas e a sinaptologia dessas coisas, que são os mapas do cérebro" — ele apontou para o monitor de televisão — "que enfraquecem ou reforçam as sinapses que alteram o movimento dos músculos."

Edelman fitou o *Darwin 4*, que continuou imóvel. "Ah, leva bastante tempo para funcionar", disse ele, acrescentando que "a quantidade de computação envolvida é assustadora." Finalmente, o robô se mexeu, para o evidente alívio de Edelman, e começou a rolar lentamente pela plataforma, cutucando blocos, deixando os azuis no chão, pegando os vermelhos com seu focinho magnético e levando-os para uma grande caixa que Edelman chamava de "casa".

Edelman comentava cada um de seus passos. "Oh, acabou de mover o olho. Encontrou um objeto. Pegou um objeto. Agora vai procurar a casa."

Qual é o objetivo final dele?, perguntei. "Ele não tem objetivos finais", lembrou-me Edelman com uma careta. "Nós lhe demos *valores*. Azul é ruim, vermelho é bom." Os valores são gerais e assim mais apropriados para nos ajudar a lidar com o mundo polimorfo do que os objetivos, que são muito mais específicos. Quando era adolescente, refletiu Edelman, ele desejava Marilyn Monroe, mas Marilyn Monroe não era o seu *objetivo*. Ele possuía *valores* que o levavam a desejar certas características femininas, que Marilyn Monroe por acaso exemplificava.

Reprimindo brutalmente uma imagem de Edelman com Marilyn Monroe que me subia à mente, perguntei qual era a diferença entre esse robô e todos os outros construídos por cientistas nas últimas décadas, muitos dos quais eram capazes de proezas pelo menos tão impressionantes quanto as realizadas pelo *Darwin 4*. A diferença, respondeu Edelman imobilizando o maxilar, era que o *Darwin 4* possuía valores ou instintos, enquanto os outros precisavam de instruções específicas para realizar qualquer tarefa. Mas não é isso o que todas as redes neurais fazem, isto é, dispensam instruções específicas em favor de programas gerais de aprendizado?, perguntei. Edelman franziu as sobrancelhas. "Mas para todos esses casos é preciso definir a entrada e a saída de modo exclusivo. Essa é a grande distinção. Não é mesmo, Julio?" Ele se virou para um jovem e austero pós-doutorando que tinha se reunido a nós e escutava nossa conversa em silêncio.

Depois de hesitar um momento, Julio acenou afirmativamente com a cabeça. Com um largo sorriso, Edelman observou que a maioria dos projetistas de inteligência artificial tentavam programar o conhecimento de cima para baixo com instruções explícitas para cada situação, em vez de fazer com que o conhecimento nascesse naturalmente dos valores. Pense num cachorro, disse ele. Os cães de caça adquirem o seu conhecimento a partir de uns poucos instintos básicos. "Muito mais eficaz do que um bando de garotos de Harvard escrever um programa para labregos!" Edelman deu uma gargalhada e olhou para Julio, que o imitou, pouco à vontade.

Mas o *Darwin 4* ainda é um computador, um robô, com um repertório limitado de respostas para o mundo, insisti; Edelman falava em linguagem metafórica, quando o chamava de "criatura" com um "cérebro". Enquanto eu falava, Edelman resmungava: "Sim, tudo bem, tudo bem", concordando com um rápido aceno de cabeça. Mas se um computador é definido como algo movido por algoritmos, ou procedimentos eficazes, o *Darwin 4 não* é um computador, disse ele. É verdade, os cientistas da computação poderiam programar robôs para fazer o que o *Darwin 4* faz. Mas eles estariam apenas imitando o comportamento biológico, ao passo que o comportamento do *Darwin 4* é autenticamente biológico. Se um problema eletrônico aleatório embaralha uma linha de código na sua criatura, Edelman me informou, "ela vai apenas corrigi-la como um organismo ferido e voltará a se mover. Se eu fizer o mesmo com os outros robôs, eles vão cair mortos no meio do caminho".

Em vez de salientar que todas as redes neurais e muitos programas convencionais de computador têm essa capacidade, perguntei a Edelman sobre as queixas de alguns cientistas de que eles simplesmente não compreendiam as suas teorias. A maioria dos conceitos genuinamente novos, respondeu ele, deve vencer essa resistência. Ele convidara aqueles que o tinham acusado de obscuridade — em especial Gunther Stent, cujas queixas sobre a ininteligibilidade de Edelman foram citadas na *New York Times Magazine* — para visitá-lo a fim de poder explicar-lhes o seu trabalho pessoalmente. (Stent tinha chegado à sua conclusão sobre o trabalho de Edelman depois de sentar a seu lado durante um vôo transatlântico.) Ninguém aceitara o convite de Edelman. "A inteligibilidade, acredito, não está na transmissão, mas na recepção", disse Edelman.

A essa altura, Edelman já nem tentava esconder a sua irritação. Quando perguntei sobre seu relacionamento com Francis Crick, ele anunciou abruptamente que tinha de participar de uma reunião importante e por isso me deixaria nas mãos competentes de Julio. "Tenho uma relação de muitos anos com Francis, e essa não é uma pergunta que se possa responder pá-pum! a caminho da porta de saída. Ou, como dizia Groucho Marx: 'Saia, e nunca volte a sujar as minhas toalhas!'." Com isso, ele partiu no meio de uma onda de riso abafado.

Edelman tem admiradores, mas a maioria se encontra nas margens da neurociência. Seu fã mais ilustre é o neurologista Oliver Sacks, que estabeleceu o padrão para a neurociência literária — isto é, irônica — com seus relatos maravilhosamente bem escritos de tratamentos de pacientes com lesões cerebrais. Francis Crick falou em nome de muitos de seus colegas neurocientistas, quando acusou Edelman de ocultar idéias "apresentáveis", mas não terrivelmente originais, atrás de uma "cortina de fumaça de jargão". A terminologia darwiniana de Edelman, acrescentou Crick, tem menos a ver com analogias reais da evolução darwiniana do que com grandiosidade retórica. Crick sugeriu que a teoria de Edelman fosse renomeada como "edelmanismo neural". "O problema de Jerry", disse Crick, é que "ele tende a produzir slogans e fica agitando esses lemas por aí, sem prestar atenção ao que as outras pessoas estão dizendo. É realmente extravagante demais, é disso que as pessoas se queixam."[10]

O filósofo Daniel Dennett, da Universidade Tufts, continuou pouco impressionado depois de visitar o laboratório de Edelman. Numa resenha de *Bright air, brilliant fire* [Ar luminoso, fogo brilhante], de Edelman, Dennett afirmou que Edelman tinha simplesmente apresentado versões um tanto grosseiras de velhas idéias. Apesar das negativas de Edelman, o seu modelo *era* uma rede neural, e a reentrada *era* realimentação, segundo Dennett. Edelman também "compreende erroneamente as questões filosóficas — que examina num nível elementar", afirmava Dennett. Edelman pode demonstrar desprezo por aqueles que acham que a mente é um computador, mas o uso de um robô para "provar" sua teoria mostra que ele tem a mesma opinião, explicou Dennett.[11]

Alguns críticos acusam Edelman de tentar deliberadamente ficar com o crédito por idéias alheias, revestindo-as com sua terminologia idiossincrática. Minha interpretação, um tanto mais benevolente, é que Edelman tem o cérebro de um empirista e o coração de um romântico. Ele pareceu admitir o mesmo, no seu modo tipicamente oblíquo, quando lhe perguntei se achava que a ciência era em princípio finita ou infinita. "Não sei o que isso *significa*", respondeu. "Sei o que significa dizer que uma série na matemática é finita ou infinita. Mas não sei o que significa dizer que a ciência é infinita. Um exemplo, certo? Vou citar Wallace Stevens em *Opus posthumus*: 'Ao fim de tudo, nem a verdade importa. Assume-se o risco'." Edelman parecia estar sugerindo que o que conta é a busca da verdade, e não a própria verdade.

Edelman acrescentou que Einstein, quando lhe perguntaram se a ciência estava esgotada, teria dito: "Possivelmente, mas de que serve descrever uma sinfonia de Beethoven em termos de ondas de pressão de ar?". Einstein, explicou Edelman, estava se referindo ao fato de que a física sozinha não podia tratar de questões relacionadas com o valor, o significado e outros fenômenos subjetivos. Uma resposta possível seria perguntar: de que serve descrever uma sinfonia de Beethoven em termos de ciclos neurais reentrantes? Como é que substituir as ondas de pressão de ar, os átomos ou qualquer outro fenômeno físico pelos neurônios faz justiça à magia e ao mistério da mente? Edelman não pode aceitar, como Francis Crick, que não "passamos de um baralho de neurônios". Por isso, ele obscurece a sua teoria neural básica — impregnando-a de termos e conceitos emprestados da biologia da evolução, da imunologia e da filosofia — para lhe conferir maior grandeza, ressonância, mística. Lembra o romancista que arrisca ser obscuro — até procura a obscuridade — na esperança de alcançar uma verdade mais profunda. É um praticante da neurociência irônica, que, infelizmente, não tem o talento retórico requerido.

O DUALISMO QUÂNTICO

Há uma questão a respeito da qual Crick, Edelman e, na verdade, quase todos os neurocientistas concordam: as propriedades da mente não dependem crucialmente da mecânica quântica. Físicos, filósofos e outros têm especulado sobre possíveis ligações entre a mecânica quântica e a consciência desde pelo menos a década de 1930, quando alguns físicos de inclinação filosófica começaram a afirmar que o ato da medição — e, portanto, a própria consciência — tinha um papel vital na determinação do resultado de experimentos que envolviam efeitos quânticos. Essas teorias não eram mais do que acenos de mão, e os que as propõem têm, invariavelmente, motivos filosóficos ou até religiosos. O parceiro de Crick, Christof Koch, resumia a tese da consciência quântica com um silogismo: a mecânica quântica é misteriosa; logo, a consciência é misteriosa. C.Q.D.: a mecânica quântica e a consciência devem se relacionar.[12]

Um advogado vigoroso de uma teoria quântica da consciência é John Eccles, neurocientista britânico que ganhou um prêmio Nobel em 1963 por seus estudos sobre transmissão neural. Eccles é talvez o mais ilustre cientista moderno a adotar o dualismo, teoria segundo a qual a mente existe independentemente de seu substrato físico. Ele e Karl Popper escreveram um livro defendendo o dualismo, chamado *The self and its brain* [O eu e seu cérebro], publicado em 1977. Eles rejeitavam o determinismo físico e defendiam o livre-arbítrio: a mente era capaz de escolher entre pensamento e formas de ação diferentes empreendidos pelo cérebro e pelo corpo.[13]

A objeção mais comum ao dualismo é que ele viola a conservação de energia: se não tem existência física, como é que a mente pode dar início a mudanças físicas no cérebro? Junto com o físico alemão Friedrich Beck, Eccles forneceu a seguinte resposta: as células nervosas do cérebro disparam, quando carregadas, moléculas ou íons acumulados numa sinapse, levando-a a liberar neurotransmissores. Mas a presença de um dado número de íons numa sinapse nem sempre desencadeia o disparo de um neurônio. A razão, segundo Eccles, é que, pelo menos por um instante, os íons existem numa superposição de estados quânticos; em alguns estados, o neurônio dispara; em outros, não.

A mente exerce a sua influência sobre o cérebro, "decidindo" quais neurônios vão disparar e quais não vão. Como a probabilidade é conservada por todo o cérebro, esse exercício de livre-arbítrio não viola a conservação de energia. "Não temos como provar nada disso", admitiu Eccles alegremente, depois de me explicar a sua teoria numa entrevista telefônica. Ainda assim, ele considerava a hipótese "um tremendo progresso" que inspiraria um ressurgimento do dualismo. O materialismo e toda a sua vil prole — positivismo lógico, behaviorismo, teoria da identidade (que equipara os estados da mente aos estados físicos do cérebro) — "estão liquidados", declarou Eccles.

Eccles era franco — demasiado franco, para o seu próprio bem — a respeito do seu motivo de recorrer à mecânica quântica para explicar as propriedades da mente. Ele era uma "pessoa religiosa" que rejeitava "o materialismo barato". Acreditava que "a própria natureza da mente é igual à natureza da vida. É uma criação divina". Eccles também insistia em que "estamos apenas começando a descobrir o mistério da existência". Chegaríamos um dia a sondar esse mistério, perguntei, e com isso dar um fim à ciência? "Acho que não", respondeu ele. Fez uma pausa e acrescentou veementemente: "Não *quero* que termine. O importante é continuar". Ele concordava com seu colega Karl Popper, dualista e adepto da refutabilidade, em que devemos e vamos continuar a "descobrir, descobrir, descobrir. E a pensar. E não devemos afirmar que temos a última palavra sobre coisa nenhuma".

O QUE ROGER PENROSE REALMENTE DESEJA

Roger Penrose sabe ocultar melhor os motivos que estão por trás de suas posições talvez porque ele próprio só os perceba vagamente. Penrose construiu sua reputação como autoridade em buracos negros e outros temas exóticos da física. Ele também inventou os ladrilhos Penrose, formas geométricas simples que geram padrões infinitamente variados e quase periódicos, quando encaixadas. A partir de 1989, ficou famoso pelos argumentos apresentados em *The emperor's new mind*. O principal objetivo do livro era refutar a afirmação dos estudiosos da inteligência artificial de que os computadores podiam reproduzir todos os atributos dos seres humanos, inclusive a consciência.

A chave para a argumentação de Penrose é o teorema da incompletude de Gödel. O teorema afirma que, além de um certo nível básico de complexidade, qualquer sistema composto de axiomas produz afirmações que não podem ser provadas nem refutadas com esses axiomas; por isso, o sistema é sempre incompleto. Segundo Penrose, o teorema implica que nenhum modelo "computável" — isto é, nem a física clássica nem a ciência da computação nem a neurociência como é atualmente interpretada — pode reproduzir os poderes criativos, ou melhor, intuitivos, da mente. A mente deve derivar seu poder de algum fenômeno mais sutil, provavelmente relacionado com a mecânica quântica.

Três anos depois de meu primeiro encontro com Penrose em Syracuse — que desencadeara meu interesse pelos limites da ciência —, eu o visitei na sua instituição de origem, a Universidade de Oxford. Penrose disse que estava trabalhando numa continuação de *The emperor's new mind*, em que exporia a sua teoria de forma mais detalhada. Ele afirmou que tinha certeza de estar no caminho certo com a sua teoria da consciência quase quântica. "Estamos em apuros nesse ponto, mas tenho um sentimento muito forte a respeito de tudo isso. Não vejo nenhuma saída."[14]

Observei que alguns físicos haviam começado a pensar sobre a possibilidade de certos efeitos quânticos exóticos, como a superposição, serem aproveitados para executar computações que os computadores clássicos não conseguiam realizar. Perguntei-lhe se, caso esses computadores quânticos se mostrassem factíveis, ele admitiria que pudessem ser capazes de pensar. Penrose sacudiu a cabeça. Um computador capaz de pensamento, disse ele, teria de contar com mecanismos que não fossem relacionados com a mecânica quântica na sua forma presente, mas sim com uma teoria mais profunda ainda não descoberta. O que ele *realmente* atacava na sua argumentação em *The emperor's new mind* era o pressuposto de que o mistério da consciência, ou da realidade em geral, podia ser explicado pelas leis correntes da física. "Estou dizendo que está errado", anunciou ele. "Acredito que as leis que regem o comportamento do mundo são muito mais sutis."

A física contemporânea simplesmente não tem sentido, continuou ele. A mecânica quântica, em particular, *tem de* estar errada, porque é gritantemente incoerente com a realidade macroscópica comum. Como é que os elétrons podem atuar como partículas numa experiência e como ondas em outra? Como é que podem estar em dois lugares ao mesmo tempo? Deve haver uma teoria mais profunda que elimine os paradoxos da mecânica quântica e seus elementos desconcertantemente subjetivos. "Em última análise, a nossa teoria tem de acomodar o subjetivismo, mas eu não gostaria que a própria teoria fosse subjetiva." Em outras palavras, a teoria deve permitir a existência da mente, mas não deve *exigi-la*.

Nem a teoria das supercordas — que é afinal uma teoria quântica — nem qualquer outra candidata a ser uma teoria unificada tem as qualidades que Penrose sente serem necessárias. "Se vai haver uma teoria total da física, ela, em certo sentido, não poderá ter as características de nenhuma teoria que conheço." Em outras palavras, a teoria precisaria ter sentido.

No entanto, Penrose estava tão dividido quanto em Syracuse a respeito da possibilidade de a física chegar a uma teoria verdadeiramente completa. O teorema de Gödel, disse ele, sugere que sempre haverá questões abertas na física, bem como na matemática. "Mesmo que conseguíssemos terminar a descrição do mundo físico como estrutura matemática", observou Penrose, "isso ainda não seria o fim do assunto, como queira, simplesmente porque não há fim para a matemática." Ele falava muito deliberadamente, com muito mais firmeza do que na época em que discutimos o tópico pela primeira vez em 1989. É evidente que refletira mais sobre a questão.

Lembrei-lhe da comparação da física com o xadrez, feita por Richard Feynman: depois de aprendermos as regras básicas, ainda podemos explorar as suas conseqüências para sempre. "Sim, a minha idéia não é diferente desse ponto de vista", disse Penrose. Isso queria dizer que ele achava possível conhecer as regras fundamentais, ainda que nem todas as conseqüências dessas regras? "Acho que nos meus momentos mais otimistas acredito nisso." Ele acrescentou com veemência: "Não sou absolutamente daqueles que acreditam que não há fim para a nossa compreensão física do mundo". Em Syracuse, ele dissera que acreditar na *Resposta* revelava pessimismo; agora considerava essa opinião otimista.

Penrose disse que estava bastante satisfeito com a recepção dispensada às suas idéias; a maioria dos críticos foram pelo menos corteses. Exceto Marvin Minsky. Penrose tivera um confronto desagradável com Minsky num colóquio no Canadá, em que ambos deram conferências. Por insistência de Minsky, Penrose falou primeiro. Depois Minsky se levantou para refutar suas idéias. Após anunciar que usar paletó "significa ser cavalheiro", ele tirou o seu, exclamando: "Bem, não me sinto um cavalheiro!". E passou a atacar *The emperor's new mind* com argumentos que, segundo Penrose, eram tolice. Lembrando essa cena, Penrose ainda parecia aturdido e magoado. Como em nosso primeiro encontro, eu me maravilhei com o contraste entre as maneiras gentis de Penrose e a audácia de seus pontos de vista intelectuais.

Em 1994, dois anos depois de meu encontro com Penrose em Oxford, o seu livro *Shadows of the mind* [Sombras da mente] foi publicado. Em *The emperor's new mind*, Penrose fora um tanto vago sobre o ponto em que os efeitos quase quânticos poderiam operar a sua mágica. Em *Shadows*, ele arriscava uma conjectura: os microtúbulos, túneis diminutos de proteína, servem como uma espécie de esqueleto para a maioria das células, inclusive para os neurônios. A hipótese de Penrose se baseava numa afirmação de Stuart Hameroff, anestesiologista da Universidade do Arizona, de que a anestesia inibe o movimento dos elétrons nos microtúbulos. Erguendo um enorme edifício teórico sobre essa frágil afirmação, Penrose conjecturava que os microtúbulos desempenham computações não deterministas, quase quânticas, que de alguma forma dão origem à consciência. Cada neurônio não é, assim, um simples disjuntor, mas um computador complexo de pleno direito.

A teoria dos microtúbulos de Penrose não podia deixar de ser um anticlímax. Em seu primeiro livro, ele criara um clima de suspense, expectativa e mistério, como um diretor de filme de terror que só mostra lampejos atormentadores do monstro. Quando ele finalmente o revelou, o seu monstro parecia um ator gordo com uma roupa de borracha barata, com barbatanas pendentes e tudo. Como era de se esperar, a resposta de alguns céticos não foi a admiração reverente, mas sim o ridículo. Eles observaram que os microtúbulos se encontram em quase todas as células, e não apenas nos neurônios. Isso quer dizer que o nosso fígado é consciente? E que dizer do dedão do pé? E dos paramécios? (Quando lhe fiz essa pergunta, em abril de 1994, o parceiro de Penrose, Stuart Hameroff, respondeu: "Não vou sustentar que um paramécio tenha consciência, mas ele realmente demonstra ter um comportamento bem inteligente".)

Penrose também pode ser contestado com o argumento de Crick contra o livre-arbítrio. Não conseguindo, pela simples introspecção, reconstituir a lógica computacional de sua percepção de uma verdade matemática, ele insiste em que as percepções devem derivar de um fenômeno misterioso e não computacional. Mas, como Crick salientou, o fato de não percebemos os processos neurais que levam a uma decisão não significa que esses processos não tenham ocorrido. Os estudiosos da inteligência artificial refutam o argumento de Penrose baseado no teorema de Gödel, sustentando que sempre se pode projetar um computador que alargue a sua própria base de axiomas para resolver um novo problema; na verdade, esses algoritmos de aprendizado são bastante comuns (embora ainda sejam extremamente grosseiros em comparação com a mente humana).[15]

Alguns críticos de Penrose o acusam de ser um vitalista, alguém que secretamente espera que o mistério da mente não se renda à ciência. Mas se fosse vitalista Penrose teria mantido as suas idéias vagas e não testáveis. Nunca teria desvendado o monstro dos microtúbulos. Ele é um verdadeiro cientista; deseja *conhecer*. Acredita com sinceridade que a nossa *presente* compreensão da realidade é incompleta, logicamente errada e misteriosa. Ele está procurando uma chave, uma intuição, um truque inteligente quase quântico que esclareça tudo de repente. Está procurando a Resposta. Ele cometeu o grande erro de pensar que a física deve tornar o mundo completamente inteligível e significativo. Steven Weinberg poderia ter-lhe dito que a física não tem essa capacidade.

O ATAQUE DOS ADEPTOS DOS MISTÉRIOS

Embora colocasse uma teoria da consciência muito além do horizonte da ciência atual, Penrose pelo menos oferecia a esperança de que a teoria pudesse um dia ser alcançada. Mas alguns filósofos têm questionado se *qualquer* modelo puramente materialista — envolvendo processos neurais convencionais ou os mecanismos exóticos e não deterministas imaginados por Penrose — pode *realmente* explicar a consciência. O filósofo Owen Flanagan chamou esses descrentes de "os novos adeptos do mistério", numa referência ao grupo de rock dos anos 60, Question Mark and the Mysterians, famoso pelo *hit* "96 tears". (O próprio Flanagan não é um "adepto do mistério", mas sim um materialista com os pés no chão.)[16]

O filósofo Thomas Nagel apresentou uma das descrições mais claras do ponto de vista dos adeptos do mistério (um intuito autocontraditório?) em seu famoso ensaio de 1974 "What is it like to be a bat?" [Como é ser um morcego?]. Nagel pressupôs que a experiência subjetiva é um atributo fundamental dos seres humanos e de muitos animais superiores, como os morcegos. "Sem dúvida ela ocorre em inúmeras formas totalmente inimagináveis para nós, em outros planetas de outros sistemas solares por todo o universo", escreveu Nagel. "Mas, por mais que a forma possa variar, o fato de um organismo ter *alguma* experiência consciente significa, basicamente, que existe algo equivalente a como é *ser* esse organismo."[17] Nagel afirmava que, por mais que estudemos a fisiologia dos morcegos, não podemos *realmente* saber como é ser um morcego, porque a ciência não consegue penetrar o reino da experiência subjetiva.

Nagel é o que se poderia chamar de um adepto fraco do mistério: ele oferece a possibilidade de que a filosofia e/ou a ciência possam um dia revelar um caminho natural para transpormos a lacuna entre as nossas teorias materialistas e a experiência subjetiva. Colin McGinn é um adepto forte do mistério. McGinn é o mesmo filósofo que acredita ser insolúvel a maioria das principais questões filosóficas, porque estão além de nossas capacidades cognitivas (ver capítulo 2). Assim como os ratos têm limitações cognitivas, os seres humanos também as possuem, e uma de nossas limitações é que não podemos resolver o problema mente-corpo. McGinn considera a sua posição sobre o problema mente-corpo — que é insolúvel — a conclusão lógica da análise de Nagel em "What is it like to be a bat?". McGinn defende o seu ponto de vista, acreditando-o superior ao que ele chama de posição "eliminativista", que tenta mostrar que o problema mente-corpo não é realmente problema algum.

É bem possível, disse McGinn, que os cientistas inventem uma teoria da mente que possa prever com grande precisão o resultado de experiências e produzir uma abundância de benefícios médicos. Mas uma teoria eficaz não é necessariamente inteligível. "Não há nenhuma razão real para que parte de nossa mente não desenvolva um formalismo com essas extraordinárias propriedades de previsão, porém não conseguimos entender esse formalismo segundo a parte da mente que compreende as coisas. Assim, no caso da consciência, é possível que se proponha uma teoria análoga à teoria quântica sob esse aspecto, uma teoria que seja realmente uma boa teoria da consciência, mas que não seríamos capazes de interpretar nem de compreender."[18]

Esse tipo de conversa enfurece Daniel Dennett. Filósofo da Universidade Tufts, Dennett é um homem alto de barba branca com um ar de alegria permanente e cintilante — um Papai Noel em dieta. Ele exemplifica o que McGinn chama de posição eliminativista. Em seu livro de 1992, *Consciousness explained* [A consciência explicada], Dennett sustenta que a consciência e nossa noção de que possuímos um eu unificado é uma ilusão originária da interação de muitos "subprogramas" diferentes que operam no hardware do cérebro.[19] Quando lhe perguntei sobre o argumento do mistério de McGinn, Dennett o classificou de ridículo. Ele denegriu a comparação de

McGinn entre humanos e ratos. Ao contrário dos humanos, afirmou Dennett, os ratos não podem conceber questões científicas, por isso *é claro* que não podem resolvê-las. Dennett disse suspeitar que McGinn e outros adeptos do mistério "não querem que a consciência descambe para a ciência. Eles gostam da idéia de que ela está fora dos limites da ciência. Não há outra explicação para que acolham argumentos mal-ajambrados desse tipo".

Dennett tentou outra estratégia, que me pareceu estranhamente platônica para um materialista confesso e também perigosa para um escritor. Lembrou que Borges, em sua narrativa "A Biblioteca de Babel", imaginou uma biblioteca infinita com todas as frases possíveis — as que existiram, as que existirão e as que poderiam existir —, das mais disparatadas às mais sublimes. Não há dúvida de que em algum lugar na Biblioteca de Babel existe uma resolução perfeitamente formulada do problema mente-corpo, disse Dennett. Ele apresentou esse argumento com tanta confiança que achei que ele realmente acreditava na existência da Biblioteca de Babel.

Dennett admitia que a neurociência talvez nunca produzisse uma teoria da consciência que satisfizesse a todo o mundo. "Não conseguimos explicar *nada* de modo a satisfazer a todos", disse ele. Afinal, muitas pessoas não estão satisfeitas com as explicações dadas pela ciência sobre a fotossíntese ou a reprodução biológica, por exemplo. Mas "a impressão de mistério desapareceu da fotossíntese ou da reprodução", disse Dennett, "e acho que no final teremos uma explicação semelhante para a consciência".

De forma súbita, Dennett enveredou por uma direção completamente diferente. "Há um paradoxo curioso avultando" na ciência moderna, disse ele. "Uma das muitas tendências que faz a ciência progredir tão depressa nos dias de hoje é uma tendência que afasta a ciência da compreensão humana. Quando deixamos de tentar modelar as coisas com equações elegantes para fazer maciças simulações de computador [...] podemos acabar com um modelo que delineia primorosamente a natureza, os fenômenos em que estamos interessados, mas não compreendemos esse modelo. Isto é, não compreendemos o modelo assim como entendíamos os modelos no passado."

Um programa de computador que modelasse acuradamente o cérebro humano, afirmou Dennett, seria tão inescrutável quanto o próprio cérebro. "Os sistemas de software já estão no limite da compreensibilidade humana", observou ele. "Até um sistema como a Internet é absolutamente trivial comparado a um cérebro, porém já foi tão remendado e ampliado que ninguém realmente compreende como é que funciona nem se vai continuar a funcionar. Assim, quando começamos a usar programas que escrevem softwares, programas que detectam erros nos softwares e um código que se conserta a si mesmo, criamos novos artefatos que têm vida própria. E eles se tornam objetos que já não estão dentro da hegemonia epistemológica de seus criadores. Isso será mais ou menos como a velocidade da luz. Representará uma barreira contra a qual a ciência vai continuar a bater a cabeça para sempre."

Para meu espanto, Dennett estava sugerindo que ele também tinha inclinações para o mistério. Ele achava improvável que uma teoria da mente, mesmo sendo altamente eficaz e com grande poder de previsão, fosse inteligível aos simples seres humanos. A única esperança que os seres humanos têm de compreender a sua própria complexidade é talvez deixar de ser humanos. "Quem tiver motivação ou talento", disse ele, "será de fato capaz de fundir esses grandes sistemas de software." Dennett se referia à possibilidade, formulada por alguns entusiastas da inteligência artificial, de que um dia sejamos capazes de abandonar nossos eus mortais de carne e osso, transformando-nos em máquinas. "Acho que é logicamente possível", acrescentou ele. "Só não tenho certeza do grau dessa plausibilidade. É um futuro coerente. Acho que não é contraditório." Mas Dennett parecia duvidar de que até mesmo máquinas superinteligentes chegassem a se compreender plenamente. Tentando se conhecer, as máquinas teriam de se tornar ainda mais complicadas; ficariam então presas numa espiral de complexidade cada vez maior, perseguindo o próprio rabo por toda a eternidade.

COMO POSSO SABER SE VOCÊ TEM CONSCIÊNCIA?

Na primavera de 1994, fui testemunha de uma extraordinária colisão das visões de mundo filosófica e científica num colóquio chamado "Para uma base científica da consciência", realizado na

Universidade do Arizona.[20] No primeiro dia, David Chalmers, um filósofo australiano de cabelos compridos, fantasticamente parecido com o personagem do famoso quadro de Thomas Gainsborough, *O menino azul*, apresentou em termos convincentes o ponto de vista dos adeptos do mistério. O estudo dos neurônios, declarou Chalmers, não pode revelar por que o contato das ondas sonoras com nossos ouvidos provoca a nossa *experiência* subjetiva da *Quinta sinfonia* de Beethoven. Todas as teorias físicas, disse ele, explicam apenas funções — como a memória, a atenção, a intenção, a introspecção — correlatas a processos físicos específicos do cérebro. Mas nenhuma delas consegue explicar por que o desempenho dessas funções é acompanhado da experiência subjetiva. Afinal, pode-se certamente imaginar um mundo de andróides que se parecem com os seres humanos em todos os aspectos — exceto pelo fato de não terem uma experiência consciente do mundo. Segundo Chalmers, por mais que aprendam sobre o cérebro, os neurocientistas não conseguem transpor essa "lacuna explicativa" entre os reinos físico e subjetivo com uma teoria estritamente física.

Até esse ponto, Chalmers tinha expressado a concepção básica dos adeptos do mistério, a mesma associada a Thomas Nagel e Colin McGinn. Mas depois ele afirmou que, se a ciência não podia resolver o problema mente-corpo, essa tarefa talvez ainda fosse possível para a filosofia. Ele achava que tinha descoberto uma possível solução: os cientistas deviam admitir que a informação é uma propriedade da realidade tão essencial quanto a matéria e a energia. A teoria de Chalmers era semelhante ao conceito do *it* do *bit* de John Wheeler — na verdade, Chalmers reconhecia a sua dívida para com Wheeler — e tinha a mesma falha fatal. O conceito de informação não tem sentido a não ser que exista um processador de informações — seja uma ameba, seja um físico de partículas — que recolha as informações e atue sobre elas. A matéria e a energia estavam presentes na aurora da criação, mas, pelo que sabemos, não havia vida. Portanto, como a informação pode ser tão fundamental quanto a matéria e a energia? Ainda assim, as idéias de Chalmers tiveram ressonância em seu público. As pessoas se amontoaram ao seu redor depois da palestra, para lhe dizer o quanto tinham apreciado a sua mensagem.[21]

Porém, pelo menos um dos ouvintes estava desgostoso: Christof Koch, o colaborador de Francis Crick. Naquela noite, Koch, um homem alto e esguio com botas vermelhas de vaqueiro, procurou Chalmers num coquetel oferecido aos conferencistas e repreendeu-o pela sua palestra. É precisamente porque todas as abordagens filosóficas da consciência falharam que os cientistas devem estudar o cérebro, declarou Koch com sua fala rápida e carregada de sotaque alemão, enquanto curiosos se aglomeravam ao redor. A teoria da consciência baseada na informação, de Chalmers, continuou Koch, como todas as idéias filosóficas, não era testável e, portanto, não servia. "Por que você não diz apenas: quando temos um cérebro, o Espírito Santo desce sobre nós e nos torna conscientes?" Essa teoria era desnecessariamente complicada, respondeu Chalmers em tom seco, e não estaria de acordo com a sua própria experiência subjetiva. "Mas como posso saber se a sua experiência subjetiva é igual à minha?", replicou Koch com veemência. "Como posso saber se você sequer tem consciência?"

Koch trouxera à baila o problema embaraçoso do solipsismo, que está fundamentado na concepção dos adeptos do mistério. Nenhuma pessoa *realmente* sabe se qualquer outro ser, humano ou não humano, tem uma experiência subjetiva do mundo. Ao propor esse antigo enigma filosófico, Koch, como Dennett, estava se revelando um adepto do mistério. Foi o que Koch me confirmou mais tarde. O que a ciência pode fazer, afirmou, é apenas fornecer um mapa detalhado dos processos físicos que são correlatos a diferentes estados subjetivos. Mas a ciência não pode verdadeiramente "resolver" o problema mente corpo. Nenhuma teoria neurológica empírica consegue explicar por que as funções mentais são acompanhadas por estados subjetivos específicos. "Não vejo como a ciência poderá explicar isso", disse Koch. Pela mesma razão, Koch duvidava que a ciência algum dia desse uma resposta definitiva para a questão de saber se as máquinas podem se tornar conscientes e ter experiências subjetivas. "O debate talvez não se resolva nunca", ele me disse, acrescentando gratuitamente: "Como posso saber se você sequer tem consciência?".

Embora fosse mais otimista do que Koch, até Francis Crick tinha de reconhecer que a solução para a consciência poderia não ser intuitivamente compreensível. "Não acho que vamos encontrar uma resposta sensata quando compreendermos o cérebro", disse Crick. Afinal, a seleção natural não forma os organismos segundo um plano lógico, mas com vários macetes e truques, com qualquer coisa que funcionar. Crick passou então a sugerir que os mistérios da mente poderiam não se entregar tão rapidamente quanto os da hereditariedade. A mente "é um sistema muito mais complicado" do que o genoma, observou ele, e é provável que as teorias da mente tivessem um poder explicativo mais limitado.

Levantando sua caneta, Crick explicou que os cientistas deveriam ser capazes de determinar a atividade neural correlata à minha percepção da caneta. "Mas se você perguntasse: 'Você percebe o vermelho e o azul do mesmo modo como eu percebo o vermelho e o azul?', bem, isso é algo que você não consegue me comunicar. Por isso, não acho que possamos explicar tudo aquilo de que temos consciência."

O fato de a mente derivar de processos determinísticos, continuou Crick, não significa que os cientistas serão capazes de prever todos os seus meandros; eles podem ser caóticos e, assim, imprevisíveis. "É possível que haja outras limitações no cérebro. Quem sabe? Não acho que possamos ver muito longe." Crick duvidava de que os fenômenos quânticos desempenhassem um papel crucial na consciência, como Roger Penrose sugerira. Por outro lado, acrescentou ele, um equivalente neural do princípio da incerteza de Heisenberg poderia restringir a nossa capacidade de rastrear a atividade do cérebro nos seus mínimos detalhes, e os processos subjacentes à consciência talvez fossem tão paradoxais e difíceis de compreender quanto o é a mecânica quântica. "Lembre-se", ponderou Crick, "nossos cérebros evoluíram para lidar com as questões do dia-a-dia quando éramos caçadores-coletores, e antes disso quando éramos macacos." Sim, esse era o argumento de Colin McGinn, Chomsky e Stent.

AS MUITAS MENTES DE MARVIN MINSKY

O mais improvável adepto do mistério é Marvin Minsky. Um dos fundadores da inteligência artificial (IA), Minsky sustenta que o cérebro nada mais é do que uma máquina muito complicada cujas propriedades podem ser duplicadas em computadores. Antes de eu ir visitá-lo no MIT, alguns colegas me alertaram de que ele poderia ser mal-humorado, até hostil. Se eu não quisesse que a entrevista fosse interrompida, não deveria fazer perguntas muito diretas sobre a queda de prestígio da inteligência artificial ou de suas próprias teorias da mente. Um antigo companheiro me implorou que não me aproveitasse da tendência de Minsky de fazer declarações escandalosas. "Pergunte se ele realmente está falando sério, e, se ele não confirmar tudo três vezes, não use o material na entrevista", pediu meu ex-colega.

Quando o conheci, Minsky estava um tanto irascível, mas essa condição parecia mais congênita do que adquirida. Ele não parava quieto, piscava, sacudia o pé, movia os objetos em sua escrivaninha. Ao contrário da maioria das celebridades científicas, dava a impressão de conceber as idéias e os tropos do nada, em vez de fisgá-los inteiros da memória. Era freqüentemente, mas nem sempre, incisivo. "Estou divagando", resmungou depois de falar por alto sobre como verificar modelos da mente que desmoronaram num monte de fragmentos de frases.[22]

Até a sua aparência física tinha um ar de improviso. A cabeça grande e redonda parecia inteiramente careca, mas na verdade havia tufos de cabelos tão transparentes como fibras ópticas. Ele estava com um cinto trançado que sustentava, além de sua calça, uma bolsinha e um pequeno coldre com um alicate de pontas retráteis. Com sua pança e feições vagamente asiáticas, parecia Buda — um Buda reencarnado na pessoa de um *hacker* hiperativo.

Minsky não parecia capaz nem desejoso de abrigar qualquer emoção por muito tempo. No início, como me haviam dito, ele honrou a sua reputação de rabugento e arqui-reducionista. Mostrou desdém por aqueles que duvidavam da consciência dos computadores. A consciência é uma questão trivial, disse. "Já a resolvi, e não compreendo por que as pessoas não me dão ouvidos." A consciência não passa de uma espécie de memória de curto prazo, um "sistema inferior de manutenção de registros". Programas de computador como o LISP, com características que permitem serem repassadas suas etapas de processamento, são "extremamente conscientes", muito mais do que os seres humanos, com seus bancos de memória lamentavelmente precários.

Minsky disse que Roger Penrose era um "covarde" que não conseguia aceitar a sua própria fisicalidade, e zombou da hipótese dos ciclos reentrantes de Gerald Edelman, por não passarem de teoria da realimentação requentada. Minsky até falou mal de seu próprio Laboratório de Inteligência Artificial no MIT, que ele tinha fundado e onde por acaso nos encontrávamos. "No momento, não considero este laboratório como uma instituição de pesquisa séria", anunciou.

Porém, quando perambulamos pelo laboratório à procura de uma palestra sobre um computador que jogava xadrez, ocorreu uma metamorfose. "A palestra do xadrez não deveria ser aqui?", Minsky perguntou a um grupo de pesquisadores que conversavam numa sala de descanso. "Foi ontem", respondeu alguém. Depois de fazer algumas perguntas sobre a palestra, Minsky contou anedotas sobre a história dos computadores que jogam xadrez. Essa minipalestra evoluiu para uma lembrança do amigo de Minsky, Isaac Asimov, que morrera havia pouco tempo. Minsky contou como Asimov — que tinha popularizado o termo *robô* e explorado em sua ficção científica as implicações metafísicas do tema — sempre recusava os convites de Minsky para ver os robôs que estavam sendo construídos no MIT por receio de que sua imaginação "fosse oprimida por esse realismo tedioso".

Um dos presentes, notando que ele e Minsky tinham os mesmos alicates, puxou o seu instrumento do coldre e, virando o pulso, fez as pontas retráteis se moverem com um estalo. "*En garde*", disse ele. Sorrindo, Minsky tirou a sua arma, e os adversários brandiram os alicates mais de uma vez um contra o outro, como punks praticando suas habilidades. Minsky fez uma preleção sobre a versatilidade e — um ponto importante para ele — as limitações do alicate; o seu o beliscava durante certas manobras. "Você pode desmontá-lo com ele mesmo?", alguém perguntou. Minsky e seus colegas partilharam uma risada de iniciados, ao ouvirem essa referência a um problema fundamental da robótica.

Mais tarde, ao voltarmos para a sala de Minsky, encontramos uma jovem coreana em estado adiantado de gravidez. Era uma candidata ao doutoramento e devia prestar um exame oral no dia seguinte. "Você está nervosa?", perguntou Minsky. "Um pouco", respondeu ela. "Não deveria", disse ele, e pressionou gentilmente sua testa contra a dela, como se procurasse impregná-la com sua força. Observando essa cena, compreendi que havia muitos Minskys.

Mas é claro que deveria haver muitos Minskys. A multiplicidade é central para a perspectiva sobre a mente proposta por Minsky. Em seu livro *The society of mind*, ele sustentava que os cérebros contêm muitas estruturas diferentes, altamente especializadas, que evoluíram para resolver problemas diferentes.[23] "Temos muitas camadas de redes de máquinas que aprendem", ele me explicou, "e cada uma delas evoluiu para corrigir erros ou adaptar as outras atividades aos problemas do pensamento." Por isso, é improvável que o cérebro possa ser reduzido a um conjunto particular de princípios ou axiomas, "porque estamos lidando com um mundo real, e não com um mundo matemático definido por axiomas".

Se a IA não se mostrara à altura de suas promessas iniciais, disse Minsky, era porque os pesquisadores modernos tinham sucumbido à "inveja da física" — o desejo de reduzir as complexidades da mente a simples fórmulas. Para irritação de Minsky, esses pesquisadores tinham deixado de escutar a sua mensagem de que a mente tem muitos métodos diferentes para enfrentar até um único problema relativamente simples. Por exemplo, se um aparelho de televisão pára de funcionar, seu dono provavelmente pensará primeiro que se trata de um problema apenas físico. Ele checará a televisão, para ver se está corretamente programada ou se o fio está ligado à tomada. Se essas tentativas falharem, a pessoa mandará a máquina para o conserto, transformando assim o problema físico em social — como descobrir alguém capaz de consertar a televisão em pouco tempo e por um preço barato.

"Essa é uma lição que não consigo transmitir a essas pessoas", disse Minsky referindo-se a seus colegas da IA. "Parece-me que um problema mais ou menos resolvido pelo cérebro é o modo de organizar métodos diferentes para atuar, quando os métodos individuais falham com bastante freqüência." Além dele, o único teórico que compreendeu verdadeiramente a complexidade da mente, afirmou Minsky, estava morto. "Foi Freud quem apresentou, até agora, as melhores teorias, depois das minhas, sobre o que é necessário para formar uma mente."

Enquanto Minsky continuava a falar, sua ênfase na multiplicidade assumia uma forma metafísica e até moral. Ele punha a culpa dos problemas de seu ramo — e da ciência em geral — no que chamava de "princípio do investimento", que definia como a tendência dos seres humanos a continuar a fazer algo que aprenderam a fazer bem, em vez de passar para novos problemas. A repetição ou, melhor, a mente de um só objetivo, parecia inspirar uma espécie de horror em Minsky. "Se você gosta muito de alguma coisa", afirmou ele, "não deveria considerar isso como uma sensação de bem-estar, mas como uma espécie de câncer no cérebro, porque ela significa que uma pequena parte da sua mente descobriu como desligar todas as outras coisas."

A razão de Minsky ter se especializado em tantas habilidades durante a sua carreira — ele é versado em matemática, filosofia, física, neurociência, robótica e ciência da computação, além de ter escrito vários romances de ficção científica — é que ele aprendera a gostar do "sentimento de inabilidade" desencadeado por ter de aprender algo novo. "É muito emocionante não saber fazer alguma coisa. É uma experiência rara, a ser valorizada. Não dura muito."

Minsky também foi uma criança-prodígio em música, mas acabou decidindo que ela era um soporífero. "Acho que as pessoas gostam da música para *suprimir* o pensamento — os tipos errados de pensamento —, e não para produzi-lo." De vez em quando, Minsky ainda se via compondo "coisas à maneira de Bach" — havia um piano elétrico na sua sala —, mas ele tentava resistir ao impulso. "Tive de matar o músico em certo ponto", disse ele. "Ele volta de vez em quando, mas eu o ataco."

Minsky não tinha paciência com aqueles que afirmavam ser a mente demasiado sutil para ser compreendida. "Olhe, antes de Pasteur as pessoas diziam: 'A vida é diferente. Não se pode explicá-la mecanicamente'. É a mesma coisa." Entretanto, uma teoria final da mente, enfatizou ele, seria muito mais complexa do que uma teoria final da física — o que Minsky também acreditava estar ao nosso alcance. Toda a física de partículas poderia ser condensada numa página de equações, disse Minsky, mas descrever todos os componentes da mente exigiria muito mais espaço. Afinal, imagine quanto tempo seria preciso para descrever com precisão um automóvel ou até uma simples vela de ignição. "Seria necessário um livro de bom tamanho para explicar como se deve soldar e centrar a chaveta na cerâmica, sem que ela vaze quando começar a funcionar."

Minsky disse que era possível demonstrar de várias maneiras a verdade de um modelo da mente. Primeiro, a máquina baseada nos princípios do modelo deveria ser capaz de imitar o desenvolvimento humano. "A máquina deveria ser capaz de começar como um bebê e crescer vendo filmes, brincando com objetos." Além disso, à medida que se aperfeiçoa a tecnologia das imagens, os cientistas deveriam ser capazes de determinar se os processos neurais em seres humanos vivos corroboram o modelo. "Parece-me perfeitamente razoável que, no momento em que tivéssemos um *scanner* [do cérebro] com uma resolução de um angström [um décimo bilionésimo de metro], poderíamos ver todos os neurônios no cérebro de uma pessoa. Observaríamos esse cérebro durante mil anos e diríamos: 'Bem, sabemos exatamente o que acontece sempre que essa pessoa diz *azul*. E as pessoas verificariam a experiência durante várias gerações, e a teoria seria sólida. Nada sairia errado, teríamos resolvido o problema."

Se os seres humanos chegarem a realizar uma teoria final da mente, perguntei, que fronteiras inexploradas ainda restarão para a ciência? "Por que está me fazendo esta pergunta?", replicou Minsky. A preocupação de que os cientistas não terão mais nada a fazer é lamentável, disse ele. "Há *muito* a fazer." Nós até podemos estar nos aproximando de nossos limites como cientistas; porém, um dia criaremos máquinas muito mais inteligentes do que nós, que podem continuar a fazer ciência. Mas isso seria ciência da máquina, e não ciência humana, disse eu. "Em outras palavras, você é racista", disse Minsky, e sua grande testa abobadada ficou vermelha. Examinei o seu rosto à procura de sinais de ironia, mas não encontrei nenhum. "Acho que o importante para nós é crescer", continuou ele, "para não continuarmos em nosso presente estado de estupidez." Somos apenas "chimpanzés vestidos", acrescentou. Nossa tarefa não é preservar as presentes condições, mas sim evoluir, criar seres melhores, mais inteligentes do que nós.

No entanto, Minsky, para minha surpresa, viu-se compelido a dizer exatamente em que tipos de questões essas máquinas brilhantes poderiam estar interessadas. Repetindo Daniel Dennett, ele sugeriu, com certo desânimo, que as máquinas poderiam tentar se compreender, à medida que evoluíssem para formar entidades cada vez mais complexas. Parecia mais entusiasmado enquanto discutia as possibilidades de converter personalidades humanas em programas de computador que poderiam, então, ser carregados em máquinas. Minsky considerava o *download* uma forma de se entregar a pesquisas que ele normalmente julgava perigosas demais, como tomar LSD ou entregar-se à fé religiosa. "Considero a experiência religiosa algo muito arriscado, porque pode destruir a sua mente com rapidez; mas se eu tivesse um *backup* de mim mesmo..."

Minsky confessou que adoraria saber o que Yo-Yo Ma, o grande violoncelista japonês, sentia quando executava um concerto, mas duvidava de que uma experiência dessas fosse possível. Para partilhar a experiência de Yo-Yo Ma, explicou Minsky, ele teria de possuir todas as memórias de Yo-Yo Ma, teria de *se tornar* Yo-Yo Ma. No entanto, Minsky suspeitava que, ao se tornar Yo-Yo Ma, deixaria de ser Minsky.

Essa era uma admissão extraordinária da parte de Minsky. Como os críticos literários segundo os quais a única interpretação verdadeira de um texto é o próprio texto, Minsky estava sugerindo que o nosso caráter humano é irredutível; qualquer tentativa de converter um indivíduo num programa matemático abstrato — uma cadeia de uns e zeros a ser carregada num disco e transferida de uma máquina para outra, ou combinada com outro programa representando outra pessoa — bem que poderia destruir a essência do indivíduo. Na sua forma oblíqua, Minsky estava sugerindo que o problema de "como posso saber se você tem consciência" é intransponível. Se duas personalidades nunca podem ser plenamente fundidas, a carga desses programas também seria impossível. Na verdade, toda a premissa da inteligência artificial, se a inteligência é definida em termos humanos, poderia estar errada.

Apesar de toda a sua reputação de reducionista fanático, Minsky é, na verdade, um *anti*-reducionista. À sua maneira, ele é até mais romântico do que Roger Penrose. Esse último oferece a esperança de que a mente possa ser reduzida a um único truque quase quântico. Minsky insiste em que uma redução dessas não é possível, porque a multiplicidade é a essência da mente, de todas as mentes, tanto a dos homens quanto a das máquinas. A meu ver, a repulsa de Minsky à mente de objetivo único, à simplicidade, não reflete apenas um julgamento científico, mas algo mais profundo. Como Paul Feyerabend, David Bohm e outros grandes românticos, Minsky parece temer *A Resposta*, a revelação que acabará com todas as revelações. Felizmente para Minsky, não é provável que uma revelação desse tipo surja da neurociência, pois é provável que qualquer teoria útil da mente seja horrendamente complexa, como ele próprio reconhece. Infelizmente para Minsky, também parece improvável que, dada essa complexidade, ele ou até mesmo os seus netos venham a presenciar o nascimento de máquinas com atributos humanos. Se e quando construirmos máquinas inteligentes e autônomas, elas serão certamente alienígenas, tão diferentes de nós quanto um *747* difere de uma andorinha. E nunca saberemos *ao certo* se elas são conscientes, assim como nenhum de nós sabe se o outro tem consciência.

BACON RESOLVEU O PROBLEMA DA CONSCIÊNCIA?

A conquista da consciência vai levar tempo. O cérebro é maravilhosamente complicado. Mas é infinitamente complicado? Dada a velocidade com que os cientistas estão aprendendo a conhecê-lo, dentro de algumas décadas talvez eles tenham um mapa bastante eficaz do cérebro, que correlacione processos neurais específicos a funções mentais específicas — inclusive a consciência nos termos da definição de Crick e Koch. Esse conhecimento pode produzir benefícios práticos, como tratamentos para doenças mentais e truques no processamento de informações que podem ser transferidos para os computadores. Em *The coming of the golden age*, Gunther Stent propôs que progressos na neurociência poderiam nos garantir grande poder sobre nós mesmos. Seríamos capazes de “direcionar entradas elétricas específicas para dentro do cérebro. Então seria possível fazer com que essas entradas gerassem sinteticamente sensações, sentimentos e emoções. [...] Os homens mortais em breve viverão como deuses, sem tristezas no coração e afastados da dor, desde que a instalação elétrica de seus centros do prazer seja apropriada".[24]

Mas prevendo os argumentos de mistério de Nagel, McGinn e outros, Stent também escreveu: "O cérebro talvez não seja capaz, em última análise, de dar uma explicação de si mesmo".[25] Os cientistas e os filósofos ainda se empenharão em realizar o impossível. Eles assegurarão que a neurociência continue a ser praticada de modo irônico e pós-empírico, isto é, seus profissionais discutirão sobre o significado dos modelos físicos, assim como os físicos discutem sobre o significado da mecânica quântica. De quando em quando, uma interpretação particularmente evocativa, apresentada por algum Freud moderno saturado de conhecimento neural e cibernético, poderá atrair um imenso séquito e ameaçar tornar-se a teoria final da mente. Então os neo-adeptos do mistério atacarão e apontarão as deficiências inevitáveis da teoria. Será que ela consegue dar uma explicação satisfatória para os sonhos ou para a experiência mística? Conseguirá nos dizer se as amebas ou os computadores são conscientes?

É possível afirmar que a consciência estaria "resolvida" quando alguém decidisse que ela é um epifenômeno do mundo material. O materialismo direto de Crick lembra o do filósofo britânico Gilbert Ryle, que na década de 1930 cunhou a expressão "o fantasma na máquina" para ridicularizar o dualismo.[26] Ryle ressaltou que o dualismo — segundo o qual a mente é um fenômeno separado, independente de seu substrato físico e capaz de exercer influência sobre ele — violava a conservação da energia e, portanto, toda a física. Segundo Ryle, a mente é uma propriedade da matéria, e só rastreando os meandros intricados da matéria no cérebro é que poderemos "explicar" a consciência.

Ryle não foi o primeiro a propor esse paradigma materialista, que confere ao mesmo tempo tanto poder e tanto desalento. Quatro séculos atrás, Francis Bacon incitou os filósofos de seu tempo a deixarem de tentar mostrar que o universo evoluíra do pensamento e a começarem a considerar que o pensamento evoluíra do universo.[27] É defensável afirmar que, a esse respeito, Bacon antecipou as explicações modernas da consciência no contexto da teoria da evolução e, de modo mais geral, do paradigma materialista. A conquista científica da consciência será o último anticlímax, mais uma demonstração da máxima de Niels Bohr de que a tarefa da ciência é reduzir todos os mistérios a trivialidades. Mas a ciência humana não vai, e não pode, resolver o problema de "como posso saber se você tem consciência". Só há um modo de resolvê-lo: transformar todas as mentes numa só.

8

O FIM DA CAOPLEXIDADE

Tenho saudades da era Reagan. Ronald Reagan tornava as escolhas morais e políticas muito fáceis. Do que ele gostava, eu não gostava. A Guerra nas Estrelas, por exemplo. Conhecido formalmente como Iniciativa de Defesa Estratégica, era o plano de Reagan para construir um escudo no espaço que protegeria os Estados Unidos dos mísseis nucleares da União Soviética. Dentre as muitas histórias que escrevi sobre a Guerra nas Estrelas, a de que mais me envergonho hoje em dia concernia a Gottfried Mayer-Kress, físico que trabalhava, dentre outros lugares, no Laboratório Nacional de Los Alamos, o berço da bomba atômica. Empregando matemática "caótica", Mayer-Kress construíra uma simulação da corrida armamentista entre a União Soviética e os Estados Unidos. Sua simulação sugeria que o programa Guerra nas Estrelas desestabilizaria as relações entre as superpotências e possivelmente provocaria uma catástrofe, isto é, a guerra nuclear. Como eu aprovava as conclusões de Mayer-Kress — e como seu lugar de trabalho ainda adicionava um belo toque de ironia —, escrevi uma reportagem elogiosa sobre sua pesquisa. É claro, se a simulação de Mayer-Kress tivesse sugerido que a Guerra nas Estrelas era uma boa idéia, eu teria desconsiderado o seu trabalho, reconhecendo nele o disparate que ele evidentemente era. A Guerra nas Estrelas bem que poderia ter desestabilizado as relações entre as superpotências, mas precisávamos de um modelo de computador para saber disso?

Não pretendo atacar Mayer-Kress. Ele tinha boas intenções. (Em 1993, vários anos depois que escrevi sobre a sua pesquisa da

Guerra nas Estrelas, vi um *release* da Universidade de Illinois, onde ele estava então empregado, anunciando que suas simulações de computador tinham sugerido soluções para os conflitos na Bósnia e na Somália.)[1] Seu trabalho é apenas um dos exemplos mais espalhafatosos da tentativa de alguém do ramo da caoplexidade querer abarcar o mundo com as pernas. Por caoplexidade entendo não só o caos, mas também seu parente próximo, a complexidade. Cada termo, e o caos em particular, tem sido definido de maneiras específicas e distintas por indivíduos específicos. Mas os dois termos têm sido também definidos de forma parcialmente coincidente por tantos cientistas e jornalistas diferentes que se tornaram virtualmente sinônimos, se é que não perderam o significado.

O ramo da caoplexidade surgiu como um fenômeno florescente da cultura pop com a publicação, em 1987, de *Chaos: making a new science*, do ex-repórter do *New York Times* James Gleick. Depois que a obra magistral de Gleick se tornou best-seller, muitos jornalistas e cientistas procuraram reproduzir o seu sucesso escrevendo livros semelhantes sobre tópicos semelhantes.[2] Há dois aspectos um tanto contraditórios na mensagem da caoplexidade. O primeiro é que muitos fenômenos são não-lineares e, portanto, por definição imprevisíveis, pois influências arbitrariamente diminutas podem ter conseqüências enormes e imprevistas. Edward Lorenz, um meteorologista do MIT e pioneiro da caoplexidade, dava a esse fenômeno o nome de efeito borboleta, porque ele significava que uma borboleta adejando em Iowa podia, em princípio, desencadear uma avalanche de efeitos que culminariam numa monção na Indonésia. Como nunca temos mais do que um conhecimento aproximado do sistema climático, nossa capacidade de prever o seu comportamento é muito limitada.

Essa percepção não é nova. Na virada do século, Henri Poincaré avisou que "pequenas diferenças nas condições iniciais produzem efeitos muito grandes nos fenômenos finais. Um pequeno erro nas primeiras produzirá um erro enorme nos últimos. A previsão se torna impossível".[3] Os investigadores da caoplexidade — a quem chamarei de caoplexologistas — também gostam de enfatizar que muitos fenômenos da natureza são "emergentes"; exibem propriedades que não podem ser previstas ou compreendidas pelo simples exame das partes do sistema. A emergência é também uma idéia antiga, relacionada ao holismo, ao vitalismo e a outros credos anti-reducionistas, que remontam pelo menos ao século passado. Darwin certamente não achava que a seleção natural tivesse derivado da mecânica newtoniana.

É o bastante sobre o lado negativo da mensagem da caoplexidade. O lado positivo propõe o seguinte: o advento dos computadores e de técnicas matemáticas não-lineares sofisticadas ajudará os cientistas modernos a compreender os fenômenos caóticos, complexos, emergentes, que têm resistido à análise feita com os métodos reducionistas do passado. A publicidade na contracapa do livro de Heinz Pagels, *The dreams of reason*, um dos melhores trabalhos sobre as "novas ciências da complexidade", formulou a questão da seguinte maneira: "Assim como o telescópio abriu o universo e o microscópio revelou os segredos do microcosmo, o computador está agora abrindo uma nova e emocionante janela sobre a natureza da realidade. Por meio de sua capacidade de processar o que é demasiado complexo para a mente desprovida de recursos auxiliares, o computador nos capacita pela primeira vez a simular a realidade, a criar modelos de sistemas complexos como as moléculas grandes, os sistemas caóticos, as redes neurais, o corpo e o cérebro humanos, e os padrões de evolução e crescimento populacional".[4]

Essa esperança provém em grande parte da observação de que conjuntos simples de instruções matemáticas, quando executados pelo computador, podem produzir efeitos fantasticamente complicados mas estranhamente ordenados. John von Neumann talvez tenha sido o primeiro cientista a reconhecer essa capacidade dos computadores. Na década de 1950, ele inventou o autômato celular, que na sua forma mais simples é uma tela dividida numa grade de células ou quadrados. Um conjunto de regras relaciona a cor, ou estado, de cada célula ao estado de suas vizinhas mais próximas. Uma mudança no estado de uma única célula pode desencadear uma cascata de mudanças por todo o sistema. O *Vida*, criado no início da década de 1970 pelo matemático britânico John Conway, continua a ser um dos mais festejados autômatos celulares. Enquanto a maioria desses autômatos celulares acaba por estabelecer um comportamento previsível e periódico, o *Vida* gera uma variedade infinita de padrões — inclusive objetos de desenho animado que parecem envolvidos em missões inescrutáveis. Inspirados pelo estranho mundo informático de Conway, muitos cientistas começaram a usar os autômatos celulares para modelar vários processos físicos e biológicos.

Outro produto da ciência da computação que se apoderou da imaginação da comunidade científica foi o conjunto Mandelbrot. Ele recebeu esse nome de Benoit Mandelbrot, profissional de matemática aplicada da IBM e um dos protagonistas do livro *Chaos*, de Gleick (e cujo trabalho sobre fenômenos indeterminísticos levou Gunther Stent a concluir que as ciências sociais nunca teriam grande importância). Mandelbrot inventou os fractais, objetos matemáticos que apresentam o que se conhece como dimensionalidade fracionária: eles são mais indistintos que uma linha, mas nunca preenchem completamente um plano. Os fractais também apresentam padrões que recorrem em escalas cada vez menores. Depois de cunhar o termo "fractal", Mandelbrot indicou que muitos fenômenos do mundo real — especialmente as nuvens, os flocos de neve, o contorno litorâneo, as flutuações do mercado de ações e as árvores — têm propriedades semelhantes às dos fractais.

O conjunto Mandelbrot é também um fractal. Corresponde a uma função matemática simples que é repetidamente iterada; resolve-se a função, reintroduz-se a resposta e resolve-se a função de novo, *ad infinitum*. Quando mapeados por um computador, os números gerados pela função se aglomeram numa forma já famosa, que tem sido comparada a um coração tomado por um tumor, a um frango muito queimado e a um número oito deitado de lado e cheio de saliências. Quando se amplia o conjunto por meio de um computador, descobre-se que suas margens não formam linhas nítidas, mas tremulam como chamas. A ampliação repetida das margens mergulha o espectador numa fantasmagoria insondável de imagens barrocas. Certos padrões, como a forma de coração básica, continuam a aparecer, mas sempre com variações sutis.

O conjunto Mandelbrot, que tem sido denominado "o objeto mais complexo da matemática", tornou-se uma espécie de laboratório em que os matemáticos podem testar idéias sobre o comportamento de sistemas não-lineares (ou caóticos, ou complexos). Mas que importância têm essas descobertas para o mundo real? Na sua *magnum opus* de 1977, *The fractal geometry of nature*, Mandelbrot alertava que uma coisa era observar um padrão fractal na natureza, e outra, bem diferente, era determinar a *causa* desse padrão. Embora a investigação das conseqüências da auto-similaridade produzisse "surpresas extraordinárias, ajudando-me a compreender o tecido da natureza", disse Mandelbrot, suas tentativas de desvendar as causas da auto-similaridade "tinham poucos encantos".[5]

Mandelbrot parecia estar aludindo ao silogismo sedutor que fundamenta a caoplexidade. O silogismo é o seguinte: há conjuntos simples de regras matemáticas que, se obedecidas pelo computador, dão origem a padrões extremamente complicados, que nunca se repetem perfeitamente. O mundo natural também contém muitos padrões extremamente complicados que nunca se repetem perfeitamente. Conclusão: regras simples fundamentam muitos fenômenos extremamente complicados no mundo. Com a ajuda de computadores potentes, os caoplexologistas podem deduzir essas regras.

Sem dúvida, regras simples *realmente* fundamentam a natureza, as regras existentes na mecânica quântica, na relatividade geral, na seleção natural e na genética mendeliana. Mas os caoplexologistas insistem em que ainda falta descobrir muitas outras regras bem mais poderosas.

OS 31 SABORES DA COMPLEXIDADE

Pontos vermelhos e azuis passam pela tela de um computador. Mas não são apenas pontos coloridos. São agentes, pessoas simuladas, fazendo o que as pessoas reais fazem: procurando comida, buscando parceiros, competindo e cooperando uns com os outros. Pelo menos é o que afirmava Joshua Epstein, o criador dessa simulação. Epstein, sociólogo do Instituto Brookings, estava mostrando a sua simulação para mim e para dois outros jornalistas no Instituto Santa Fé, onde ele era pesquisador visitante. O instituto, fundado na metade da década de 1980, tornou-se rapidamente a sede da nova ciência que iria superar o reducionismo enfadonho de Newton, Darwin e Einstein.

Enquanto meus colegas e eu observávamos os pontos coloridos e escutávamos as interpretações ainda mais coloridas de seus movimentos, emitíamos murmúrios corteses de interesse. Mas, quando Epstein nos dava as costas, trocávamos sorrisos cansados. Nenhum de nós levava esse tipo de pesquisa muito a sério. Todos compreendíamos, implicitamente, que se tratava de ciência irônica. O próprio Epstein, quando pressionado, reconhecia que seu modelo não fazia previsões de espécie alguma; ele o chamava de "laboratório", "ferramenta", uma "prótese neural" para explorar idéias sobre a evolução das sociedades. (Esses eram todos termos prediletos dos pesquisadores de Santa Fé.) Porém, durante apresentações públicas de seu trabalho, Epstein também afirmava que simulações como as suas revolucionariam as ciências sociais, ajudando a resolver os problemas mais intricados dessa área.[6]

Outra pessoa que acredita no poder dos computadores é John Holland, cientista da computação que alterna entre a Universidade de Michigan e o Instituto Santa Fé. Holland foi o inventor dos algoritmos genéticos, segmentos de código de computador que podem se reorganizar para produzir um novo programa capaz de resolver mais eficientemente determinado problema. Segundo Holland, os algoritmos na verdade evoluem, assim como os genes de organismos vivos evoluem em resposta à pressão da seleção natural.

Holland propõe que talvez seja possível construir uma "teoria unificada de sistemas adaptativos complexos" baseada em técnicas matemáticas como as existentes nos seus algoritmos genéticos. Ele apresentou a sua perspectiva numa conferência de 1993:

> Muitos de nossos problemas de longo alcance mais aflitivos — desequilíbrios comerciais, sustentabilidade, AIDS, defeitos genéticos, saúde mental, vírus de computador — concentram-se em certos sistemas de extraordinária complexidade. Os sistemas que abrigam esses problemas — economias, ecologias, sistemas imunológicos, embriões, sistemas nervosos, redes de computadores — parecem ser tão diversos quanto os problemas. Porém, apesar das aparências, os sistemas, na realidade, têm em comum características significativas, tanto assim que os agrupamos numa única classificação no Instituto Santa Fé, chamando-os de *sistemas adaptativos complexos* (*sac*). Isso é mais do que terminologia. Assinala a nossa intuição de que princípios gerais regem todo o comportamento dos *sac*, princípios

esses que indicam maneiras de resolver os problemas concomitantes. Grande parte de nosso trabalho visa concretizar essa intuição.[7]

A ambição revelada por essa declaração é de tirar o fôlego. Os caoplexologistas costumam ridicularizar os físicos de partículas por sua *hubris*, pois eles se acham capazes de formular uma teoria de tudo. Mas, na realidade, os físicos de partículas têm ambições bastante modestas: eles apenas esperam reunir as forças da natureza num único pacote bem arrumado e talvez esclarecer a origem do universo. Poucos são tão audaciosos a ponto de propor que sua teoria unificada produzirá não só a verdade (isto é, a compreensão da natureza), mas também a *felicidade* (soluções para nossos problemas mundanos), como Holland e outros têm proposto. E Holland é considerado um dos cientistas mais modestos ligados ao ramo da complexidade.

No entanto, será que os cientistas podem formular uma teoria unificada da complexidade, se não conseguem chegar a um acordo sobre o que é, precisamente, a complexidade? Os estudiosos da complexidade têm procurado, sem muito sucesso, distinguir-se daqueles que estudam o caos. Segundo o físico James Yorke, da Universidade de Maryland, o caos se refere a um conjunto restrito de fenômenos que evoluem de maneiras previsivelmente imprevisíveis — demonstrando sensibilidade a condições iniciais, comportamento aperiódico, repetição de certos padrões em diferentes escalas espaciais e temporais e assim por diante. (Yorke deve saber do que está falando, pois foi ele quem cunhou o termo "caos" num artigo publicado em 1975.) Segundo Yorke, a complexidade parece se referir a "qualquer coisa que se queira".[8]

Uma definição amplamente apregoada da complexidade envolve "a fronteira do caos". A expressão pitoresca foi incorporada nos subtítulos de dois livros escritos por jornalistas e publicados em 1992: *Complexity: life at the edge of chaos*, de Roger Lewin, e *Complexity: the emerging science at the edge of order and chaos*, de M. Mitchell Waldrop.[9] (Os autores, sem dúvida, usaram a expressão com a intenção de evocar o estilo e a substância desse ramo de estudos.) A idéia básica da fronteira do caos é que nada novo pode emergir de sistemas com um alto grau de ordem e estabilidade, como os cristais; por outro lado, sistemas completamente caóticos, ou apericos, como fluidos turbulentos ou gases aquecidos, são *demasiado* amorfos. Coisas verdadeiramente complexas — amebas, corretores de títulos e seres afins — acontecem na fronteira entre a ordem rígida e o acaso.

Os relatos mais populares atribuem essa idéia aos pesquisadores de Santa Fé, Norman Packard e Christopher Langton. Packard, a quem a experiência como figura de relevo da teoria do caos ensinou a importância de se dar uma boa apresentação às idéias, cunhou a pomposa expressão "fronteira do caos" no final da década de 1980. Em experimentos com autômatos celulares, ele e Langton concluíram que o potencial computacional de um sistema — isto é, sua capacidade de armazenar e processar informações — atinge o clímax num regime situado entre o comportamento altamente periódico e o caótico. Mas dois outros pesquisadores do Instituto Santa Fé, Melanie Mitchell e James Crutchfield, têm informado que suas experiências de computador não confirmam as conclusões de Packard e Langton. Eles também questionam se "algo parecido com um impulso para adquirir capacidades computacionais-universais seria uma força importante na evolução dos organismos biológicos".[10] Embora alguns membros do Instituto Santa Fé ainda empreguem a expressão "fronteira do caos" (especialmente Stuart Kauffman, cujo trabalho foi mencionado no capítulo 5), a maioria agora a condena.

Muitas outras definições da complexidade têm sido propostas — pelo menos 31, segundo uma lista compilada no início da década de 1990 pelo físico Seth Lloyd, que trabalha no Instituto de Tecnologia de Massachusetts mas é também ligado ao Instituto Santa Fé.[11] As definições se baseiam caracteristicamente na termodinâmica, na teoria da informação e na ciência da computação, envolvendo conceitos como entropia, acaso e informação — que já mostraram ser termos notoriamente escorregadios. Todas as definições da complexidade têm inconvenientes. Por exemplo, a teoria da informação algorítmica, proposta pelo matemático da IBM Gregory Chaitin (entre outros), sustenta que a complexidade de um sistema pode ser representada pelo programa de computador mais curto que o descreva. Mas, segundo esse critério, um texto criado por um grupo de macacos datilógrafos é mais complexo — por ser mais aleatório e, conseqüentemente, menos compreensível — do que *Finnegans wake*.

Esses problemas acentuam o fato incômodo de que a complexidade existe, num sentido sombrio, no olhar do espectador (como a pornografia, por exemplo).[12] Os pesquisadores às vezes debatem se o termo "complexidade" não perdeu o seu significado a ponto de dever ser abandonado, mas sempre acabam concluindo que ele tem um potencial de relações públicas muito grande. Os membros do Instituto Santa Fé costumam empregar "interessante" como sinônimo de "complexo". Entretanto, que órgão do governo financiaria uma pesquisa sobre "uma teoria unificada de coisas interessantes"?

A POESIA DA VIDA ARTIFICIAL

Os membros do Instituto Santa Fé podem não concordar a respeito do que estão estudando, mas estão de acordo sobre o modo de estudá-lo: usando computadores. Christopher Langton personifica essa confiança nos computadores que deu origem aos movimentos do caos e da complexidade. Ele tem proposto que as simulações da vida criadas num computador estão vivas — e com isso não quer dizer que estejam mais ou menos, de certo modo ou metaforicamente vivas, mas de verdade. Langton é o pai fundador da vida artificial, subcampo da caoplexidade que vem atraindo muita atenção por seus próprios méritos. Ele tem ajudado a organizar vários colóquios sobre a vida artificial — o primeiro foi realizado em Los Alamos em 1987 — de que participam biólogos, cientistas da computação e matemáticos que partilham a sua simpatia pela animação em computadores.[13]

A vida artificial é um desenvolvimento da inteligência artificial, um ramo que a precedeu por várias décadas. Enquanto os pesquisadores da inteligência artificial procuram entender melhor a mente simulando-a num computador, os que propõem a vida artificial esperam compreender uma ampla série de fenômenos biológicos por meio de suas simulações. E, como a inteligência artificial, a vida artificial tem gerado resultados portentosos mais retóricos do que tangíveis. Langton declarou num ensaio de 1994, que apresenta o primeiro número da revista trimestral *Artificial Life*:

> A vida artificial vai nos ensinar muito sobre biologia — o que talvez não chegássemos a conhecer estudando apenas os produtos naturais da biologia —, porém a vida artificial vai finalmente nos levar além da biologia, a um reino para o qual ainda não temos nome, mas que deve incluir a cultura e nossa tecnologia numa perspectiva ampliada da natureza. Não quero pintar um futuro róseo para a vida artificial. Ela não vai resolver todos os nossos problemas. Na verdade, pode até criar novos. [...] Talvez a maneira mais simples de enfatizar esse ponto seja dizer apenas que a história profética do dr. Frankenstein, escrita por Mary Shelley, já não pode ser considerada ficção científica.[14]

Mesmo antes de me encontrar com Langton, eu tinha a impressão de que já o conhecia. Ele sempre desempenhava um papel proeminente em vários artigos jornalísticos populares sobre a caoplexidade. Não é de admirar. Ele é o arquétipo do jovem cientista da moda: ao mesmo tempo agitado e suave, de cabelos compridos, dado a usar jeans, colete de couro, botas de excursão, jóias indianas. É também portador de uma maravilhosa história de vida cujo episódio central é um acidente de asa-delta que o deixou em coma e lhe proporcionou um *insight*. (Quem quiser saber a história pode ler *Complexity*, de Waldrop, *Complexity*, de Lewin, ou *Artificial life*, de Steven Levy.)[15]

Quando conheci Langton pessoalmente em Santa Fé, em maio de 1994, decidimos conversar durante o almoço num de seus restaurantes favoritos. O carro dele — eu tinha a impressão de já ter lido sobre esse carro num dos livros a seu respeito — era um calhambeque velho e surrado abarrotado de objetos variados, desde fitas gravadas e alicates até recipientes plásticos de molho quente, tudo coberto com uma camada bege de poeira de deserto. Enquanto seguíamos para o restaurante, Langton fez seu dever e bateu na velha tecla da caoplexidade. A partir de Newton, a maioria dos cientistas tem estudado sistemas que exibem estabilidade, periodicidade e equilíbrio, mas ele e outros pesquisadores do Santa Fé queriam compreender os "regimes transientes" subjacentes a muitos fenômenos biológicos. Afinal, disse ele, "quando alguém atinge o ponto de equilíbrio como organismo vivo, já está morto".

Ele sorriu. Começara a chover, e ele ligou o limpador de pára-brisa. O vidro passou rapidamente de translúcido a opaco, à medida que o limpador espalhava a sujeira pela superfície. Espiando por um canto não manchado do vidro, Langton continuava a falar, aparentemente impassível pela mensagem metafórica do limpador de pára-brisa. A ciência, disse ele, tinha obviamente feito um grande progresso dividindo as coisas e estudando os pedaços. Mas essa metodologia propiciava uma compreensão apenas limitada dos fenômenos de nível mais elevado, criados em grande medida pelos acidentes históricos. Entretanto, era possível superar essas limitações por meio de uma metodologia sintética, em que os componentes básicos da existência eram reunidos nos computadores de maneiras novas, para investigar o que poderia ter acontecido ou teria tido condições de acontecer.

"Acaba-se com um conjunto muito maior de possibilidades", disse Langton. "Pode-se então sondar não só o conjunto dos compostos químicos existentes, mas também o dos compostos químicos possíveis. É só realmente nesse terreno dos compostos químicos possíveis que se vai observar alguma regularidade. A regularidade está ali, mas não se pode vê-la no conjunto muito pequeno de coisas que a natureza inicialmente providenciou." Com os computadores, os biólogos podem investigar o papel do acaso simulando o começo da vida sobre a Terra, alterando as condições e observando as conseqüências. "Assim, parte do que trata a vida artificial, e parte do esquema mais amplo que chamo de biologia sintética em geral, é investigar além, transpor o invólucro do que ocorreu naturalmente." Desse modo, sugeriu Langton, a vida artificial talvez revelasse os aspectos de nossa história que foram inevitáveis e os que foram meramente contingentes.

No restaurante, enquanto mastigava *fajitas* de frango [um prato mexicano], Langton confirmou que realmente abraçava o ponto de vista conhecido como "vida artificial forte", segundo o qual as simulações de seres vivos no computador têm elas próprias vida. Admitiu ser funcionalista, acreditando que a vida se caracterizava mais pelo que realizava do que por seus elementos constitutivos. Se um programador criava estruturas semelhantes a moléculas que, seguindo certas leis, organizavam-se espontaneamente formando entidades aparentemente capazes de comer, reproduzir-se e evoluir, Langton consideraria essas entidades seres vivos — "mesmo que estejam num computador".

Langton disse que sua crença tinha conseqüências morais. "Gosto de pensar que, se visse alguém num terminal de computador ao meu lado *torturando* essas criaturas, mandando-as a um equivalente digital do inferno ou recompensando apenas uns poucos privilegiados que escrevessem o nome dele na tela, eu tentaria conseguir ajuda psicológica para esse cara!"

Eu disse a Langton que ele parecia estar confundindo a metáfora, ou a analogia, com a realidade. "O que estou tentando fazer é, na verdade, algo um pouco mais sedicioso que isso", respondeu ele sorrindo. Ele queria que as pessoas compreendessem que a vida talvez fosse um processo passível de ser implementado por qualquer quantidade de arranjos da matéria, inclusive o fluxo e o refluxo de elétrons num computador. "Em algum nível a concretização física real é irrelevante para as propriedades funcionais", disse ele. "É claro que há diferenças", acrescentou. "Haverá diferenças, se a base material for diferente. Mas serão elas fundamentais para a propriedade de estar vivo ou não?"

Langton não apoiava a afirmação — comumente feita pelos entusiastas da inteligência artificial — de que as simulações de computador também podem ter experiências subjetivas. "É por isso que gosto mais da vida artificial do que da IA", disse ele. Ao contrário da maioria dos fenômenos biológicos, os estados subjetivos não podem ser reduzidos a funções mecânicas. "Nenhuma explicação mecânica que se possa dar esclarecerá esse sentimento de estar consciente, de ser eu, de eu estar aqui agora." Em outras palavras, Langton era um adepto do mistério, e acreditava que uma explicação da consciência estava fora do alcance da ciência. Por fim, ele admitiu que a questão de saber se as simulações de computador têm *realmente* vida também era, em última análise, uma questão filosófica e, portanto, sem solução. "Mas para que a vida artificial cumpra a sua missão e ajude a aumentar o banco de dados empíricos para a ciência biológica e para uma teoria da biologia, não é preciso resolver esse problema. Os biólogos nunca tiveram de fato de resolver essa questão."

Quanto mais Langton falava, mais parecia reconhecer — e até acolher com prazer — que a vida artificial jamais seria a base de uma ciência verdadeiramente empírica. As simulações da vida artificial, disse ele, "me forçam a desconsiderar os meus pressupostos em relação ao mundo real". Em outras palavras, as simulações podem intensificar a nossa capacidade negativa; podem servir mais para questionar do que para fundamentar as teorias sobre a realidade. Além disso, os cientistas que estudam a vida artificial talvez tenham de se contentar com um entendimento bem menor do que a "compreensão completa" que conseguem obter com os velhos métodos reducionistas. "Para certas categorias da natureza, o que poderemos fazer à guisa de explicação será apenas dizer: 'Bem, a história é a seguinte'."

Depois Langton confessou que um resultado desses o satisfaria; ele esperava que o universo fosse, num sentido fundamental, "irracional". "A racionalidade está muito relacionada à tradição da ciência durante os últimos trezentos anos, quando vamos terminar com uma explicação compreensível de algo. E eu ficaria desapontado se tal coisa acontecesse."

Langton reclamou que se sentia frustrado com a linearidade da linguagem científica. "Há razões para o uso da poesia", disse ele. "A poesia é um emprego muito não-linear da linguagem, quando o significado é mais do que apenas a soma das partes. E a ciência requer que a linguagem seja apenas a soma das partes. E só o fato de haver no mundo muita coisa que é mais do que a soma das partes significa que a abordagem tradicional, isto é, caracterizar apenas as partes e as relações, não será adequada para entender a essência de muitos sistemas que gostaríamos de explicar. Isso não quer dizer que não se possa explicar o mundo numa linguagem mais científica do que a poesia, mas tenho o pressentimento de que no futuro haverá uma linguagem mais próxima da poesia na ciência."

OS LIMITES DA SIMULAÇÃO

Em fevereiro de 1994, a revista *Science* publicou um artigo, "Verification, validation, and confirmation of numerical models in the earth sciences" [Verificação, validação e confirmação dos modelos numéricos nas geociências], que tratava dos problemas implicados pelas simulações de computador. O artigo extraordinariamente pós-moderno era escrito por Naomi Oreskes, historiadora e geofísica do Dartmouth College; Kenneth Belitz, igualmente geofísico de Dartmouth; e Kristin Shrader Frechette, filósofa da Universidade do Sul da Flórida. Embora o artigo focalizasse a modelagem geofísica, seu alerta, na verdade, se aplicava aos modelos numéricos de todo tipo (como admitiram numa carta publicada pela *Science* semanas mais tarde).[16]

Os autores observavam que os modelos numéricos estavam se tornando cada vez mais influentes nos debates sobre o aquecimento global, o esgotamento das reservas de petróleo, a conveniência de sítios de lixo atômico e outras questões. O seu artigo tinha a intenção de alertar que "a verificação e a validação dos modelos numéricos de sistemas naturais é impossível". As únicas proposições que podem ser verificadas — isto é, comprovadas — são as que lidam com a lógica pura e a matemática. Esses sistemas são fechados, na medida em que todos os seus componentes são baseados em axiomas que são verdadeiros por definição. Dois mais dois é igual a quatro por um acordo comum, e não porque a equação corresponde a uma realidade externa. Os sistemas naturais são sempre abertos, assinalavam Oreskes e seus colegas; o nosso conhecimento desses sistemas é sempre incompleto, aproximado, na melhor das hipóteses, e nunca podemos ter certeza de que não estamos desconsiderando fatores relevantes.

"O que chamamos de dados", explicavam os autores, "são signos carregados de inferência dos fenômenos naturais aos quais não temos total acesso. Muitas inferências e pressupostos podem ser justificados com base na experiência (e algumas incertezas podem ser estimadas), mas nunca se pode estabelecer *a priori* até que ponto nossos pressupostos serão válidos em qualquer novo estudo. Por isso, os pressupostos assumidos tornam o sistema aberto." Em outras palavras, nossos modelos são sempre idealizações, aproximações, conjecturas.

Os autores enfatizavam que, se uma simulação imita acuradamente ou até prevê o comportamento de um fenômeno real, o modelo ainda não está comprovado. Nunca se pode saber ao certo se uma semelhança deriva de uma correspondência genuína ou se é coincidência. Além disso, há sempre a possibilidade de que outros modelos, baseados em pressupostos diferentes, produzam os mesmos resultados.

Oreskes e seus co-autores observavam que a filósofa Nancy Cartwright rotulava os modelos numéricos de "obra de ficção". Eles prosseguiam:

> Embora sem aceitar necessariamente o ponto de vista de Cartwright, poderíamos refletir sobre o seguinte aspecto de seu argumento: como o romance, o modelo talvez ecoe a natureza, mas não é algo "real". Como o romance, o modelo pode ser convincente — pode soar verdadeiro, se for coerente com a nossa experiência do mundo natural. Mas, assim como conjecturamos até que ponto os personagens são tirados da vida real e até que ponto são artifício, poderíamos fazer a mesma pergunta sobre o modelo: até que ponto ele é baseado na observação e medição de fenômenos acessíveis, até que ponto se baseia em julgamento esclarecido e até que ponto é conveniência? [...] Devemos admitir que um modelo talvez confirme nossos vieses e fundamente intuições incorretas. Portanto, os modelos são muito mais úteis para questionar formulações existentes do que para validá-las e comprová-las.

Os modelos numéricos funcionam melhor em alguns casos do que em outros. Atuam particularmente bem na astronomia e na física de partículas, porque os objetos e as forças pertinentes se ajustam a suas definições matemáticas de forma muito precisa. Além disso, a matemática ajuda os físicos a definir o que de outro modo seria indefinível. Um quark é uma construção puramente matemática. Não tem significado independente de sua definição matemática. As propriedades dos quarks — encanto, cor, estranheza — são propriedades matemáticas que não têm paralelo no mundo macroscópico que habitamos. As teorias matemáticas são menos convincentes quando aplicadas a fenômenos mais concretos e complexos, como qualquer coisa no reino biológico. Como assinalou o biólogo da evolução Ernst Mayr, cada organismo é único; além disso, muda a cada momento.[17] É por isso que os modelos matemáticos dos sistemas biológicos geralmente têm menos poder profético do que a física. Deveríamos também nos precaver contra a sua capacidade de produzir verdades sobre a natureza.

A CRITICALIDADE AUTO-ORGANIZADA DE PER BAK

Esse tipo de ceticismo filosófico "molenga" desagrada a Per Bak. Bak, físico dinamarquês que se mudou para os Estados Unidos na década de 1970, é uma paródia do poeta forte de Harold Bloom. É um homem alto e forte, ao mesmo tempo solene e briguento, cheio de opiniões. Ao tentar me convencer da superioridade da complexidade em relação aos outros modos de ciência, ele zombou da sugestão de que os físicos de partículas poderiam descobrir o segredo da existência sondando escalas cada vez menores da matéria. "O segredo não se revela indo cada vez mais a fundo no sistema", afirmou Bak com um nítido sotaque dinamarquês. "Ele se revela indo na *outra* direção."[18]

A física de partículas está morta, proclamou Bak, assassinada pelo seu próprio sucesso. A maioria dos físicos de partículas, observou ele, "acha que ainda está fazendo ciência, quando na realidade está apenas limpando a casa depois da festa". O mesmo valia para a física do estado sólido, o ramo em que Bak começou a sua carreira. O fato de milhares de físicos trabalharem em supercondutividade em altas temperaturas — geralmente em vão — mostrava como o ramo secara: "Há muito pouca carne e muitos animais querendo comê-la". Quanto ao caos (que Bak definia da mesma forma restrita de James Yorke), os físicos haviam chegado a uma compreensão básica dos processos subjacentes ao comportamento caótico em 1985, dois anos antes da publicação do livro *Chaos*, de Gleick. "É assim que acontecem as coisas!", vociferou Bak. "Quando algo chega às massas, já está pronto." (A complexidade, claro, é a exceção para a regra de Bak.)

Bak só sentia desprezo pelos cientistas que se satisfaziam em refinar e expandir o trabalho dos pioneiros. "Não há necessidade disso! Não precisamos da equipe de limpeza por aqui!" Felizmente, disse ele, muitos fenômenos misteriosos ainda oferecem resistência à compreensão científica: a evolução das espécies, a percepção humana, a economia. "O que essas coisas têm em comum é que são muito grandes e têm muitos graus de liberdade. São o que chamamos de sistemas complexos. E haverá uma revolução na ciência. Essas coisas se transformarão em ciências 'duras' nos próximos anos, assim como a física [de partículas] e a física do estado sólido se tornaram ciências 'duras' nos últimos vinte anos." Bak rejeitava a concepção "pseudofilosófica, pessimista e fraca" de que esses problemas são difíceis demais para os nossos minúsculos cérebros humanos. "Se eu pensasse assim, não estaria trabalhando!", exclamou ele. "Devemos ser otimistas, realistas; só assim seremos capazes de continuar. E tenho certeza de que a ciência parecerá totalmente diferente daqui a cinqüenta anos."

No final da década de 1980, Bak e dois colegas propuseram o que logo passou a ser o candidato favorito a uma teoria unificada da complexidade: a criticalidade auto-organizada. Seu sistema paradigmático é um monte de areia. Quando se adiciona areia ao topo do monte, ele se aproxima do que Bak chama de estado crítico, no qual até o acréscimo de um único grão de areia jogado no topo do monte pode desencadear uma avalanche pelos lados. Se alguém mapeia o tamanho e a freqüência das avalanches que ocorrem nesse estado crítico, os resultados se ajustam ao que é conhecido como uma lei exponencial: a freqüência das avalanches é inversamente proporcional a uma potência do seu tamanho.

Bak atribuía ao pioneiro do caos Benoit Mandelbrot o mérito de ter ressaltado que os terremotos, as flutuações da Bolsa de Valores, a extinção das espécies e muitos outros fenômenos apresentavam o mesmo padrão de comportamento exponencial. (Em outras palavras, os fenômenos que Bak definia como complexos eram também todos caóticos.) "Como a economia, a geofísica, a astronomia e a biologia têm essas características singulares, *deve* haver uma teoria que explique esses casos", disse Bak. Ele esperava que a sua teoria explicasse por que os pequenos terremotos são comuns e os grandes são incomuns, por que as espécies persistem durante milhões de anos e depois desaparecem, por que as Bolsas de Valores quebram. "Não podemos explicar tudo sobre tudo, mas alguma coisa sobre tudo."

Bak achava que modelos como os dele acabariam por revolucionar a economia. "A economia tradicional não é uma ciência real. É uma disciplina matemática em que se fala de mercados perfeitos, racionalidade perfeita e equilíbrio perfeito." Essa abordagem era uma "aproximação grotesca" que não conseguia explicar o comportamento econômico no mundo real. "Qualquer pessoa real que trabalhe em Wall Street e observe o que acontece sabe que as flutuações provêm de reações em cadeia no sistema. Provêm da união de vários agentes: corretores, clientes, ladrões, assaltantes, governos, economias, o que quer que seja. A economia tradicional não tem nenhuma explicação desse fenômeno."

Perguntei-lhe se as teorias matemáticas podem proporcionar compreensões significativas dos fenômenos culturais. Bak resmungou ao ouvir a pergunta. "Não entendo o que seja significado", disse ele. "Na ciência, não há significado em nada. Ela apenas observa e explica. Ela não pergunta ao átomo por que ele vai para a esquerda, quando sujeito a um campo magnético. Portanto, os cientistas sociais deviam sair e observar o comportamento das pessoas, e depois imaginar quais são as conseqüências desse comportamento para a sociedade."

Bak reconhecia que essas teorias ofereciam mais descrições estatísticas do que previsões específicas. "A idéia principal é que não podemos prever. Mas, ainda assim, podemos compreender os sistemas que não podemos prever. É possível compreender *por que* eles não podem ser prognosticados." Afinal, foi isso que a termodinâmica e a mecânica quântica, que são também teorias probabilísticas, realizaram. Os modelos devem ser específicos a ponto de ser refutáveis, mas não específicos demais, disse Bak. "Acho que não vale a pena criar modelos muito específicos e detalhados. Isso não proporciona nenhuma compreensão." Seria apenas engenharia, disse Bak, torcendo o nariz.

Quando perguntei se ele achava que os pesquisadores iriam algum dia convergir para uma teoria única e verdadeira dos sistemas complexos, Bak pareceu perder um pouco a paciência e disse: "É uma situação muito mais fluida". Ele duvidava de que os cientistas chegassem algum dia a formular uma teoria simples e única do cérebro, por exemplo. Mas eles poderiam descobrir "alguns princípios — tomara que não sejam muitos — que regem o comportamento do cérebro". Ele refletiu por um momento, depois acrescentou: "Acho que é uma questão de muito mais longo prazo do que, digamos, a teoria do caos".

Bak também receava que a crescente antipatia do governo federal norte-americano pela ciência pura e sua recente ênfase em aplicações práticas impedissem o progresso dos estudos da complexidade. Estava cada vez mais difícil fazer ciência pela ciência; a ciência tinha de ser útil. A maioria dos cientistas era obrigada a fazer "pesquisas mortalmente aborrecidas que não têm nenhum interesse real". Seu principal empregador, o Laboratório Nacional de Brookhaven, estava obrigando as pessoas a fazer "coisas *horripilantes*, um lixo *incrível*". Até Bak, apesar de todo o seu otimismo, tinha de reconhecer a situação sombria da ciência moderna.

A criticalidade auto-organizada tem sido apregoada por várias pessoas, inclusive por Al Gore [vice-presidente dos EUA nas duas administrações Bill Clinton]. Em seu best-seller de 1992, *Earth in the balance* [A Terra na balança], Gore revelava que a criticalidade auto-organizada não só o ajudara a compreender a sensibilidade do meio ambiente a potenciais rupturas, mas também "mudanças na minha própria vida".[19] Stuart Kauffman tem encontrado afinidades entre a criticalidade auto-organizada, a fronteira do caos e as leis da complexidade por ele vislumbradas nas suas simulações da evolução biológica no computador. Mas outros pesquisadores têm se queixado de que o modelo de Bak nem sequer fornece uma descrição muito boa de seu sistema paradigmático: o monte de areia. Experiências feitas por físicos da Universidade de Chicago mostraram que os montes de areia se comportam de muitas maneiras diferentes, dependendo do tamanho e da forma dos grãos; poucos montes de areia apresentam o comportamento exponencial previsto por Bak.[20] Além disso, o modelo de Bak talvez possua uma natureza demasiado geral e estatística para realmente iluminar qualquer dos sistemas que descreve. Afinal, muitos fenômenos podem ser explicados pelo que se chama de curva gaussiana, também conhecida como curva do sino. Mas poucos cientistas afirmariam, por exemplo, que o desempenho da inteligência humana e a aparente luminosidade das galáxias derivam do mesmo tipo de mecanismo.

A criticalidade auto-organizada não é realmente teoria alguma. Assim como o equilíbrio pontuado, ela é apenas uma descrição — uma dentre muitas — das flutuações aleatórias, do ruído, que permeiam a natureza. Como o próprio Bak reconhece, o seu modelo não pode gerar previsões específicas sobre a natureza, nem compreensões significativas. Para que ele serve então?

A CIBERNÉTICA E OUTRAS CATÁSTROFES

A história está cheia de tentativas fracassadas de se criar uma teoria matemática que explique e preveja uma ampla série de fenômenos, inclusive os sociais. No século XVII, Leibniz fantasiou um sistema de lógica tão convincente que não só poderia resolver todas as questões matemáticas mas também as filosóficas, morais e políticas.[21] O sonho de Leibniz tem persistido até no século da dúvida. Desde a Segunda Guerra Mundial, os cientistas já se enamoraram temporariamente de pelo menos três dessas teorias: a cibernética, a teoria da informação e a teoria da catástrofe.

A cibernética foi criada em grande parte por uma única pessoa, Norbert Wiener, matemático do Instituto de Tecnologia de Massachusetts. O subtítulo de seu livro de 1948, *Cybernetics*, revelava a sua ambição: *Control and comunication in the animal and the machine* [Controle e comunicação no animal e na máquina].[22] Wiener baseava o seu neologismo no termo grego *kubernetes*, ou timoneiro. Proclamava que devia ser possível criar uma única teoria abrangente que não só explicasse a operação das máquinas mas também a de todos os fenômenos biológicos, desde organismos unicelulares até a economia dos países. Todas essas entidades processam e atuam com base em informações; todas empregam mecanismos como realimentação positiva e negativa, além de filtros para distinguir entre sinais e ruído.

Na década de 1960, a cibernética já tinha perdido o seu brilho. O eminente engenheiro eletricista John R. Pierce observou secamente em 1961 que "neste país a palavra 'cibernética' tem sido usada sobretudo na imprensa e em revistas populares e semiliterárias, se não semi-analfabetas".[23] A cibernética ainda tem seguidores em enclaves isolados, especialmente na Rússia (que durante a era soviética foi muito receptiva à fantasia de a sociedade ser uma máquina que pudesse ser aperfeiçoada seguindo os preceitos da cibernética). Se não na esfera da própria ciência, a influência de Wiener persiste na cultura pop dos Estados Unidos: devemos a ele palavras como *ciberespaço*, *ciberpunk* e *ciborg*.

O ramo de estudos que tem laços estreitos com a cibernética é a teoria da informação, que Claude Shannon, matemático dos Laboratórios Bell, criou em 1948 com um artigo de duas partes intitulado "A mathematical theory of communication" [Uma teoria matemática da comunicação].[24] O grande feito de Shannon foi inventar uma definição matemática da informação baseada no conceito de entropia da termodinâmica. Ao contrário da cibernética, a teoria da informação continua a prosperar — dentro do nicho para o qual foi criada. A teoria de Shannon foi projetada para aperfeiçoar a transmissão de informações pela linha telefônica ou telegráfica sujeita a interferência elétrica ou ruído. A teoria ainda serve como fundamento teórico para codificar, comprimir e cifrar mensagens e para outros aspectos do processamento de informações.

Na década de 1960, a teoria da informação influenciou outras disciplinas fora da área das comunicações, inclusive a lingüística, a psicologia, a economia, a biologia e até as artes. (Por exemplo, vários sábios tentaram produzir fórmulas que relacionassem a qualidade da música a seu conteúdo de informações.) Embora a teoria da informação esteja desfrutando um renascimento na física devido à influência de John Wheeler (o *it* do *bit*) e outros, ela ainda não contribuiu concretamente para a física. O próprio Shannon duvidava de que certas aplicações de sua teoria produzissem grandes resultados. "De certo modo, as pessoas acham que ela pode tratar do significado", disse-me ele certa vez, "mas ela não tem essa capacidade nem foi criada para isso."[25]

Talvez a metateoria mais propalada tenha sido a teoria da catástrofe, inventada pelo matemático francês René Thom na década de 1960. Thom desenvolveu a teoria como um formalismo puramente matemático, mas ele e outros começaram a afirmar que ela poderia propiciar a compreensão de uma ampla série de fenômenos que apresentavam comportamento descontínuo. O *magnum opus* de Thom foi o seu livro de 1992, *Structural stability and morphogenesis*, que teve resenhas reverentes na Europa e nos Estados Unidos. Um resenhista do *Times* de Londres declarou que "é impossível dar uma breve descrição do impacto desse livro. Em certo sentido, o único livro com o qual ele pode ser comparado é *Principia*, de Newton. Ambos traçam uma nova estrutura conceitual para a compreensão da natureza, e da mesma forma ambos passam então a uma especulação ilimitada".[26]

As equações de Thom revelavam como um sistema aparentemente ordenado podia passar por mudanças abruptas, "catastróficas", de um estado para outro. Thom e seus seguidores sugeriam que essas equações ajudariam a explicar não só acontecimentos puramente físicos, como os terremotos, mas também fenômenos biológicos e sociais, como o surgimento da vida, a metamorfose de uma lagarta em borboleta e o colapso de civilizações. No final da década de 1970, já começara o contra-ataque. Dois matemáticos declararam em *Nature* que a teoria da catástrofe "é uma das muitas tentativas de deduzir o mundo apenas do pensamento". Diziam que era "um sonho atraente, mas um sonho que não pode se tornar realidade". Outros críticos acusavam o trabalho de Thom de "não fornecer nenhuma informação nova sobre nada", de ser "exagerado e não inteiramente honesto".[27]

Segundo a definição de James Yorke, o caos apresentou esse mesmo ciclo de florescimento-fracasso. Em 1991, pelo menos um dos pioneiros da teoria do caos, o matemático francês David Ruelle, já começara a se perguntar se o seu ramo de estudo não passara do apogeu. Ruelle inventou o conceito de atratores estranhos, objetos matemáticos que têm propriedades fractais e podem ser usados para explicar o comportamento de sistemas que nunca se acomodam num padrão periódico. Em seu livro *Chance and chaos* [Acaso e caos], Ruelle observava que o caos "tem sido invadido por enxames de pessoas atraídas pelo sucesso, e não pelas idéias existentes na teoria. E isso piora a atmosfera intelectual. [...] A física do caos, apesar dos freqüentes anúncios triunfantes de 'novos' progressos, tem apresentado um declínio na produção de descobertas interessantes. A esperança, depois que a moda passar, é que uma avaliação sóbria das dificuldades do assunto provoque uma nova onda de resultados de alta qualidade".[28]

"MAIS É DIFERENTE"

Até alguns pesquisadores ligados ao Instituto Santa Fé parecem duvidar de que a ciência possa formular o tipo de teoria unificada e transcendente dos fenômenos complexos com que sonham John Holland, Per Bak e Stuart Kauffman. Um desses céticos é Philip Anderson, físico notoriamente obstinado que ganhou o prêmio Nobel em 1977 pelo seu trabalho sobre supercondutividade e outras excentricidades da matéria condensada, além de ser um dos fundadores do Instituto Santa Fé. Anderson foi um pioneiro do anti-reducionismo. Em seu ensaio "More is different" [Mais é diferente], publicado na revista *Science* em 1972, Anderson sustentava que a física de partículas, e na verdade todas as abordagens reducionistas, tem uma capacidade limitada de explicar o mundo. A realidade tem uma estrutura hierárquica, afirmava Anderson, e todo nível é em certa medida independente dos seus níveis superiores e inferiores. "Em cada estágio há necessidade de leis, conceitos e generalizações inteiramente novos, que exigem inspiração e criatividade tão grandes quanto no nível anterior", observava ele. "A psicologia não é biologia aplicada, nem a biologia é química aplicada."[29]

"Mais é diferente" tornou-se um lema para os movimentos do caos e da complexidade. Ironicamente, o princípio sugere que esses chamados empenhos anti-reducionistas talvez nunca culminem numa teoria unificada dos sistemas complexos e caóticos, aquela que esclarece tudo desde sistemas imunológicos até economias, como os caoplexologistas do tipo de Bak têm sugerido. (O princípio também sugere que Roger Penrose estava equivocado em sua tentativa de explicar a mente em termos de mecânica quase quântica.) Foi o que Anderson admitiu ao conversar comigo, quando o visitei na Universidade de Princeton, sua base de trabalho. "Não acho que exista uma teoria de tudo", disse ele. "Creio que há princípios básicos que têm uma generalidade muito ampla", como a mecânica quântica, a mecânica estatística, a termodinâmica e a ruptura da simetria. "Mas não se deve ceder à tentação de achar que, se temos um bom princípio geral num nível, ele vai funcionar em todos os níveis." (Sobre a mecânica quântica, Anderson disse: "Não me parece possível haver modificações a esse respeito no futuro previsível".) Anderson concordava com o biólogo Stephen Jay Gould em que a vida é moldada mais por circunstâncias contingentes e imprevisíveis do que por leis determinísticas. "Acho que o que estou tentando dizer é um preconceito a favor da história natural", refletiu ele.

Anderson não partilhava a fé de alguns de seus colegas do Instituto Santa Fé no poder dos modelos de computador para esclarecer sistemas complexos. "Como conheço um pouco os modelos econômicos globais", explicou, "sei que não funcionam! Sempre me pergunto se os modelos climáticos globais, os modelos de circulação oceânica ou outros modelos desse tipo também estão repletos de estatísticas e medições falsas." Fazer simulações mais detalhadas e realistas não é necessariamente a solução, observou Anderson. É possível que um computador simule a fase de transição de um líquido para vidro, por exemplo. "Mas aprendemos alguma coisa? Compreendemos melhor do que antes? Por que não pegar um pedaço de vidro e dizer que ele está passando pela transição para vidro? Por que temos de ver um computador passar pela transição para vidro? É a *reductio ad absurdum*. Em algum ponto, o computador não informa o que o próprio sistema está fazendo."

Entretanto, disse eu, parecia haver entre alguns de seus colegas essa fé inabalável de que haveriam de encontrar uma teoria capaz de dissipar todos os mistérios. "Sim", disse Anderson sacudindo a cabeça. De repente, atirou os braços para o ar e gritou como um adepto da seita dos renascidos: "Enfim vi a luz! Compreendo tudo!". Abaixou os braços e sorriu tristemente. "*Nunca* compreendemos tudo", disse ele. "Quando alguém compreende tudo, é porque ficou louco."

O MESTRE DO QUARK ELIMINA A "OUTRA COISA"

Uma figura ainda mais estranha no comando do Instituto Santa Fé é Murray Gell-Mann. Gell-Mann é um mestre do reducionismo. Ganhou um prêmio Nobel em 1969, por descobrir uma ordem unificadora subjacente às partículas alarmantemente diversas que fluíam dos aceleradores. Deu a seu sistema de classificação das partículas o nome de Caminho das Oito Partes, em referência à via budista para a sabedoria. (O nome pretendia ser uma piada, como Gell-Mann tem freqüentemente afirmado, e não uma indicação de que ele era um desses tipos esquisitos da Nova Era que viam traços comuns na física e no misticismo oriental.) Ele mostrou a mesma aptidão para discernir a unidade na complexidade — e para cunhar termos — quando propôs que os nêutrons, os prótons e uma legião de outras partículas de vida mais curta eram todos feitos de trincas de partículas mais fundamentais chamadas quarks. A teoria do quark de Gell-Mann tem sido amplamente demonstrada em aceleradores, e continua a ser uma pedra angular do modelo padrão da física de partículas.

Gell-Mann gosta de lembrar que descobriu o neologismo quark ao ler com atenção *Finnegans wake*, de James Joyce. (A frase é a seguinte: "*Three quarks for muster mark*".) Essa anedota indica que o intelecto de Gell-Mann é muito poderoso e inquieto para se satisfazer apenas com a física de partículas. Segundo uma "declaração pessoal" que ele distribui aos repórteres, seus interesses incluem não só a física de partículas e a literatura moderna, mas também a cosmologia, a política de controle de armas nucleares, a história natural, a história humana, o crescimento da população, o desenvolvimento humano sustentável, a arqueologia e a evolução da linguagem. Gell-Mann parece ter pelo menos alguma familiaridade com a maioria das principais línguas do mundo e com muitos dialetos; ele gosta de comentar com as pessoas a etimologia e a pronúncia original correta dos nomes delas. Foi um dos primeiros cientistas importantes a aderir à complexidade. Ajudou a fundar o Instituto Santa Fé e tornou-se seu primeiro professor em tempo integral em 1993. (Antes disso, lecionou durante quase quarenta anos no Instituto de Tecnologia da Califórnia.)

Gell-Mann é indubitavelmente um dos cientistas mais brilhantes deste século. (Seu agente literário, John Brockman, disse que Gell-Mann "tem cinco cérebros, e cada um deles é mais inteligente do que o de vocês".)[30] Talvez ele seja também um dos mais irritantes. Quase todas as pessoas que conhecem Gell-Mann têm uma história para contar sobre a sua compulsão de fazer propaganda dos próprios talentos e menosprezar os dos outros. Demonstrou essa característica quase imediatamente, quando nos conhecemos em 1991 num restaurante da cidade de Nova York, algumas horas antes de ele embarcar num avião para a Califórnia. Gell-Mann é um homem pequeno com grandes óculos de aro preto, cabelo branco curto e um olhar cético. Eu mal tinha me sentado quando ele começou a me dizer — enquanto eu preparava o meu gravador e o bloco amarelo de anotações — que os redatores científicos eram "ignorantes" e uma "raça terrível" que quase sempre entendia tudo errado; na verdade, apenas os cientistas tinham qualificações para apresentar o seu trabalho às massas. Com o passar do tempo, senti-me menos ofendido, pois tornou-se claro que Gell-Mann desprezava também a maioria de seus colegas científicos. Depois de uma série de comentários particularmente desdenhosos sobre alguns colegas físicos, Gell-Mann acrescentou: "Não quero ser citado insultando as pessoas. Não é cortês. Algumas dessas pessoas são meus amigos".

Para prolongar a nossa entrevista, eu arranjara uma limusine para nos levar ao aeroporto. Quando ali chegamos, acompanhei Gell-Mann enquanto ele despachava as malas e seguia para a sala de espera da primeira classe. Ele começou a se afligir por achar que não tinha bastante dinheiro para pagar o táxi até sua casa quando chegasse na Califórnia. (Gell-Mann ainda não se mudara definitivamente para Santa Fé.) Se eu pudesse lhe emprestar algum dinheiro, ele me daria um cheque. Eu lhe dei quarenta dólares. Quando ele me entregou o cheque, sugeriu que eu deveria pensar duas vezes antes de descontá-lo, pois sua assinatura provavelmente valeria muito no futuro. (Descontei o cheque, mas guardei uma fotocópia.)[31]

Minha suspeita é que Gell-Mann duvida que seus colegas em Santa Fé vão descobrir algo verdadeiramente profundo, que se aproxime, digamos, da teoria dos quarks de Gell-Mann. Entretanto, se ocorrer um milagre, e os caoplexologistas de algum modo conseguirem realizar algo importante, Gell-Mann quer poder partilhar a glória. Sua carreira abrangeria então todo o espectro da ciência moderna, desde a física de partículas até o caos e a complexidade.

Para um suposto líder da caoplexidade, Gell-Mann abraça uma visão de mundo extraordinariamente semelhante à do arqui-reducionista Steven Weinberg — embora, é claro, Gell-Mann não pense assim. "Não tenho idéia do que Weinberg disse no seu livro", disse ele quando lhe perguntei, durante uma entrevista em Santa Fé em 1995, se ele concordava com o que Weinberg dissera sobre o reducionismo em *Dreams of a final theory*. "Mas, se você leu o *meu* livro, sabe o que *eu* disse a respeito." Gell-Mann passou então a repetir alguns dos principais temas de seu livro de 1994, *The quark and the jaguar*.[32] Para ele, a ciência forma uma hierarquia. No topo estão as teorias que se aplicam em toda parte do universo conhecido, como a segunda lei da termodinâmica e a sua própria teoria dos quarks. Outras leis, como as relacionadas com a transmissão genética, se aplicam apenas aqui na Terra, e os fenômenos que elas descrevem acarretam uma grande quantidade de acaso e circunstância histórica.

"Com a evolução biológica, vemos entrar em cena uma quantidade enorme de história, um imenso número de acidentes que poderiam ter se desenrolado de modo diferente e produzido formas de vida diferentes da que temos sobre a Terra, restringidas sem dúvida pelas pressões da seleção. Depois passamos aos seres humanos, e as características deles são determinadas por um imenso volume de história. No entanto, ainda assim, há uma clara determinação das leis fundamentais e da história, ou das leis fundamentais e de circunstâncias específicas."

É possível perceber as inclinações reducionistas de Gell-Mann em suas tentativas de fazer com que seus colegas no Instituto Santa Fé substituam o termo *complexidade* pelo seu próprio neologismo, *pléctica*. "O termo é baseado na palavra indo-européia *plec*, que é a raiz tanto de 'simplicidade' como de 'complexidade'. Assim, na pléctica tentamos compreender a relação entre o simples e o complexo, e particularmente como passamos das leis fundamentais simples que regem o comportamento de toda matéria para o tecido complexo que vemos ao nosso redor", disse ele. "Estamos tentando formular teorias sobre como funciona esse processo, em geral e também em casos especiais, e sobre como esses casos especiais se relacionam com a situação geral." (Ao contrário de *quark*, o termo *pléctica* nunca pegou. Além de Gell-Mann, nunca ouvi alguém usar o termo — exceto para ridicularizar o apego de Gell-Mann pela palavra.)

Gell-Mann rejeitava a possibilidade de seus colegas descobrirem uma teoria única que abrangesse todos os sistemas adaptativos complexos. "Há imensas diferenças entre esses sistemas, baseados em silício, baseados em protoplasma e assim por diante. Não é a mesma coisa." Perguntei-lhe se ele concordava com o princípio do "Mais é diferente" apresentado por seu colega Philip Anderson. "Não tenho idéia do que ele disse", respondeu Gell-Mann desdenhosamente. Expus a idéia de Anderson de que as teorias reducionistas têm poder explicativo limitado; não se pode voltar a subir na cadeia das explicações, passando da física de partículas para a biologia. "É possível! É possível!", exclamou ele. "Você leu o que escrevi sobre isso? Dediquei dois ou três capítulos a esse tema!"

Gell-Mann disse que, em princípio, podemos subir na cadeia das explicações, mas que na prática isso geralmente é impossível, porque os fenômenos biológicos derivam de muitas circunstâncias contingentes, históricas e aleatórias. Isso não quer dizer que os fenômenos biológicos sejam regidos por misteriosas leis próprias que atuam independentemente da lei da física. O ponto central da doutrina da emergência é que "não precisamos de *outra coisa* para conseguir *outra coisa*", disse Gell-Mann. "E quando olhamos o mundo dessa maneira, tudo se encaixa no seu lugar! Não nos torturamos mais com essas questões estranhas!"

Gell-Mann rejeitava assim a possibilidade — proposta por Stuart Kauffman e outros — de que houvesse uma lei da natureza, ainda não descoberta, que explicaria por que o universo gera tanta ordem apesar da suposta deriva universal rumo à desordem, decretada pela segunda lei da termodinâmica. Essa questão também já estava resolvida, respondeu Gell-Mann. O universo começou num estado ordenado longe do equilíbrio térmico. À medida que ele se desordena, a entropia aumenta, em média, por todo o sistema, mas pode haver muitas violações locais dessa tendência. "É uma tendência, e há muitos turbilhões nesse processo", disse ele. "O que é *muito* diferente de dizer que a complexidade aumenta! O invólucro da complexidade cresce, se expande. Mas, a partir dessas outras considerações, é óbvio que não é necessária nenhuma nova lei!"

Assim, o universo cria realmente o que Gell-Mann chama de acidentes petrificados — galáxias, estrelas, planetas, pedras, árvores —, estruturas complexas que servem de fundamento para o surgimento de outras ainda mais complexas. "Em geral, surgem formas de vida mais complexas, programas de computador mais complexos, objetos astronômicos mais complexos ao longo da evolução estelar e galáctica não adaptativa, e assim por diante. Porém, se olharmos muito, muito além no futuro, isso talvez deixe de ser verdade!" Daqui a muitas eras, é possível que a era da complexidade termine e que o universo se degenere, passando a ser "fótons, neutrinos, sucata desse tipo, e não um conjunto de individualidades". A segunda lei nos pegaria, afinal.

"O que estou tentando contestar é uma certa tendência ao obscurantismo e à mistificação", continuou Gell-Mann, enfatizando que havia muito a ser compreendido sobre os sistemas complexos; foi por essa razão que ajudou a fundar o Instituto Santa Fé. "Há uma enorme quantidade de pesquisas maravilhosas sendo realizadas. O que proponho é que não há nenhuma evidência de que precisemos — não sei como dizer de outra maneira — de *outra coisa*!" Enquanto falava, Gell-Mann exibia um amplo sorriso sarcástico, como se mal pudesse reprimir seu divertimento diante da tolice dos que discordassem dele.

Gell-Mann observou que "o último refúgio dos obscurantistas e mistificadores é a percepção de si mesmo, a consciência". É evidente que os seres humanos são mais inteligentes e autoconscientes do que outros animais, mas não são qualitativamente diferentes. "Mais uma vez, é um fenômeno que aparece num certo grau de complexidade e deve nascer das leis fundamentais e de um amontoado de circunstâncias históricas. Roger Penrose escreveu dois livros tolos baseados na falácia, há muito tempo desacreditada, de que o teorema de Gödel tem algo a ver com o fato de a consciência exigir" — pausa — "*outra coisa*."

Se os cientistas descobrissem uma nova lei fundamental, disse Gell-Mann, seria pesquisando mais a fundo o microcosmo, na direção da teoria das supercordas. Gell-Mann sentia que a teoria das supercordas seria provavelmente confirmada como a teoria final e fundamental da física no início do próximo milênio. Mas uma teoria tão forçada, com todas as suas dimensões extras, seria algum dia realmente aceita?, perguntei. Gell-Mann me olhou como se eu tivesse afirmado acreditar na reencarnação. "Você está considerando a ciência de um modo esquisito, como se fosse uma questão de pesquisa de opinião", disse ele. "O mundo existe de um certo modo, e as pesquisas de opinião nada têm a ver com isso! Elas exercem pressão sobre o empreendimento científico, mas a pressão definitiva da seleção provém da comparação com o mundo." E o que dizer da mecânica quântica? Teríamos de aceitar a sua estranheza? "Não acho que ela tenha nada de estranho! É apenas mecânica quântica! Atuando como mecânica quântica! É só o que ela faz!" Para Gell-Mann, o mundo fazia muito sentido. Ele já tinha *A Resposta*.

A ciência é finita ou infinita? Pelo menos uma vez, Gell-Mann não oferecia uma resposta pré-empacotada. "É uma pergunta muito difícil", respondeu sobriamente. "Não sei." O ponto de vista dele de como a complexidade nasce das leis fundamentais "ainda deixa em aberto a questão de saber se todo o empreendimento científico é aberto. Afinal, o empreendimento científico também pode se ocupar de todo tipo de detalhes". Detalhes.

Uma das coisas que torna Gell-Mann insuportável é que ele está quase sempre certo. Sua afirmação de que Kauffman, Bak, Penrose e outros não vão conseguir encontrar *outra coisa* além do horizonte da ciência atual — algo que possa explicar melhor do que a ciência atual o mistério da vida, da consciência humana e da própria existência — provavelmente se revelará correta. Gell-Mann talvez esteja errado — quem ousa afirmar tal coisa? — apenas em pensar que a teoria das supercordas, com todas as suas dimensões extras e seus enleios infinitesimais, um dia se tornará uma parte aceita dos fundamentos da física.

ILYA PRIGOGINE E O FIM DA CERTEZA

Em 1994, Arturo Escobar, antropólogo do Smith College, escreveu um ensaio na revista *Current Anthropology* sobre alguns dos novos conceitos e metáforas que estão surgindo a partir da ciência e da tecnologia modernas. Ele observou que caos e complexidade ofereciam visões de mundo diferentes daquelas apresentadas pela ciência tradicional; eles enfatizavam "a fluidez, a multiplicidade, a pluralidade, a conexidade, a segmentação, a heterogeneidade, a elasticidade; não enfatizavam a 'ciência', mas os conhecimentos do concreto e do local; não enfatizavam as leis, mas o conhecimento dos problemas e a dinâmica auto-organizadora de fenômenos não-orgânicos, orgânicos e sociais". Notem-se as aspas em torno da palavra *ciência*.[33]

Não são apenas os pós-modernos como Escobar que julgam o caos e a complexidade como o que eu chamaria de empenho irônico. O especialista da vida artificial Christopher Langton estava claramente apresentando a mesma idéia quando previu mais "poesia" no futuro da ciência. As idéias de Langton, por sua vez, lembravam as adotadas muito tempo antes pelo químico Ilya Prigogine. Em 1977, Prigogine ganhou um prêmio Nobel pelo estudo dos chamados sistemas dissipativos, misturas incomuns de substâncias químicas que nunca atingem o equilíbrio, mas continuam flutuando entre múltiplos estados. Com base nessas experiências, Prigogine, que alterna seu trabalho entre os institutos que fundou na Universidade Livre na Bélgica e na Universidade do Texas, em Austin, construiu uma torre de idéias sobre auto-organização, emergência, as ligações entre a ordem e a desordem — em suma, a caoplexidade.

A grande obsessão de Prigogine é o tempo. Durante décadas, ele reclamou que a física não estava dando atenção suficiente ao fato óbvio de que o tempo prossegue apenas numa direção. No início da década de 1990, ele anunciou que tinha elaborado uma nova teoria da física, a qual por fim fazia justiça à natureza irreversível da realidade. A teoria probabilística supostamente eliminava os paradoxos filosóficos que tinham atormentado a mecânica quântica, reconciliando-a com a mecânica clássica, a dinâmica não-linear e a termodinâmica. Como brinde, declarou Prigogine, a teoria ajudaria a transpor o abismo entre as ciências e as humanidades, provocando o "reencantamento" da natureza.

Prigogine tem seus fãs, pelo menos entre os leigos. No prefácio ao seu livro de 1984, *Order out of chaos* [Ordem gerada pelo caos] (best-seller na Europa), o futurólogo Alvin Toffler comparou o autor a Newton, profetizando que a futura ciência da Terceira Onda seria prigoginiana.[34] Porém, os cientistas familiarizados com a obra de Prigogine — inclusive os numerosos jovens estudiosos do caos e da complexidade que vêm usando suas idéias e sua retórica — têm muito pouco ou nada de bom a dizer sobre ele. Todos o acusam de ser arrogante e querer se engrandecer. Afirmam que sua contribuição para a ciência foi pequena ou nula em termos concretos; que ele simplesmente recriou as experiências de outros e filosofou a respeito delas; e que, dentre os premiados com o Nobel, ele era o que menos razão tinha para ganhar o prêmio.

Essas acusações até podem ser verdadeiras. Mas Prigogine também pode ter ganhado a inimizade de seus colegas por revelar o segredo sujo da ciência do final do século XX: que ela está, em certo sentido, cavando a própria cova. Em *Order out of chaos*, escrito em parceria com Isabelle Stengers, Prigogine mostrou que as principais descobertas científicas deste século têm proscrito os limites da ciência. "Demonstrações de impossibilidade na relatividade, na mecânica quântica ou na termodinâmica mostraram-nos que a natureza não pode ser explicada 'de fora', como se o cientista fosse um observador", afirmaram Prigogine e Stengers. A ciência moderna, com suas descrições probabilísticas, também "provoca uma espécie de 'inintcligibilidade' em comparação com a transparência do pensamento clássico".[35]

Conheci Prigogine em Austin em março de 1995, um dia depois de seu retorno de um período de trabalho na Bélgica. Ele não demonstrava sinais de cansaço devido à diferença de fuso horário. Aos 79 anos, era muito ativo e vigoroso. Embora fosse baixo e miúdo, tinha uma postura majestosa; não passava uma impressão de arrogância, mas de alguém que aceitava calmamente sua grandeza. Enquanto eu revisava as questões que esperava discutir com ele, ele acenava com a cabeça e resmungava com um pouco de impaciência: "Sim, sim"; estava ansioso, como logo percebi, por começar a me esclarecer sobre a natureza das coisas.

Pouco depois de nos sentarmos para conversar, dois pesquisadores do centro se juntaram a nós. Uma secretária me contou mais tarde que eles tinham ordens de interromper Prigogine, se ele se mostrasse demasiado dominador e não me deixasse formular nenhuma pergunta. Eles não cumpriram sua incumbência. Depois que ele começava a falar, era impossível interrompê-lo. Palavras, frases, parágrafos fluíam dele numa corrente constante e implacável. Seu sotaque era tão forte que chegava a ser quase uma paródia — lembrava-me o inspetor Clouseau de *A pantera cor-de-rosa* —, mas eu não tinha dificuldade de entendê-lo.

Ele recapitulou rapidamente a sua juventude. Nascera na Rússia em 1907, porém sua família burguesa fugira para a Bélgica em 1917. Tinha interesses muito diversos; ele aprendeu a tocar piano, estudou literatura, arte, filosofia — e ciência, é claro. Suspeitava que o cenário turbulento de sua juventude provocara a fascinação pelo tempo que estivera presente em toda a sua carreira. "Eu posso ter me impressionado com o fato de que a ciência tinha muito pouco a dizer sobre o tempo, a história e a evolução. E talvez isso tenha me levado ao problema da termodinâmica, porque na termodinâmica a principal quantidade é a entropia, e a entropia significa apenas evolução."

Na década de 1940, Prigogine propôs que o aumento da entropia, decretado pela segunda lei da termodinâmica, nem sempre criava desordem; em alguns sistemas, como as células químicas em contínua agitação que ele estudava em seu laboratório, a deriva entrópica podia gerar padrões impressionantes. Ele também começou a compreender que "a estrutura é estabelecida na direção do tempo, do tempo irreversível, e a seta do tempo é um elemento muito importante na estrutura do universo. Ora, isso já estava me levando, em certo sentido, a entrar em conflito com grandes físicos como Einstein, que afirmava que o tempo é uma ilusão".

Segundo Prigogine, a maioria dos físicos acha que a irreversibilidade é uma ilusão que deriva dos limites de suas observações. "Nunca consegui acreditar nisso, porque, em certo sentido, esse conceito parece indicar que as nossas medições, isto é, as nossas aproximações, introduzem a irreversibilidade num universo temporalmente reversível!", exclamou Prigogine. "Nós não somos os pais do tempo. Somos os filhos do tempo. Surgimos da evolução. O que temos de fazer é incluir os padrões evolutivos em nossas descrições. Precisamos de uma perspectiva darwiniana da física, uma perspectiva evolutiva da física, uma perspectiva biológica da física."

Prigogine e seus colegas estavam desenvolvendo exatamente esse tipo de física. Como resultado desse novo modelo, disse ele, a física renasceria, desmentindo as previsões pessimistas de reducionistas como Steven Weinberg (que trabalhava no mesmo prédio que Prigogine). A nova física também poderia sanar a grande brecha entre a ciência — que sempre explicara a natureza como resultado de leis determinísticas — e as humanidades, que enfatizavam a liberdade e a responsabilidade humanas. "É impossível acreditar que somos partes de um autômato e, ao mesmo tempo, acreditar no humanismo", declarou Prigogine.

É claro, enfatizou ele, essa unificação era antes metafórica do que literal; ela absolutamente não ajudaria a ciência a resolver todos os seus problemas. "Não se deve exagerar e sonhar com uma teoria unificada que inclua a política, a economia, o sistema imunológico, a física e a química", disse Prigogine, censurando os pesquisadores do Instituto Santa Fé e de outros lugares que sonhavam exatamente com uma teoria dessas. "Não se deve pensar que o progresso no estudo das reações químicas que não tendem ao equilíbrio vá fornecer a chave para a política humana. É claro que não vai! É claro que não vai! Mas, ainda assim, ele introduz um elemento unificado. Introduz o elemento da bifurcação, introduz a idéia da dimensão histórica, introduz a idéia dos padrões evolutivos, o que na verdade encontramos em todos os níveis. E, nesse sentido, é um elemento unificador da nossa perspectiva sobre o universo."

A secretária de Prigogine enfiou a cabeça no vão da porta para lembrá-lo de que ele reservara uma mesa de almoço no clube dos professores para o meio-dia. Depois do terceiro aviso — cinco minutos depois do meio-dia —, Prigogine terminou a sua peroração com um floreio e anunciou que era hora de almoçar. Na sala dos professores, vários outros pesquisadores do centro se reuniram a Prigogine e a mim: todos prigoginianos. Nós nos acomodamos numa longa mesa retangular. Prigogine sentou-se no meio de um dos lados, como Jesus na Última Ceia, e eu me sentei ao seu lado, como Judas, junto com os outros, enquanto ele continuava a falar.

Esporadicamente, Prigogine pedia que um de seus discípulos dissesse uma ou duas palavras — o bastante para deixar bem claro o enorme abismo entre os seus poderes retóricos e os deles. A certa altura, pediu a um homem alto e cadavérico sentado à minha frente (cujo gêmeo idêntico igualmente cadavérico também estava sentado à mesa, o que produzia um efeito estranho) que explicasse a sua visão probabilística e não-linear da cosmologia. O homem obedientemente produziu, com um sotaque lúgubre da Europa oriental, um monólogo impenetrável sobre bolhas, instabilidades e flutuações quânticas. Prigogine logo se intrometeu. O significado do trabalho de seu colega, explicou ele, era que não havia estado fundamental estável, não havia condição de equilíbrio, do espaço-tempo; assim, não havia início do cosmo e não podia haver fim. Ufa!

Entre os bocados de peixe, Prigogine reiterou suas objeções ao determinismo. (Antes ele admitira que fora fortemente influenciado por Karl Popper.) Descartes, Einstein e os outros grandes deterministas eram "todos pessimistas. Queriam ir para outro mundo, um mundo de beatitude eterna". Entretanto, um mundo determinístico não seria uma utopia, mas uma *dis*topia, disse Prigogine. Essa era a mensagem de Aldous Huxley em *Admirável mundo novo*; de

George Orwell em *1984*; de Milan Kundera em *A insustentável leveza do ser*. Quando tenta eliminar a evolução, a mudança, o fluxo pela força brutal, pela violência, explicou Prigogine, o Estado destrói o significado da vida, cria uma sociedade de "robôs eternos".

Por outro lado, um mundo completamente irracional e imprevisível seria também aterrorizador. "O que temos de encontrar é um meio-termo, descobrir uma descrição probabilística que diga alguma coisa, isto é, não procuramos uma que diga tudo, mas também não queremos uma que não diga nada." Prigogine afirmou que sua perspectiva podia fornecer uma estrutura filosófica para a compreensão dos fenômenos sociais. Mas o comportamento humano, enfatizou ele, não podia ser definido por nenhum modelo matemático e científico. "Na vida humana, não temos nenhuma equação básica simples! Quando decidimos tomar café ou não, isso já é uma decisão complicada. Depende do dia, se gostamos de café e assim por diante."

Prigogine estivera preparando o clima para uma grande revelação, e foi então que finalmente a divulgou. O caos, a instabilidade, a dinâmica não-linear e outros conceitos afins foram muito bem recebidos pelos cientistas e pelo público leigo, porque a própria sociedade estava num estado de fluxo. A crença do público em grandes idéias unificadoras — religiosas, políticas, artísticas ou científicas — estava se enfraquecendo.

"Até as pessoas muito católicas já não são provavelmente tão católicas quanto seus pais e avós. Já não acreditamos no marxismo ou no liberalismo, conforme a maneira clássica. Já não acreditamos na ciência clássica." O mesmo vale para as artes, a música, a literatura; a sociedade tem aprendido a aceitar uma multiplicidade de estilos e visões de mundo. A humanidade chegou, resumiu Prigogine, ao "fim da certeza".

Prigogine fez uma pausa, para que pudéssemos refletir sobre a magnitude de sua declaração. Quebrei o silêncio abafado observando que algumas pessoas, como os fundamentalistas religiosos, pareciam estar se agarrando à certeza com mais ferocidade do que nunca. Prigogine escutou polidamente, depois afirmou que os fundamentalistas eram apenas uma exceção à regra. De repente, ele fixou o olhar numa loura empertigada, a subdiretora de seu instituto, que estava sentada no outro lado da mesa. "Qual é a sua opinião?", perguntou ele. "Concordo plenamente", ela respondeu, apressando-se a acrescentar, talvez em resposta às risotas pusilânimes de seus colegas, que o fundamentalismo "parecia ser uma reação a um mundo desvairado".

Prigogine acenou paternalmente com a cabeça. Admitiu que suas afirmações sobre o fim da certeza tinham provocado "reações violentas" no *establishment* intelectual. Ele ficara sabendo que o *New York Times* se recusara a resenhar *Order out of chaos* porque os editores consideraram a discussão do fim da certeza "demasiado perigosa". Prigogine compreendia esses receios. "Se a ciência não é mais capaz de fornecer certeza, em que devemos acreditar? Quero dizer, antes era muito fácil. Acreditávamos em Jesus Cristo ou acreditávamos em Newton. Era muito simples. Mas agora, se, como digo, a ciência não está fornecendo certeza, mas probabilidades, o livro é perigoso!"

Apesar disso, Prigogine achava que seu ponto de vista fazia justiça ao mistério insondável do mundo e da nossa existência. Era o que ele queria dizer com a sua expressão "o reencantamento da natureza". Afinal, considerem este nosso almoço, agora. Que teoria poderia prever isto? "O universo é estranho", disse ele, aumentando um pouco a intensidade de sua voz. "Acho que todos concordamos sobre esse ponto." Enquanto varria a sala com seu olhar sereno, mas feroz, os colegas sacudiam a cabeça e davam risadinhas nervosas. A inquietação deles tinha razão de ser. O homem a quem eles haviam amarrado suas carreiras aparentemente acreditava que a ciência — a ciência empírica e rigorosa, o tipo de ciência que resolve os problemas, que torna o mundo compreensível, que nos leva a algum lugar — havia terminado.

Em troca da certeza, Prigogine — como Christopher Langton, Stuart Kauffman e outros caoplexologistas que foram claramente influenciados por suas idéias — promete o "reencantamento da natureza". (Apesar de toda a sua *hubris*, Per Bak pelo menos evita essa retórica pseudo-espiritual.) Ao que parece, o que Prigogine quer dizer com essa declaração é que as teorias vagas, indistintas e impotentes são, de certo modo, mais significativas, mais consoladoras, do que as teorias acuradas, precisas e poderosas de Newton,

Einstein ou dos modernos físicos de partículas. No entanto, cabe a pergunta: por que um universo ininteligível e não-determinista seria menos frio, cruel e assustador do que um universo transparente e determinista? Mais especificamente, como é que o fato de o mundo seguir uma dinâmica probabilística e não-linear poderá consolar a mulher bósnia que viu a única filha ser estuprada e massacrada?

MITCHELL FEIGENBAUM E O COLAPSO DO CAOS

Foi um encontro com Mitchell Feigenbaum que finalmente me convenceu de que a caoplexidade é um empreendimento condenado. Feigenbaum era talvez a figura mais convincente do livro de Gleick, *Chaos*, e desse ramo de estudos em geral. Formado como físico de partículas, Feigenbaum ficou fascinado por questões que estavam além do alcance daquela área ou de qualquer outro campo de estudo, sobre a turbulência, o caos, a relação entre a ordem e a desordem. Na metade da década de 1970, quando era um jovem estudante de pós-doutorado no Laboratório de Los Alamos, ele descobriu uma ordem oculta, chamada duplicação de período, subjacente ao comportamento de uma ampla variedade de sistemas matemáticos não-lineares. O período de um sistema é o tempo que ele leva para retornar ao seu estado original. Feigenbaum descobriu que o período de alguns sistemas não-lineares continua a duplicar à medida que eles evoluem e, portanto, rapidamente se aproxima do infinito (ou eternidade). Os experimentos confirmaram que alguns sistemas simples do mundo real (embora não sejam tantos quanto inicialmente se esperava) demonstram essa duplicação de período. Por exemplo, quando se abre aos poucos uma torneira, a água demonstra a duplicação do período ao passar de um pingo constante para um jorro turbulento. O matemático David Ruelle afirma que a duplicação de período é um trabalho de "particular beleza e importância" que "sobressai na teoria do caos".[36]

Quando o conheci em março de 1994 na Universidade Rockefeller, onde ele tem uma sala espaçosa com vista para o East River de Manhattan, Feigenbaum parecia, em todos os detalhes, o gênio que as pessoas diziam que ele era. Com sua cabeça enorme e magnífica e os cabelos penteados para trás, parecia Beethoven, embora fosse mais bonito e menos simiesco do que ele. Feigenbaum falava de modo claro e preciso, sem sotaque, mas com uma estranha formalidade, como se o inglês fosse uma segunda língua que dominara por simples talento. (A voz do teórico das supercordas, Edward Witten, tem a mesma qualidade.) Quando acha graça, Feigenbaum mais faz uma careta do que sorri: os olhos, já protuberantes, saltam ainda mais das órbitas e os lábios se retraem, deixando à mostra duas fileiras de dentes escuros que parecem pregos, manchados por inúmeros cafés expressos e cigarros sem filtro (dois produtos que ele consumiu durante nossa entrevista). Suas cordas vocais, curtidas por décadas de exposição a essas toxinas, produziam uma voz tão sonora e vibrante quanto a de um baixo profundo, além de uma risada grave e malévola.

Como muitos caoplexologistas, Feigenbaum não resistia à tentação de ridicularizar os físicos de partículas por ousarem pensar que poderiam formular uma teoria de tudo. É bem possível, disse ele, que os físicos de partículas desenvolvam algum dia uma teoria que explique adequadamente todas as forças fundamentais da natureza, inclusive a gravidade. Mas chamar essa teoria de final seria outra história. "Muitos dos meus colegas gostam da idéia de teorias finais, porque são religiosos. E eles usam a teoria como um substituto para Deus, no qual eles não acreditam. Mas apenas criaram um substituto."

Uma teoria unificada da física evidentemente não responderia a todas as perguntas, disse Feigenbaum. "Se você realmente acredita que esse é um caminho para compreender o mundo, posso perguntar de imediato: segundo esse formalismo, como é que descrevo a sua aparência, todos os fios de cabelo na sua cabeça?" Ele me fitou, até eu sentir meu escalpo formigar. "Ora, uma resposta é a seguinte: 'Isso não é um problema que interesse'." A contragosto, senti-me um pouco ofendido. "Outra resposta é: 'Bem, certo, mas não podemos resolver a questão'. A resposta correta é evidentemente uma liga desses dois complementos. Temos poucas ferramentas. Não podemos resolver problemas desse tipo."

Além disso, os físicos de partículas estão interessados demais em descobrir teorias que sejam meramente verdadeiras, no sentido de que explicam os dados disponíveis; o objetivo da ciência seria gerar "pensamentos na nossa cabeça" que "tenham uma alta chance de ser novos e emocionantes", explicou Feigenbaum. "É o desiderato." Ele acrescentou: "Não ganhamos nenhuma segurança em saber que alguma coisa é verdadeira, pelo menos é o que penso. Minha indiferença a esse respeito é completa. Gosto de saber que tenho o meu modo de pensar sobre as coisas". Comecei a suspeitar que Feigenbaum, como David Bohm, tinha uma alma de artista, de poeta, até de místico: não procurava a verdade, mas a revelação.

Feigenbaum observou que a metodologia da física de partículas — e da física em geral — consistira em tentar examinar os aspectos mais simples possíveis da realidade, "nos quais todo o resto havia sido eliminado". Os reducionistas mais extremos tinham sugerido que examinar fenômenos mais complexos era mera "engenharia". Mas em conseqüência dos progressos no ramo do caos e da complexidade, disse ele, "algumas dessas coisas que ficavam relegadas à engenharia são agora consideradas questões razoáveis que podem ser examinadas de um ponto de vista mais teórico. Não apenas para se chegar à resposta correta, mas para se compreender um pouco como elas funcionam. E até o fato de que se possa entender esse último comentário vai contra o que significa uma teoria chegar ao fim".

Por outro lado, o caos também gerara uma propaganda exagerada. "Dar a esse tema o nome de 'caos' foi uma fraude", disse ele. "Imagine que um de meus colegas [físicos de partículas] vá a uma festa e encontre alguém todo animado com o caos que lhe diz serem puro disparate essas idéias reducionistas. Bem, é de enfurecer qualquer um, porque as informações que a pessoa recebeu são completamente estúpidas", disse Feigenbaum. "Acho lamentável que as pessoas sejam desleixadas, e o pior é que elas acabam por virar deputados."

Alguns de seus colegas do Instituto Santa Fé, acrescentou Feigenbaum, também tinham uma crença ingênua no poder dos computadores. "A prova está no que é palpável", disse ele, e fez uma pausa, como se considerasse como prosseguir diplomaticamente. "É muito difícil ver as coisas em experiências numéricas. Isto é, as pessoas querem ter computadores cada vez mais sofisticados para simular fluidos. É possível aprender alguma coisa simulando fluidos, mas, se não soubermos o que estamos procurando, não veremos nada. Porque afinal, se olho pela janela, tenho uma simulação muito melhor do que a que conseguiria num computador."

Ele moveu a cabeça na direção da janela, além da qual fluía o plúmbeo East River. "Não posso investigar a paisagem tão nitidamente, mas há tantos dados na simulação numérica que, se não sei o que investigar, vou acabar não aprendendo nada." Por essas razões, grande parte do trabalho recente sobre fenômenos não-lineares "não tem produzido respostas. O motivo é que esses problemas são mesmo difíceis e não temos ferramentas. E nossa tarefa deveria ser a de realmente fazer esses cálculos esclarecedores, que requerem um pouco de fé e também bastante sorte. As pessoas não sabem como tratar desses problemas".

Admiti que a retórica dos estudiosos do caos e da complexidade freqüentemente me deixava confuso. Às vezes eles pareciam estar delineando os limites da ciência — como o efeito borboleta — e às vezes sugeriam que podiam superar esses limites. "Estamos construindo ferramentas!", gritou Feigenbaum. "Não sabemos como tratar desses problemas. Eles são muito difíceis. De vez em quando conseguimos um pequeno setor em que sabemos o que fazer, e tentamos expandi-lo o máximo possível. E quando ele atinge o seu limite, as pessoas chafurdam por algum tempo e depois param de examiná-lo. Esperam então alguma nova idéia esclarecedora. Trata-se literalmente de aumentar as fronteiras do que está sob a suserania da ciência. *Não* é algo que se faça segundo um ponto de vista de engenharia. Não se trata apenas de dar a resposta com algum grau de aproximação."

"Eu quero saber *o porquê*", continuou ele, ainda me fitando fixamente. "*Por que* é assim?" Seria possível que esse empreendimento pudesse, bem, fracassar? "Mas é claro!", gritou Feigenbaum, rindo como um louco. Ele confessou que ultimamente estava bloqueado. Até o final da década de 1980, procurara refinar um método para descobrir como um objeto fractal — uma nuvem, por exemplo — poderia evoluir ao longo do tempo, quando perturbado por forças variadas. Escreveu dois longos artigos sobre o tópico que foram publicados em 1988 e 1989, numa revista de física relativamente obscura.[37] "Não sei se foram bem compreendidos", disse Feigenbaum de forma desafiadora. "Na verdade, nunca fui capaz de fazer uma palestra a respeito." O problema, sugeriu, é que talvez ninguém conseguisse compreender o que ele estava tentando dizer. (Feigenbaum era famoso tanto por ser brilhante quanto pela obscuridade.)

Desde então, acrescentou, "não tive nenhuma outra idéia melhor que me indicasse como prosseguir nesses estudos".

Enquanto isso, Feigenbaum se voltara para a ciência aplicada. Engenharia. Ajudara uma companhia que traçava mapas a desenvolver um software para a construção automática de mapas com um mínimo de distorção espacial e um máximo de apelo estético. Participava de uma comissão que estava projetando uma nova moeda corrente nos Estados Unidos, para torná-la menos suscetível à falsificação. (Feigenbaum apresentou a idéia de usar padrões fractais que borram quando fotocopiados.) Observei que pareciam ser projetos fascinantes e valiosos para a maioria dos cientistas. Mas as pessoas familiarizadas com a antiga encarnação de Feigenbaum como líder da teoria do caos, se soubessem que ele agora estava trabalhando com mapas e moeda corrente, poderiam pensar que...

"Ele não está fazendo pesquisa séria", disse Feigenbaum com calma, como se para si mesmo. E não era só isso, acrescentei. O que as pessoas poderiam pensar era que, se aquele que era incontestavelmente o explorador mais talentoso do caos não conseguia ir adiante, talvez o campo tivesse chegado ao fim de sua trajetória. "Há *alguma* verdade nisso", respondeu Feigenbaum. Ele reconhecia que desde 1989 não tivera nenhuma boa idéia sobre como desenvolver a teoria do caos. "Sempre estamos à procura de algo substancial, e no momento..." Fez uma pausa. "Não tenho nenhuma idéia. Não sei..." Tornou a virar os olhos grandes e luminosos para o rio além da janela, como se procurasse um sinal.

Sentindo um pouco de culpa, disse a Feigenbaum que adoraria ver seus últimos artigos sobre o caos. Ele teria alguma cópia? Em resposta, Feigenbaum pulou da cadeira e se precipitou, meio inclinado, para uma fila de arquivos na outra extremidade do seu escritório. No meio do caminho, bateu com a canela numa mesinha de centro baixa. Estremecendo, com os dentes cerrados, Feigenbaum seguiu mancando, ferido por sua colisão com o mundo. A cena era uma inversão grotesca do famoso episódio do chute na pedra, de Samuel Johnson. A mesinha, de ar repentinamente malévolo, parecia tripudiar: "É assim que refuto Feigenbaum".

CRIANDO METÁFORAS

Os ramos do caos, da complexidade e da vida artificial vão continuar. Certos estudiosos se contentarão em brincar no reino da matemática pura e da ciência da computação teórica. Outros, a maioria, desenvolverão novas técnicas matemáticas e computacionais para fins de engenharia. Farão mais progressos, como aumentar o alcance das previsões do tempo ou aperfeiçoar a capacidade dos engenheiros para simular o desempenho de jatos ou outras tecnologias complexas. Mas não propiciarão nenhuma grande compreensão da natureza — certamente nada comparável à teoria da evolução de Darwin ou à mecânica quântica. Não nos obrigarão a fazer nenhuma revisão significativa em nosso mapa da realidade ou em nossa narrativa da criação. Não descobrirão o que Murray Gell-Mann chama de "outra coisa".

Até o momento, os caoplexologistas criaram algumas metáforas potentes: o efeito borboleta, os fractais, a vida artificial, a fronteira do caos, a criticalidade auto-organizada. Mas nada nos disseram sobre o mundo, que é concreto e verdadeiramente surpreendente, num sentido negativo ou positivo. Alargaram um pouco os limites do conhecimento em certas áreas e delinearam com mais nitidez as fronteiras do conhecimento em outras partes.

As simulações de computador representam uma espécie de meta-realidade na qual podemos brincar com teorias científicas e até — em certa medida — testá-las, mas elas não são a própria realidade (embora muitos aficionados tenham perdido de vista essa distinção). Além disso, ao dar aos cientistas mais poder de manipular símbolos diferentes de maneiras diferentes para simular um fenômeno natural, os computadores podem solapar a crença dos cientistas de que suas teorias não só são verdadeiras, mas *Verdadeiras*, exclusiva e absolutamente verdadeiras. O que os computadores podem fazer é apressar o fim da ciência empírica. Christopher Langton tinha razão: existe algo mais semelhante à poesia no futuro da ciência.

9

O FIM DA LIMITOLOGIA

Assim como os amantes só começam a discutir sobre o seu relacionamento quando ele se desgasta, os cientistas se tornarão mais autoconscientes e reticentes quando o seu empenho produzir cada vez menos resultados. A ciência seguirá o caminho já trilhado pela literatura, a arte, a música, a filosofia. Ela se tornará mais introspectiva, subjetiva, prolixa, obcecada pelos próprios métodos. Na primavera de 1994, vi o futuro da ciência em microcosmo ao participar de um seminário no Instituto Santa Fé, que tinha o nome de "Os limites do conhecimento científico". Durante o encontro de três dias, um grupo de pensadores, que incluía matemáticos, físicos, biólogos e economistas, meditou sobre se havia limites para a ciência e, nesse caso, se ela era capaz de conhecê-los. O encontro foi organizado por duas pessoas ligadas ao Instituto Santa Fé: John Casti, matemático que tem escrito inúmeros livros populares sobre a ciência e a matemática, e Joseph Traub, teórico da ciência da computação, que é professor da Universidade de Columbia.[1]

Eu fora ao encontro em grande parte para conhecer Gregory Chaitin, matemático e cientista da computação da IBM, que se dedicara, desde o início da década de 1960, a explorar e estender o teorema de Gödel por meio do que ele chamava de teoria algorítmica da informação. Pelo que eu sabia, Chaitin chegara perto de provar que uma teoria matemática da complexidade não era possível. Antes de conhecê-lo, eu o imaginava como um homem de aparência amarga e áspera, com orelhas cabeludas e sotaque da Europa oriental; afinal, uma angústia filosófica do velho mundo impregnava a sua pesquisa sobre os limites da matemática. Mas Chaitin não se ajustava de modo algum ao meu modelo interno. Forte, careca e com ar de garoto, ele usava roupas de neobeatnik: calças brancas largas com suspensórios elásticos, camiseta de malha preta com um desenho de Matisse, sandálias com meias. Era mais jovem do que eu pensara; mais tarde fiquei sabendo que seu primeiro artigo fora publicado quando ele tinha apenas dezoito anos, em 1965. Sua hiperatividade o tornava ainda mais jovem. Falava sempre de forma acelerada, quando se deixava arrebatar pelas palavras, ou desacelerada, talvez quando se dava conta de que estava chegando perto dos limites da compreensão humana e precisava diminuir o ritmo. Gráficos da velocidade e volume da sua fala formariam ondas senoidais sobrepostas. Enquanto lutava para articular uma idéia, ele apertava os olhos e, com uma careta de aflição, inclinava a cabeça para a frente, como se tentasse desgrudar as palavras de seu cérebro pegajoso.[2]

Os participantes sentaram-se ao redor de uma longa mesa retangular numa grande sala retangular com um quadro-negro numa das extremidades. Casti abriu o encontro perguntando: "O mundo real é demasiado complexo para o nosso entendimento?". Em seguida observou que, de acordo com o teorema da incompletude de Gödel, algumas descrições matemáticas seriam sempre incompletas; alguns aspectos do mundo sempre resistiriam à descrição. Continuando na mesma linha, Alan Turing mostrou que muitas proposições matemáticas não podem ser "decididas"; isto é, não é possível determinar se elas são verdadeiras ou falsas numa extensão finita de tempo. Traub tentou refazer a pergunta de Casti sob uma luz mais positiva: é possível saber o que não podemos conhecer? É possível *provar* que há limites para a ciência, assim como Gödel e Turing provaram que há limites para a matemática e a computação?

A única maneira de construir tal prova, anunciou E. Atlee Jackson, físico da Universidade de Illinois, seria construir uma representação formal da ciência. Para mostrar como seria difícil essa tarefa, Jackson correu ao quadro-negro e rabiscou um fluxograma complicadíssimo que supostamente representava a ciência. Quando seu público o fitou, perplexo, ele voltou aos aforismos. Para determinar se a ciência tem limites, afirmou, é preciso definir a ciência, e assim que a definimos, nós lhe impomos limites. Por outro lado, ele acrescentou: "Não posso definir a minha mulher, mas posso reconhecê-la". Recompensado com risadinhas polidas, Jackson voltou para o seu lugar.

O teórico anticaos Stuart Kauffman vivia se intrometendo na reunião, proferia miniconferências em estilo zen e depois saía de novo. Durante uma de suas aparições, ele nos lembrou de que nossa própria sobrevivência depende da nossa capacidade de classificar o mundo. Mas o mundo não nasce já arrumado em categorias preestabelecidas. Podemos "esculpi-lo", classificá-lo, de muitas maneiras. Além do mais, para classificar os fenômenos, devemos jogar fora algumas informações. Kauffman concluiu com o seguinte sortilégio: "Ser é classificar é agir, e tudo isso significa jogar fora informações. Assim, o ato de conhecer exige ignorância". O seu público parecia ao mesmo tempo impressionado e irritado.

Ralph Gomory disse então algumas palavras. Ex-vice-presidente de pesquisa da IBM, Gomory chefiava a Fundação Sloan, uma organização filantrópica que patrocinava projetos relacionados com a ciência, inclusive o seminário de Santa Fé. Quando escutava alguém falar, e mesmo quando ele próprio falava, ele assumia uma expressão de profunda incredulidade. Inclinava a cabeça para a frente, como se espiasse por cima de óculos bifocais invisíveis, enquanto franzia as espessas sobrancelhas pretas e enrugava a testa.

Gomory explicou que decidira patrocinar o seminário porque havia muito tempo sentia que o sistema educacional enfatizava demais o que se conhecia e dava pouca atenção ao que não se conhecia ou até não se podia conhecer. A maioria das pessoas nem se dava conta do pouco que se sabe, disse Gomory, porque o sistema educacional apresenta uma perspectiva da realidade muito inconsútil e não contraditória. Tudo o que sabemos sobre as antigas Guerras Púnicas, por exemplo, deriva de uma única fonte, Heródoto. Como podemos saber se Heródoto foi um repórter acurado? Talvez ele tivesse informações incompletas ou pouco precisas! Talvez possuísse vieses ou inventasse os dados! Nunca saberemos!

Mais tarde, Gomory acrescentou que, ao observar seres humanos jogando xadrez, um marciano seria capaz de deduzir as regras corretamente. Mas o marciano poderia ter certeza de que aquelas eram as regras corretas ou as únicas regras? Todos pensaram um pouco sobre a charada de Gomory. Depois Kauffman especulou sobre qual teria sido a resposta de Wittgenstein. Ele teria "sofrido demais", disse Kauffman, com a hipótese de os jogadores poderem fazer uma jogada — deliberadamente ou não — que violasse as regras. Afinal, como é que o marciano podia saber se a jogada era apenas um erro ou o resultado de nova regra? "Entende?", perguntou Kauffman a Gomory.

"Para começo de conversa, não sei quem é Wittgenstein", respondeu Gomory, irritado.

Kauffman levantou as sobrancelhas. "É um filósofo *muito* famoso."

Ele e Gomory ficaram se encarando, até alguém dizer: "Vamos deixar Wittgenstein fora disso".

Patrick Suppes, filósofo de Stanford, interrompeu muitas vezes a discussão para assinalar que Kant, na sua discussão das antinomias, virtualmente previu todos os problemas que eles estavam discutindo no seminário. Por fim, quando Suppes falou de nova antinomia, alguém gritou: "Chega de Kant!". Suppes protestou que só queria mencionar mais uma antinomia muito importante, mas seus colegas o fizeram calar aos gritos. (Sem dúvida, não queriam que ele lhes lembrassem que, na maior parte da discussão, estavam apenas reafirmando, com jargão e metáforas modernas, argumentos apresentados há muito tempo, e não só por Kant, mas até pelos gregos antigos.)

Cuspindo palavras como uma metralhadora, Chaitin dirigiu a conversa de volta para Gödel. O teorema da incompletude, afirmou ele, longe de ser uma curiosidade paradoxal com pouca relevância para o progresso da matemática ou da ciência, como alguns matemáticos gostam de acreditar, é apenas um dentre os muitos problemas profundos propostos pela matemática. "Algumas pessoas desconsideram os resultados de Gödel chamando-os de bizarros, patológicos, derivados de um paradoxo auto-referencial", disse Chaitin. "O próprio Gödel às vezes se preocupava com a possibilidade de seu teorema ser um paradoxo criado pelo nosso emprego das palavras. Ora, a incompletude parece tão natural que podemos perguntar como é que nós, matemáticos, conseguimos fazer alguma coisa!"

O próprio trabalho de Chaitin sobre a teoria algorítmica da informação sugeria que, por tratarem de problemas cada vez mais complexos, os matemáticos terão de continuar a aumentar sua base de axiomas; em outras palavras, para saber mais, deve-se pressupor mais. O resultado, sustentava Chaitin, é que a matemática está fadada a se tornar uma ciência cada vez mais experimental, com menos direito à verdade absoluta. Chaitin também estabelecera que, como a natureza, a matemática parece igualmente abrigar incerteza e acaso fundamentais. Havia pouco tempo, ele descobrira uma equação algébrica que podia ter um número finito ou infinito de soluções, dependendo do valor das variáveis na equação.

"Em geral supomos que, se as pessoas acham que algo é verdadeiro, o dado é verdadeiro por alguma razão. Na matemática, a razão é chamada de prova, e a tarefa do matemático é descobrir a prova, as razões, as deduções dos axiomas ou princípios aceitos. O que descobri são verdades matemáticas que são verdadeiras por nenhuma razão. São verdadeiras por acaso ou aleatoriamente. É por isso que nunca descobriremos a verdade: porque não há verdade, não há razão para que esses dados sejam verdadeiros."

Chaitin também provara que não se pode determinar se um programa de computador é o método mais sucinto possível de resolver um problema; é sempre possível que existam programas mais concisos. (A implicação dessa descoberta, assinalaram outros, é que os físicos nunca poderão ter certeza de ter encontrado uma teoria verdadeiramente final, aquela que representa a descrição mais compacta possível da natureza.) Chaitin com certeza sentia prazer em ser o mensageiro dessas notícias terríveis. Parecia embriagado com a idéia de estar demolindo o templo da matemática e da ciência.

Casti retorquiu que os matemáticos poderiam ser capazes de evitar os efeitos de Gödel empregando sistemas formais simples — como uma aritmética que consistisse unicamente em adição e subtração (e não em multiplicação e divisão). Sistemas não dedutivos de raciocínio, acrescentou Casti, também poderiam contornar o problema; o teorema de Gödel talvez se revelasse uma pista falsa quando aplicado à ciência natural.

Francisco Antônio "Chico" Doria, matemático brasileiro, também achava a análise de Chaitin muito pessimista. Os obstáculos matemáticos identificados por Gödel, sustentava Doria, longe de significar o fim da matemática, poderiam enriquecê-la. Por exemplo, sugeriu ele, quando os matemáticos encontram uma proposição que aparentemente não admite solução, eles podem criar dois novos ramos da matemática, um que pressupõe a verdade da proposição e outro que pressupõe a sua falsidade. "Em vez de um limite do conhecimento", concluiu Doria, "podemos ter uma riqueza do conhecimento."

Ao ouvir Doria, Chaitin revirou os olhos. Suppes também parecia ter dúvidas. Supor arbitrariamente que proposições matemáticas indecidíveis são verdadeiras ou falsas, disse Suppes com voz arrastada, tem "todas as vantagens do roubo comparado com o trabalho honesto". Ele atribuiu seu gracejo a alguém famoso.

A conversa continuou a tender — como se puxada por um atrator estranho — para um dos tópicos favoritos dos matemáticos e físicos de inclinação filosófica: o problema do contínuo. A realidade é homogênea ou um monte de pedaços? Analógica ou digital? O mundo é mais bem descrito pelos chamados números reais, que podem ser divididos em gradações infinitamente menores, ou pelos números inteiros? Desde Newton até Einstein, os físicos têm se apoiado nos números reais. Mas a mecânica quântica sugere que a matéria e a energia, e talvez até o tempo e o espaço (em escalas bastante pequenas) se apresentam em pedaços descontínuos e indivisíveis. Os computadores também representam tudo como inteiros: uns e zeros.

Chaitin acusou os números reais de serem um "disparate". A precisão deles é uma vergonha, dados o ruído e o caráter vago do mundo. "Os físicos sabem que toda equação é uma mentira", declarou ele.

Alguém se defendeu com uma citação de Picasso: "A arte é uma mentira que nos ajuda a ver a verdade".

É *claro* que os números reais são abstrações, repetiu Traub, mas são abstrações muito poderosas e eficazes. É *claro* que existe sempre ruído, mas há meios de lidar com o ruído num sistema de número real. Um modelo matemático capta a essência de alguma coisa. Ninguém imagina que ele capte o fenômeno *inteiro*.

Suppes foi até o quadro-negro e rabiscou algumas equações que, como ele sugeriu, poderiam eliminar o problema do contínuo de uma vez por todas. Seu público não parecia impressionado. (Este, pensei, é o principal problema da filosofia: na verdade, ninguém *quer* ver os problemas filosóficos resolvidos, porque nesse caso não terão mais nada sobre o que falar.)

Outros participantes observaram que os cientistas enfrentam obstáculos ao conhecimento muito menos abstratos do que a incompletude, a indecidibilidade, o contínuo e assim por diante. Um deles foi Piet Hut, astrofísico holandês do Instituto de Estudos Avançados. Hut disse que, com a ajuda de métodos estatísticos e computadores potentes, ele e seus colegas astrofísicos tinham aprendido a superar o mal-afamado problema dos *n* corpos, segundo o qual é impossível prever a trajetória de três ou mais corpos que interagem gravitacionalmente. Os computadores podiam agora simular a evolução de galáxias inteiras, contendo bilhões de estrelas, e até de aglomerados de galáxias.

Porém, acrescentou Hut, os astrônomos enfrentam outros limites que parecem insuperáveis. Eles só têm um universo para estudar, por isso não podem realizar experiências de controle sobre ele. Os cosmólogos só podem acompanhar a história do universo até certo ponto, e nunca saberão o que havia antes do *big bang* ou o que existe além das fronteiras de nosso universo, se é que existe alguma coisa. Além disso, os físicos de partículas talvez enfrentem dificuldades para testar teorias (como as que envolvem as supercordas) que juntam a gravidade e todas as outras forças da natureza, porque os efeitos só se tornam visíveis em escalas de distância e em energias que estão fora do alcance de qualquer acelerador imaginável.

Uma observação igualmente pessimista foi apresentada por Rolf Landauer, físico da IBM e pioneiro no estudo dos limites físicos da computação. Ao falar, Landauer resmungava com um sotaque alemão que afiava o gume de seu senso de humor sarcástico. Na segunda ou terceira vez em que, para tomar a palavra, um dos participantes ficou na frente da projeção de seus gráficos, Landauer disse bruscamente: "As suas palavras podem ser transparentes, mas você não é!".

Landauer sustentava que os cientistas não podiam contar com a possibilidade de a potência dos computadores continuar a crescer indefinidamente. Ele admitia que já se demonstrara a falsidade de muitas das supostas restrições físicas que antes se julgava que a segunda lei da termodinâmica ou a mecânica quântica impunham à computação. Mas, por outro lado, os custos das fábricas de computadores estavam aumentando tão rapidamente que ameaçavam deter o declínio nos preços da computação, que já durava algumas décadas. Landauer também duvidava de que os projetistas de computador se aproveitassem, em breve, de efeitos quânticos exóticos como a superposição — a capacidade de uma entidade quântica existir em mais de um estado ao mesmo tempo — para com isso superar a capacidade dos computadores atuais, como tinham proposto alguns teóricos. Esses sistemas seriam tão sensíveis a minúsculas rupturas no nível do quantum que não teriam utilidade, afirmou Landauer.

Brian Arthur, um corado economista do Instituto Santa Fé que falava com um sotaque irlandês cantado, desviou a conversa para os limites da economia. Ao tentar prever o desempenho da Bolsa de Valores, disse Arthur, o investidor deve fazer conjecturas sobre o que outros vão conjecturar sobre o que outros vão conjecturar — e assim por diante, *ad infinitum*. A esfera econômica é inerentemente subjetiva, psicológica e por isso imprevisível; a indeterminação "impregna todo o sistema". Quando os economistas tentam simplificar seus modelos — supondo que os investidores tenham um conhecimento perfeito do mercado ou que os preços representem um valor verdadeiro —, os modelos deixam de ser realistas; dois economistas dotados de inteligência infinita chegarão a conclusões diferentes sobre o mesmo sistema. A única coisa que os economistas podem fazer realmente é dizer: "Bem, podia ser isso, podia ser aquilo". Por outro lado, acrescentou Arthur, "se você ganhou dinheiro na Bolsa, todos os economistas escutarão o que você tem a dizer".

Kauffman então repetiu de forma mais abstrata o que Arthur acabara de dizer. As pessoas são "agentes" que devem constantemente ajustar seus "modelos internos" em resposta aos ajustes que percebem nos modelos internos de outros agentes, criando assim um "cenário complexo de co-adaptação".

Franzindo o sobrolho, Landauer interpôs que havia razões muito mais óbvias para a impossibilidade de prever os fenômenos econômicos do que esses fatores subjetivos. A AIDS, as guerras no

Terceiro Mundo, até a diarréia do analista-chefe de um grande fundo mútuo podem ter um efeito profundo sobre a economia, disse ele. Que modelo pode prever esses fatos?

Roger Shepard, um psicólogo de Stanford que ouvira todas as discussões em silêncio, finalmente começou a falar com uma voz fina. Shepard parecia um pouco melancólico. Esse aparente estado de espírito talvez fosse uma ilusão engendrada pelo seu bigode caído e matizado de branco — ou um subproduto muito real de sua obsessão por perguntas sem resposta. Shepard admitiu que viera ao encontro para aprender se as verdades científicas ou matemáticas eram descobertas ou inventadas. Ele também andara pensando muito nos últimos tempos sobre onde realmente havia conhecimento científico, e concluíra que esse conhecimento não podia existir de forma independente da mente humana. Um livro de física, sem um ser humano para lê-lo, não passa de papel e manchas de tinta. Mas isso propunha o que Shepard considerava uma questão inquietante. A ciência parece estar se tornando cada vez mais complicada e, assim, cada vez mais difícil de ser compreendida. Parece bem possível que no futuro algumas teorias científicas, como a teoria da mente humana, serão demasiado complexas até para a inteligência do cientista mais brilhante. "Eu talvez seja antiquado", disse Shepard. "Mas se uma teoria é tão complicada que ninguém consegue compreendê-la, que satisfação pode nos proporcionar?"

Traub também se preocupava com essa questão. Os seres humanos acreditam na navalha de Occam, segundo a qual as melhores teorias são as mais simples, porque essas são as únicas teorias que nosso cérebro diminuto consegue compreender. Mas talvez os computadores não estejam sujeitos a essa limitação, acrescentou Traub. Talvez os computadores sejam os cientistas do futuro.

Na biologia, observou alguém lugubremente, "a navalha de Occam corta a sua garganta".

Gomory observou que a tarefa da ciência era encontrar esses nichos da realidade que se prestam à compreensão, dado que o mundo é basicamente ininteligível. Um modo de tornar o mundo compreensível, sugeriu Gomory, é torná-lo mais artificial, pois os sistemas artificiais tendem a ser mais compreensíveis e previsíveis do que os naturais. Por exemplo, para facilitar a previsão do tempo, a sociedade poderia cobrir o mundo com uma abóbada transparente.

Todos fitaram Gomory por um momento. Depois Traub observou: "Acho que o que Ralph quer dizer é que criar o futuro é mais fácil do que prevê-lo".

Enquanto o encontro se desenrolava, as declarações de Otto Rossler pareciam cada vez mais razoáveis. Ou será que as de todos os outros pareciam menos razoáveis? Rossler era um bioquímico teórico e um teórico do caos da Universidade de Tübingen, na Alemanha, que na metade da década de 1970 descobrira um monstro matemático chamado atrator de Rossler. Seu cabelo branco parecia sempre despenteado, como se ele acabasse de sair de um transe. Ele tinha as feições exageradas de uma marionete: olhos arregalados, lábio inferior protuberante e um queixo bulboso emoldurado por profundas rugas verticais. Nem eu nem — suspeito — os outros o compreendíamos muito bem, porém todos se inclinavam na sua direção, quando ele proferia as suas declarações sussurrantes e balbuciantes, como se fosse um oráculo.

Rossler via dois limites primários para o conhecimento. Um era a inacessibilidade. Jamais conheceremos a origem do universo, por exemplo, porque esse fato está muito distante de nós, tanto no espaço quanto no tempo. O outro limite, a distorção, era muito pior. O mundo pode nos enganar, induzindo-nos a pensar que o compreendemos quando na verdade não o entendemos. Se pudéssemos nos posicionar fora do universo, sugeriu Rossler, conheceríamos os limites de nosso conhecimento; mas estamos presos dentro do universo, e assim o conhecimento que temos de nossos próprios limites deve continuar incompleto.

Rossler formulou algumas questões que segundo ele foram propostas no século XVIII por um físico chamado Roger Boscovich. Alguém que esteja num planeta cujo céu é totalmente preto consegue determinar se o planeta está girando? Se a Terra respira, mas nós também respiramos, em sincronia com ela, podemos perceber que ela respira? Provavelmente não, afirmou Rossler. "Existem situações em que somos incapazes de descobrir a verdade a partir de uma perspectiva interna", disse ele. Por outro lado, acrescentou, pelo simples fato de propormos experiências ideais como essas, poderíamos descobrir um meio de superar os limites da percepção.

Quanto mais Rossler falava, mais eu começava a sentir afinidade com suas idéias. Durante uma das pausas, perguntei se ele achava que os computadores inteligentes poderiam superar os limites da ciência humana. Ele sacudiu a cabeça inexoravelmente. "Não, não é possível", respondeu ele num sussurro intenso. "Eu apostaria nos golfinhos ou nos cachalotes. Eles têm os maiores cérebros da Terra." Rossler me informou que, se um cachalote é arpoado por baleeiros, às vezes outros cachalotes se aglomeram em torno do morto, formando um padrão semelhante a uma estrela, e eles próprios também são mortos. "Em geral, as pessoas pensam que se trata apenas de instinto cego", disse Rossler. "Na realidade, é a sua maneira de mostrar à humanidade que eles são muito mais evoluídos do que os seres humanos." Apenas acenei afirmativamente com a cabeça.

Quase no fim do encontro, Traub propôs que todos se dividissem em grupos de trabalho para discutir os limites de áreas específicas: física, matemática, biologia, ciências sociais. Um cientista social anunciou que não queria ficar no grupo da ciência social; viera ao encontro para falar e aprender com pessoas de fora da sua área. Seu comentário provocou alguns "eu também" da parte dos outros. Alguém observou que, se todos pensassem como o cientista social, não haveria cientistas sociais no grupo da ciência social, nem biólogos no grupo da biologia, e assim por diante. Traub disse que seus colegas podiam se dividir como quisessem; ele estava apenas fazendo uma sugestão. A questão seguinte era: onde se reuniriam os diferentes grupos? Uma pessoa propôs que se dispersassem por várias salas, para que certos colegas que falavam muito alto não perturbassem os outros grupos. Todos olharam para Chaitin. Sua promessa de ficar quieto provocou zombarias. Mais discussão. Landauer observou que estavam aplicando inteligência demais a um problema simples. Quando tudo parecia sem solução, os grupos, de algum modo, se formaram espontaneamente, seguindo mais ou menos a sugestão inicial de Traub de se afastarem para locais diferentes. Foi uma demonstração impressionante do que os cientistas de Santa Fé gostam de chamar de auto-organização, ou ordem a partir do caos; talvez a vida tenha começado dessa maneira.

Eu segui o grupo da matemática, que incluía Chaitin, Landauer, Shepard, Doria e Rossler. Descobrimos uma sala desocupada com um quadro-negro. Durante vários minutos, todos falaram sobre o que deviam falar. Depois Rossler foi até o quadro-negro e rabiscou uma fórmula recém-descoberta que dá origem a um objeto matemático fantasticamente complicado, "a mãe de todos os fractais". Landauer perguntou a Rossler, com delicadeza, o que esse fractal tinha a ver com a discussão. "Acalma o cérebro", respondeu Rossler. Ele também alimentava a sua esperança de que os físicos seriam capazes de explicar a realidade com essas fórmulas caóticas, mas baseadas na física clássica, podendo assim prescindir das terríveis incertezas da mecânica quântica.

Shepard interpôs que se juntara ao subgrupo de matemática porque queria que os matemáticos lhe dissessem se as verdades matemáticas eram inventadas ou descobertas. Todos falaram sobre esse tema por algum tempo, sem chegar a uma decisão. Chaitin afirmou que a maioria dos matemáticos se inclinava a aceitar o ponto de vista da descoberta, mas Einstein aparentemente era adepto da invenção.

Durante um intervalo de calma, Chaitin mais uma vez propôs que a matemática estava morta. No futuro, os matemáticos só seriam capazes de resolver problemas com enormes cálculos feitos por computadores, que seriam demasiado complexos para que alguém os compreendesse.

Todos pareciam entediados com Chaitin. A matemática *funciona*, rosnou Landauer. Ajuda os cientistas a resolver problemas. É *óbvio* que não está morta. Outros concordaram, acusando Chaitin de exagero.

Pela primeira vez, Chaitin pareceu moderar o seu discurso. Seu pessimismo, conjecturou, podia estar ligado ao fato de ele ter comido *bagels* [um tipo de rosquinha] demais naquela manhã. Ele observou que o pessimismo do filósofo alemão Schopenhauer, que defendia o suicídio como a suprema expressão da liberdade existencial, fora associado a seus problemas de fígado.

Steen Rasmussen, físico que freqüentava assiduamente o Instituto Santa Fé, reiterou o conhecido argumento dos caoplexologistas de que os métodos reducionistas tradicionais não podem resolver problemas complexos. A ciência precisa de um novo "Newton", disse ele, alguém que possa inventar toda uma nova abordagem conceitual e matemática da complexidade.

Landauer repreendeu Rasmussen por sucumbir à "doença" de muitos pesquisadores de Santa Fé, a crença numa "grande compreensão religiosa" que iria resolver de imediato todos os seus problemas. A ciência não funciona dessa maneira; problemas diferentes exigem ferramentas e técnicas diversas.

Rossler deu livre curso a um longo e enredado solilóquio, cuja mensagem parecia ser que o nosso cérebro representa apenas uma solução para os múltiplos problemas propostos pelo mundo. A evolução poderia ter criado outros cérebros representando outras soluções.

Landauer, que estranhamente protegia Rossler, perguntou com gentileza se ele achava que poderíamos alterar nosso cérebro para adquirir mais conhecimento. "Há um meio", respondeu Rossler, fitando um objeto invisível sobre a mesa à sua frente. "Tornar-se louco."

Houve um momento de silêncio constrangido. Depois irrompeu uma discussão sobre se a complexidade era um termo útil ou fora definido tão vagamente que perdera o sentido e devia ser abandonado. Mesmo que termos como *caos* e *complexidade* tenham pouco significado científico, disse Chaitin, eles ainda são úteis para fins de relações públicas. Traub observou que o físico Seth Lloyd identificara pelo menos 31 definições diferentes de *complexidade.*

"Passamos da complexidade para a perplexidade", entoou Doria. Todos acenaram com a cabeça e o cumprimentaram pelo seu aforismo.

Quando os grupos de trabalho voltaram a se reunir, Traub pediu que cada um apresentasse respostas para duas perguntas: o que aprendemos? Que problemas continuam sem solução?

Chaitin despejou perguntas: quais são os limites da metamatemática e da metametamatemática? Quais são os limites da nossa capacidade de conhecer limites? E há limites para esse conhecimento? Podemos simular todo o universo e, nesse caso, fazer um universo melhor do que o criado por Deus?

"E podemos nos mudar para lá?", brincou alguém.

Lee Segel, biólogo israelense, alertou que eles deveriam tomar cuidado ao discutir essas questões em público, do contrário estariam contribuindo para o crescente clima anticiência da sociedade. Afinal, continuou ele, segundo muitas pessoas, Einstein mostrou que tudo é relativo e Gödel provou que nada pode ser provado. Todos concordaram com a cabeça, solenemente. A ciência tem uma estrutura fractal, acrescentou Segel com segurança, e é evidente que não há nenhum limite para o que podemos investigar. Todos assentiram de novo.

Rossler propôs um neologismo para o que ele e seus colegas estavam discutindo: a limitologia. A limitologia é um empreendimento pós-moderno, disse Rossler, um produto da tentativa existente neste século de desconstruir a realidade. É claro, Kant também lutou com os limites do conhecimento. O mesmo se pode dizer de Maxwell, o grande físico escocês. Maxwell imaginou que um homúnculo microscópico, ou demônio, poderia nos ajudar a vencer a segunda lei da termodinâmica. Porém, a verdadeira lição do demônio de Maxwell, disse Rossler, é que estamos numa prisão termodinâmica da qual jamais conseguiremos escapar. Quando colhemos informações sobre o mundo, contribuímos para a sua entropia e, conseqüentemente, para sua incognoscibilidade. Estamos rolando inexoravelmente para a morte pelo calor. "Todo o tópico dos limites da ciência é um tópico de demônios", sibilou Rossler. "Estamos lutando com demônios."

UM ENCONTRO À MARGEM DO HUDSON

Todos concordaram que o seminário tinha sido produtivo; vários participantes disseram a Joseph Traub, um dos co-organizadores, que fora o melhor colóquio de que já haviam participado. Mais de um ano depois, Ralph Gomory concordou em arrumar um financiamento da Fundação Sloan para futuras reuniões no Instituto Santa Fé e em outros lugares. Piet Hut, Otto Rossler, Roger Shepard e Robert Rosen, biólogo canadense que também participara do seminário, uniram-se para escrever um livro sobre os limites da ciência. Não fiquei muito surpreso quando me disseram que pretendiam argumentar que a ciência tinha um glorioso futuro. "Uma atitude derrotista não vai nos levar a lugar algum", disse-me Shepard severamente.

Aos meus olhos, o encontro de Santa Fé apenas reuniu de novo, de forma aleatória, muitos dos mesmos argumentos que Gunther Stent apresentara tão elegantemente 25 anos antes. Como Stent, os participantes do seminário tinham reconhecido que a ciência enfrentava limites físicos, sociais e cognitivos. Mas esses cientistas à procura da verdade pareciam incapazes de tirar de seus próprios argumentos a conclusão lógica, como Stent fizera. Ninguém aceitava que a ciência — definida como a busca de verdades inteligíveis e empiricamente comprovadas sobre a natureza — pudesse em breve terminar ou já ter terminado. Ninguém, pensei, exceto Gregory Chaitin. De todos os conferencistas do encontro, ele parecera o mais disposto a reconhecer que a ciência e a matemática poderiam estar indo além de nossos limites cognitivos.

Foi, portanto, com grandes esperanças que, muitos meses depois da reunião em Santa Fé, marquei outro encontro com Chaitin em Cold Spring, estado de Nova York, uma cidadezinha à margem do rio Hudson, perto de nossas respectivas casas. Tomamos café com bolinhos na pequena rua principal e depois descemos até um molhe junto ao rio. A montanha Storm King e a grande fortaleza de West Point avultavam no outro lado do rio. Gaivotas circulavam no alto.[3]

Eu esperava empatia de Chaitin quando lhe disse que estava escrevendo um livro sobre a possibilidade de a ciência estar entrando numa era de resultados decrescentes, mas ele riu, incrédulo. "Verdade? Tomara que não, porque seria muito chato, se fosse verdade. Em todos os períodos, há quem pense assim. Quem foi que disse — lorde Kelvin? — que basta medir alguns pontos decimais a mais?" Quando mencionei que os historiadores não conseguiram encontrar evidências de que Kelvin tivesse feito esse comentário, Chaitin deu de ombros. "Pense em todas as coisas que não sabemos! Não sabemos como o cérebro funciona. Não sabemos o que é a memória. Não sabemos o que é o envelhecimento." Se conseguirmos imaginar por que envelhecemos, talvez possamos deter o processo de envelhecimento, disse ele.

Lembrei a Chaitin que em Santa Fé ele sugerira que a matemática e até a ciência em geral podiam estar se aproximando de seus limites definitivos. "Eu estava apenas tentando acordar as pessoas", respondeu ele. "Os ouvintes estavam mortos." O seu próprio trabalho, enfatizou, representava um começo, e não um fim. "Posso ter um resultado negativo, mas eu o interpreto como se ele me dissesse o que fazer para descobrir novas verdades matemáticas: Comporte-se como um físico. Seja mais empírico. Acrescente novos axiomas."

Chaitin afirmou que, se não fosse otimista, não poderia realizar o seu trabalho sobre os limites da matemática. "Os pessimistas examinariam Gödel e começariam a beber uísque até morrer de cirrose." Embora a condição humana fosse uma "confusão" igual à de mil anos atrás, não havia como negar o enorme progresso que tínhamos feito em ciência e tecnologia. "Quando eu era criança, todos falavam de Gödel com respeito místico. Ele era quase incompreensível, certamente profundo. Eu queria compreender que diabo ele estava dizendo e por que era verdade. E consegui! O que me torna otimista. Acho que conhecemos muito pouco, e espero que assim seja, porque então será mais divertido."

Chaitin lembrou que certa vez discutira com o físico Richard Feynman sobre os limites da ciência. O incidente ocorrera numa conferência sobre computação realizada no final da década de 1980, pouco antes de Feynman morrer. Quando Chaitin opinou que a ciência estava apenas começando, Feynman ficou furioso. "Ele disse que já conhecemos a física de praticamente tudo na vida, e o que ainda resta não será relevante."

Essa atitude o intrigou até ele ficar sabendo que Feynman tinha câncer. "Para realizar todo o seu excelente trabalho em física, Feynman não podia ter uma atitude tão pessimista. Mas no final da sua vida, quando o pobre coitado sabia que já não lhe restava muito tempo — aí então posso compreender por que ele tinha essa perspectiva", disse Chaitin. "Se um sujeito está morrendo, ele não quer perder a diversão. Não quer saber que existe uma teoria maravilhosa, um conhecimento maravilhoso do mundo físico, que ele ignora e nunca vai conhecer."

Perguntei a Chaitin se ele ouvira falar de *The coming of the golden age*. Quando Chaitin sacudiu a cabeça, resumi o argumento de Stent sobre o fim da ciência. Chaitin revirou os olhos e perguntou que idade tinha Stent quando escreveu o livro. Estava na metade dos trinta, respondi. "Talvez tivesse um problema no fígado", replicou Chaitin. "Ou então haja levado um fora da namorada. Em geral os homens começam a escrever coisas desse tipo quando descobrem que já não podem ter relações sexuais com a mulher com o mesmo vigor de antes." Na realidade, disse eu, Stent escrevera o livro em Berkeley durante a década de 1960. "Oh, bem! Então está explicado!", exultou Chaitin.

Chaitin não ficou impressionado com o argumento de Stent de que a maior parte da humanidade não quer saber da ciência pela ciência. "Nunca quis", retorquiu Chaitin. "As pessoas que realizaram um bom trabalho científico sempre foram um pequeno grupo de lunáticos. Todos os demais estão interessados em sobreviver, em pagar a sua hipoteca. Os filhos estão doentes, a mulher precisa de dinheiro ou vai fugir com outro." Ele deu uma risadinha. "Lembre-se de que a mecânica quântica, essa obra-prima, foi realizada como hobby na década de 1920, quando não havia financiamento. A mecânica quântica e a física nuclear são como a poesia grega."

Ainda bem, disse Chaitin, que apenas algumas pessoas se dedicavam ao exame das grandes questões. "Se todos tentassem compreender os limites da matemática ou pintar grandes quadros, seria uma catástrofe! O encanamento não funcionaria! A eletricidade não funcionaria! O prédios viriam abaixo! Isto é, se todos quisessem realizar a grande arte ou a ciência profunda, o mundo não funcionaria! Ainda bem que somos poucos!"

Chaitin reconhecia que a física de partículas parecia estar vivendo um impasse por causa dos enormes custos dos aceleradores. Mas ele acreditava que no futuro os telescópios ainda abririam brechas no campo da física, ao revelar os processos violentos gerados pelas estrelas de nêutrons, buracos negros e outros fenômenos exóticos. No entanto, não seria possível, perguntei, que, em vez de produzirem teorias mais acuradas e coerentes da física e da cosmologia, todas essas novas observações esvaziassem as tentativas de construir essas teorias? O próprio trabalho dele na matemática — que mostrava ser sempre preciso expandir a base de axiomas para tratar de fenômenos mais complexos — parecia implicar tal coisa. "Ah, vão ficar mais parecidas com a biologia? Você talvez tenha razão, mas saberemos muito mais sobre o mundo", respondeu Chaitin.

O progresso na ciência e na tecnologia tem igualmente reduzido os custos dos equipamentos em muitas áreas, afirmou Chaitin. "É impressionante o equipamento que se pode comprar hoje em dia com muito pouco dinheiro." Os computadores haviam sido vitais para o seu trabalho. Chaitin inventara recentemente uma nova linguagem de programação que tornava as suas idéias sobre os limites da matemática muito mais concretas. Ele distribuíra o seu livro, *The limits of mathematics*, pela Internet. "A Internet está conectando as pessoas e possibilitando coisas que não aconteciam antes."

No futuro, previu Chaitin, os seres humanos talvez sejam capazes de aumentar a sua inteligência por meio da engenharia genética ou do *download* de si próprios em computadores. "Se comparados conosco, nossos descendentes serão talvez tão inteligentes quanto somos nós se comparados com as formigas." Por outro lado, "se todo mundo começar a tomar heroína, entrar em depressão e ver televisão o tempo todo, não chegaremos muito longe". Chaitin fez uma pausa. "Os seres humanos terão futuro, se merecerem ter futuro!", explodiu. "Se entrarem em depressão, não terão futuro!"

Sem dúvida, é sempre possível que a ciência termine, porque a civilização termina, acrescentou Chaitin. Apontando para os montes rochosos no outro lado do rio, ele indicou que as geleiras tinham aberto o canal durante a última era glacial. Há somente 10 mil anos, o gelo cobria toda a região. A próxima era glacial pode destruir a civilização. Porém, mesmo nesse caso, outros seres no universo ainda poderão continuar a busca de conhecimento. "Não sei se existem outros seres vivos. Espero que sim, porque é provável que eles não estraguem as coisas."

Abri a boca com a intenção de admitir a possibilidade de que no futuro a ciência venha a ser realizada por máquinas inteligentes. Mas Chaitin, que começara a falar cada vez mais rápido e estava numa espécie de frenesi, me interrompeu. "Você é um pessimista! Um pessimista!", gritou. Ele me lembrou de algo que eu lhe contara no início de nossa conversa, o fato de minha esposa estar grávida de nosso segundo filho. "Você concebeu uma criança! Tem de ser bastante otimista! *Devia* ser otimista! Eu devia ser pessimista! Sou mais velho do que você! Não tenho filhos! A IBM não anda bem!" O zumbido de um avião, os gritos estridentes das gaivotas e as gargalhadas de Chaitin sumiram, sem eco, pelo imenso Hudson.

O FIM DA HISTÓRIA

Na verdade, a própria carreira de Chaitin se ajusta bastante bem ao roteiro de resultados decrescentes de Gunther Stent. A teoria algorítmica da informação não representa um desenvolvimento genuinamente novo, mas uma extensão da idéia de Gödel. O trabalho de Chaitin também confirma Stent, segundo o qual a ciência, em sua tentativa de explorar fenômenos cada vez mais complexos, está esgotando nossos axiomas inatos. Stent deixou várias brechas abertas na sua profecia sombria. A sociedade poderia se tornar tão rica a ponto de pagar os experimentos científicos mais esquisitos — aceleradores de partículas que cingem o globo! — sem se importar com os custos. Os cientistas também poderiam realizar um enorme progresso, como um sistema de transporte mais rápido do que a luz ou técnicas de engenharia genética para aumentar a inteligência, que nos capacitaria a superar nossos limites físicos e cognitivos. Eu acrescentaria mais uma possibilidade a essa lista. Os cientistas poderiam descobrir vida extraterrestre, criando uma nova era gloriosa na biologia comparada. À parte esses resultados, a ciência pode gerar produtos cada vez mais numerosos e gradativamente vir a se estagnar.

O que acontecerá então com a humanidade? Em *Golden age*, Stent sugere que, antes de acabar, a ciência pode ao menos nos livrar de nossos problemas sociais mais prementes, como a pobreza, a doença e até o conflito entre as nações. O futuro será pacífico e confortável, apesar de aborrecido. A maioria dos seres humanos se dedicará à busca do prazer. Em 1992, Francis Fukuyama apresentou uma perspectiva do futuro bastante diferente em *The end of history* [O fim da história].[4] Fukuyama, um teórico político que trabalhava no Departamento de Estado durante o governo Bush, definiu a história como a luta humana para encontrar o sistema político mais sensato — ou menos nocivo. No século XX, a democracia liberal capitalista, que, segundo Fukuyama, sempre fora a melhor opção, tinha apenas um adversário sério: o socialismo marxista. Depois do colapso da

União Soviética no final da década de 1980, a democracia liberal capitalista ficou sozinha no ringue, toda machucada mas vitoriosa. A história terminara.

Fukuyama passou então a considerar as questões profundas propostas pela sua tese. Agora que a era da luta política terminou, o que faremos a seguir? Para que estamos na Terra? Qual é o sentido da humanidade? Fukuyama não apresentou respostas, mas apenas deu de ombros com uma indiferença retórica. A liberdade e a prosperidade, queixou-se, talvez não fossem o suficiente para satisfazer a nossa vontade nietzschiana de poder e a nossa necessidade de "auto-superação" constante. Sem grandes lutas ideológicas para se ocupar, os seres humanos poderiam fabricar guerras simplesmente para terem o que fazer.

Fukuyama não deixou de ver o papel da ciência na história humana. Longe disso. Sua tese exigia que a história tivesse uma direção, que fosse progressiva, e a ciência, segundo ele, fornecia essa direção. A ciência fora vital para o crescimento dos países modernos, para os quais servira como meio de aumentar o poder econômico e militar. Mas Fukuyama nem considerava a possibilidade de que a ciência também pudesse fornecer à humanidade pós-histórica um objetivo comum, uma meta que estimulasse mais a cooperação do que o conflito.

Esperando descobrir a razão para essa omissão de Fukuyama, telefonei, em janeiro de 1994, para a Rand Corporation, onde ele conseguira um emprego depois que *The end of history* se tornou best-seller. Ele me atendeu com a cautela de alguém que, apesar de não gostar, está acostumado a lidar com malucos. No início, não compreendeu minha pergunta; ele achou que eu estava perguntando se a ciência podia nos ajudar a fazer escolhas morais e políticas na era pós-histórica, em vez de ser um fim em si mesma. A lição da filosofia contemporânea, ensinou-me Fukuyama com severidade, mostra que a ciência, na melhor das hipóteses, é moralmente neutra. Na realidade, se não for acompanhado do progresso moral entre as sociedades ou indivíduos, o progresso científico "pode nos deixar pior do que estávamos".

Quando ele finalmente compreendeu o que eu estava sugerindo — que a ciência poderia fornecer uma espécie de tema ou propósito unificador para a civilização —, o seu tom se tornou ainda mais condescendente. Sim, algumas pessoas tinham lhe escrito cartas sobre esse tema. "Acho que eram uns sujeitos fanáticos por viagens espaciais", zombou ele. "Diziam: 'Bem, você sabe, se não temos guerras ideológicas para travar, sempre podemos lutar num certo sentido com a natureza, estendendo as fronteiras do conhecimento e conquistando o sistema solar'."

Ele deu outra risadinha de zombaria. "Quer dizer que não leva essas previsões a sério?", perguntei. "Não, realmente não", disse ele com fastio. Tentando arrancar mais alguma coisa dele, revelei que muitos cientistas e filósofos de renome — e não somente os fãs de *Jornada nas estrelas* — acreditavam que a ciência, a busca do conhecimento puro, representava o destino da humanidade. "Humm", respondeu Fukuyama, como se já não estivesse me escutando, mas tivesse retomado a leitura daquele maravilhoso tratado de Hegel que estava estudando antes do meu telefonema. Desliguei.

Sem pensar muito sobre o tema, Fukuyama chegara à mesma conclusão que Stent apresentara em *The coming of the golden age*. Sob perspectivas muito diferentes, ambos viam que a ciência era menos um produto de nossa vontade de conhecer do que de nosso desejo de poder. A rejeição entediada de Fukuyama de um futuro dedicado à ciência era mais eloqüente do que livros. A imensa maioria dos seres humanos, o que inclui não só as massas ignorantes mas também tipos intelectuais como Fukuyama, acha o conhecimento científico medianamente interessante, no melhor dos casos, e sem dúvida indigno de ser o objetivo de toda a humanidade. Qualquer que venha a ser o destino a longo prazo do *Homo sapiens* — a guerra eterna de Fukuyama, o hedonismo eterno de Stent ou uma mistura dessas duas hipóteses —, ele não será provavelmente a busca do conhecimento científico.

O FATOR "JORNADA NAS ESTRELAS"

A ciência já nos deu um legado extraordinário. Ela nos permitiu mapear todo o universo, dos quarks aos quasars, e discernir as leis básicas que regem os reinos biológico e físico. Produziu um mito verdadeiro da criação. Pela aplicação do conhecimento científico, conquistamos um poder espantoso sobre a natureza. Mas a ciência ainda não nos livrou da pobreza, do ódio, da violência, da doença e de perguntas sem resposta, especialmente da seguinte: fomos inevitáveis ou apenas um acaso feliz? Além disso, longe de dar sentido a nossas vidas, o conhecimento científico tem nos forçado a confrontar a falta de sentido da existência (como Steven Weinberg gosta de dizer).

A morte da ciência certamente exacerbará a nossa crise espiritual. Não há como fugir ao clichê. Na ciência como em todo o resto, o que importa não é o destino, mas o caminho. Inicialmente, quando revela uma nova complexidade inteligível do mundo, a ciência desperta o nosso senso de admiração. Mas qualquer descoberta acaba se tornando um anticlímax. Vamos admitir que ocorra um milagre e que os físicos de certa forma confirmem que toda a realidade deriva das contorções de circuitos de energia no hiperespaço de dez dimensões. Por quanto tempo os físicos e todos nós ficaremos estupefatos com a descoberta? Se essa verdade é final, no sentido de que exclui todas as outras possibilidades, a incerteza é ainda mais perturbadora. Esse problema talvez explique por que até aqueles que buscam a verdade, como Gregory Chaitin, acham difícil aceitar que a ciência pura, a grande busca do conhecimento, seja finita, e ainda mais que já esteja terminada — apesar de a obra de Chaitin sugerir o contrário. Porém, a crença de que a ciência continuará para sempre não passa disso, de uma crença que nasce de nossa vaidade inata. Não podemos deixar de acreditar que somos atores num drama épico, imaginado por um dramaturgo cósmico que aprecia o suspense, a tragédia, a comédia e — em última análise, esperamos — finais felizes. O final mais feliz seria não ter fim.

Se a minha experiência servir de alguma orientação, até as pessoas que têm um interesse apenas casual pela ciência acharão difícil aceitar que os dias da ciência estão contados. É fácil entender o porquê. Estamos encharcados de progresso, real e artificial. Todo ano temos computadores menores e mais rápidos, carros mais luzidios, mais canais em nossas televisões. O nosso entendimento do progresso é distorcido ainda mais pelo que se poderia chamar de fator *Jornada nas estrelas*. Como a ciência pode estar se aproximando do apogeu, se ainda não inventamos naves espaciais que viajam a uma velocidade mais rápida do que a da luz? Ou quando ainda não adquirimos os fantásticos poderes mediúnicos — ampliados pela engenharia genética e pelas próteses eletrônicas — descritos na ficção *ciberpunk*? A própria ciência — ou melhor, a ciência irônica — ajuda a propagar essas ficções. É possível encontrar discussões sobre viagem no tempo, teleportação e universos paralelos em revistas de física respeitáveis, revisadas pelos pares dos cientistas. E pelo menos um premiado com o Nobel de física, Brian Josephson, declara que a física nunca será completa enquanto não puder explicar a percepção extra-sensorial e a telecinese.[5]

Entretanto, Brian Josephson abandonou há muito tempo a física real pelo misticismo e o oculto. Se acreditamos verdadeiramente na física moderna, é improvável que demos muito crédito à PES ou a naves espaciais que viajam a uma velocidade maior do que a da luz. É também improvável que acreditemos, como Roger Penrose e os teóricos das supercordas, que um dia os físicos vão descobrir e validar empiricamente uma teoria unificada que reúna a relatividade geral e a mecânica quântica. Os fenômenos pressupostos pelas teorias unificadas se revelam num microcosmo que a seu modo está ainda mais distante — ainda mais fora do alcance de qualquer experimento humano concebível — do que a fronteira do nosso universo. Há apenas uma fantasia científica que parece ter alguma probabilidade de ser concretizada. Talvez um dia sejamos capazes de criar máquinas que superem os nossos limites físicos, sociais e cognitivos e que prossigam sem nós a busca do conhecimento.

10

A TEOLOGIA CIENTÍFICA OU O FIM DA CIÊNCIA DA MÁQUINA

A humanidade, Nietzsche nos ensinou, é apenas um degrau, uma ponte que leva ao Super-homem. Se fosse vivo, Nietzsche certamente nutriria a noção de que o Super-homem talvez não fosse feito de carne e osso, mas de silício. Enquanto a ciência humana declina, os que desejam a continuidade da busca do conhecimento não devem pôr a sua fé no *Homo sapiens*, mas nas máquinas inteligentes. Só as máquinas podem superar nossas fraquezas físicas e cognitivas — e nossa indiferença.

Há uma estranha e pequena subcultura dentro da ciência, cujos membros especulam sobre as possíveis evoluções da inteligência, quando ou se ela abandonar a sua condição de mortalidade. Os participantes não estão fazendo ciência, é lógico, mas ciência irônica, ou *wishful thinking*. Não estão interessados no que o mundo é, mas no que poderia ou deveria ser daqui a séculos, milênios ou eras. A literatura dessa área — vamos chamá-la de teologia científica — pode, ainda assim, oferecer novas perspectivas sobre questões filosóficas e até teológicas que preocupam os homens há muitas eras: o que faríamos, se pudéssemos fazer alguma coisa? Qual é o sentido da vida? Quais são os limites máximos do conhecimento? O sofrimento é um componente necessário da existência ou podemos alcançar a felicidade eterna?

Um dos primeiros adeptos modernos da teologia científica foi o químico britânico (e marxista) J. D. Bernal. No seu livro de 1929, *The world, the flesh and the devil* [O mundo, a carne e o demônio], Bernal afirmava que a ciência em breve nos daria o poder de orientar a nossa própria evolução. A princípio, sugeria Bernal, poderíamos tentar nos aperfeiçoar por meio da engenharia genética, mas por fim trocaríamos o corpo que a seleção natural nos legou por outro de projeto mais eficiente.

> Pouco a pouco, a herança na linha direta da humanidade — a herança da vida primeva que surgiu sobre a face da Terra — diminuiria, e por fim desapareceria efetivamente, sendo talvez preservada como uma relíquia curiosa, enquanto a nova vida, que nada conserva da substância da antiga, mas que guarda todo o seu espírito, lhe tomaria o lugar e continuaria o seu desenvolvimento. Essa mudança seria tão importante quanto aquela do aparecimento da vida sobre a superfície da Terra, e poderia ser igualmente gradual e imperceptível. Por fim, a própria consciência talvez terminasse ou desaparecesse numa humanidade já completamente etérea, que perde o organismo bem consolidado, passa a ser massas de átomos no espaço se comunicando por radiação e talvez acabe por se transformar inteiramente em luz. Essa transformação poderia ser um fim ou um começo, mas daqui não podemos saber, pois ela está fora do alcance da nossa visão.[1]

HANS MORAVEC E OS TURBULENTOS FILHOS DA MENTE

Como outros de sua espécie, Bernal foi acometido por uma peculiar falta de imaginação ou coragem quando considerou o estágio final da evolução da inteligência. Os descendentes de Bernal, como Hans Moravec, engenheiro robótico da Universidade Carnegie Mellon, tentaram superar esse problema, com resultados variados. Moravec é um homem alegre, até frívolo; parece literalmente embriagado com as próprias idéias. Enquanto me revelava por telefone suas visões do futuro, emitia um riso quase contínuo e esbaforido, cuja intensidade parecia proporcional ao caráter absurdo do que estava dizendo.

Moravec começou seus comentários afirmando que a ciência precisava desesperadamente de novos objetivos. "A maior parte do que se realizou neste século foram, na verdade, idéias do século XIX", disse ele. "Já é tempo de surgirem idéias novas." Que objetivo poderia ser mais emocionante do que criar "filhos da mente", máquinas inteligentes capazes de proezas que nem sequer podemos imaginar? "Nós os criamos e educamos, e depois eles é que decidem. Fazemos todo o possível, mas não podemos prever sua vida."

Foi em *Mind children*, publicado em 1988 — quando as companhias privadas e o governo federal estavam despejando dinheiro no ramo da inteligência artificial e da robótica —, que Moravec mostrou pela primeira vez como essa especiação poderia vir a acontecer.[2] Embora essas áreas não tenham exatamente prosperado desde então, Moravec continuou convicto de que o futuro pertencia às máquinas. Ele me assegurou que, no final do milênio, os engenheiros vão criar robôs que fazem os trabalhos domésticos. "O robô que limpa a casa e passa o aspirador já é possível nesta década. Tenho certeza. Isso nem é mais objeto de controvérsia." (Na verdade, os robôs domésticos estão parecendo *menos* prováveis à medida que o milênio se aproxima, mas não faz mal; a teologia científica exige alguma suspensão da dúvida.)

Segundo Moravec, na metade do próximo século os robôs serão tão inteligentes quanto os seres humanos e assumirão essencialmente o controle da economia. "Perdemos de fato o emprego nesse caso", disse ele, rindo com desdém. Os seres humanos poderão continuar a realizar "algumas sutilezas como a poesia", que brota de devaneios psicológicos que ainda estão além da compreensão dos robôs, mas estes terão todos os trabalhos importantes. "Não tem sentido colocar seres humanos numa companhia", disse Moravec, "porque eles vão estragar tudo."

O lado positivo, continuou, é que as máquinas gerarão tanta riqueza que os seres humanos talvez nem *precisem* trabalhar; as máquinas também eliminarão a pobreza, a guerra e outros flagelos da história pré-máquinas. "São problemas triviais", disse Moravec. Por meio de seu poder de compra, os seres humanos ainda poderiam exercer algum controle sobre as empresas administradas por robôs. "Nós é que escolheríamos as empresas das quais compraríamos os produtos. Assim, no caso das fábricas que produzem robôs domésticos, daríamos preferência àquelas que fazem robôs simpáticos." Os seres humanos também poderiam boicotar as empresas de robôs que tivessem produtos ou políticas hostis a eles.

Inevitavelmente, continuou Moravec, as máquinas se expandirão para o espaço em busca de novos recursos. Elas se abrirão em leque pelo universo, convertendo a matéria-prima em dispositivos de processamento de informações. Dentro dessa fronteira, incapazes de se expandir fisicamente, os robôs tentarão usar os recursos disponíveis de forma cada vez mais eficiente e voltar sua atenção para a computação e a simulação puras. “Por fim”, explicou ele, “todo pequeno quantum de ação acabará tendo um significado físico. Tem-se basicamente o ciberespaço, que é a computação com eficiência cada vez mais aperfeiçoada.” À medida que os seres dentro desse ciberespaço aprendem a processar as informações com maior velocidade, o tempo que as mensagens levam para ser transmitidas entre eles parecerá mais longo, pois essas mensagens só podem viajar ainda à velocidade da luz. “Assim, o efeito de todo esse aperfeiçoamento no processamento de informações seria aumentar o tamanho do universo efetivo”, disse ele; em certo sentido, o ciberespaço se tornaria maior, mais denso, mais complexo e mais interessante do que o universo físico real.

A maioria dos seres humanos abandonará alegremente seu corpo mortal de carne e osso pela maior liberdade e pela imortalidade do ciberespaço. Mas sempre poderão existir, especulou Moravec, “seres primitivos agressivos que digam: ‘Não, não queremos nos juntar às máquinas’. Seres como os membros da comunidade *amish*.” As máquinas poderiam permitir que esses tipos atávicos permanecessem na Terra num ambiente edênico, semelhante a um parque. Afinal, a Terra “é apenas um grão de poeira no sistema, e tem uma tremenda importância histórica”. Mas as máquinas, ávidas dos recursos primários representados pela Terra, poderiam acabar por forçar seus últimos habitantes a aceitar um novo lar no ciberespaço.

No entanto, o que é que essas máquinas farão com todo o seu poder e recursos?, perguntei. Elas se interessarão em fazer ciência pela ciência? Certamente, respondeu Moravec. “Esse é o âmago da minha fantasia: que nossos descendentes não biológicos, sem a maioria de nossas limitações, podendo se recriar segundo novos projetos, busquem o conhecimento básico da realidade.” Na verdade, a ciência será o único motivo digno de máquinas inteligentes. “Coisas como a arte, que as pessoas às vezes mencionam, não parecem muito profundas, na medida em que são basicamente meios de auto-estimulação.” Sua risadinha transformou-se em gargalhada.

Moravec afirmou acreditar firmemente na infinitude da ciência, ou pelo menos na da ciência aplicada. "Mesmo que as regras básicas sejam finitas", disse ele, "pode-se procurar combiná-las." O teorema de Gödel e o trabalho de Gregory Chaitin sobre a teoria algorítmica da informação sugerem que as máquinas podem continuar a inventar problemas matemáticos cada vez mais complexos aumentando a sua base de axiomas. "Podemos acabar examinando sistemas de axiomas de tamanho astronômico", disse ele, "e deduzindo deles o que não podemos deduzir de sistemas de axiomas menores." É claro, a ciência da máquina pode vir a se parecer ainda menos com a ciência humana do que a mecânica quântica se parece com a física de Aristóteles. "Tenho certeza de que os rótulos e as subdivisões básicas da natureza da realidade vão mudar." As máquinas talvez vejam as atitudes humanas em relação à consciência, por exemplo, como irremediavelmente primitivas, possuindo afinidade com os conceitos físicos primitivos dos gregos antigos.

Nesse ponto, abruptamente, Moravec engatou outra marcha. Enfatizou que as máquinas seriam tão diversas — muito mais do que os organismos biológicos — que não valia a pena especular sobre o que achariam interessante; os seus interesses dependeriam de seu "nicho ecológico". Moravec passou então a revelar que ele — como Fukuyama — via o futuro em termos estritamente darwinianos. Na verdade, a ciência, para Moravec, era apenas um subproduto da competição eterna entre máquinas inteligentes em desenvolvimento. Ele ressaltou que o conhecimento nunca foi realmente um fim em si mesmo. A maioria dos organismos biológicos é compelida a procurar o conhecimento que os ajuda a sobreviver no futuro imediato. "Estando a sobrevivência mais confortavelmente sob controle, isso significa, em essência, que eles podem procurar os alimentos em escala mais ampla com escalas de tempo maiores. Assim, muitas dessas subatividades podem parecer pura busca de informações, embora seja provável que contribuam para a sobrevivência." Até o gato de Moravec demonstrava esse tipo de comportamento. "Quando não precisa de comida, anda pelo seu espaço e explora o mundo. Nunca se sabe quando vai surgir o buraco de camundongo que será útil no futuro." Em outras palavras, a curiosidade contribui para a adaptação, "se pudermos nos dar ao luxo de tê-la".

Assim, Moravec duvidava de que as máquinas um dia evitariam a competição e cooperariam na busca do conhecimento puro ou de qualquer outro objetivo. Sem competição não há seleção, e sem seleção "temos essencialmente qualquer porcaria antiga", disse ele. "É preciso algum princípio de seleção. Caso contrário, não há nada." No final, o universo pode superar toda essa competição, "mas precisamos de uma força propulsora para nos levar até lá. Essa é a viagem. E a viagem é metade da diversão!". Ele sorriu diabolicamente.

Não resisto a relatar um incidente que ocorreu nesse ponto — não durante a minha entrevista real com Moravec, porém mais tarde, quando estava transcrevendo a fita de nossa conversa. Moravec começara a falar cada vez mais rápido, e a altura de sua voz aumentava sem parar. A princípio pensei que o gravador estivesse imitando fielmente a histeria crescente de Moravec. Mas quando ele começou a soar como o esquilo Alvin, compreendi que eu estava tendo uma ilusão auditiva; ao que parecia, as pilhas do meu gravador estavam fracas, quase no fim da nossa conversa. Quando continuei a reproduzir a fita, o guincho agudo de Moravec se acelerou até se tornar ininteligível e finalmente até não poder mais ser percebido — como se ele tivesse escorregado no buraco do futuro.

A DIVERSIDADE DE FREEMAN DYSON

Hans Moravec não é o único entusiasta da inteligência artificial que resiste à noção de que as máquinas podem se fundir numa meta-inteligência para perseguir seus objetivos conjuntamente. Como era de se esperar, Marvin Minsky, que tanto receia a mente de um só pensamento, tem a mesma opinião. "A cooperação só acontece no fim da evolução", disse Minsky, "quando ninguém mais quer que as coisas mudem." É claro, acrescentou ele com sarcasmo, é sempre possível que máquinas superinteligentes sejam infectadas por algum tipo de religião que as obrigue a abandonar a sua individualidade e fundir-se numa única meta-inteligência.

Outro futurista que tem evitado a unificação final é Freeman Dyson. Em sua coletânea de ensaios, *Infinite in all directions*, Dyson especulou sobre a razão de haver tanta violência e sofrimento no mundo. A resposta, sugeriu, talvez tenha algo a ver com o que ele chamava de "o princípio da diversidade máxima". Esse princípio

> opera tanto no nível físico quanto no mental. Diz que as leis da natureza e as condições iniciais existem para tornar o universo o mais interessante possível. Em conseqüência, a vida é possível, mas não muito fácil. Sempre que as coisas ficam aborrecidas, surge algo para nos desafiar e impedir que nos acomodemos numa rotina. Os exemplos de coisas que tornam a vida difícil estão por toda parte, ao nosso redor: impactos de cometas, eras glaciais, armas, pragas, fissão nuclear, computadores, sexo, pecado e morte. Nem todos os desafios podem ser vencidos, e assim temos tragédias. O máximo de diversidade freqüentemente provoca o máximo de tensão. No final sobrevivemos, mas apenas por um triz.[3]

Dyson, assim me parecia, estava sugerindo que não podemos resolver todos os nossos problemas; não podemos criar o céu; não podemos encontrar a Resposta. A vida é — e deve ser — uma luta eterna.

Estaria exagerando em minha interpretação dos comentários de Dyson? Esperava pôr isso a limpo quando o entrevistei, em abril de 1993, no Instituto de Estudos Avançados, sua base de trabalho desde o início da década de 1940. Era um homem franzino, com tendões e veias salientes, um nariz pontudo e olhos fundos e atentos. Parecia uma ave de rapina gentil. Seus modos eram, em geral, frios e reservados — até ele rir. Então bufava pelo nariz, encolhendo os ombros, como um colegial de doze anos ao escutar uma piada suja. Era um riso subversivo, o riso de um homem que imaginava o espaço como um refúgio para "fanáticos religiosos" e "adolescentes recalcitrantes", que insistia em que a ciência, na sua melhor forma, era "uma rebelião contra a autoridade".[4]

Não lhe perguntei logo de início sobre a sua idéia da diversidade máxima. Primeiro inquiri sobre algumas das escolhas que tinham caracterizado a sua carreira. Dyson estivera outrora na vanguarda da busca de uma teoria unificada da física. No início da década de 1950, o físico nascido na Inglaterra procurou, com Richard Feynman e outros titãs, forjar uma teoria quântica do eletromagnetismo. Diz-se freqüentemente que Dyson merecia um prêmio Nobel pelo seu empenho — ou pelo menos mais reconhecimento. Alguns de seus colegas sugerem que o desapontamento e, talvez, uma veia rebelde o levaram a se envolver, mais tarde, em trabalhos indignos de seus espantosos poderes.

Quando mencionei essa avaliação a Dyson, ele me deu um sorriso apertado. Depois, como era seu costume, respondeu com uma anedota. O físico britânico Lawrence Bragg, observou ele, fora "uma espécie de modelo". Depois que se tornou diretor do lendário Laboratório Cavendish da Universidade de Cambridge, em 1938, Bragg afastou o laboratório da física nuclear, responsável pela sua reputação, conduzindo-o a novos territórios. "Todos achavam que ele estava destruindo o Cavendish ao afastá-lo da corrente predominante de pesquisa", disse Dyson. "Mas é claro que foi uma decisão maravilhosa, porque introduziu a biologia molecular e a radioastronomia. São as duas áreas de pesquisa que tornaram Cambridge famosa durante os trinta e poucos anos seguintes."

Dyson também passara toda a sua carreira mudando de direção rumo a terras desconhecidas. Afastou-se da matemática, seu principal interesse na faculdade, encaminhando-se para a física de partículas, e desta partiu para a física do estado sólido, a engenharia nuclear, o controle de armamentos, os estudos do clima e o que chamo de teologia científica. Em 1979, uma publicação normalmente sóbria, *Reviews of Modern Physics*, apresentou um artigo em que Dyson especulava sobre as perspectivas a longo prazo da inteligência no universo.[5] O que provocara Dyson a escrever o artigo fora o comentário de Steven Weinberg de que "quanto mais o universo parece compreensível, mais parece sem sentido". Nenhum universo com inteligência é sem sentido, replicou Dyson. Ele procurava mostrar que, num universo aberto e em eterna expansão, a inteligência podia persistir para sempre — talvez sob a forma de uma nuvem de partículas carregadas, como Bernal sugerira — pela judiciosa conservação da energia.

Ao contrário dos entusiastas do computador, como Moravec e Minsky, Dyson não achava que a inteligência orgânica em breve daria lugar à inteligência artificial (quanto mais a nuvens de gás inteligentes). Em *Infinite in all directions*, ele especulava que os engenheiros genéticos poderiam "criar" espaçonaves "do tamanho de um frango e tão inteligentes quanto", que voariam com asas movidas a energia do sol por todo o sistema solar e mais além, atuando como naves de reconhecimento. (Dyson as chamava de "astrofrangos".)[6] Civilizações ainda mais distantes, talvez preocupadas com a diminuição dos suprimentos de energia, poderiam captar a radiação de estrelas construindo ao seu redor conchas de absorção de energia — batizadas por outros de "esferas de Dyson". Por fim, previa Dyson, a inteligência poderia se espalhar por todo o universo, transformando-o numa única grande mente. Mas ele insistia em que, "por mais longe que exploremos o futuro, sempre haverá novas coisas acontecendo, novas informações sendo introduzidas, novos mundos a explorar, uma área da vida, da consciência e da memória em constante expansão".[7] A busca do conhecimento seria — deve ser — infinita em todas as direções.

Dyson tratava da questão mais importante proposta por essa profecia: "O que a mente optará por fazer, quando instruir e controlar o universo?". A questão, ele deixava claro, era mais teológica do que científica. "Não traço nenhuma distinção nítida entre a mente e Deus. Deus é aquilo em que a mente se torna quando ultrapassa a escala de nossa compreensão. Deus pode ser considerado a alma do mundo ou uma reunião de almas do mundo. No presente estágio do desenvolvimento de Deus, somos os principais canais de entrada dele neste planeta. Mais tarde, cresceremos com ele, à medida que ele se desenvolve, ou poderemos ficar para trás."[8] Por fim, Dyson concordava com seu predecessor J. D. Bernal, segundo o qual não somos capazes de saber o que faria ou pensaria esse superser, esse Deus.

Dyson me confessou que sua perspectiva do futuro da inteligência refletia o seu desejo. Quando lhe perguntei se a ciência poderia continuar a se desenvolver para sempre, ele respondeu: "Assim espero! É o tipo de mundo em que eu *gostaria* de viver". Se a mente torna o universo significativo, ela deve ter algo importante como objeto de seu pensamento; a ciência deve, portanto, ser eterna. Dyson enumerou argumentos conhecidos em defesa da sua previsão. "A única abordagem possível para esse problema é a histórica", explicou ele. Dois mil anos atrás, alguns "indivíduos muito brilhantes" inventaram algo que, embora não fosse ciência no sentido moderno, era evidentemente o seu precursor. "Se entrarmos futuro adentro, o que chamamos de ciência já não será a mesma coisa, mas isso não quer dizer que não haverá questões interessantes", disse Dyson.

Como Moravec, Roger Penrose e muitos outros, Dyson também esperava que o teorema de Gödel pudesse ser aplicado igualmente à física. "Como sabemos que as leis da física são matemáticas, e que a matemática é um sistema inconsistente, é de certo modo plausível que a física também seja inconsistente" — e, portanto, aberta. "Por isso, acho que essas pessoas que prevêem o fim da física talvez estejam certas a longo prazo. A física pode se tornar obsoleta. No entanto, acredito que a física possa vir a ser considerada como algo semelhante à ciência grega: um começo interessante, mas que não chegou realmente ao ponto principal. Assim, o fim da física talvez seja o começo de alguma outra coisa."

Quando, por fim, perguntei a Dyson sobre a sua idéia da diversidade máxima, ele deu de ombros. Oh, não tinha a intenção de que alguém levasse essa idéia muito a sério. Ele insistiu em que não estava realmente interessado no "grande panorama". Uma de suas citações favoritas, disse ele, era "Deus está nos detalhes". Porém, dada a sua insistência em que a diversidade e a mente aberta são essenciais para a existência, perguntei, ele não achava inquietante que tantos cientistas e leigos parecessem compelidos a reduzir tudo a uma única percepção final? Essas tentativas não representariam um jogo perigoso? "Sim, é verdade de certo modo", respondeu Dyson, com um sorrisinho indicador de que ele achava o meu interesse pela diversidade máxima um pouco excessivo. "Nunca penso nisso com uma profunda crença filosófica", acrescentou ele. "Para mim, é apenas uma fantasia poética." Dyson estava, é claro, mantendo uma apropriada distância irônica entre ele próprio e as suas idéias. Mas havia um traço de insinceridade nessa atitude. Afinal, durante toda a sua carreira eclética, ele parecera lutar para aderir ao princípio da diversidade máxima.

Dyson, Minsky, Moravec — são todos darwinistas teológicos, capitalistas, republicanos de coração. Da mesma forma que Francis Fukuyama, eles vêem a competição, a luta, a divisão como essenciais para a existência — até para a inteligência pós-humana. Alguns teólogos científicos, aqueles com uma tendência mais "liberal", acham que a competição se revelará uma fase apenas temporária, que as máquinas inteligentes logo superarão. Um desses liberais é Edward Fredkin. Antigo colega de Minsky no MIT, Fredkin é um rico empresário no ramo dos computadores e professor de física na Universidade de Boston. Ele não tem dúvida de que o futuro pertence a máquinas "muitos milhões de vezes mais inteligentes do que nós", porém acredita que essas máquinas inteligentes considerarão atávico e contraproducente o tipo de competição imaginado por Minsky e Moravec. Afinal, explicou Fredkin, os computadores servirão unicamente para cooperar na busca de seus objetivos. O que um aprende, todos podem aprender; e se um evolui, todos podem evoluir; a cooperação produz uma situação de "ganha-ganha" [em contraposição a perde-ganha].

Entretanto, em que pensará uma máquina extremamente inteligente depois que tiver superado a corrida de ratos darwiniana? O que ela fará? "É claro que os computadores vão desenvolver a sua própria ciência", respondeu Fredkin. "Parece óbvio para mim." A ciência da máquina será diferente da ciência humana de algum modo significativo? Fredkin suspeitava que sim, mas não sabia dizer precisamente de que forma ela seria diferente. Se eu quisesse respostas para essas perguntas, deveria me voltar para a ficção científica. Em última análise, quem sabe?[9]

FRANK TIPLER E O PONTO ÔMEGA

Frank Tipler acha que sabe. Tipler, físico da Universidade Tulane, propôs uma teoria chamada Ponto Ômega, em que todo o universo é transformado num único computador onipotente e onisciente. Ao contrário da maioria dos outros que têm explorado o futuro remoto, Tipler não parece se dar conta de que está praticando a ciência irônica, e não a ciência empírica; ele honestamente não percebe a diferença. Porém, talvez tenha sido essa qualidade que lhe permitiu imaginar o que uma máquina com infinita inteligência e poder gostaria de fazer.

Entrevistei Tipler em setembro de 1994, quando ele estava no meio de uma excursão promocional para *The physics of immortality*, um livro de 528 páginas que explorava as conseqüências da sua teoria do Ponto Ômega com uma dose aflitiva de detalhes.[10] É um homem alto com um rosto grande e carnudo, bigode e cabelos grisalhos e óculos de aro de chifre. Durante a nossa entrevista, ele discursou com uma intensidade impetuosa que colidia com a sua fala arrastada de sulista. Exibia um jovial caráter de CDF. A certa altura, perguntei se ele já tomara LSD ou outras drogas psicodélicas; afinal, ele começara a pensar sobre o Ponto Ômega quando fazia seu pós-doutorado em Berkeley, na década de 1970. "Eu não, não", disse ele, sacudindo a cabeça obstinadamente. "Nem tomo bebida alcoólica! Gosto de dizer que sou o único Tipler* abstêmio do mundo!"

Tipler fora criado como batista fundamentalista, mas na juventude começou a acreditar que a ciência era o único caminho para o conhecimento e "o aperfeiçoamento da humanidade". Em sua tese de doutorado, realizada na Universidade de Maryland, ele investigou se seria possível construir uma máquina do tempo. Perguntei-lhe como esse trabalho estava relacionado com seu objetivo de melhorar a condição humana. "Bem, a máquina do tempo aumentaria os poderes humanos, evidentemente", respondeu ele. "É claro, também poderia ser usada para o mal."

A teoria do Ponto Ômega nasceu de uma colaboração entre Tipler e John Barrow, físico britânico. Num livro de 706 páginas, *The anthropic cosmological principle* [O princípio antrópico cosmológico], publicado em 1986, Tipler e Barrow consideravam o que aconteceria se máquinas inteligentes convertessem todo o universo num gigantesco dispositivo de processamento de informações.[11] Eles propunham que num cosmo fechado — que finalmente pára de se expandir e entra em colapso com ele mesmo — a capacidade do universo de processar as informações se aproximaria da infinitude, enquanto ele se encolheria em direção a uma singularidade final, ou ponto. Tipler tomou emprestado a expressão *Ponto Ômega* do jesuíta místico e cientista Pierre Teilhard de Chardin, segundo o qual no futuro todos os seres vivos se fundiriam numa única entidade divina que encarnaria o espírito de Cristo. (Essa tese exigiu que Teilhard de Chardin refletisse se Deus também enviaria redentores como Cristo aos outros planetas que abrigam vida.)[12]

(*) Em inglês, *tippler* significa "aquele que bebe habitualmente". (N. E.)

No início, Tipler acreditara ser impossível imaginar o que um ser infinitamente inteligente pensaria ou faria. Mas depois leu um ensaio em que o teólogo alemão Wolfhart Pannenberg propunha que no futuro todos os seres humanos viveriam novamente na mente de Deus. O ensaio provocou uma revelação do tipo "Eureka!" em Tipler, que lhe serviu de inspiração para *The physics of immortality*. Ele compreendeu que o Ponto Ômega teria o poder de recriar — ou ressuscitar — todos os que já viveram para a felicidade eterna. O Ponto Ômega não só recriaria a vida dos mortos; ele os aperfeiçoaria. Tampouco deixaríamos para trás nossos desejos mundanos. Por exemplo, todo homem seria capaz de ter não só a mulher mais bela que ele já vira ou a mulher mais bela que já existira; também poderia ter a mulher mais bela cuja existência fosse logicamente possível. Da mesma forma, as mulheres poderiam desfrutar de megacompanheiros logicamente perfeitos.

Tipler disse que a princípio não levou a sua idéia muito a sério. "Mas, depois de pensar um pouco, você tem de tomar uma decisão: ou realmente acredita nessas construções mentais que criou com base nas leis físicas, ou fingirá que são simples jogos sem relação com a realidade." Ao aceitar a teoria, ele sentiu um grande alívio. "Eu me convenci, talvez tenha me iludido a respeito, de que seria um universo maravilhoso." Ele citou aquele "grande filósofo norte-americano Woody Allen, que disse: 'Não quero viver para sempre nas minhas obras. Quero viver para sempre sem morrer'. Acho que isso contém o impacto emocional que a possibilidade da ressurreição por meio dos computadores está começando a significar para mim".

Tipler recordou que, em 1991, um repórter da BBC o entrevista ra num programa sobre o Ponto Ômega. Mais tarde, sua filha de seis anos, que tinha assistido à entrevista, lhe perguntou se a avó dela, que morrera recentemente, iria um dia ressuscitar como uma simulação de computador. "O que eu podia dizer?", perguntou-me Tipler, dando de ombros. "Sem dúvida!" Tipler se calou, e eu pensei ter detectado uma dúvida tremulando em seu rosto. Depois ela desapareceu.

Tipler afirmava não se intimidar com o fato de poucos físicos — muito poucos — levarem a sua teoria a sério. Afinal, a cosmologia de Copérnico centrada no Sol não foi aceita por mais de um século depois de sua morte. "*Aqui entre nós*", sibilou Tipler, investindo na minha direção com uma ponta de malícia nos olhos arregalados, "eu acho que estou na mesma posição de Copérnico. A diferença fundamental, devo enfatizar mais uma vez, é que sabemos que ele estava certo. Mas não sabemos o mesmo a meu respeito! Um ponto crucial!"

A diferença entre o cientista e o engenheiro é que o primeiro procura o que é Verdadeiro e o último procura o que é Bom. A teologia de Tipler mostra que ele, no fundo, é um engenheiro. Ao contrário de Freeman Dyson, ele acha que a busca do conhecimento puro, que define como as leis básicas que regem o universo, é finita e está quase terminada. Mas a ciência ainda tem diante de si a sua maior tarefa: construir o céu. "Como vamos alcançar o Ponto Ômega: essa é ainda a questão", observou ele.

O compromisso de Tipler com o Bem e não com a Verdade propõe pelo menos dois problemas. Um deles era bem conhecido de Dante e de todos os outros que ousaram imaginar o céu: como evitar o tédio. Foi esse problema, afinal, que levou Freeman Dyson a propor o seu princípio da diversidade máxima — que provocava, dizia ele, o máximo de tensão. Tipler concordava com Dyson em que "só desfrutamos realmente o sucesso quando existe a possibilidade do fracasso. Acho que esses dois andam juntos". Mas Tipler relutava em considerar a possibilidade de que o Ponto Ômega pudesse infligir dor genuína a seus súditos simplesmente para evitar que eles ficassem entediados. Ele só especulava que o Ponto Ômega pudesse dar a seus súditos a oportunidade de se tornarem "muito mais inteligentes, muito mais conhecíveis". No entanto, o que fariam esses seres quando se tornassem cada vez mais inteligentes, se a busca da verdade já estivesse terminada? Ter conversas cada vez mais inteligentes com supermodelos cada vez mais belas?

A aversão de Tipler ao sofrimento fez com que ele incorresse noutro paradoxo. Nos seus textos, ele afirmou que o Ponto Ômega criou o universo, mesmo que o Ponto Ômega *ainda não tenha sido criado*. "Oh! Mas eu tenho uma resposta para isso!", exclamou Tipler quando lhe chamei a atenção para esse enigma. Ele mergulhou numa explicação longa e complicada, cujo ponto essencial era que o futuro, por dominar a nossa história cósmica, deveria ser o nosso sistema de referência — assim como as estrelas, e não a Terra ou o Sol, são o sistema de referência apropriado para a nossa astronomia. Visto dessa maneira, é bastante natural supor que o fim do universo, o Ponto Ômega, seja também, em certo sentido, o seu começo. Mas isso é pura teleologia, objetei. Tipler concordou com a cabeça. "Nós vemos o universo como algo que vai do passado para o futuro. Mas esse é o nosso ponto de vista. Não há razão para que o *universo* veja as coisas dessa maneira."

Para fundamentar a sua tese, Tipler lembrou o livro da Bíblia em que Moisés perguntou à sarça ardente quem ela era. Na versão de *King James*, a sarça responde: "Eu sou o que sou". Mas o original hebraico, segundo Tipler, deveria ser traduzido da seguinte maneira: "Eu serei o que serei". Essa passagem, concluiu Tipler triunfalmente, revela que o Deus bíblico conseguiu criar o universo, entabular conversas com seus profetas e assim por diante, embora só existisse no futuro.

Tipler finalmente indicou por que era forçado a recorrer a todo esse vaivém fantasioso. Se o Ponto Ômega já ocorreu, devemos ser uma de suas recriações ou simulações. Mas a nossa história *não pode* ser uma simulação; deve ser a original. Por quê? Porque o Ponto Ômega seria "bonzinho demais" para recriar um mundo com tanta dor, disse ele. Como todos os que acreditam numa divindade benévola, Tipler tinha tropeçado no problema do mal e do sofrimento. Em vez de enfrentar a possibilidade de que o Ponto Ômega pudesse ser o responsável por todos os horrores de nosso mundo, Tipler se agarrou teimosamente a seu paradoxo: o Ponto Ômega nos criou, embora ainda não exista.

O livro *The limits of science*, publicado pelo biólogo britânico Peter Medawar em 1984, compunha-se sobretudo de popperismos regurgitados. Nele, Medawar continuava a insistir, por exemplo, em que "na ciência não há limite para o poder de responder a perguntas do tipo que a ciência *pode* responder", como se isso fosse uma verdade profunda em vez de uma tautologia vazia. Mas na verdade Medawar apresentava algumas expressões bem interessantes. Ele concluía uma parte sobre *bunk* — palavra que empregava para se referir a mitos, superstições e outras crenças sem fundamento empírico — com o comentário: "Às vezes é divertido ser *bunkrapt**."[13]

Tipler talvez seja o cientista mais *bunkrapt* que já conheci. Dito isso, devo acrescentar que acho a teoria do Ponto Ômega — pelo menos quando despida dos adornos cristãos de Tipler — a amostra mais convincente de ciência irônica que já encontrei. Freeman Dyson prefigura uma inteligência limitada que está eternamente à deriva num universo aberto e em expansão, lutando para escapar da morte térmica. O Ponto Ômega de Tipler está disposto a correr o risco do grande esmigalhamento, o olvido eterno, por um lampejo de inteligência infinita. A meu ver, a visão de Tipler é mais convincente.

Só discordo de Tipler sobre o que o Ponto Ômega desejaria fazer com o seu poder. Ele se preocuparia em saber se devia ressuscitar uma versão "boazinha" de Hitler ou deixar de ressuscitá-lo (uma das questões que têm afligido Tipler)? Atuaria como uma espécie de serviço de encontros amorosos, casando tímidos com ciber-supermodelos? Acho que não. Como David Bohm me disse: "O importante não é realmente a felicidade". Acredito que o Ponto Ômega não tentaria alcançar o Bem — nem o céu, nem a Nova Polinésia, nem nenhum tipo de felicidade eterna —, mas sim a Verdade. Tentaria descobrir como e por que veio a existir, exatamente como fazem seus ancestrais humanos inferiores. Tentaria descobrir a Resposta. Que outro objetivo seria digno dele?

(*) *Bunk*, em inglês, significa "mistificação". *Bunkraft* seria "arrebatado pelas mistificações". Trata-se de um trocadilho com *bankrupt,* que significa "bancarrota". (N. T.)

Epílogo

O TERROR DE DEUS

Em seu livro de 1992, *The mind of God*, o físico Paul Davies refletiu se os seres humanos poderiam atingir o conhecimento absoluto — *A Resposta* — por meio da ciência. Tal realização é improvável, concluía Davies, dados os limites impostos ao conhecimento racional pela indeterminação quântica, pelo teorema de Gödel, pelo caos e outros temas afins. Segundo ele, só a experiência mística poderia oferecer o único caminho para a verdade absoluta. Ele acrescentava que não podia dar testemunho dessa possibilidade, pois nunca tivera uma experiência mística.[1]

Anos atrás, antes de me tornar redator científico, tive o que chamaria de experiência mística. Um psiquiatra provavelmente diria tratar-se de um episódio psicótico. Porém, seja o que for, e apesar de eu não saber o valor desse acontecimento, vou relatá-lo. Objetivamente, eu estava deitado com os braços e as pernas abertos num gramado de subúrbio, insensível aos meus arredores. Subjetivamente, estava me arremessando por um limbo escuro e deslumbrante rumo ao que eu tinha certeza de ser o segredo definitivo da vida. Ondas e mais ondas de intenso assombro diante do milagre da existência passavam por cima de mim. Ao mesmo tempo, eu estava preso num solipsismo esmagador. Compreendi — ou melhor, eu *sabia* — que era o único ser consciente do universo. Não havia futuro, passado, presente, a não ser aqueles que eu imaginava. A princípio, eu estava impregnado de uma sensação de alegria e poder ilimitados. Depois, subitamente, compreendi que, se continuasse a me entregar a esse êxtase, ele poderia me consumir. Se somente eu existia, quem poderia me resgatar do olvido? Quem poderia me salvar? Com essa constatação, minha felicidade se transformou em horror; fugi da mesma revelação que buscara tão ansiosamente. Eu me sentia caindo numa grande escuridão e, enquanto caía, dissolvia-me no que parecia ser uma infinidade de eus.

Meses depois que acordei desse pesadelo, ainda estava convencido de que descobrira o segredo da existência: o medo que Deus sente em relação à sua própria divindade e à sua potencial morte está subjacente a tudo. Essa convicção me deixava ao mesmo tempo exaltado e aterrorizado — e alheio aos amigos, à família e a todas as coisas comuns que fazem a vida valer a pena. Tive de me esforçar muito para deixar esses pensamentos para trás e continuar a minha vida. Em certa medida, consegui. Como Marvin Minsky diria, guardei a experiência numa parte relativamente isolada da minha mente para que não dominasse todas as outras partes mais práticas — aquelas interessadas em arrumar e manter um emprego, uma companheira e assim por diante. Depois de muitos anos, entretanto, busquei de novo a lembrança desse episódio e comecei a ruminá-lo. Uma das razões foi o contato com uma bizarra teoria pseudocientífica que me ajudou a entender metaforicamente a minha alucinação: o Ponto Ômega.

Não se considera de bom tom imaginar Deus, mas é possível imaginar um computador imensamente poderoso que permeia — que *é* — todo o universo. Quando o Ponto Ômega se aproximar do colapso final do tempo-espaço e do próprio ser, ele passará por uma experiência mística. Reconhecerá com força cada vez maior a total implausibilidade da sua existência. Compreenderá que não há nenhum criador, nenhum Deus, a não ser ele próprio. Ele existe, e nada mais. O Ponto Ômega deve também compreender que seu desejo de conhecimento e de unificação finais o levou à beira do nada eterno e que, se ele morrer, tudo morrerá; o próprio ser desaparecerá. O reconhecimento aterrorizado de sua situação angustiante compelirá o Ponto Ômega a fugir de si mesmo, de sua terrível solidão e autoconhecimento. A criação, com toda a sua dor, beleza e multiplicidade, nasce da — ou é a — fuga desesperada e aterrorizada do Ponto Ômega de si mesmo.

Encontrei vestígios dessa idéia em lugares estranhos. Num ensaio chamado "Borges e eu", o fabulista argentino descreveu seu medo de ser consumido por si mesmo.

> Gosto de ampulhetas, de mapas, da tipografia do século XVIII, de etimologias, do sabor do café e da prosa de Robert Louis Stevenson; ele compartilha essas preferências, mas com uma vaidade que as transforma em atributos de um ator. Seria um exagero dizer que nosso relacionamento é hostil; vivo, continuo a viver, para que Borges possa realizar a sua literatura; e essa literatura me justifica. [...] Anos atrás, tentei me livrar dele, e fui de mitologias dos subúrbios da cidade a jogos com o tempo e a infinidade, mas agora esses jogos pertencem a Borges, e terei de inventar outra coisa. Assim, minha vida é uma fuga, e perco tudo, e tudo pertence ao olvido ou a ele. Não sei qual de nós dois está escrevendo esta página.[2]

Borges está fugindo de si mesmo, porém é também o perseguidor. Uma imagem semelhante de autoperseguição aparece numa nota de rodapé em *The varieties of religious experience*, de William James. Nessa nota, James cita um filósofo chamado Xenos Clark, que narra uma revelação nele induzida pela anestesia. Clark saiu da experiência convencido de que

> a filosofia comum é como um cão correndo atrás do próprio rabo. Quanto mais ele corre, mais tem de correr, e seu focinho nunca alcança os calcanhares, porque está sempre à frente deles. Por isso, o presente é sempre uma conclusão inevitável, e sempre é tarde demais para compreendê-lo. Mas no momento em que me recuperei da anestesia, exatamente naquele instante antes de começar a vida, tive, por assim dizer, um lampejo de meus calcanhares, um lampejo do processo eterno bem no ato de começar. A verdade é que percorremos um trajeto que já foi cumprido antes de começarmos; e o verdadeiro fim da filosofia não se realiza quando atingimos nosso destino, mas quando nele permanecemos (já estando ali) — o que pode ocorrer vicariamente nesta vida quando cessamos nosso questionamento intelectual.[3]

Todavia, não podemos cessar nosso questionamento intelectual. Se o fizermos, não haverá nada. Haverá o olvido. O físico John Wheeler, que deu nome aos buracos negros e profetizou o *it* do *bit*, intuiu essa verdade. No coração da realidade não existe uma resposta, mas uma pergunta: por que existe alguma coisa em vez do nada?

A Resposta é que não há resposta, apenas uma pergunta. A suspeita de Wheeler de que o mundo não passa de "uma invenção da imaginação" era igualmente bem fundada. O mundo é um enigma que Deus criou para se proteger de sua terrível solidão e do medo da morte.

O DEUS IMORTAL DE CHARLES HARTSHORNE

Procurei em vão um teólogo que simpatizasse com essa idéia do terror de Deus. Freeman Dyson me deu uma pista possível. Depois de uma conferência em que discutira seus pontos de vista teológicos — a saber, a tese de que Deus não é onisciente ou onipotente, mas cresce e aprende da mesma forma que os seres humanos —, Dyson foi abordado por um homem idoso. O homem identificou-se como Charles Hartshorne, que, como Dyson ficou sabendo mais tarde, era um dos teólogos mais eminentes deste século. Hartshorne disse a Dyson que seu conceito de Deus se parecia com o de um clérigo italiano do século XVI chamado Socino, que fora queimado na fogueira por heresia. Dyson ficou com a impressão de que Hartshorne também era sociniano. Perguntei a Dyson se ele sabia se Hartshorne ainda estava vivo. "Não sei", respondeu ele. "Se ainda estiver vivo, deve estar muito, muito velho."

Depois de sair de Princeton, comprei um livro de ensaios sobre a teologia de Hartshorne, escrito por ele e outros autores, e descobri que ele era mesmo sociniano.[4] Ele talvez compreendesse a minha idéia do terror de Deus — se ainda estivesse vivo. Procurei em alguns exemplares antigos de *Who's Who* e descobri que o último cargo de Hartshorne fora na Universidade do Texas, em Austin. Telefonei para o departamento de filosofia da universidade, e a secretária me disse que sim, o professor Hartshorne estava bem vivo. Ele ia à universidade várias vezes por semana. Mas provavelmente a melhor maneira de entrar em contato com ele era telefonar para a sua casa.

Hartshorne atendeu o telefone. Eu me identifiquei e disse que quem me havia falado dele fora Freeman Dyson. Perguntei-lhe se ele se lembrava de sua conversa com Dyson sobre Socino. Ele disse que, de fato, se lembrava. Hartshorne falou a respeito de Dyson por algum tempo e depois enveredou numa discussão sobre Socino. Embora sua voz fosse rouca e trêmula, ele falava com absoluta autoconfiança. Em menos de um minuto de conversa, a voz alterou-se para um falsete de Mickey Mouse, acrescentando mais um toque de surrealismo à nossa conversa.

Hartshorne contou-me que, ao contrário da maioria dos teólogos medievais e até modernos, os socinianos acreditavam que Deus mudava, aprendia e evoluía com o tempo, assim como os seres humanos. "Veja, a grande tradição clássica da teologia medieval era dizer que Deus é imutável", explicou ele. "Os socinianos diziam: 'Não, está errado'. E estavam totalmente certos. Para mim isso é óbvio."

Então, Deus não era onisciente? "Deus conhece tudo o que *há* para se conhecer", respondeu Hartshorne. "Mas acontecimentos futuros não existem. Só podem ser conhecidos quando acontecem." Qualquer tolo sabe disso, sugeria o seu tom de voz.

Se Deus não podia ver o futuro, seria possível que o temesse? Ele podia temer a sua própria morte? "Não!", gritou Hartshorne e riu do absurdo da idéia. "Nós nascemos e morremos", disse ele. "É por isso que somos diferentes de Deus. Não vale a pena falar sobre Deus, se Deus nasce e morre. Não vale a pena falar sobre Deus, se Deus tem nascimento e morte. Deus sente o *nosso* nascimento, mas como *nosso* nascimento, e não como nascimento de Deus, e ele sente a *nossa* morte."

Tentei explicar que não estava propondo que Deus pudesse realmente morrer, mas apenas que ele pudesse *temer* a morte, que ele pudesse duvidar de sua própria imortalidade. "Oh", disse Hartshorne, e praticamente o vi sacudindo a cabeça. "Não tenho interesse por essas questões."

Perguntei-lhe se ele já ouvira falar da teoria do Ponto Ômega. "É Teilhard de Chardin...?" Sim, respondi, Teilhard de Chardin foi a inspiração. A idéia geral é que máquinas superinteligentes criadas pelos seres humanos se espalham por todo o universo... "Sim", interrompeu Hartshorne com desdém. "Não estou muito interessado nesse tipo de coisa. Essas teorias são muito fantasiosas."

Tive vontade de responder: "Certo, *elas* são fantasiosas, mas todo esse disparate sociniano não é?". Porém, em vez disso, perguntei se Hartshorne achava que haveria um fim para a evolução e o aprendizado de Deus. Pela primeira vez, ele fez uma pausa antes de responder. Deus, disse finalmente, não é um ser, mas um "modo de vir a ser"; não houve começo para esse vir a ser, nem haverá um fim. Jamais.

Não seria ótimo pensar assim?

AS UNHAS DE DEUS

Tentei expor a minha idéia do terror de Deus para vários conhecidos, mas não tive muito mais sucesso com eles do que com Hartshorne. Um colega redator científico, do tipo hiper-racional, escutou pacientemente o meu discurso sem sorrir nem uma vez. "Deixe-me ver se entendi direito", disse ele quando fiquei resmungando num impasse. "Você está dizendo que tudo, na verdade, se resume a Deus roer as unhas de medo?" Pensei por um momento, e depois confirmei com a cabeça. Certamente, por que não? Tudo se resume a Deus roer as unhas de medo.

Na verdade, acho que a hipótese do terror de Deus tem muito de interessante. Ela sugere a razão pela qual nós, seres humanos, mesmo quando somos compelidos a procurar a verdade, também dela recuamos. O medo da verdade, da Resposta, impregna nossas escrituras culturais, desde a Bíblia até o último filme do cientista louco. Em geral se pensa que os cientistas são imunes a esse desassossego. Alguns são ou parecem ser. Francis Crick, o Mefistófeles do materialismo, me vem à mente. E também o frio ateu Richard Dawkins, bem como Stephen Hawking, o piadista cósmico. (Há alguma peculiaridade na cultura britânica para que ela produza cientistas tão imunes à ansiedade metafísica?)

Mas para cada Crick ou cada Dawkins, há muitos outros cientistas que nutrem uma profunda ambivalência em relação à idéia de verdade absoluta. Como Roger Penrose, que não conseguia decidir se a sua crença numa teoria final era otimista ou pessimista. Ou Steven Weinberg, que equiparava a inteligibilidade à falta de sentido. Ou David Bohm, que era compelido a esclarecer a realidade e a obscurecê-la. Ou Edward Wilson, que desejava uma teoria final da natureza humana, mas se aterrorizava com a idéia de que ela pudesse ser alcançada. Ou Marvin Minsky, que ficava tão horrorizado com a idéia da mente de um só propósito. Ou Freeman Dyson, insistindo em que a ansiedade e a dúvida são essenciais para a existência. A ambivalência desses investigadores da verdade em relação ao conhecimento final reflete a ambivalência de Deus — ou do Ponto Ômega, se quiserem — no que se refere ao conhecimento absoluto de sua própria situação aflitiva.

No seu poema em prosa *Tractatus logico-philosophicus*, Wittgenstein afirmou: "Enigmático não é *como* o mundo é, mas *o fato de* ele ser".[5] A verdadeira iluminação, Wittgenstein sabia, consiste em nada mais do que um assombro boquiaberto diante do fato bruto da existência. O fim ostensivo da ciência, da filosofia, da religião e de todas as formas de conhecimento é transformar o grande "Hum?" do deslumbramento místico num ainda maior "Ah!" de compreensão. Mas, depois que atingirmos a Resposta, o que acontecerá? Há uma espécie de horror em pensar que nosso senso de admiração poderia ser eliminado, de uma vez por todas, pelo nosso conhecimento. Qual seria então o propósito da existência? Não haveria. O ponto de interrogação da admiração mística nunca pode ser completamente desentortado, nem mesmo na mente de Deus.

Tenho uma vaga idéia de como tudo isso soa. Gosto de me considerar uma pessoa racional. Gosto, muitíssimo, de zombar dos cientistas que levam suas fantasias metafísicas demasiado a sério. Mas, parafraseando Marvin Minsky outra vez, nós todos temos muitas mentes. Minha mente prática e racional me diz que essa noção do terror de Deus é um disparate ilusório. Mas tenho outras mentes. Uma delas, de vez em quando, dá uma olhada numa coluna de astrologia ou se pergunta se não *há* realmente alguma verdade em todos esses relatos de pessoas que têm relações sexuais com alienígenas. Outra das minhas mentes acredita que tudo se resume a Deus roer as unhas de medo. Essa crença até me dá um estranho consolo. Nossa situação angustiante é a situação angustiante de Deus. E, agora que a ciência — a ciência verdadeira, pura, empírica — terminou, em que mais podemos acreditar?

AGRADECIMENTOS

Eu nunca poderia ter escrito este livro se a *Scientific American* não tivesse generosamente permitido que eu me dedicasse a meus próprios interesses, tendo até me encorajado a fazê-lo. A *Scientific American* também me permitiu adaptar material dos seguintes artigos que escrevi para a revista (copyright de *Scientific American*, Inc., todos os direitos reservados): "Profile: Clifford Geertz", julho de 1989; "Profile: Roger Penrose", novembro de 1989; "Profile: Noam Chomsky", maio de 1990; "In the beginning", fevereiro de 1991; "Profile: Thomas Kuhn", maio de 1991; "Profile: John Wheeler", junho de 1991; "Profile: Edward Witten", novembro de 1991; "Profile: Francis Crick", fevereiro de 1992; "Profile: Karl Popper", novembro de 1992; "Profile: Paul Feyerabend", maio de 1993; "Profile: Freeman Dyson", agosto de 1993; "Profile: Marvin Minsky", novembro de 1993; "Profile: Edward Wilson", abril de 1994; "Can science explain consciousness?", julho de 1994; "Profile: Fred Hoyle", março de 1995; "From complexity to perplexity", junho de 1995; "Profile: Stephen Jay Gould", agosto de 1995. Também obtive permissão para republicar trechos das seguintes obras: *The coming of the golden age*, de Gunther Stent, Natural History Press, Garden City, Nova York, 1969; *Scientific progress*, de Nicholas Rescher, Blackwell, Oxford, Reino Unido, 1978; *Farewell to reason*, de Paul Feyerabend, Verso, Londres, 1987; e *Cosmic discovery*, de Martin Harwit, MIT Press, Cambridge, 1981.

Sou grato ao meu agente, Stuart Krichevsky, por me ajudar a transformar uma idéia amorfa numa proposta vendável, e a Bill Patrick e Jeff Robbins, da Addison-Wesley, por me fornecerem a combinação perfeita de crítica e encorajamento. Sou grato a amigos, conhecidos e a colegas da *Scientific American* e de outros lugares, que me deram *feedbacks* de diversos tipos, em alguns casos durante vários anos. Entre eles estão Tim Bearsdley, Roger Bingham, Chris Bremser, Fred Guterl, George Johnson, John Rennie, Phil Ross, Russell Ruthen, Gary Stix, Paul Wallich, Karen Wright, Robert Wright e Glen Zorpette. Devo agradecimentos sobretudo à minha mulher Suzie, sem a qual eu nada teria.

NOTAS

INTRODUÇÃO: EM PROCURA DA "RESPOSTA" (pp. 11-20)

1. R. Penrose, *The emperor's new mind*, Oxford University Press, Nova York, 1989. A resenha do livro, feita pelo astrônomo e autor Timothy Ferris, foi publicada na *New York Times Book Review* em 19 de novembro de 1989, p. 3.

2. Meu perfil de Penrose foi publicado no número de novembro de 1989 de *Scientific American*, pp. 30-3.

3. Meu encontro com Penrose em Syracuse ocorreu em agosto de 1989.

4. Essa definição de ironia se baseia naquela apresentada por Northrop Frye em sua obra clássica de teoria literária, *Anatomy of criticism*, Princeton University Press, Princeton, New Jersey, 1957.

5. H. Bloom, *The anxiety of influence*, Oxford University Press, Nova York, 1973.

6. Ibid., p. 21.

7. Ibid., p. 22.

1. *O FIM DO PROGRESSO* (pp. 21-47)

1. As atas do simpósio do Gustavus Adolphus foram publicadas como *The end of science? Attack and defense*, organizado por Richard Q. Selve, University Press of America, Lanham, MD, 1992.

2. G. S. Stent, *The coming of the golden age: a view of the end of progress*, Natural History Press, Garden City, Nova York, 1969. Ver igualmente a contribuição de Stent para o livro de Selve, *End of science?*.

3. Ver *The education of Henry Adams*, Massachusetts Historical Society, Boston, 1918 (reimpresso por Houghton Mifflin, Boston, 1961). Adams apresentou a sua lei da aceleração no capítulo 34, escrito em 1904.

4. Stent, *Golden age*, p. 94.

5. Ibid., p. 111.

6. Linus Pauling expôs o seu prodigioso conhecimento de química em *The nature of the chemical bond and the structure of molecules and crystals*, publicado em 1939 e reeditado em 1960 pela Cornell University Press, Ithaca, Nova York. Esse continua a ser um dos textos científicos mais influentes de todos os tempos. Pauling disse-me que resolvera os problemas básicos da química quase uma década antes de seu livro ser publicado. Quando o entrevistei em Stanford, Califórnia, em setembro de 1992, ele afirmou: "Sentia que no final de 1930, ou até na metade desse ano, a química orgânica já estava muito bem explicada, assim como a química inorgânica e a mineralogia —, com exceção dos sulfetos, que ainda hoje exigem mais estudo". Pauling morreu em 19 de agosto de 1994.

7. Stent, *Golden age*, p. 74.

8. Ibid., p. 115.

9. Ibid., p. 115.

10. Entrevistei Stent em Berkeley em junho de 1992.

11. Encontrei esse fato desanimador na página 371 de *Coming of age in the milky way*, de Timothy Ferris, Doubleday, Nova York, 1988. Sobre uma retrospectiva depreciativa do programa espacial tripulado dos Estados Unidos, escrita para o 25º aniversário do primeiro pouso na Lua, ver "25 years later, moon race in eclipse", de John Nobel Wilford, *New York Times*, 17 de julho de 1994, p. 1.

12. Essa visão pessimista (otimista?) do envelhecimento pode ser encontrada em "Aging as the fountain of youth", capítulo 8 de *Why we get sick: the new science of darwinian medicine*, de Randolph M. Nesse e George C. Williams, Times Books, Nova York, 1994. Williams é um dos decanos pouco reconhecidos da moderna biologia da evolução. Ver também o seu artigo clássico, "Pleiotropy, natural selection, and the evolution of senescence", *Evolution*, vol. 11, 1957, pp. 398-411.

13. Os comentários de Michelson têm sido transmitidos em várias versões diferentes. A citada nesse ponto foi publicada em *Physics Today*, abril de 1968, p. 9.

14. O comentário de Michelson sobre o ponto decimal foi erroneamente atribuído a Kelvin na página 3 de *Superstrings: a theory of everything?*, organizado por Paul C. Davies e Julian Brown, Cambridge University Press, Cambridge, Reino Unido, 1988. Esse livro é também notável por revelar que Richard Feynman, premiado com o Nobel, nutria um profundo ceticismo em relação à teoria das supercordas.

15. Stephen Brush apresentou essa análise da física no fim do século XIX em "Romance in six figures", *Physics Today*, janeiro de 1969, p. 9.

16. Ver, por exemplo, Lawrence Badash, "The completeness of nineteenth-century science", *Isis*, vol. 63, 1972, pp. 48-58. Badash, historiador da ciência da Universidade da Califórnia em Santa Barbara, concluía (p. 58) que "o mal-estar da completude estava longe de ser virulento, [...] era antes uma 'infecção de baixa intensidade', *mas ainda assim muito real*" [os itálicos são do original].

17. O ensaio de Daniel Koshland, "The crystal ball and the trumpet call", e a seção especial sobre previsões que o acompanha podem ser encontrados em *Science*, 17 de março de 1995. A lenda do funcionário de patentes míope foi reiterada pelo magnata da cibernética Bill Gates na página xiii de seu best-seller de 1995,

The road ahead, escrito com Nathan Myhrvold e Peter Rinearson, Viking, Nova York.

18. E. Jeffery, "Nothing left to invent", *Journal of the Patent Office Society*, julho de 1940, pp. 479-81. Agradeço ao historiador da ciência Morgan Sherwood, da Universidade da Califórnia em Davis, por ter localizado o artigo para mim.

19. J. B. Bury, *The idea of progress*, Macmillan, Nova York, 1932. Meu resumo das opiniões de Bury é adaptado de Stent, *Golden age*.

20. G. S. Stent, W. H. Freeman, *The paradoxes of progress*, San Francisco, 1978, p. 27. Esse livro contém vários capítulos do primeiro livro de Stent, *The coming of the golden age*, além de novas discussões sobre a biologia, a moralidade e os limites cognitivos da ciência.

21. *Science: the endless frontier*, de Vannevar Bush, foi reeditado pela National Science Foundation, Washington, D.C., por ocasião do quadragésimo aniversário da entidade, em 1990.

22. Encontrei essa citação de Engels em N. Rescher, *Scientific progress*, Basil Blackwell, Oxford, Reino Unido, 1978, pp. 123-4. Rescher, filósofo da Universidade de Pittsburgh, fornecia igualmente várias referências para mostrar que a crença de Engels no potencial infinito da ciência persistira entre os marxistas modernos. Ver também o prólogo de *Paradoxes of progress*, em que Stent observou que a resenha mais crítica de *The coming of the golden age* foi a de um filósofo soviético, V. Kelle, segundo o qual a ciência era eterna e a tese do fim da ciência de Stent era um sintoma da decadência do capitalismo.

23. Os comentários de Havel podem ser encontrados em G. Holton, *Science and anti-science*, Harvard University Press, Cambridge, 1993, pp. 175-6. Holton é filósofo da Universidade de Harvard.

24. Esse relato da obra de Spengler é tirado de G. Holton, *Science and anti-science*. Tanto em *Science and anti-science* quanto em outras publicações (inclusive num ensaio da *Scientific American*, outubro de 1995, p. 191), Holton tenta repudiar a noção de que a ciência está chegando ao fim apelando para a autoridade de Einstein, que freqüentemente sugeriu ser eterna a busca de verdades científicas. Não parece ter ocorrido a Holton que as opiniões de Einstein refletiam antes *wishful thinking* do que uma avaliação rigorosa das perspectivas da ciência. Holton tem igualmente sugerido que as pessoas que cogitam sobre o fim da ciência opõem-se, em geral, à ciência e à racionalidade. Sem dúvida, as previsões modernas de que a ciência está se aproximando do apogeu não surgiram de anti-racionalistas, como Havel, mas de cientistas, como Steven Weinberg, Richard Dawkins e Francis Crick, que acreditam ser a ciência o supremo caminho para a verdade.

25. B. Glass, "Science: endless horizons or golden age?", *Science*, 8 de janeiro de 1971, pp. 23-9. Glass, ex-presidente da Associação Americana para o Progresso da Ciência (AAAS), já proferira essa palestra no encontro anual da AAAS em Chicago, em 28 de dezembro de 1970.

26. B. Glass, "Milestones and rates of growth in the development of biology", *Quarterly Review of Biology*, março de 1979, pp. 31-53.

27. Minha entrevista por telefone com Glass ocorreu em junho de 1994.

28. L. Kadanoff, "Hard times", *Physics Today*, outubro de 1992, pp. 9-11.

29. Minha entrevista por telefone com Kadanoff ocorreu em agosto de 1994.

30. Rescher, *Scientific progress*, p. 37.

31. Ibid., p. 207. Embora eu discorde da análise das perspectivas da ciência de Rescher, os seus livros *Scientific progress* e *The limits of science*, University of California Press, Berkeley, 1984, são uma fonte de informação inigualável para quem se interessa pelos limites da ciência. Infelizmente, os dois livros estão esgotados.

32. A resenha que Bentley Glass faz de *Scientific progress*, de Rescher, foi publicada na *Quarterly Review of Biology*, dezembro de 1979, pp. 417-9.

33. Encontrei esse comentário de Kant em *Scientific progress*, de Rescher, p. 246.

34. O significado da expressão *plus ultra* de Bacon é discutido em P. Medawar, *The limits of science*, Oxford University Press, Nova York, 1984. Medawar era um famoso biólogo britânico.

35. H. Adamas (org.), *Critical theory since Plato*, por Harcourt Brace Jovanovich, Nova York, 1971, p. 474.

2. *O FIM DA FILOSOFIA* (pp. 48-81)

1. T. Theocaris e M. Psimopoulos, "Where science has gone wrong", *Nature*, vol. 329, 15 de outubro de 1987, pp. 595-8.

2. A visão de Peirce sobre a relação entre a ciência e a verdade final é discutida em *The limits of science*, de Rescher (ver nota 31 no capítulo 1). Ver também a coletânea *Selected writings*, de Peirce, organizada por Philip Wiener, Dover Publications, Nova York, 1966.

3. As principais obras de Popper incluem *The logic of scientific discovery*, Springer, Berlim, 1934 (reimpresso por Basic Books, Nova York, 1959); *The open society and its enemies*, Routledge, Londres, 1945 (reimpresso por Princeton University Press, Princeton, Nova Jersey, 1966); e *Conjectures and refutations*, Routledge, Londres, 1963 (editado por Harper and Row, Nova York, 1968). A autobiografia de Popper, *Unended quest*, Open Court, La Salle, Ill., 1985, e *Popper selections*, organizado por David Miller, Princeton University Press, Princeton, Nova Jersey, 1985, fornecem introduções excelentes ao seu pensamento.

4. Ver "Who killed logical positivism?", capítulo 17 de *Unended quest*, de Popper.

5. Ibid., p. 116.

6. Minha entrevista com Popper ocorreu em agosto de 1992.

7. Meu artigo sobre mecânica quântica, "Quantum philosophy", foi publicado em *Scientific American*, julho de 1992, pp. 94-103.

8. Ver K. Popper e J. C. Eccles, *The self and its brain*, Springer-Verlag, Berlim, 1977. Eccles ganhou o prêmio Nobel em 1963 pelo seu trabalho sobre transmissão neural. Discuto os seus pontos de vista no capítulo 7.

9. Günther Wächterhäuser apresentou sua teoria sobre a origem da vida em *Proceedings of the National Academy of Sciences*, vol. 87, 1990, pp. 200-4.

10. Popper discute as suas dúvidas sobre a teoria de Darwin em "Natural selection and its scientific status", capítulo 10 de *Popper selections*.

11. A sra. Mew estava procurando o livro de Popper *A world of propensities*, Routledge, Londres, 1990.

12. *Nature* publicou uma homenagem a Popper escrita pelo físico Hermann Bondi em 30 de julho de 1992, p. 363. O motivo foi o nonagésimo aniversário do filósofo.

13. O *Economist* publicou o necrológio de Popper em 24 de setembro de 1994, p. 92. Ele morreu em 17 de setembro.

14. Popper, *Unended quest*, p. 105.

15. T. Kuhn, *The structure of scientific revolutions*, University of Chicago Press, Chicago, 1962. (Os números das páginas se referem à edição de 1970.) Minha entrevista com Kuhn ocorreu em fevereiro de 1991.

16. *Scientific American*, maio de 1964, pp. 142-4.

17. A comparação feita por Kuhn dos cientistas com os viciados e os personagens vítimas de lavagem cerebral de *1984* pode ser encontrada nas páginas 38 e 167 de *Structure*.

18. A primeira vez que fiz essa observação depreciativa sobre o Novo Paradigma do governo Bush foi num perfil de Kuhn em *Scientific American*, maio de 1991, pp. 40-9. Mais tarde, recebi uma carta de reclamação de James Pinkerton, que era então assistente adjunto do presidente Bush para planejamento de políticas e cunhara a expressão *Novo Paradigma*. Pinkerton insistia em que Novo Paradigma "*não* era reaganomia requentada; ao contrário, é um conjunto coerente de idéias e princípios que enfatizam a escolha, a delegação de poderes, mais realizações com menos controle centralizado".

19. A acusação de que Kuhn definiu paradigma de 21 maneiras diferentes pode ser encontrada em M. Masterman, "The nature of a paradigm", in I. Lakatos e A. Musgrave (orgs.), *Criticism and the growth of knowledge*, Cambridge University Press, Nova York, 1970.

20. P. Feyerabend, *Against method*, Verso, Londres, 1975 (reeditado em 1993).

21. O comentário da "xícara de chá positivista" pode ser encontrado em P. Feyerabend, *Farewell to reason*, Verso, Londres, 1987, p. 282.

22. A analogia com o crime organizado feita por Feyerabend pode ser encontrada em seu ensaio "Consolations for a specialist", in Lakatos e Musgrave, *Growth of knowledge*.

23. As declarações extravagantes de Feyerabend foram relatadas num perfil surpreendentemente simpático feito por William J. Broad, atualmente redator científico do *New York Times*: "Paul Feyerabend: science and the anarchist", *Science*, 2 de novembro de 1979, pp. 534-7.

24. Feyerabend, *Farewell to reason*, p. 309.

25. Ibid., p. 313.

26. *Isis*, vol. 2, 1992, p. 368.

27. Feyerabend morreu em Genebra no dia 11 de fevereiro de 1994. O *New York Times* publicou o seu necrológio no dia 8 de março.

28. P. Feyerabend, *Killing time*, University of Chicago Press, Chicago, 1995.

29. K. Baynes, J. Bohman e T. McCarthy (orgs.), *After philosophy: end or transformation?*, MIT Press, Cambridge, 1987.

30. C. McGinn, *Problems in philosophy*, Blackwell Publishers, Cambridge, Massachusetts, 1993.

31. "O Zahir" pode ser encontrado em J. L. Borges, *A personal anthology*, Grove Press, Nova York, 1967. Essa coleção também contém duas outras histórias aterrorizantes sobre o conhecimento absoluto: "Funes, o memorioso" e "O Aleph".

32. Ibid., p. 137.

3. *O FIM DA FÍSICA* (pp. 82-119)

1. A observação de Einstein pode ser encontrada em John Barrow, *Theories of everything*, Clarendon Press, Oxford, Reino Unido, 1991, p. 88.

2. Os comentários completos de Glashow estão reeditados em *The end of science? Attack and defense*, Richard Q. Selve, University Press of America, Lanham, Maryland, 1992.

3. S. Glashow e P. Ginsparg, "Desperately seeking superstrings", *Physics Today*, 1986, p. 7.

4. K. C. Cole, "A theory of everything", *New York Times Magazine*, 18 de outubro de 1987, p. 20. Esse artigo me forneceu a maioria das informações pessoais sobre Witten apresentadas neste capítulo. Entrevistei Witten em agosto de 1991.

5. Ver *Science watch* (publicado pelo Instituto para a Informação Científica, Filadélfia, Pensilvânia), setembro de 1991, p. 4.

6. Barrow, *Theories of everything*.

7. D. Lindley, *The end of physics*, Basic Books, Nova York, 1993.

8. Ver J. Maddox, "Is the *principia* publishable now?", *Nature*, 3 de agosto de 1995, p. 385.

9. D. Overbye, *Lonely hearts of the cosmos*, HarperCollins, Nova York, 1992, p. 372.

10. Steven Weinberg, *Dreams of a final theory*, Pantheon, Nova York, 1992, p. 18.

11. S. Weinberg, *The first three minutes*, Basic Books, Nova York, 1977, p. 154.

12. Weinberg, *Dreams of a final theory*, p. 253.

13. M. Kaku, *Hyperspace*, Oxford University Press, Nova York, 1994.

14. P. C. Davies, *The mind of God*, Simon and Schuster, Nova York, 1992.

15. A primeira vez que Bethe discutiu em público o seu cálculo decisivo foi em "Ultimate catastrophe?", *Bulletin of the Atomic Scientists*, junho de 1976, pp. 36-7. O artigo foi republicado numa coleção dos textos de Bethe, *The road from Los Alamos*, American Institute of Physics, Nova York, 1991. Entrevistei Bethe em Cornell em outubro de 1991.

16. D. Mermin, "What's wrong with those epochs?", *Physics Today*, novembro de 1990, pp. 9-11.

17. Os ensaios e artigos de Wheeler foram reunidos em *At home in the universe*, American Institute of Physics Press, Woodbury, Nova York, 1994. Entrevistei Wheeler em abril de 1991.

18. Ver página 5 do ensaio de Wheeler "Information, physics, quantum: the search for links", in W. H. Zurek (org.), *Complexity, entropy, and the physics of information*, Addison-Wesley, Reading, Massachusetts, 1990.

19. Ibid., p. 18.

20. Essa citação, bem como a história anterior sobre Wheeler ter feito conferências junto com parapsicólogos no encontro da Associação Americana para o Progresso da Ciência, podem ser encontradas em J. Bernstein, "Physicist John Wheeler: retarded learner", *Princeton Alumni Weekly*, 9 de outubro de 1985, pp. 28-41.

21. Uma introdução concisa à carreira de Bohm pode ser encontrada em D. Albert, "Bohm's alternative to quantum mechanics", *Scientific American*, maio de 1994, pp. 58-67. Partes dessa seção sobre Bohm foram publicadas no meu artigo "Last words of a quantum heretic", *New Scientist*, 27 de fevereiro de 1993, pp. 38-42. Bohm apresentou a sua filosofia em *Wholeness and the implicate order*, Routledge, Nova York, 1983 (publicado pela primeira vez em 1980).

22. O artigo sobre Einstein-Podolsky-Rosen, o artigo original de Bohm sobre a sua interpretação alternativa da mecânica quântica e muitos outros artigos fecundos sobre a mecânica quântica podem ser encontrados em J. Wheeler e W. H. Zurek (orgs.), *Quantum theory and measurement*, Princeton University Press, Princeton, Nova Jersey, 1983.

23. D. Bohm e F. David Peat, *Science, order, and creativity*, Bantam Books, Nova York, 1987.

24. Entrevistei Bohm em agosto de 1992. Ele morreu em 27 de outubro. Pouco antes de sua morte, ele escreveu, em parceria com B. J. Hiley, outro livro apresentando suas perspectivas, publicado dois anos mais tarde: *The undivided universe*, Routledge, Londres, 1994.

25. R. Feynman, *The character of physical law*, MIT Press, Cambridge, 1967, p. 172. (O livro de Feynman foi publicado pela primeira vez em 1965 pela BBC.)

26. Ibid., p. 173.

27. O simpósio, intitulado "The interpretation of quantum theory: where do we stand?", ocorreu na Universidade de Columbia, 1º-4 de abril de 1992.

28. Tenho encontrado muitas versões dessa citação de Bohr. A minha é tirada de uma entrevista com John Wheeler, que estudou sob a orientação de Bohr.

29. Para uma excelente análise do estado da física, ver S. S. Schweber, "Physics, community, and the crisis in physical theory", *Physics Today*, novembro de 1993, pp. 34-40. Schweber, um ilustre historiador da física da Universidade Brandeis, sugere que a física será cada vez mais dirigida para fins utilitários, e não para o conhecimento em si. Escrevi sobre as dificuldades encontradas pelos físicos que estão tentando alcançar uma teoria unificada em "Particle metaphysics", *Scientific American*, fevereiro de 1994, pp. 96-105. Num artigo anterior para *Scientific American*, "Quantum philosophy", julho de 1992, pp. 94-103, resenhei os trabalhos atuais sobre a interpretação da mecânica quântica.

4. *O FIM DA COSMOLOGIA* (pp. 120-46)

1. A conferência de Hawking e as outras atas do simpósio do Nobel, realizado em 11-6 de junho de 1990 em Gräftvallen, Suécia, foram publicadas em J. S. Nilsson, B. Gustafsson e B.-S. Skagerstam (orgs.), *The birth and early evolution of our universe*, World Scientific, Londres, 1991. Eu também escrevi um artigo baseado no simpósio, "Universal truths", *Scientific American*, outubro de 1990, pp. 108-17. Tive uma experiência perturbadora com Stephen Hawking no meu primeiro dia no simpósio do Nobel, quando todos os participantes do encontro foram conduzidos a um bosque para a realização de um coquetel. Já estávamos vendo as mesas com os comes e bebes quando a cadeira de rodas de Hawking, empurrada por uma de suas enfermeiras, emperrou num sulco do caminho. A enfermeira perguntou se eu me importaria de carregar Hawking até o local da festa. Quando o peguei nos braços, senti que Hawking era desconcertantemente leve e rígido, como um feixe de varinhas. Espiei-o pelo canto do olho e vi que ele estava me olhando desconfiado. De repente, o seu rosto se contorceu numa careta de dor; o corpo tremia violentamente, e ele emitia um ruído de gargarejo. Meu primeiro pensamento foi: "Um homem está morrendo nos meus braços! Que horror!". Meu segundo pensamento foi: "Stephen Hawking está morrendo nos meus braços! Que reportagem!". Esse pensamento, por sua vez, já estava se transformando em vergonha diante da profundidade do meu oportunismo, quando a enfermeira, vendo a aflição de Hawking e a minha, veio correndo nos socorrer. "Não se preocupe", disse ela, pegando Hawking delicadamente nos braços. "Isso lhe acontece o tempo todo. Ele vai ficar bem."

2. Uma versão condensada da conferência de Hawking, proferida em 29 de abril de 1980, foi publicada na revista britânica *Physics Bulletin* (agora chamada *Physics World*), janeiro de 1981, pp. 15-7.

3. S. Hawking, *A brief history of time*, Bantam Books, Nova York, 1988, p. 175.

4. Ibid., p. 141.

5. M. White e J. Gribbon, *Stephen Hawking: a life in science*, Dutton, Nova York, 1992. Esse livro também documenta a transformação de Hawking, que de físico passou a celebridade internacional.

6. Ver a entrevista com Hawking em *Science Watch*, setembro de 1994. As opiniões de Hawking sobre o fim da física são discutidas em vários livros citados no capítulo 3, inclusive *The mind of God*, de Paul C. Davies; *Theories of everything*, de John Barrow; *Dreams of a final theory*, de Steven Weinberg; *Lonely hearts of the cosmos*, de Dennis Overbye; e *The end of physics*, de David Lindley. Ver também G. Johnson, *Fire in the mind*, Alfred A. Knopf, Nova York, 1995, onde se encontra uma discussão particularmente sutil sobre a possibilidade de a ciência atingir a verdade absoluta.

7. A visão da cosmologia de Schramm, inserida na corrente predominante dessa área de estudos, é apresentada em D. Schramm e M. Riordan, *The shadows of creation*, W. H. Freeman, Nova York, 1991. Em 1994, o co-autor de Schramm, Riordan, físico do Acelerador Linear de Stanford, apostou comigo uma caixa de vinho da Califórnia que até o final do século Alan Guth, a quem em geral se atribui o mérito de ter "descoberto" a inflação, ganharia um prêmio Nobel pelo seu trabalho. Menciono essa aposta porque tenho certeza de que vou ganhar.

8. Linde apresentou a sua teoria em "The self-reproducing inflationary universe", *Scientific American*, novembro de 1994, pp. 48-55. Aqueles que desejarem saber mais sobre Linde podem examinar os seus livros *Particle physics and inflationary cosmology*, Harwood Academic Publishers, Nova York, 1990; e *Inflation and quantum cosmology*, Academic Press, San Diego, 1990. Partes das passagens sobre Linde apareceram no meu artigo "The universal wizard", *Discover*, março de 1992, pp. 80-5. Minha entrevista com Linde em Stanford ocorreu em abril de 1991.

9. Falei com Schramm por telefone em fevereiro de 1993.

10. Entrevistei Georgi em Harvard em novembro de 1993.

11. Hoyle apresentou uma retrospectiva encantadora de sua tumultuada carreira em *Home is where the wind blows*, University Science Books, Mill Valley, Califórnia, 1994. Entrevistei Hoyle em sua casa em agosto de 1992.

12. Ver, por exemplo, a resenha em *Nature*, 13 de maio de 1993, de *Our place in the cosmos*, em que Hoyle e seu colaborador, Chandra Wickramasinghe, afirmam que o cosmo está repleto de vida. O resenhista de *Nature*, Robert Saphiro, químico da Universidade de Nova York, afirmou que esse livro e outras obras recentes de Hoyle "testemunham que uma inteligência brilhante pode se concentrar em idéias bizarras". Quando a autobiografia de Hoyle foi publicada um ano mais tarde, a mídia, que marginalizara Hoyle por muitos anos devido a suas opiniões rebeldes, demonstrou uma repentina afeição por ele. Ver, por exemplo, Marcus Chown, "The space molecule man", *New Scientist*, 10 de setembro de 1994, pp. 24-7.

13. "And the winner is...", *Sky and Telescope*, março de 1994, p. 22.

14. Ver Hoyle e Wickramasinghe, *Our place in the cosmos*.

15. Ver Overbye, *Lonely hearts of the cosmos*, onde se encontra um excelente relato do debate sobre a constante de Hubble.

16. Freeman Dyson, "The scientist as rebel", *New York Review of Books*, 25 de maio de 1995, p. 32.

17. Martin Harwit, *Cosmic discovery*, MIT Press, Cambridge, 1981, pp. 42-3. Em 1995, Harwit se demitiu do cargo de diretor do Museu Nacional de Aeronáutica e do Espaço do Instituto Smithsonian em Washington, D.C., em meio a uma controvérsia amarga sobre uma exposição que ele supervisionara, chamada "O último ato: a bomba atômica e o fim da Segunda Guerra Mundial". Os veteranos e outras pessoas se queixaram de que a exposição era muito crítica em relação à decisão norte-americana de jogar bombas atômicas em Hiroshima e Nagasaki.

18. Ibid., p. 44.

19. Encontrei essa citação de Donne no final de um ensaio do biólogo Loren Eisley, "The cosmic prison", *Horizon*, outono de 1970, pp. 96-101.

5. *O FIM DA BIOLOGIA DA EVOLUÇÃO* (pp.147-80)

1. Ver a edição de *On the origin of species* da Harvard University Press de 1964, com prefácio de Ernst Mayr, um dos fundadores da teoria moderna da evolução.

2. Stent, *Golden age*, p. 19.

3. Encontrei esse comentário de Bohr numa resenha em *Nature*, 6 de agosto de 1992, p. 464. A citação exata é: "É tarefa da ciência reduzir as verdades profundas a trivialidades".

4. A reunião com Dawkins ocorreu em novembro de 1994 no escritório de John Brockman, agente e publicitário de autores cientistas espetacularmente bem-sucedido.

5. R. Dawkins e W. W. Norton, *The blind watchmaker*, Nova York, 1986, p. ix. O Wallace a que Dawkins se refere é Alfred Russell Wallace, que descobriu o conceito de seleção natural independentemente de Darwin, mas nunca chegou perto da profundidade ou amplitude da perspectiva de Darwin.

6. Ver "Is uniformitarianism necessary?", *American Journal of Science*, vol. 263, 1965, pp. 223-8.

7. S. Jay Gould e N. Eldredge (orgs.), "Punctuated equilibria: an alternative to phyletic gradualism", in *Models in paleobiology*, T. J. M. Schopf, W. H. Freeman, San Francisco, 1972.

8. Entre os muitos livros de Gould, meus favoritos são: *The mismeasure of man*, W. W. Norton, Nova York, 1981, uma história acadêmica sobre os testes de inteligência, bem como uma polêmica apaixonada contra eles; e *Wonderful life*, W. W. Norton, Nova York, 1989, uma exposição magistral da sua visão da vida como produto da contingência. Ver também "The spandrels of San Marco and the panglossian paradigm", de Gould e seu colega de Harvard, Richard Lewontin (um genético que, como Gould, é freqüentemente acusado de tendências marxistas), em *Proceedings of the Royal Society* (Londres), vol. 205, 1979, pp. 581-98. O artigo era uma crítica devastadora das explicações darwinianas simplistas sobre a fisiologia e o comportamento. Um ataque igualmente forte à concepção evolucionista de Gould se encontra na resenha de *Wonderful life*, assinada por Robert Wright, em *New Republic*, 29 de janeiro de 1990.

9. "Punctuated equilibrium comes of age", *Nature*, 18 de novembro de 1993, pp. 223-7. Entrevistei Gould na cidade de Nova York em novembro de 1994.

10. Assim como foi republicado em Dawkins, *Blind watchmaker*, p. 245. O capítulo em que se encontra essa citação, "Puncturing punctuationism", cumpre a proposta do título.

11. Um enfoque não absurdo do trabalho de Lynn Margulis sobre simbiose pode ser encontrado em seu livro *Symbiosis in cell evolution*, W. H. Freeman, Nova York, 1981.

12. Ver as contribuições de Margulis para P. Bunyard e E. Goldsmith (orgs.), *Gaia: the thesis, the mechanisms, and the implications*, Wadebridge Ecological Center, Cornualha, Reino Unido, 1988.

13. L. Margulis e D. Sagan, *What is life?*, Peter Nevraumont, Nova York, 1995 (distribuído por Simon and Schuster). Entrevistei Margulis em maio de 1994.

14. Essa afirmação sobre a crise de fé de Lovelock pode ser encontrada em Fred Pearce, "Gaia, Gaia: don't go away", *New Scientist*, 28 de maio de 1994, p. 43.

15. Este e outros comentários condescendentes sobre Margulis podem ser encontrados em C. Mann, "Lynn Margulis: science's unruly earth mother", *Science*, 19 de abril de 1991, p. 378.

16. Os trabalhos de Kauffman referidos nesta parte incluem "Antichaos and adaptation", *Scientific American*, agosto de 1991, pp. 78-84; *The origins of order*, Oxford University Press, Nova York, 1993; e *At home in the universe*, Oxford University Press, Nova York, 1995.

17. Ver meu artigo "In the beginning", *Scientific American*, fevereiro de 1991, p. 123.

18. Brian Goodwin apresentou a sua teoria em *How the leopard changed its spots*, Charles Scribner's Sons, Nova York, 1994.

19. Os comentários depreciativos de John Maynard Smith sobre o trabalho de Per Bak e Stuart Kauffman foram registrados em *Nature*, 16 de fevereiro de 1995, p. 555. Ver também a resenha cheia de percepções iluminadoras sobre *Origins of order*, de Kauffman, em *Nature*, 21 de outubro de 1993, pp. 704-6.

20. Meu artigo de fevereiro de 1991 em *Scientific American* (ver nota 17) resenhava as teorias mais famosas da origem da vida. Entrevistei Stanley Miller na Universidade da Califórnia, em San Diego, em novembro de 1990, e novamente por telefone em setembro de 1995.

21. Stent, *Golden age*, p. 71.

22. O comentário de Crick sobre o "milagre" pode ser encontrado na página 88 de seu livro *Life itself*, Simon and Schuster, Nova York, 1981.

6. *O FIM DA CIÊNCIA SOCIAL* (pp.181-99)

1. Entrevistei Edward Wilson em Harvard em fevereiro de 1994. As obras de Wilson mencionadas nesta parte incluem: *Sociobiology*, Harvard University Press, Cambridge, 1975 (as minhas citações se referem à edição resumida de 1980); *On human nature*, Harvard University Press, Cambridge, 1978; *Genes, mind, and culture* (escrito com Charles Lumsden), Harvard University Press, Cambridge, 1981; *Promethean fire* (escrito com Lumsden), Harvard University Press, Cambridge, 1983; *Biophilia*, Harvard University Press, Cambridge, 1984; *The diversity of life*, W. W. Norton, Nova York, 1993; e *Naturalist*, Island Press, Washington, D.C., 1994.

2. Ver "The molecular wars", capítulo 12 de *Naturalist*, onde se encontra um relato detalhado dessa crise na carreira de Wilson.

3. Wilson, *Sociobiology*, p. 300.

4. Essas dificuldades são relatadas no capítulo intitulado "The sociobiology controversy", em *Promethean fire*, de Wilson, pp. 23-50.

5. Wilson, *Promethean fire*, pp. 48-9.

6. Christopher Wells, biólogo da Universidade da Califórnia, em San Diego, fez esses comentários sobre as teorias de Wilson e Lumsden em *The Sciences*, novembro/dezembro de 1993, p. 39.

7. Minha opinião é que os cientistas não tiveram tanto êxito na explicação do comportamento humano em termos genéticos e darwinianos quanto Wilson parece acreditar. Ver meus artigos em *Scientific American*: "Eugenics revisited", junho de 1993, pp. 122-31; e "The new social darwinists", outubro de 1995, pp. 174-81.

8. Wilson, *Sociobiology*, pp. 300-1.

9. Ver E. Mayr, *One long argument*, Harvard University Press, Cambridge, 1991. Na página 149, Mayr escreveu: "Alguns críticos têm acusado os arquitetos da síntese evolucionista [entre os quais o próprio Mayr estava incluído] de afirmar que já resolveram todos os problemas restantes da evolução. Essa acusação é totalmente absurda; não conheço nem um único evolucionista que tenha feito tal afirmação. O que os adeptos da síntese afirmaram é que realizaram uma elaboração bastante sólida do paradigma darwiniano que não corre o risco de ser destruída pelas charadas restantes". Convém lembrar que "Charadas" foi o termo empregado por Thomas Kuhn para referir-se a problemas que ocupam os cientistas envolvidos com uma ciência "normal", não revolucionária.

10. Encontrei essa citação de *The descent of man*, de Darwin, em *The moral animal*, de Robert Wright, Pantheon, Nova York, 1994, p. 327. (Wright cita a edição fac-similada de *Descent*, Princeton University Press, Princeton, New Jersey, 1981, p. 73.) Esse livro de Wright, jornalista ligado a *New Republic*, é, sem dúvida, o melhor que já li sobre as recentes tentativas científicas de explicar a natureza humana em termos darwinianos.

11. Ibid., p. 328.

12. Encontrei Chomsky no MIT em fevereiro de 1990. Os comentários citados até este ponto provêm desse encontro. Aqueles citados deste ponto em diante derivam de uma entrevista por telefone realizada em fevereiro de 1993. Os ensaios políticos de Chomsky foram coligidos em James Peck (org.), *The Chomsky reader*, Pantheon, Nova York, 1987.

13. *The New Encyclopaedia Britannica*, edição *Macropaedia* de 1992, vol. 23, *Linguistics*, p. 45.

14. *Nature*, 19 de fevereiro de 1994, p. 521.

15. N. Chomsky, *Syntactic structures*, Mouton, Haia, Holanda, 1957. Em 1995, Chomsky publicou outro livro sobre lingüística, *The minimalist program*, MIT Press, Cambridge, em que continuou seu trabalho anterior sobre uma gramática inata, gerativa. Como a maioria dos livros sobre lingüística de Chomsky, não é um livro de fácil leitura. Para uma descrição legível da carreira de Chomsky em lingüística, ver Randy Allen Harris, *The linguistics wars*, Oxford University Press, Nova York, 1993.

16. Ainda assim, Steven Pinker, também lingüista no MIT, afirmou persuasivamente, em *The language instinct*, William Morrow, Nova York, 1994, que a obra de Chomsky é mais bem compreendida a partir de um ponto de vista darwiniano.

17. N. Chomsky, *Language and the problems of knowledge*, MIT Press, Cambridge, 1988, p. 159. Nesse livro, Chomsky também revelou suas opiniões sobre os limites cognitivos.

18. Stent, *Golden age*, p. 121.

19. "Thick description: toward an interpretive theory of culture" pode ser encontrado na reunião de ensaios de Geertz, *The interpretation of cultures*, Basic Books, Nova York, 1973.

20. Ibid., p. 29.

21. C. Geertz, *Works and lives: the anthropologist as author*, Stanford University Press, Stanford, 1988, p. 141.

22. "Deep play" foi incluído em *The interpretation of cultures*. Essa citação é encontrada na página 412.

23. Ibid., p. 443.

24. Entrevistei Geertz pessoalmente no Instituto de Estudos Avançados em maio de 1989 e novamente, por telefone, em agosto de 1994.

25. Clifford Geertz, *After the fact*, Harvard University Press, Cambridge, 1995, pp. 167-8.

7. *O FIM DA NEUROCIÊNCIA* (pp. 200-37)

1. Crick redigiu um relato esclarecedor de sua carreira: *What mad pursuit*, Basic Books, Nova York, 1988. Ele apresentou suas opiniões sobre a consciência em *The astonishing hypothesis*, Charles Scribner's Sons, Nova York, 1994.

2. F. Crick e C. Koch, "Toward a neurobiological theory of consciousness", *Seminars in the neurosciences*, vol. 2, 1990, pp. 263-75.

3. Entrevistei Crick no Instituto Salk em novembro de 1991.

4. James Watson, *The double helix*, Atheneum, Nova York, 1968.

5. Crick, *What mad pursuit*, p. 9.

6. Crick, *Astonishing hypothesis*, p. 3.

7. Os livros de Edelman sobre a mente, publicados por Basic Books, Nova York, incluem *Neural darwinism*, 1987; *Topobiology*, 1988; *The remembered present*, 1989; e *Bright air, brilliant fire*, 1992. Todos esses livros, até mesmo o último que tinha a intenção de apresentar as opiniões de Edelman num formato popular, são de leitura extremamente difícil.

8. S. Levy, "Dr. Edelman's brain", *New Yorker*, 2 de maio de 1994, p. 62.

9. D. Hellerstein, "Plotting a theory of the brain", *New York Times Magazine*, 22 de maio de 1988, p. 16.

10. Ver a resenha impiedosa de Crick sobre o livro de Edelman, *Neural darwinism*: "Neural edelmanism", *Trends in consciousness*, vol. 12, nº 7, 1989, pp. 240-8.

11. Daniel Dennett resenhou *Bright air, brilliant fire* em *New Scientist*, 13 de junho de 1992, p. 48.

12. Koch fez esse comentário em "Toward a scientific basis for consciousness", um colóquio realizado em Tucson, Arizona, 12-7 de abril de 1994.

13. Eccles apresentou suas opiniões em vários livros e artigos, inclusive *The self and its brain*, escrito com Karl Popper, Springer-Verlag, Berlim, 1977; *How the self controls its brain*, Springer-Verlag, Berlim, 1994; "Quantum aspects of brain activity and the role of consciousness", escrito com Friedrich Beck, in *Proceedings of the National Academy of Science*, vol. 89, dezembro de 1992, pp. 11 357-61. Minha entrevista com Eccles foi por telefone, em fevereiro de 1993.

14. Entrevistei Roger Penrose na Universidade de Oxford em agosto de 1992. Os dois livros dele sobre a consciência são *The emperor's new mind*, Oxford University Press, Nova York, 1989; e *Shadows of the mind*, Oxford University Press, Nova York, 1994.

15. Críticas a *The emperor's new mind* podem ser encontradas em *Behavioral and brain sciences*, vol. 13, nº 4, dezembro de 1990. Esse número tem várias resenhas do livro de Penrose. Críticas agudas a *Shadows of the mind* são encontradas em "Shadows of doubt", de Philip Anderson (um físico famoso), *Nature*, 17 de novembro de 1994, pp. 288-9; e "The best of all possible brains", de Hilary Putnam (um filósofo famoso), *New York Times Book Review*, 20 de novembro de 1994, p. 7.

16. Owen Flanagan, *The science of the mind*, MIT Press, Cambridge, 1991. Foi Daniel Dennett quem me chamou a atenção para o termo de Flanagan.

17. O artigo "What is it like to be a bat", de Thomas Nagel, pode ser encontrado em *Mortal questions*, Cambridge University Press, Nova York, 1979, uma coletânea dos ensaios de Nagel. Essa citação é da página 166. Em junho de 1992, telefonei a Nagel para perguntar se ele achava que a ciência poderia acabar um dia. Ele negou peremptoriamente. "Quanto mais descobrirmos, mais questões teremos", disse ele. "A crítica de Shakespeare nunca será completa", acrescentou; "por que a física se completaria?"

18. Entrevistei McGinn na cidade de Nova York em agosto de 1994. Ver o livro de McGinn, *The problem of consciousness*, Blackwell Publishers, Cambridge, Massachusetts, 1991, para uma discussão completa do seu ponto de vista de adepto do mistério.

19. D. Dennett, *Consciousness explained*, Little Brown, Boston, 1991. Ver também "The brain and its boundaries", *London Times Literary Supplement*, 10 de maio de 1991, em que Dennett ataca a posição de adepto do mistério de McGinn. Em abril de 1994, falei com Dennett por telefone sobre o ponto de vista dos adeptos do mistério.

20. O colóquio "Toward a scientific basis for consciousness" ocorreu em Tucson, Arizona, 12-7 de abril de 1994. Foi organizado por Stuart Hameroff, o anestesiologista da Universidade do Arizona cujo trabalho sobre os microtúbulos influenciara a perspectiva de Roger Penrose sobre o papel dos efeitos quânticos na consciência. O colóquio era, portanto, dominado por conferencistas da escola da consciência quântica na neurociência. Além de Roger Penrose, lá estavam Brian Josephson, um prêmio Nobel de Física que tem sugerido que os efeitos quânticos podem explicar os fenômenos místicos e até mediúnicos; Andrew Weil, médico e autoridade em psicodelismos que sugere que uma teoria completa da mente deve levar em conta a capacidade evidenciada pelos índios sul-americanos que ingerem drogas psicotrópicas de ter alucinações partilhadas; e Danah Zohar, um autor da Nova Era que tem declarado que o pensamento humano deriva das "flutuações quânticas da energia do vácuo do universo", que "é, na realidade, Deus". Referi-me a esse colóquio em "Can science explain consciousness?", *Scientific American*, julho de 1994, pp. 88-94.

21. David Chalmers apresentou a sua teoria da consciência em *Scientific American*, dezembro de 1995, pp. 80-6. Num artigo anexo, Francis Crick e Christof Koch refutavam suas idéias.

22. Entrevistei Minsky no MIT em maio de 1993. Durante a entrevista, Minsky confirmou que, em 1966, mandara o estudante da graduação Gerald Sussman projetar, como trabalho de verão, uma máquina que pudesse reconhecer objetos, isto é,

"ver". Não é preciso dizer que Sussman não teve êxito (embora continuasse seus estudos e se tornasse professor no MIT). A visão artificial continua a ser um dos problemas mais profundamente difíceis na inteligência artificial. Sobre uma perspectiva crítica da inteligência artificial, ver D. Crevier, *AI: the tumultuous history of the search for artificial intelligence*, Basic Books, Nova York, 1993. Ver também o perfil respeitoso de Minsky redigido por Jeremy Bernstein em *New Yorker*, 14 de dezembro de 1981, p. 50.

23. M. Minsky, *The society of mind*, Simon and Schuster, Nova York, 1985. O livro é apimentado com observações que revelam a ambivalência de Minsky em relação às conseqüências do progresso científico. Ver, por exemplo, o ensaio da página 68 intitulado "Self-knowledge is dangerous", em que Minsky declara: "Se pudéssemos deliberadamente controlar os nossos sistemas do prazer, seríamos capazes de reproduzir o prazer do sucesso sem a necessidade de realizar coisa alguma. E isso seria o fim de tudo". Gunther Stent previu que esse tipo de estimulação neural seria exuberante na Nova Polinésia.

24. Stent, *Golden age*, pp. 73-4.

25. Ibid., p. 74.

26. Gilbert Ryle cunhou a expressão "o fantasma da máquina" em seu clássico ataque ao dualismo, *The concept of mind*, Hutchinson, Londres, 1949.

27. Henry Adams fez essa referência à visão materialista de Francis Bacon em *The education of Henry Adams*, p. 484 (ver nota 3 do capítulo 1). Segundo Adams, Bacon "incitou a sociedade a pôr de lado a idéia de desenvolver o universo a partir do pensamento e a tentar desenvolver o pensamento a partir do universo".

8. *O FIM DA CAOPLEXIDADE* (pp. 238-79)

1. A Universidade de Illinois divulgou esse material publicitário sobre Mayer-Kress em novembro de 1993. Minha história sobre a simulação da Guerra nas Estrelas de Mayer-Kress, intitulada "Nonlinear thinking", saiu em *Scientific American*, junho de 1989, pp. 26-8. Ver também Mayer-Kress e S. Grossman, "Chaos in the international arms race", *Nature*, 23 de fevereiro de 1989, pp. 701-4.

2. Entre os livros que apareceram na esteira da obra de James Gleick, *Chaos: making a new science*, Penguin Books, Nova York, 1987, e que mostram indícios de sua influência estão: M. M. Waldrop, *Complexity: the emerging science at the edge of order and chaos*, Simon and Schuster, Nova York, 1992; R. Lewin, *Complexy: life at the edge of chaos*, Macmillan, Nova York, 1992; S. Levy, *Artificial life: a report from the frontier where computers meet biology*, Vintage, Nova York, 1992; J. Casti, *Complexification: explaining a paradoxical world through the science of surprise*, HarperCollins, Nova York, 1994; J. Cohen e I. Stewart, *The collapse of chaos: discovering simplicity in a complex world*, Viking, Nova York, 1994; e P. Coveny e R. Highfield, *Frontiers of complexity: the search for order in a chaotic world*, Fawcett Columbine, Nova York, 1995. Esse último livro abrange grande parte do material abordado por Gleick em *Chaos*, corroborando o meu ponto de vista de que os trata-

mentos populares do caos e da complexidade virtualmente apagaram a distinção entre eles.

3. Gleick registrou essa citação de Poincaré em *Chaos*, p. 321.

4. H. Pagels, *The dreams of reason*, Simon and Schuster, Nova York, 1988. Citei o material publicitário existente na edição de bolso da Bantam de julho de 1989.

5. B. Mandelbrot, *The fractal geometry of nature*, W. H. Freeman, San Francisco, 1977, p. 423. O comentário, no início do parágrafo, de que o conjunto Mandelbrot é "o objeto mais complexo da matemática" foi feito pelo cientista da computação A. K. Dewdney em *Scientific American*, agosto de 1985, p. 16.

6. Vi Epstein demonstrar o seu programa da sociedade artificial durante um seminário realizado no Instituto Santa Fé em maio de 1994 (que descrevo com detalhes no capítulo seguinte). Ouvi Epstein afirmar que modelos de computador semelhantes ao dele revolucionariam a ciência social num simpósio de um dia no Instituto Santa Fé, realizado em 11 de março de 1995.

7. Holland fez essa afirmação num artigo inédito que me enviou, intitulado "Objective, rough definitions, and speculations for echo-class models". (O termo *echo* se refere à principal classe de algoritmos genéticos de Holland.) Ele reiterou a afirmação na página 4 de seu livro, *Hidden order: how adaptation builds complexity*, Addison-Wesley, Reading, Massachusetts, 1995. Holland fez uma exposição sucinta dos algoritmos genéticos em *Scientific American*, julho de 1992, pp. 66-72.

8. Yorke fez esse comentário durante uma entrevista por telefone, em março de 1995. Em *Chaos*, Gleick atribui a Yorke o crédito de ter cunhado o termo *caos* em 1975.

9. Ver nota 2.

10. Ver M. Mitchell, J. Crutchfield e P. Hraber, "Revisiting the edge of chaos", relatório de pesquisa de Santa Fé 93-03-014. Em *Frontiers of complexity*, citado na nota 2, Coveny e Highfield também mencionaram a crítica ao conceito de fronteira do caos.

11. Neste texto, Seth Lloyd ainda não tinha publicado todas as suas definições da complexidade. Depois que lhe telefonei perguntando sobre as definições, ele me mandou por e-mail a seguinte lista, que pelas minhas contas não contém apenas 31 definições, mas 45. Os nomes usados como qualificadores ou entre parênteses se referem aos principais criadores da definição. Eis a lista de Lloyd, apenas ligeiramente editada: informação (Shannon); entropia (Gibbs, Boltzman); complexidade algorítmica; conteúdo de informação algorítmica (Chaitin, Solomonoff, Kolmogorov); informação de Fischer; entropia de Rényi; extensão do código autodelimitador (Huffman, Shannon-Fano); extensão do código corretor de erros (Hamming); informação de Chernoff; extensão mínima de descrição (Rissanen); número de parâmetros ou graus de liberdade, ou dimensões; complexidade de Lempel-Ziv; informação mútua, ou capacidade de canal; informação mútua algorítmica; correlação; informação armazenada (Shaw); informação condicional; conteúdo de informação algorítmica condicional; entropia métrica; dimensão fractal; auto-similaridade; complexidade estocástica (Rissanen); sofisticação (Koppel, Atlan); tamanho da máquina topológica (Crutchfield); complexidade efetiva ou ideal (Gell-Mann);

complexidade hierárquica (Simon); diversidade dendrítica (Hubberman, Hogg); complexidade homogênea (Teich, Mahler); complexidade computacional temporal; complexidade computacional espacial; complexidade baseada na informação (Traub); profundidade lógica (Bennett); profundidade termodinâmica (Lloyd, Pagels); complexidade gramatical (posição na hierarquia de Chomsky); informação de Kullbach-Liebler; distinguibilidade (Wooters, Caves, Fischer); distância de Fischer; discriminabilidade (Zee); distância de informação (Shannon); distância de informação algorítmica (Zurek); distância de Hamming; ordem de longo alcance; auto-organização; sistemas adaptativos complexos; fronteira do caos.

12. Ver capítulo 3 de *The quark and the jaguar*, W. H. Freeman, Nova York, 1994, em que Murray Gell-Mann, prêmio Nobel de física e um dos fundadores do Instituto Santa Fé, descreveu a teoria da informação algorítmica de Gregory Chaitin e outros enfoques da complexidade. Gell-Mann reconhecia na página 33 que "qualquer definição da complexidade é necessariamente dependente do contexto, até subjetiva".

13. A conferência sobre vida artificial realizada em Los Alamos em 1987 foi vigorosamente exposta em *Artificial life*, de Steven Levy, citado na nota 2.

14. Introdução do editor, Christopher Langton, *Artificial Life*, vol. 1, nº 1, 1994, p. vii.

15. Ver as citações completas na nota 2.

16. "Verification, validation, and confirmation of numerical models in the earth sciences", de Naomi Oreskes, Kenneth Belitz e Kristin Shrader, foi publicado em *Science*, 4 de fevereiro de 1994, pp. 641-6. Ver também as cartas em reação a esse artigo, que foram publicadas em 15 de abril de 1994.

17. Ernst Mayr discutiu a imprecisão inevitável da biologia em *Toward a new philosophy of biology*, Harvard University Press, Cambridge, 1988. Ver em particular o capítulo intitulado "Cause and effect in biology".

18. Entrevistei Bak na cidade de Nova York em agosto de 1994. Para uma introdução à sua obra, ver P. Bak e K. Chen, "Self-organized criticality", *Scientific American*, janeiro de 1991, pp. 46-53.

19. A. Gore, *Earth in the balance*, Houghton Mifflin, Nova York, 1992, p. 363.

20. Ver S. R. Nagel, "Instabilities in a sandpile", *Reviews of Modern Physics*, vol. 84, nº 1, janeiro de 1992, pp. 321-5.

21. Uma discussão sobre a crença de Leibniz num "cálculo irrefutável" que poderia resolver todos os problemas, inclusive os teológicos, pode ser encontrada no excelente livro *Pi in the sky*, de John Barrow, Oxford University Press, Nova York, 1992, pp. 127-9.

22. *Cybernetics*, de Norbert Wiener, foi publicado em 1948 por John Wiley and Sons, Nova York.

23. John R. Pierce fez esse comentário sobre cibernética na página 210 de seu livro *An introduction to information theory*, Dover, Nova York, 1980 (originalmente publicado em 1961).

24. O artigo de Claude Shannon, "A mathematical theory of communication", foi publicado em *Bell System Technical Journal*, julho e outubro de 1948.

25. Entrevistei Shannon na sua casa em Winchester, Massachusetts, em novembro de 1989. Também escrevi um perfil dele para *Scientific American*, janeiro de 1990, pp. 22-22b.

26. Essa resenha brilhante do livro de Thom apareceu no *London Times Higher Education Supplement*, de 30 de novembro de 1973. Encontrei a referência em *Searching for certainty*, de John Casti e William Morrow, Nova York, 1990, pp. 63-4. Casti, que tem escrito vários livros excelentes sobre tópicos relacionados com a matemática, é ligado ao Instituto Santa Fé. A tradução inglesa do livro de Thom, *Structural stability and morphogenesis*, editado originalmente em francês em 1972, foi publicada em 1975 por Addison-Wesley, Reading, Massachusetts.

27. Esses comentários negativos sobre a teoria da catástrofe foram republicados em Casti, *Searching for certainty*, p. 417.

28. D. Ruelle, *Chance and chaos*, Princeton University Press, Princeton, Nova Jersey, 1991, p. 72. Esse livro é uma meditação tranqüila, mas profunda, sobre o significado do caos, feita por um de seus pioneiros.

29. P. Anderson, "More is different", *Science*, 4 de agosto de 1972, p. 393. Esse ensaio foi republicado numa reunião de artigos de Anderson, *A career in theoretical physics*, World Scientific, River Edge, Nova Jersey, 1994. Entrevistei Anderson em Princeton em agosto de 1994.

30. Conforme citação em D. Berreby, "The man who knows everything", *New York Times Magazine*, 8 de maio de 1994, p. 26.

31. Referi-me pela primeira vez ao meu encontro com Gell-Mann na cidade de Nova York — que ocorreu em novembro de 1991 — em *Scientific American*, março de 1992, pp. 30-2. Entrevistei Gell-Mann no Instituto Santa Fé em março de 1995.

32. Ver nota 12.

33. A. Escobar, "Welcome to Cyberia: notes on the anthropology of cyberculture", *Current Anthropology*, vol. 35, nº 3, junho de 1994, p. 222.

34. I. Prigogine e I. Stengers, *Order out of chaos*, Bantam, Nova York, 1984 (publicado originalmente em francês, em 1979).

35. Ibid., pp. 299-300.

36. Ruelle, *Chance and chaos*, p. 67.

37. Os dois artigos de Feigenbaum eram "Presentation functions, fixed points, and a theory of scaling function dynamics", *Journal of Statistical Physics*, vol. 52, nºs 3/4, agosto de 1988, pp. 527-69; e "Presentation functions and scaling function theory for circle maps", *Nonlinearity*, vol. 1, 1988, pp. 577-602.

9. *O FIM DA LIMITOLOGIA* (pp. 280-302)

1. O encontro intitulado "Os limites do conhecimento científico" foi realizado em 24-6 de maio de 1994, no Instituto Santa Fé.

2. Ver os artigos de Chaitin "Randomness in arithmetic", *Scientific American*, julho de 1988, pp. 80-5; e "Randomness and complexity in pure mathematics", *International Journal of Bifurcation and Chaos*, vol. 4, nº 1, 1994, pp. 3-15. Chaitin também distribui pela Internet um livro chamado *The limits of mathematics*. Outras

publicações relevantes de participantes desse encontro (lista alfabética por autor, e sem incluir as publicações já citadas) são: W. B. Arthur, "Positive feedbacks in the economy", *Scientific American*, fevereiro de 1990, pp. 92-9; J. Casti, *Complexification*, Harper Collins, Nova York, 1994; R. Gomory, "The known, the unknown, and the unknowable", *Scientific American*, junho de 1995, p. 120; R. Landauer, "Computation: A fundamental physical view", *Physica Scripta*, maio de 1991, pp. 23-9; O. Rossler, "Endophysics", in J. Casti e A. Karlqvist (orgs.), *Real brains, artificial minds*, North Holland, Nova York, 1987, pp. 25-46; R. Shepard, "Perceptual-cognitive universals as reflections of the world", *Psychonomic Bulletin and Review*, vol. 1, nº 1, 1994, pp. 2-28; P. Suppes, "Explaining the unpredictable", *Erkenntnis*, vol. 22, 1985, pp. 187-95; J. Traub, "Breaking intractability" (escrito com Henry Wozniakowski), *Scientific American*, janeiro de 1994, pp. 102-7. Discuti alguns dos tópicos ligados à matemática que surgiram no encontro de Santa Fé em "The death of proof", *Scientific American*, outubro de 1993, pp. 92-103. Um dos melhores livros que li nos últimos tempos sobre os limites do conhecimento é *Fire in the mind*, de George Johnson, Alfred A. Knopf, Nova York, 1995.

3. Entrevistei Chaitin às margens do rio Hudson em setembro de 1994.

4. F. Fukuyama, *The end of history and the last man*, The Free Press, 1992.

5. Escrevi um perfil de Brian Josephson para *Scientific American*, "Josephson's inner junction", maio de 1995, pp. 40-1.

10. *A TEOLOGIA CIENTÍFICA OU O FIM DA CIÊNCIA DA MÁQUINA* (pp. 303-18)

1. J. D. Bernal, *The world, the flesh and the devil*, Indiana University Press, Bloomington, 1929, p. 47. Sou grato a Robert Jastrow, do Dartmouth College, por me mandar uma cópia do ensaio de Bernal.

2. H. Moravec, *Mind children*, Harvard University Press, Cambridge, 1988. Minha entrevista com Moravec ocorreu em dezembro de 1993.

3. F. Dyson, *Infinite in all directions*, Harper and Row, Nova York, 1988, p. 298.

4. A perspectiva romântica da ciência que Dyson adota o leva à beira do relativismo radical. Ver seu ensaio "The scientist as rebel", *New York Review of Books*, 25 de maio de 1995, p. 31.

5. F. Dyson, "Time without end: physics and biology in an open universe", *Reviews of Modern Physics*, vol. 51, 1979, pp. 447-60.

6. Dyson, *Infinite in all directions*, p. 196.

7. Ibid., p. 115.

8. Ibid., pp. 118-9.

9. A carreira fascinante de Edward Fredkin (bem como a de Edward Wilson e a do falecido economista Kenneth Boulding) é exposta em Robert Wright, *Three scientists and their gods*, Pantheon, Nova York, 1988. Entrevistei Fredkin pelo telefone em maio de 1993.

10. F. Tipler, *The physics of immortality*, Doubleday, Nova York, 1994.

11. F. Tipler e John Barrow, *The anthropic cosmological principle*, Oxford University Press, Nova York, 1986.

12. No capítulo intitulado "A sequel to the problem of human origins: the plurality of inhabited worlds", do livro *Christianity and evolution*, Harcourt Brace Jovanovich, Nova York, 1969, Teilhard de Chardin discutiu a questão de como os extraterrestres poderiam ser salvos.

13. P. Medawar, *The limits of science*, Oxford University Press, Nova York, 1984, p. 90.

EPÍLOGO: O TERROR DE DEUS (pp. 319-25)

1. Ver "The mystery at the end of the universe", capítulo 9 de P. C. Davies, *The mind of God*, Simon and Schuster, Nova York, 1992.

2. Ver "Borges and I", in J. L. Borges, *A personal anthology*, Grove Press, Nova York, 1967, pp. 200-1.

3. Ver nota 9 do capítulo intitulado "Mysticism" in W. James, *The varieties of religious experience*, Macmillan, Nova York, 1961. O livro de James foi publicado pela primeira vez em 1902.

4. Ver *The philosophy of Charles Hartshorne*, editado por Lewis Edwin Hahn, Biblioteca dos Filósofos Vivos, La Salle, Il., 1991. Falei com Hartshorne em maio de 1993.

5. L. Wittgenstein, *Tractatus logico-philosophicus*, Routledge, Nova York, edição de 1990, p. 187. O livro enigmático de Wittgenstein foi publicado pela primeira vez em 1922.

BIBLIOGRAFIA SELECIONADA

Barrow, John, *Theories of everything*, Clarendon Press, Oxford, Reino Unido, 1991.

______, *Pi in the sky*, Oxford University Press, Nova York, 1992.

Bloom, Harold, *The anxiety of influence*, Oxford University Press, Nova York, 1992.

Bohm, David, *Wholeness and the implicate order*, Routledge, Nova York, 1973.

Bohm, David e F. David Peat, *Science, order and creativity*, Bantam Books, Nova York, 1987.

Borges, Jorge Luis, *A personal anthology*, Grove Press, Nova York, 1967.

Casti, John, *Searching for certainty*, William Morrow, Nova York, 1990.

______, *Complexification*, HarperCollins, Nova York, 1994.

Chomsky, Noam, *Language and the problems of knowledge*, MIT Press, Cambridge, Massachusetts, 1988.

Coveny, Peter e Roger Highfield, *Frontiers of complexity*, Fawcett Columbine, Nova York, 1995.

Crick, Francis, *Life itself*, Simon and Schuster, Nova York, 1981.

______, *What mad pursuit*, Basic Books, Nova York, 1988.

______, *The astonishing hypothesis*, Charles Scribner's Sons, Nova York, 1994.

Davies, Paul C., *The mind of God*, Simon and Schuster, Nova York, 1992.

Dawkins, Richard, *The blind watchmaker*, W. W. Norton, Nova York, 1986.

Dennett, Daniel, *Consciousness explained*, Little, Brown, Boston, 1991.

Dyson, Freeman, *Infinite in all directions*, Harper and Row, Nova York, 1988.

Edelman, Gerald, *Neural darwinism*, Basic Books, Nova York, 1987.

______, *Topobiology*, Basic Books, Nova York, 1988.

______, *The remembered present*, Basic Books, Nova York, 1989.

______, *Bright air, brilliant fire*, Basic Books, Nova York, 1992.

Feyerabend, Paul, *Against method*, Verso, Londres, 1975.

______, *Farewell to reason*, Verso, Londres, 1987.

______, *Killing time*, University of Chicago Press, Chicago, 1995.

Fukuyama, Francis, *The end of history and the last man*, The Free Press, Nova York, 1992.

Geertz, Clifford, *The interpretation of cultures*, Basic Books, Nova York, 1973.

Geertz, Clifford, *Works and lives*, Stanford University Press, Stanford, Califórnia, 1988.

______, *After the fact*, Harvard University Press, Cambridge, Massachusetts, 1995.

Gell-Mann, Murray, *The quark and the jaguar*, W. H. Freeman, Nova York, 1994.

Gleick, James, *Chaos: making a new science*, Penguin Books, Nova York, 1987.

Gould, Stephen Jay, *Wonderful life*, W. W. Norton, Nova York, 1989.

Harwit, Martin, *Cosmic discovery*, MIT Press, Cambridge, Massachusetts, 1981.

Hawking, Stephen, *A brief history of time*, Bantam Books, Nova York, 1988.

Holton, Gerald, *Science and anti-science*, Harvard University Press, Cambridge, Massachusetts, 1993.

Hoyle, Fred, *Home is where the winds blow*, University Science Books, Mill Valley, Califórnia, 1994.

Hoyle, Fred e Chandra Wickramasinghe, *Our place in the cosmos*, J. M. Dent, Londres, 1993.

Johnson, George, *Fire in the mind*, Knopf, Nova York, 1995.

Kauffman, Stuart, *The origins of order*, Oxford University Press, Nova York, 1993.

______, *At home in the universe*, Oxford University Press, Nova York, 1995.

Kuhn, Thomas, *The structure of scientific revolutions*, University of Chicago Press, Chicago, 1962.

Levy, Steven, *Artificial life*, Vintage, Nova York, 1992.

Lewin, Roger, *Complexity*, Macmillan, Nova York, 1992.

Lindley, David, *The end of physics*, Basic Books, Nova York, 1993.

Mandelbrot, Benoit, *The fractal geometry of nature*, W. H. Freeman, San Francisco, 1977.

Margulis, Lynn, *Symbiosis in cell evolution*, W. H. Freeman, Nova York, 1981.

Margulis, Lynn e Dorion Sagan, *What is life?*, Peter Nevraumont, Inc., Nova York, 1995.

Mayr, Ernst, *Toward a new philosophy of biology*, Harvard University Press, Cambridge, Massachusetts, 1988.

______, *One long argument*, Harvard University Press, Cambridge, Massachusetts, 1991.

McGinn, Colin, *The problem of consciousness*, Blackwell, Cambridge, Massachusetts, 1991.

______, *Problems in philosophy*, Blackwell, Cambridge, Massachusetts, 1993.

Minsky, Marvin, *The society of mind*, Simon and Schuster, Nova York, 1985.

Moravec, Hans, *Mind children*, Harvard University Press, Cambridge, Massachusetts, 1988.

Overbye, Dennis, *Lonely hearts of the cosmos*, HarperCollins, Nova York, 1992.

Pagels, Heinz, *The dreams of reason*, Simon and Schuster, Nova York, 1988.

Penrose, Roger, *The emperor's new mind*, Oxford University Press, Nova York, 1989.

______, *Shadows of the mind*, Oxford University Press, Nova York, 1994.

Popper, Karl, *Unended quest*, Open Court, La Salle, Ill., 1985.

______, *Popper selections*, David Miller (org.), Princeton University Press, Princeton, Nova Jersey, 1985.

Popper, Karl e John C. Eccles, *The self and its brain*, Springer-Verlag, Berlim, 1977.

Prigogine, Ilya, *From being to becoming*, W. H. Freeman, Nova York, 1980.
Prigogine, Ilya e Isabelle Stengers, *Order out of chaos*, Bantam, Nova York, 1984 (publicado originalmente em francês, em 1979).
Rescher, Nicholas, *Scientific progress*, Basil Blackwell, Oxford, Reino Unido, 1978.
______, *The limits of science*, University of California Press, Berkeley, 1984.
Ruelle, David, *Chance and chaos*, Princeton University Press, Princeton, Nova Jersey, 1991.
Selve, Richard Q. (org.), *The end of science? Attack and defense*, University Press of America, Lanham, Mariland, 1992.
Stent, Gunther, *The coming of the golden age*, Natural History Press, Garden City, Nova York, 1969.
______, *The paradoxes of progress*, W. H. Freeman, San Francisco, 1978.
Tipler, Frank, *The physics of immortality*, Doubleday, Nova York, 1994.
Tipler, Frank e John Barrow, *The anthropic cosmological principle*, Oxford University Press, Nova York, 1986.
Waldrop, Mitchell, *Complexity*, Simon and Schuster, Nova York, 1992.
Weinberg, Steven, *Dreams of a final theory*, Pantheon, Nova York, 1992.
Wheeler, John, *At home in the universe*, American Institute of Physics Press, Woodbury, Nova York, 1994.
Wheeler, John e Wojciech H. Zurek (orgs.), *Quantum theory and measurement*, Princeton University Press, Princeton, Nova Jersey, 1983.
Wilson, Edward O., *Sociobiology*, Harvard University Press, Cambridge, Massachusetts, 1975.
______, *On human nature*, Harvard University Press, Cambridge, Massachusetts, 1978.
______, *Naturalist*, Island Press, Washington, D.C., 1994.
Wilson, Edward O. e Charles Lumsden, *Genes, mind and culture*, Harvard University Press, Cambridge, Massachusetts, 1981.
______, *Promethean fire*, Harvard University Press, Cambridge, Massachusetts, 1983.
Wright, Robert, *Three scientists and their gods*, Times Book, Nova York, 1968.
______, *The moral animal*, Pantheon, Nova York, 1994.

ÍNDICE REMISSIVO